I COLIBRÌ

Anodea Judith

Il libro dei chakra

Il sistema dei chakra e la psicologia

traduzione di
Francesca Diano

NERI POZZA EDITORE

Titolo originale:
Eastern Body, Western Mind.
Psychology and the Chakra System
as a Path to the Self

Published by Celestial Arts Publishing, Berkeley

Prima edizione: maggio 1998
Decima edizione: settembre 2010

ISBN 978-88-7305-644-7

Il nostro indirizzo internet è: www.neripozza.it

PREFAZIONE

Il libro dei chakra mette a fuoco aspetti vitali della moderna terapia: dipendenza, codipendenza, violenza fisica e sessuale, dinamiche familiari, strutture caratteriali, presa di potere personale, femminismo, emancipazione maschile, sessualità, politica e spiritualità. Integra tecniche quali la bioenergetica e la visualizzazione, psicologia del profondo e pratica spirituale.

Dopo aver lavorato per oltre vent'anni nel campo dei processi di guarigione, ho visto ben troppe sofferenze dell'animo umano. Mi sono seduta ad asciugare con i miei kleenex le lacrime di gente profondamente ferita dall'orrenda ignoranza di educatori emozionalmente handicappati – gente che cercava di trascinarsi zoppicando lungo le strade di un mondo infelice, pieno di altri, feriti quanto loro. Ho visto come il processo di guarigione possa travolgere e spaventare coloro che si impegnano in questo viaggio eroico. Tuttavia ho anche assistito alle incredibili trasformazioni e speranze che questo viaggio può portare a chi lo compie, ma anche alla trasformazione del mondo che li circonda.

È a questa speranza di trasformazione che dedico questo lavoro. In quanto guida per il viaggio verso il risveglio, esso offre un modello sistematico per affrontare le situazioni che ci affliggono. È stato scritto per individui impegnati in un loro personale processo di guarigione, ma anche per terapisti, consulenti e operatori di terapie corporee che, nel corso del tempo diventano delle guide. È rivolto anche a quei genitori che desiderano crescere figli sani e consapevoli e a coloro che vogliono semplicemente svegliarsi e proseguire sulla via della propria evoluzione.

Il libro dei chakra indica il modo di usare il sistema dei chakra come strumento di diagnosi e guarigione. Il mio scopo primario sarà quello di presentare il sistema stesso, come una lente che ci permetterà di vedere i complessi problemi dell'evoluzione dell'anima, sia dal punto di vista individuale, che collettivo. Tale sistema viene presentato attraverso i suoi principali componenti, i singoli chakra, esaminando il modo in cui si formano e sono formati dal comportamento e dalla cultura umana.

Nell'introdurre questo materiale ho fuso insieme tre aspetti basilari del pensiero filosofico:

1) Le *filosofie dell'illuminazione*, il cui movimento tende verso l'alto e al di là, verso il regno della mente e dello spirito. Esse si sono sviluppate innanzitutto dalle culture orientali e sull'importanza da esse data alla trascendenza. Tentano di sfuggire ai processi e alle tribolazioni della vita mondana attraverso l'ascesa verso livelli più alti di coscienza, che trascendono la sofferenza.

2) Le *filosofie della corporeità*, il cui movimento è verso il basso e all'interno, verso i regni della manifestazione, dell'anima, del corpo e del coinvolgimento con il mondo che ci circonda. Esse si riflettono nella pratica delle terapie somatiche, della bioenergetica e della spiritualità terrena. La loro attenzione è concentrata sull'immanenza, o sulla presenza del divino che la permea. Il loro scopo è quello di porre termine alla sofferenza ingaggiando una lotta con le forze che la provocano.

3) Le *filosofie integrative*, che tendono ad integrare gli opposti: mente e corpo, cielo e terra, spirito e materia, luce e ombra, maschile e femminile. Per questo percorso ho scelto di focalizzare l'attenzione sulla psicologia del profondo di Carl Gustav Jung, in particolare, sulla sua conoscenza del viaggio dell'anima verso l'individuazione. L'obiettivo delle filosofie integrative è quello della trasformazione e dell'unità.

Il sistema dei chakra è una profonda rappresentazione dell'universo. Ciascuno dei sette livelli rappresenta aree talmente vaste della vita umana, che da soli potrebbero riempire interi volumi. Problemi amorosi e relazionali, spirituali e di potere, emozionali e istintuali, chiedono tutti di essere presi in esame e compresi. La sessualità per esempio, non è che uno degli aspetti del secondo chakra e la violenza sessuale è appunto un aspetto della sessualità. Non può essere scopo di questo libro entrare nel dettaglio della complessità di una qualche forma di violenza in particolare, ma piuttosto di collocare ciascuna nel contesto di un sistema più vasto, all'interno del quale esse possano essere comprese tanto dal punto di vista energetico che spirituale. È da questo contesto che potete orientare il vostro processo di guarigione. Per ulteriori informazioni siete pregati di consultare i riferimenti elencati alla fine di ogni capitolo.

Ho voluto che il libro fosse il più facilmente consultabile possibile. Nel mondo affannato di oggi, so che molti non hanno il tempo di leggere un libro di questa mole dal principio alla fine; dunque il testo è suddiviso in numerosi sottotitoli e schemi di riferimento, per rendere le informazioni facilmente accessibili – potete leggere le parti che vi sono pertinenti e tralasciare il resto. Alcune sezioni hanno un taglio più clinico e presentano il linguaggio specifico della psicoterapia, altre invece sono rivolte ad un pubblico più generico.

Questa opera è un approccio sicuramente occidentale ai chakra. Colloca moderni problemi psicosociali all'interno di un contesto spirituale, basato sull'interpretazione esoterica dei chakra quale si può trovare nei testi orientali. Piuttosto che presentare una disciplina estranea al nostro mondo, presa in prestito dalle culture d'oriente, ho preferito creare un'applicazione concreta, pratica per le vittime contemporanee della civiltà occidentale. E tuttavia l'inevitabile risultato è una miscela di oriente e occidente.

La sistemazione dei nostri chakra è la struttura organizzativa che ci creiamo per affrontare il mondo. Comprendendo questa sistemazione interna, possiamo comprendere le nostre difese e le nostre necessità e potremo imparare a ristabilire l'equilibrio. Il sistema dei chakra è altrettanto valido quanto qualunque teoria psicologica e, sono convinta, assai più versatile – in grado di unificare mente, corpo e spirito. Vi invito a esplorarlo con me e in tal modo ad approfondire il vostro processo di guarigione.

Nota. Le storie personali qui riportate sono combinazioni di storie reali, nel senso che talvolta le storie di più persone si sovrappongono per fornire dei migliori esempi. Tutti i nomi e i dettagli specifici sono stati cambiati per salvaguardare l'anonimato. Ringrazio sentitamente i miei clienti, i miei studenti e gli amici che si sono arrischiati nel servizio di trasformazione e mi hanno insegnato così tanto su questo argomento.

RINGRAZIAMENTI

Iride, la dea greca dell'arcobaleno, è stata la prima divinità che mi sia capitato di incontrare. A lei io debbo la mia scoperta dei chakra e del Ponte dell'Arcobaleno. Tuttavia, nel mio viaggio lungo il Ponte, sono stata sostenuta da un gran numero di persone – i miei clienti, i miei studenti, gli insegnanti, gli amici e la famiglia.

Per la loro particolare importanza, ringrazio i miei familiari più prossimi, che mi sono vissuti accanto mentre scrivevo questo libro. Mio figlio, Alex Wayne, mi ha permesso di raccontare nel testo delle cose che lo riguardano e mi ha aiutato con la grafica al computer. Mio marito, Richard Ely, mi ha dato amore, supporto e paziente supervisione. Selene Vega, co-autrice di *The Sevenfold Journey* e insegnante del *Nine Months Chakra Intensive*, mi ha aiutata a sviluppare questo lavoro negli anni, ma mi ha anche offerto straordinario sostegno, consigli editoriali e feedback. Vorrei ringraziare Lisa Green per il suo feedback sullo sviluppo infantile, Jack Ingersoll per le sue ampie discussioni sulla psicologia junghiana e Nancy Gnecco per il suo contributo ai grafici. Desidero anche ringraziare il mio agente, Peter Beren, per aver reso possibile questa pubblicazione e David Hinds delle *Celestial Arts*.

Ma più di tutti desidero ringraziare coloro che hanno osato intraprendere il processo di guarigione scegliendo me come guida. Da voi ho imparato quasi tutto. È stato un privilegio servirvi.

INTRODUZIONE

I centri sacri del sé

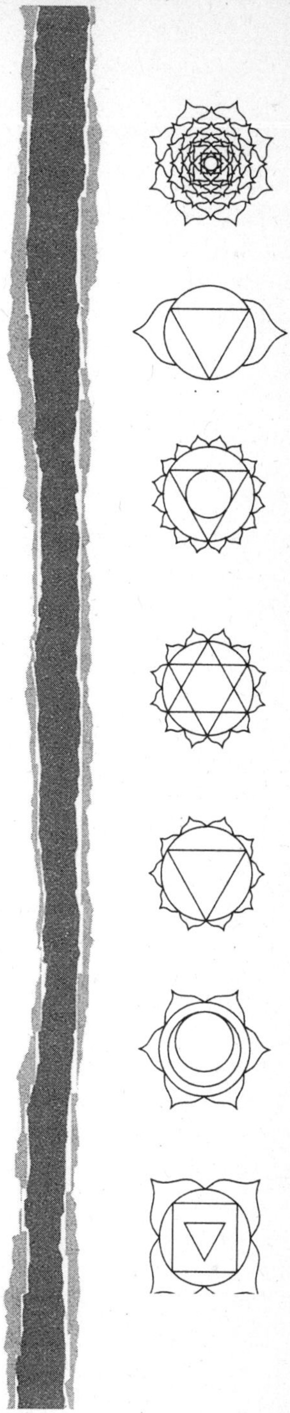

ALLA SCOPERTA DEL PONTE DELL'ARCOBALENO

Puoi macinarne le anime nello stesso mulino
Puoi legarli mani e piedi;
Ma il poeta seguirà sempre l'arcobaleno nel suo cammino
E suo fratello seguirà l'aratro.

JOHN BOYLE O'REILLY

State per intraprendere un viaggio attraverso le molte dimensioni del vostro sé, tessendo passato, presente e futuro in un intricato tessuto di comprensione. Questo viaggio vi condurrà verso una trasformazione della coscienza – attraverso il Ponte dell'Arcobaleno – collegando spirito e materia, cielo e terra, mente e corpo. Via via che trasformerete voi stessi, trasformerete il mondo.

Questo è un viaggio ricco di colori, come è ricca di colori la vita. Costituisce un'alternativa alla mentalità piatta ed eccessivamente grigia dell'epoca moderna, che riserva il colore al mondo infantile. All'opposto, troppi adulti vivono con vesti cupe, confezionate, viaggiando in tunnel e autostrade, attraverso realtà monocrome di scelte piatte e opzioni limitate. Scopo di questo viaggio sarà quello di recuperare la varietà multidimensionale dell'esperienza umana, esattamente una ricerca della nostra interezza e del rinnovamento del nostro spirito collettivo.

I sette colori dell'arcobaleno costituiscono un'alternativa alla nostra consapevolezza binaria in bianco e nero e ci offrono un mondo di possibilità molteplici. Il Ponte dell'Arcobaleno esprime la diversità della luce via via che essa procede dalla fonte alla sua manifestazione. I suoi sette colori rappresentano sette modalità vibratorie dell'esistenza umana, correlate ai sette chakra della tradizione yogica indiana – centri energetici che esistono all'interno di ciascuno di noi.

La filosofia yoga ci insegna che la dea serpente, Kundalini, rappresenta la forza vitale evolutiva all'interno di ciascuno. Essa si desta dal suo sonno nella terra per procedere danzando attraverso ciascun chakra, ripristinando l'arcobaleno come un ponte metafisico tra la materia e la coscienza. Attraverso questa danza di trasformazione l'arcobaleno diventa l'*axis mundi* – l'asse centrale del mondo, che scorre verticale attraverso il centro di ciascuno di noi. Nel nostro viaggio lungo la vita, i chakra sono le ruote disposte lungo questo asse, che conducono il veicolo del Sé lungo la nostra ricerca evolutiva, attraverso il Ponte dell'Arcobaleno, per reclamare ancora una volta la nostra natura divina.

Questo Ponte dell'Arcobaleno può anche avvicinare le culture d'oriente e d'occidente, poiché ciascuna ha qualcosa da imparare dall'altra. I tesori dell'oriente portano agli occidentali una vasta ricchezza spirituale. Le elaborate pratiche dello yoga, l'abbondanza dei testi buddhisti e induisti e la ricchezza di immagini delle divinità orientali offrono agli occidentali delle nuove dimensioni di esperienza spirituale. Tuttavia, nonostante questa ricchezza spirituale, esiste, in molti dei paesi orientali, una predominanza di povertà materiale, soprattutto in India, da dove hanno avuto origine lo yoga e il sistema dei chakra. A paragone, molti occidentali vivono circondati di ricchezza materiale, ma nella povertà spirituale. I nostri notiziari sono pieni di odio e violenza, paura e senso di vuoto affliggono la nostra gioventù e un materialismo sconsiderato consuma le risorse mondiali. Io sono convinta che sia possibile avere sia l'abbondanza materiale che la ricchezza spirituale. Possiamo abbracciare contemporaneamente tutti i chakra per raggiungere infine una qualche sorta di equilibrio personale e culturale.

L'attraversamento del Ponte dell'Arcobaleno è una metafora mitica dell'evoluzione della coscienza. Richiamarsi a un mito significa inserire il nostro lavoro personale in un contesto più vasto – un contesto che rende più profondo il significato della nostra lotta personale. Ristabilire il Ponte dell'Arcobaleno significa ricollegarsi alla nostra parte divina, ancorandola nel mondo che ci circonda e sanando le scissioni che tanto affliggono il nostro mondo.

Dal punto di vista mitologico l'arcobaleno è sempre stato un segno di speranza, un collegamento tra il Cielo e la Terra, un segno di armonia e di pace. Un tempo si credeva che le divinità, gli spiriti e i mortali attraversassero le sue fasce di colore sia durante che dopo la vita, proteggendo l'invisibilità del Cielo e della Terra. Nella mitologia norrena il Ponte dell'Arcobaleno collegava gli esseri umani agli dei e costituiva il tramite con il Valhalla, il palazzo celeste dove avevano la loro dimora gli dei.

L'arcobaleno, come simbolo archetipico, compare in molte mitologie di ogni parte del mondo. Nella mitologia hindu la dea Maya creò il mondo da sette veli dei colori dell'arcobaleno. Nel mito egiziano sono le sette stole di Iside, nel mondo cristiano i sette veli di Salomè, per i Babilonesi era la collana di Ishtar tempestata di pietre iridate e per i Greci Iride alata, che portava sulla terra i messaggi degli dei agli esseri umani[1].

Nel mito celtico l'orcio d'oro alla fine dell'arcobaleno rappresenta una sorta di Santo Graal, la coppa perduta del rinnovamento e della pienezza spirituale. Carl Jung si riferiva all'oro come al prodotto simbolico finale della trasformazione alchemica interiore. L'attraversamento dei chakra è un processo alchemico di crescente affinamento, che unifica luce e ombra, maschile e femminile, spirito e materia nel crogiolo del corpo e della psiche. L'orcio d'oro è veramente l'elusiva pietra filosofale, che ci attira verso l'eroico viaggio della trasformazione.

Nella lingua turca la parola che indica l'arcobaleno significa letteralmente ponte.

Antichi miti ci narrano che, via via che il Giorno del Giudizio si avvicina, il Ponte dell'Arcobaleno si spezzerà, interrompendo per sempre il legame tra il Cielo e la Terra. Noi che ci affacciamo a un incerto futuro all'alba di un nuovo millennio, forse possiamo allontanare il Giorno del Giudizio ristabilendo ancora una volta il Ponte dell'Arcobaleno usando la nostra consapevolezza. Così il viaggio diventa una ricerca del sacro, per riportare speranza e connessione per rinnovare noi stessi e per difendere il mondo.

LE RUOTE CHE SANANO

Il sistema dei chakra è un modello filosofico dell'universo su sette livelli. I chakra sono giunti in occidente attraverso la tradizione e la pratica dello yoga. Lo yoga (che significa *giogo, legame*) è una disciplina volta a collegare l'individuo con il divino attraverso l'uso di pratiche mentali e fisiche che uniscano la nostra vita mondana e spirituale. Questo scopo viene raggiunto passando attraverso degli stadi di stati di coscienza sempre più evoluti. I chakra rappresentano questi stadi.

Un chakra è un centro di attività che riceve, assimila ed esprime l'energia della forza vitale. Il termine *chakra*, tradotto alla lettera, significa *ruota* o *disco* e si riferisce a una sfera rotante di attività bioenergetica che emana dai più importanti gangli nervosi che si diramano dalla colonna vertebrale. Vi sono sette di queste ruote, poste l'una sull'altra in una colonna di energia che unisce la base della colonna vertebrale al sommo della testa (vedi fig. 0-1). Esistono anche chakra minori nelle mani, nei piedi, sulla punta delle dita e sulle spalle. Letteralmente, qualunque vortice di attività potrebbe essere definito un chakra. Sono i sette chakra maggiori che sono correlati con gli stati di coscienza di base e saranno questi ad essere presi in considerazione in questo libro.

Il sistema dei chakra è nato in India più di quattromila anni fa. Si parla dei chakra negli antichi testi dei Veda, nelle più tarde Upanishad, negli *Yoga Sutra di Patanjali* e più diffusamente nel XVI secolo da parte di uno yogi indiano in un testo intitolato *Sat-Chakra-Nirupana*[2]. Nel 1920 i chakra giunsero in occidente grazie ad Arthur Avalon con il suo libro *The Serpent Power*[3]. Oggi essi sono un concetto diffuso come unione tra aree del corpo e della psiche e i relativi regni metafisici.

I chakra non sono entità fisiche in sé e per sé. Come le sensazioni o le idee, non possono essere considerati degli oggetti fisici e tuttavia hanno un forte effetto sul corpo, poiché costituiscono la realizzazione dell'energia spirituale sul piano fisico. I modelli dei chakra sono programmati nel nucleo più profondo della connessione tra mente e corpo e si trovano in stretto rapporto con le nostre funzioni fisiche. Come le emozioni possono influenzare, e di fatto influenzano, il nostro respiro, il battito cardiaco e il metabolismo, così le attività dei vari chakra influiscono sull'attività ghiandolare, sulla forma del corpo, sulle affezioni fisiche croniche, sul pensiero e sul comportamento. Facendo uso di tecniche quali lo yoga, la respirazione, la bioenergetica, l'esercizio fisico, la meditazione e le visualizzazioni, possiamo di volta in volta influire sui nostri chakra, sulla nostra salute e sulla nostra vita. Uno dei pregi essenziali di questo sistema è quello di poter essere applicato tanto al corpo che alla mente e di potervi accedere attraverso entrambi.

Figura 0-1. Posizione dei chakra nel corpo

Dunque si dice che i chakra hanno una *posizione*, benché in senso fisico non esistano. La fig. 0-1 mostra le posizioni relative dei sette principali chakra. Queste posizioni possono variare leggermente da persona a persona, ma rimangono comunque costanti nel loro generale rapporto l'uno con l'altro.

Benché non possano essere visti o ritenuti delle entità materiali, i chakra sono evidenti nella forma del nostro corpo fisico, negli schemi che si manifestano nella nostra vita e nel modo in cui pensiamo, sentiamo e affrontiamo le situazioni che la vita ci presenta. Allo stesso modo in cui vediamo il vento attraverso il movimento delle foglie e dei rami, è possibile vedere i chakra da quanto ci creiamo intorno.

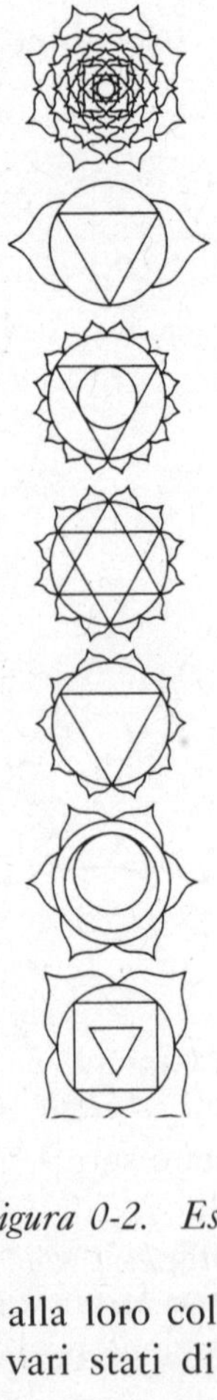

	Esiti principali	*Elementi*
7	Cognizione	Pensiero Coscienza
6	Intuizione	Luce Luminescenza
5	Comunicazione	Suono Vibrazione
4	Amore	Aria Equilibrio
3	Potenza	Fuoco Combustione
2	Sessualità	Acqua Polarità
1	Sopravvivenza	Terra Gravità

Figura 0-2. Esiti principali ed elementi dei chakra

In base alla loro collocazione nel corpo, i chakra sono stati associati a vari stati di coscienza, ad elementi archetipici e a costrutti filosofici. Ad esempio, i chakra più bassi, che sono fisicamente più vicini alla terra, sono in rapporto con gli aspetti più pratici della nostra vita: sopravvivenza, movimento, azione. Sono regolati da leggi fisiche e sociali. I chakra superiori rappresentano aree mentali e funzionano su livello simbolico, attraverso le parole, le immagini e i concetti. Ciascuno dei sette chakra inoltre, viene a rappresentare un'area importante della salute psichica umana, che possiamo brevemente riassumere come segue: 1) sopravvivenza, 2) sessualità, 3) forza, 4) amore, 5) comunicazione, 6) intuizione e 7) cognizione (fig. 0-2).

Metaforicamente i chakra sono in relazione ai seguenti elementi archetipici: 1) terra, 2) acqua, 3) fuoco, 4) aria, 5) suono, 6) luce, 7) pensiero. (Questa è la mia interpretazione; i testi classici elencano solo i cinque elementi: terra, acqua, fuoco, aria ed etere). Questi elementi rappresentano rispettivamente i principi universali della gravitazione, della polarità, della combustione, dell'equilibrio, della vibrazione, della luminescenza e della coscienza stessa (fig. 0-2). Il comprendere questi principi formatori e l'essenza degli elementi associati, ci fornisce una chiave di comprensione per la natura unica di ciascun chakra. La terra è solida e densa; l'acqua è senza forma e fluida; il fuoco è radiante e trasformatore; l'aria è leggera e spaziosa; il suono è pulsazione ritmica; la luce illumina; mentre il pensiero stesso è il medio ultimo della coscienza. La meditazione sugli elementi ci offrirà il senso profondo del distinto profumo di ogni chakra.

Tutti insieme i chakra formano una specie di scala di Giacobbe, che unisce le polarità del Cielo e della Terra, della mente e del corpo, dello spirito e della materia. Queste polarità esistono in un continuum, dove i chakra sono gradini ascendenti, che si concretizzano all'interno dei processi vitali. Ogni passo verso l'alto si muove da un ben definito stato vibrazionale pesante ad una forma superiore, più libera e sottile. Ciascun passo verso la forma e la solidità.

Poiché vi sono sette livelli per i chakra e sette colori nell'arcobaleno, la vibrazione più bassa della luce visibile, il rosso, è associata al chakra di base e la più rapida e breve, il viola, a quello della calotta cranica. Ciascuno degli altri colori (arancione, giallo, verde, azzurro, indaco) rappresenta i gradini interme-

Figura 0-3. Tavola delle corrispondenze

	Primo Chakra	*Secondo Chakra*	*Terzo Chakra*
Nome sanscrito (significato)	Muladhara (radice)	Svadhisthana (dolcezza)	Manipura (gemma lucente)
Posizione	Base della colonna vertebr. Plesso coccigeo	Addome, genitali, lombi, anche	Plesso solare
Esito principale	Sopravvivenza	Sessualità, emozioni	Forza, volontà
Orientamento verso il Sé	Auto-conservazione	Auto-gratificazione	Auto-definizione
Obiettivi	Stabilità, basi, salute fisica, prosperità, fiducia	Fluidità, piacere, salute sessuale, sentimento	Vitalità, spontaneità, forza di volontà, finalità, autostima
Diritti	Esserci, avere	Sentire, volere	Agire
Stadio di sviluppo	Nell'utero e fino a 12 mesi	Da 6 mesi a 2 anni	Da 18 mesi a 4 anni
Identità	Identità fisica	Identità emozionale	Identità dell'Ego
Demone	Paura	Colpa	Vergogna
Elemento	Terra	Acqua	Fuoco
Caratteristiche per eccesso	Pesantezza, pigrizia, monotonia, obesità, accaparramento, materialismo, avidità	Iperemotività, confini labili, dipendenza sessuale, attaccamenti eccessivi	Dominanza, critica, aggressività, dispersione, iperattività
Caratteristiche per difetto	Paure frequenti, mancanza di disciplina, irrequietezza, sottopeso, drogato	Frigidità, impotenza, rigidità, ottusità emozionale, timore del piacere	Volontà debole, mancanza di autostima, passivo, trascurato, pauroso

Quarto Chakra	Quinto Chakra	Sesto Chakra	Settimo Chakra
Anahata (non colpito)	Vissudha (purificazione)	Ajna (percepire)	Sahasrara (dai mille petali)
Zona del cuore	Gola	Sopracciglia	Sommo della testa, corteccia cerebrale
Amore, relazioni	Comunicazione	Intuizione, immaginazione	Consapevolezza
Auto-accettazione	Auto-espressione	Auto-riflessione	Auto-conoscenza
Equilibrio, compassione, autoaccettazione, buone relazioni	Comunicazione chiara, creatività, risonanza	Percezione psichica, interpretazione accurata, immaginazione, chiarezza di vedute	Saggezza, conoscenza, consapevolezza connessione spirituale
Amare ed essere amato	Parlare ed essere ascoltato	Vedere	Conoscere
Da 4 a 7 anni	Da 7 a 12 anni	Adolescenza	Corso della vita
Identità sociale	Identità creativa	Identità archetipica	Identità universale
Sofferenza	Bugie	Illusione	Attaccamento
Aria	Suono	Luce	Pensiero
Codipendenza, confini labili, possessività, gelosia,	Parlare eccessivo, incapacità di ascolto, prolissità, balbuzie	Emicrania, incubi, allucinazioni, illusioni, incapacità di concentrarsi	Iperintellettualismo, ossessioni spirituali, confusione, dissociazione
Timido, solitario, mancanza di empatia, amaro, critico	Timore di parlare, scoordinamento, afasia	Cattiva memoria, cattiva vista, incapacità di vedere l'insieme, negazione	Difficoltà di apprendimento, scetticismo spirituale, visioni limitate, materialismo, apatia

di[4]. Man mano che impariamo ad aprire e sanare i chakra che sono in noi, noi *diventiamo* il Ponte dell'Arcobaleno, legame vivente tra Terra e Cielo.

Ciascuno dei principi e degli attributi dei chakra verranno trattati nei capitoli seguenti. La *Tavola delle Corrispondenze* (fig. 0-3) riunisce per voi alcune informazioni essenziali.

IL BIOCOMPUTER UMANO

Il termine chakra letteralmente significa disco. Tale è la coincidenza, che in epoca moderna i dischetti sono le comuni unità di memoria delle informazioni programmate. Possiamo servirci di questa analogia e pensare ai chakra come a floppy disk che contengano programmi vitali. Noi possediamo un programma di sopravvivenza che ci avverte quando dobbiamo mangiare, quante ore dobbiamo dormire, quando indossare un maglione. Esso contiene dettagli come di quanto denaro riteniamo di aver bisogno, di ciò che siamo disposti a fare per quel denaro, di che cosa costituisce una minaccia per la nostra sopravvivenza e che cosa ci fa sentire al sicuro. Allo stesso modo abbiamo dei programmi per la sessualità, potere, amore e comunicazione. Secondo questa analogia possiamo considerare il settimo chakra il sistema operativo. Esso rappresenta il modo in cui organizziamo e interpretiamo tutti i nostri programmi.

Nel mondo dei computer la tecnologia fa passi talmente rapidi, che i programmi scritti dieci anni fa ora sono assolutamente superati. La stessa cosa accade anche con molti dei programmi che ci sono stati dati quando eravamo bambini. Ad esempio, i ruoli sessuali tradizionali sono incompatibili con le relazioni paritarie e dagli sforzi della coppia moderna si stanno evolvendo nuovi modelli. Un alcolizzato segue un programma per la guarigione e sono necessari dei programmi per ottenere una perdita di peso o per laurearsi. Tutti noi funzioniamo con degli insiemi di programmi, che possono essere coscienti o meno. L'impresa che ci sta dinnanzi consiste nel trovare il programma ed eliminarne gli errori.

I chakra contengono subroutine programmate che modellano il nostro comportamento. Mangiare eccessivamente è una subroutine del chakra della sopravvivenza. Perdere la calma potrebbe essere una subroutine inconscia di un chakra del potere in eccesso. La meditazione può essere una subroutine conscia del nostro settimo chakra.

Secondo questa analogia il nostro corpo è l'hardware, la nostra programmazione è il software e il Sé è colui che li usa. Tuttavia non siamo stati noi a scrivere per intero questi programmi e parte del loro linguaggio è talmente arcaico da essere diventato incomprensibile. È certo un'impresa eroica quella di identificare i nostri programmi e di riscriverli tutti continuando a vivere la nostra vita, e tuttavia questo è il compito del guarire. Il che diventa ancora più difficile quando ci rendiamo conto che ciascuno dei nostri programmi personali fa parte di un più vasto sistema culturale che ci è possibile controllare poco o nulla.

Il sistema dei chakra può essere usato come strumento per combattere i virus, per eliminare i difetti e riprogrammare la nostra vita. Se siamo in grado di imparare questo a livello individuale, forse possiamo applicare gli stessi metodi alla nostra cultura e all'ambiente.

Esiste anche un altro importante aspetto di questa analogia, che spesso diamo per scontato, vale a dire l'energia di base che fa funzionare il tutto. Il computer più sofisticato, con megabytes di software, è inutile senza l'elettricità. Ciò che attiva ciascuno e tutti i nostri programmi è l'energia che immettiamo nel sistema. Intricati diagrammi interni di flusso decidono quale area attivare e quando. Quando lo stomaco è vuoto vengono attivati i centri della fame e in seguito a certi stimoli vengono risvegliati i centri sessuali.

Per essere in grado di comprendere un essere umano, dobbiamo prendere in esame il flusso di energia presente nel sistema. Possiamo pensare a questa energia in termini di eccitazione, carico, attenzione, consapevolezza, o semplicemente energia vitale. (Alcuni sistemi spirituali la descrivono come *chi*, *ki*, o *prana*). La nostra comprensione dei chakra deriva da un'analisi strutturata dell'energia che scorre attraverso il corpo di una persona, dal suo comportamento e dall'ambiente.

Il modello di Sally potrebbe essere quello di ignorare il suo corpo e vivere totalmente nella testa. Il modello di George potrebbe essere quello di respingere le persone ogniqualvolta gli si avvicinano e allo stesso tempo di parlare troppo nel tentativo di tenerle occupate. Jane potrebbe vagare da un lavoro all'altro, senza riuscire mai a tenerne uno abbastanza a lungo da ottenere una promozione e potrebbe dare una bassa immagine di sé a causa della sua mancanza di successo. Questi modelli possono essere visti quale espressione del modo in cui i programmi dei chakra guidano i nostri biocomputer umani.

È piuttosto comune possedere un ottimo programma e non sapere come attivarlo. Le persone che hanno problemi di peso spesso sanno esattamente cosa dovrebbero o non dovrebbero mangiare, o che esercizi dovrebbero fare. Ma attivare questi programmi è tutta un'altra faccenda. L'attivazione richiede un carico di energia che si muova lungo le correnti psichiche del corpo.

Per poter far funzionare qualunque nostro programma, dobbiamo attivare le nostre correnti energetiche (fig. 0-4). Come accade per l'elettricità, la nostra corrente è bipolare. Il corpo umano è più lungo che largo e dunque le nostre linee energetiche più importanti scorrono verticalmente, mentre delle correnti più sottili scorrono in altre direzioni. In tal modo si hanno due polarità essenziali: la polarità geocentrica, che contattiamo con il nostro corpo e la polarità della coscienza, di cui facciamo esperienza con la mente.

Quando il contatto energetico è stabilito attraverso il corpo è detto *collegamento*. Il collegamento proviene dal contatto materiale che stabiliamo con la terra, in particolar modo attraverso i piedi e le gambe. Affonda le radici nella sensazione, nell'emozione, nell'azione e nella solidità del mondo materiale. Il collegamento ci fornisce quella connessione che ci fa sentire sicuri, vivi, centrati su noi stessi e radicati nel nostro ambiente.

La consapevolezza, d'altro canto, ci deriva da quell'entità elusiva che chiamiamo mente. È la nostra comprensione interiore, la nostra memoria, i nostri sogni e le nostre convinzioni. Organizza anche le informazioni che riceviamo dai nostri sensi. Quando la consapevolezza è scollegata dal corpo è ampia e vaga, onirica e vuota, ma capace di grandi viaggi. Quando è collegata al nostro corpo allora si ha un'energia dinamica che scorre lungo il nostro intero essere. In tal modo il regno dello spirito diviene *incarnato*, concreto e realizzato. Di fatto, abbiamo inserito il sistema, esattamente come inseriamo il nostro stereo in modo da poterci sintonizzare su varie frequenze. In tal modo i chakra diventano una sorta di stazioni che ricevono e trasmettono su diverse frequenze.

Anima e spirito sono l'espressione di queste polarità. Secon-

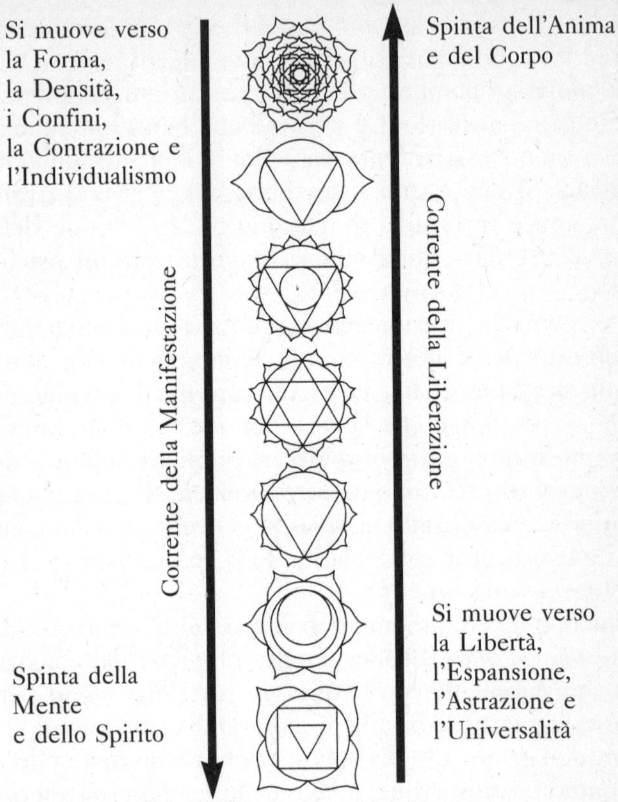

Figura 0-4. Correnti energetiche

do l'uso che faccio di questi termini, vedo l'anima come qualcosa che tende a coalescere verso il corpo e che si protende verso la forma, l'attaccamento e l'emotività, mentre lo spirito tende a muoversi verso la libertà e l'espansione della coscienza. *L' anima è l'espressione individuale dello spirito e lo spirito è l'espressione universale dell'anima.* Essi sono connessi e accresciuti l'uno dall'altro. (Questo argomento verrà ripreso nel capitolo sul Settimo Chakra).

Liberazione e manifestazione

La liberazione è il sentiero per la trascendenza. La manifestazione è il sentiero dell'immanenza. Entrambi conducono al medesimo luogo:

il divino. I sette vortici dei chakra vengono creati dalla combinazione di questi due principi attivi: la coscienza e la materia. Possiamo pensare al flusso della coscienza come a qualcosa che entra attraverso il chakra della corona e si muove attraverso il corpo verso il basso. Poiché i chakra rappresentano degli elementi che si fanno via via più densi man mano che discendono (dal pensiero fino alla Terra), io definisco questo flusso energetico verso il basso *corrente della manifestazione.* Quando prendiamo dei pensieri e li trasformiamo in visualizzazioni, poi in parole e infine in forma, siamo impegnati nel processo della manifestazione. La coscienza si può manifestare soltanto prendendo corpo. Ciò significa che la corrente energetica deve scorrere attraverso il corpo/hardware per attivare i programmi necessari.

La corrente ascendente, che si muove dalla terra densa alla coscienza eterea è la *corrente della liberazione.* Man mano che ci muoviamo ascendendo attraverso i chakra diveniamo meno limitati. L'acqua è meno definita della terra, i pensieri sono meno specifici delle parole o delle immagini. Storicamente i chakra furono pensati come un percorso verso la liberazione, un percorso dove si viene sciolti dalle restrizioni del mondo materiale.

In quest'opera la premessa di base è che un essere umano per essere sano ha bisogno che entrambe queste correnti di base siano in equilibrio tra loro. Se non possiamo essere liberi, non riusciremo a cambiare, a crescere o a espanderci. Diventiamo degli automi, fissati inconsciamente a subroutine ripetitive, e la coscienza si addormenta per la noia. All'opposto, senza la corrente della manifestazione, ci sentiamo vuoti e privi di scopo, dei sognatori che volano in ampi spazi, ma incapaci di atterrare, pieni di idee, ma incapaci di assumersi delle responsabilità o di portarle a termine. Quando uniamo le due correnti otteniamo l'unione delle polarità cosmiche, nota come *hieros gamos*, o nozze sacre. Questa unione degli opposti apre delle possibilità illimitate. È la fonte metaforica della *concezione*, un termine che implica tanto la nascita di un'idea quanto l'inizio della vita.

Sfortunatamente, entrambe le correnti sono influenzate da esperienze negative. Il dolore fisico, i traumi infantili, i condizionamenti sociali e ambienti o attività oppressivi, tutto ci separa dalle nostre fondamenta e dunque dalla corrente liberatoria che ha origine nella base. La nostra cultura, così fiera della sua filosofia in cui la mente domina la materia, ci taglia fuori dalla nostra esperienza fisica e dalla terra stessa. In questa scissione la nostra sessualità è negata, i nostri sensi assaliti, il nostro ambiente violentato e il nostro potere manipolato. Le nostre fondamenta sono la nostra forma e senza di esse perdiamo la nostra individualità.

All'altro estremo del polo, la cattiva informazione e l'indottrinamento invalidano la nostra coscienza. Il bambino a cui viene detto che non ha visto quanto ha appena visto, o che potrebbe non aver provato quel che ha provato, impara a dubitare della sua stessa percezione. Istinti e memorie potrebbero distaccarsi dalla consapevolezza cosciente. Il che può generare fobie e attività compulsive, in cui il comportamento non corrisponde necessariamente alle intenzioni della mente cosciente.

Fortunatamente informazione ed esperienza sono conservate *tanto* negli stati mentali che fisici. Quando una parte viene tagliata fuori, l'altra parte conserva l'informazione. Il nostro corpo è in grado di recuperare dei ricordi che la nostra mente ha dimenticato, come quando dei ricordi di incesto affiorano nelle persone durante l'attività fisica o sessuale. Il rendere cosciente ciò che costituisce le nostre fondamenta, attiva varie memorie ed esperienze, che rivelano le bugie e gli equivoci bloccati dalla memoria e che uccidono la nostra coscienza.

Analogamente, quando l'attenzione viene focalizzata su certo materiale mentale, gli elementi di un sogno, i personaggi di un romanzo, o le immagini di un dipinto, il corpo recupera delle senzazioni. Spesso, quando porto qualcuno a parlare di alcuni aspetti vitali, quello sperimenta uno scorrere di energia nel suo corpo nel momento in cui una parte prima annullata torna a vivere. Entrambe conducono ad una profonda visione.

Il processo di guarigione è reso possibile dall'integrazione della mente, del corpo e dell'energia. Non è sufficiente semplicemente comprendere senza azioni, o scaricare semplicemente energia senza comprensione. Ciò che energizza i cambiamenti che cerchiamo nella nostra vita è l'integrazione di queste due correnti.

Ricezione ed espressione

Prendere e ricevere sono principi comuni a tutte le vite. Sono entrambi dei fattori essenziali in sistemi aperti, in rapporto al mondo e nell'evoluzione personale. Se si trovano in squilibrio, il sistema diventa o sovraccarico o vuoto e non è più in grado di funzionare.

Vi sono anche due correnti orizzontali che scorrono dentro e fuori da ciascun chakra – la corrente della ricezione e la corrente dell'espressione. Noi mescoliamo insieme le nostre due correnti verticali per poterci esprimere a diversi livelli dei chakra. Ad esempio, il discorso che esprimo attraverso il mio chakra della gola è un misto dei miei pensieri, della mia volontà e del mio respiro. Il mio amore è una mescolanza di sentimento e comprensione. Analogamente, ciò che riceviamo attraverso queste correnti orizzontali, entra nel sistema e viaggia su e giù tra i chakra. Ad esempio, un'intuizione che ricevo, può far scattare qualcosa nel mio corpo o cambiare il mio modo di pensare.

Quando un chakra è bloccato, la ricezione e l'espressione ne vengono alterate. Se pensiamo ai chakra come a qualcosa di analogo ai fori di un flauto, allora si capirà come è importante poter aprire e chiudere ciascuno di essi per poter suonare una melodia completa. L'argomento di questo libro è il modo di realizzare tutto questo.

Il blocco dei chakra

Un blocco si sviluppa quando due forze uguali e contrarie si incontrano su uno stesso particolare piano. Non possiamo semplicemente eliminarne una o l'altra. Devono essere integrate. Tutti abbiamo fatto esperienza di momenti in cui il libero scorrere della nostra energia o delle nostre intenzioni sembrava bloccato. I blocchi abituali possono rientrare in categorie che sono in relazione alle funzioni dei chakra. Ad esempio, se per noi la comunicazione è difficile, abbiamo un blocco nel quinto chakra. Se viviamo nella paura e nella sottomissione, potremmo dire che il nostro chakra del potere è bloccato. Se la nostra salute fisica o le nostre finanze personali sono in costante crisi, abbiamo un blocco nel primo chakra.

Che cosa blocca un chakra? Traumi infantili, condizionamenti culturali, sistemi di visione limitati, abitudini restrittive o logoranti, ferite fisiche ed emotive o persino semplicemente mancanza di attenzione, tutto contribuisce a bloccare i chakra. Nella vita le difficoltà abbondano e per ciascuna di esse sviluppiamo una strategia che ci permette di affrontarla. Quando le difficoltà persistono, queste strategie diventano dei modelli cronici, ancorati nel corpo e nella psiche come strutture difensive.

Infine queste difese creano dei modelli fissi nella nostra muscolatura, che impediscono il libero scorrere dell'energia, anche una volta che siano cessate le minacce reali. Questa tensione cronicizzata è nota come *armatura caratteriale*. Influenza la nostra postura, il respiro, il metabolismo e i nostri stati emozionali, come anche i nostri sistemi percettivi, interpretativi e di convinzioni. Ovviamente, poiché il sistema psicofisico ne è influenzato in questo modo, ne vediamo le manifestazioni nelle nostre relazioni, nel lavoro, nella creatività e nel nostro modo di vedere – e tutto ciò tende a perpetuare il modello.

Come una roccia nel letto di un fiume, che raccoglie legnetti e foglie, un blocco di una qualche significanza si aggrava col tempo. Ciò che inizia come una piccola paura si trasforma in una fobia ben radicata, che limita seriamente la libertà personale. Una rabbia abituale può alienare una persona dai suoi amici e questo isolamento può provocare depressione e maggiore rabbia. La dipendenza nelle relazioni conduce all'abbandono, il che rafforza la tendenza all'attaccamento.

Inoltre, un qualunque blocco in un particolare chakra influisce sullo scorrimento delle quattro correnti di base. Potremmo non essere in grado di "far decollare" la nostra corrente liberatoria, trovandoci così continuamente regrediti ai problemi della sopravvivenza. Oppure potremmo non essere in grado di collegare completamente la corrente della manifestazione, perdendoci così in un torrente di idee, senza saper creare delle connessioni col mondo reale. Se non siamo in grado di *ricevere* un particolare tipo di energia (come l'amore o nuovi tipi di informazione), allora il chakra si atrofizza e viene limitato ulteriormente nel suo funzionamento. Se siamo incapaci di *esprimere* energia stagnamo e diventiamo un sistema chiuso.

In tutti questi casi siamo incompleti o sbilanciati nell'esperienza che facciamo della vita. È questo il motivo per cui è importante riconoscere i blocchi che abbiamo, trovare dei modi per comprenderne l'origine e il significato e sviluppare degli strumenti per guarirli.

Per sbloccare un chakra bisogna agire su diversi livelli:

1) *Comprendere le dinamiche di quel particolare chakra.* Significa conoscere il sistema dei chakra abbastanza bene, tanto da comprendere sia la natura di ciascun chakra, che le sue funzioni all'interno del sistema nel suo insieme. In questo modo sappiamo quello che il chakra sta cercando di ottenere e come si comporta nel suo funzionamento ottimale.

2) *Esaminare la storia personale in relazione agli aspetti di quel chakra.* Ogni chakra ha uno stadio di sviluppo, in cui traumi e violenze possono alterarne il funzionamento. Comprendere la vostra programmazione da ogni particolare stadio fornisce informazioni vitali sulla natura del blocco.

3) *Impiegare esercizi e tecniche.* Dal momento che i chakra sono inseriti nel corpo fisico, esistono degli specifici esercizi fisici volti ad aprire particolari parti del corpo. Vi sono anche delle meditazioni, compiti da svolgere nel mondo reale e tecniche di visualizzazione, che aiutano a influenzare i cambiamenti in un chakra.

4) *Bilanciare gli eccessi e le carenze.* Se un chakra è bloccato da una cronica tendenza a trattenere, dobbiamo imparare a lasciare andare. Se è bloccato da una perpetua tendenza a sfuggire, dobbiamo imparare a focalizzare quell'area tanto nel nostro corpo che nella nostra vita.

Tuttavia, non tutti i blocchi sono uguali, persino nello stesso chakra. Blocchi diversi richiedono diversi tipi di cura. L'argomentazione che segue opera un'importante distinzione tra due tipi fondamentali di squilibrio nei chakra. I capitoli che seguono analizzano nel dettaglio quello che può causare dei blocchi in aree specifiche e analizzano la natura delle loro diverse manifestazioni.

Eccessi e carenze

Moltissimi problemi della vita nascono da troppo o troppo poco di qualche cosa. Passiamo la nostra vita alla ricerca dell'equilibrio. Il modo in cui un individuo affronta lo stress, le esperienze negative o i traumi in genere rientra in una di queste due categorie: accrescere la propria energia e attenzione per poter combattere lo stress, oppure diminuirle per sottrarsi a una situazione. La conseguenza è quella di una strategia *per eccesso o per difetto*. Si può capire quale di esse una persona ha deciso di scegliere osservandone il corpo ed esaminando le sue abitudini. Il suo corpo è tonico fino al punto della tensione cronica? Si preoccupa di ogni dettaglio in modo eccessivo? È ossessiva riguardo ai particolari, superorganizzata? Se così è, in genere è superbloccata, o in eccesso. Al contrario, se il modello di comportamento la spinge a sottrarsi alle situazioni, ad essere vaga, inaffidabile, o eccessivamente mutevole, con un corpo poco tonico, molle o flaccido, è probabile che sia poco compatta o carente. Il terapista somatico Stanley Keleman ne dà questa descrizione:

> In una risposta di blocco le membrane della struttura si ispessiscono o si induriscono in modo tale che l'ambiente non può essere penetrato né dall'esterno né dall'interno. Le strutture poco compatte fanno sì che le membrane divengano scollate; si crea una porosità in cui il mondo invade la persona oppure questa fuoriesce nel mondo[5].

Possiamo anche considerarlo come un modello di annullamento o di sovracompensazione. L'annullamento conduce a una carenza nei chakra e la sovracompensazione ad un eccesso nei chakra. Un prepotente, che compensa la sua insicurezza dominando gli altri, dimostra un eccesso nel terzo chakra. Una persona spaventata, che parla in continuazione, avrà un eccesso nel quinto chakra. Una persona decisamente sovrappeso potrebbe avere un eccesso nel primo chakra, in quanto usa il peso corporeo per sentirsi protetta e radicata a terra. I chakra in eccesso compensano le perdite o i danni puntando l'attenzione su quell'aspetto in modo eccessivo – in genere in modo disfunzionale, che non permette di sanare la perdita.

Quando non si possiede sufficiente sviluppo per funzionare pienamente a quel livello si ha una risposta di fuga in quella particolare area, così da evitare le situazioni che coinvolgano quella parte. Chi ha subito in tenera età un trauma fisico potrebbe ritirarsi dal corpo e avere problemi nei rapporti col mondo fisico. Una persona che si sente impotente compirà ogni sforzo per evitare il conflitto. Chi è cresciuto nell'isolamento e nell'abbandono può non aver imparato a creare delle relazioni, chiuderà il suo chakra del cuore e si ritirerà socialmente.

Un chakra in eccesso è troppo intasato per essere funzionalmente utile. Come in un intasamento del traffico, il chakra è bloccato da un superaffollamento e l'energia si fa densa e stagnante. Un chakra carente assottiglia l'energia e diviene rattrappito, vuoto, inutile.

Man mano che ci sviluppiamo nel corso della vita, può accadere di trovarci in eccesso in alcune aree e carenti in altre. Se una persona presenta una carenza nel primo chakra, è probabile che presenterà degli eccessi nei chakra superiori. Se si è eccessivamente attaccati al potere sugli altri, si avranno dei problemi nelle relazioni. È persino possibile presentare tanto dei modelli per eccesso quanto per difetto all'interno dello stesso chakra. Ad esempio, chi è altamente emotivo, ma sessualmente frigido, presenta sia un eccesso che un difetto nel secondo chakra.

Tuttavia, i chakra per eccesso e per difetto posseggono qualcosa in comune. Sono entrambi il risultato di strategie di adattamento volte ad affrontare stress, traumi o circostanze spiacevoli. Entrambi riducono lo scorrimento dell'energia attraverso il sistema e bloccano la piena espressione della corrente della liberazione e di quella della manifestazione. Alla fine entrambi conducono a comportamenti disfunzionali e a problemi di salute.

Teoricamente sanare questi squilibri è molto semplice. Un chakra in eccesso ha bisogno di scaricare energia e un chakra in difetto ha bisogno di riceverne. Tuttavia è difficile aprire un chakra che è rimasto chiuso per quarant'anni, o fare in modo che una persona eccessiva si lasci andare. Inoltre esistono molte sfumature che costituiscono delle eccezioni alla regola appena citata. Ad esempio, se qualcuno parla troppo per scaricarsi, potrebbe non essere di aiuto incoraggiarlo a parlare di più. Invece ha bisogno di rafforzare una carenza sottostante, quale un collegamento poco efficace con la terra o un intorpidimento emozionale. In tal modo, un chakra in eccesso può alimentare un chakra carente. Chi possiede una forte capacità di visualizzazione, può usare quella stessa forza per immaginare (e creare) un corpo più sano. Per rafforzare un chakra carente potrebbe anche essere necessario aiutarsi rafforzando un chakra che gli sta sotto. Il nostro senso del potere (terzo chakra) si rafforza quando siamo collegati alla terra (primo chakra). Delle buone relazioni (quarto chakra) richiedono sensibilità emotiva (secondo chakra). Queste sfumature emergono quando si lavora col sistema per un lungo periodo.

La bellezza del sistema dei chakra consiste nella sua multidimensionalità. Questi squilibri possono essere affrontati verbalmente attraverso la discussione, fisicamente, attraverso il lavoro con il corpo e il movimento, spiritualmente attraverso la meditazione, emozionalmente esplorando i sentimenti, visualmente attraverso le immagini, con l'udito attraverso i suoni e attualizzati attraverso compiti nel mondo esterno, che rafforzano certe aree della nostra vita.

ARMATURA CARATTERIALE

Il carattere è il guscio che l'energia si lascia dietro e come tale ne costituisce la casa; ma il guscio, quando cresciamo, diventa troppo stretto.

JOHN CONGER

Poiché eccesso e carenza diventano parte dei nostri modelli cronici di comportamento, possiamo descriverli anche come *armatura caratteriale*. Questo è un termine bioenergetico usato per descrivere alcuni tipi di strategie di adattamento e i loro modelli cronici di controllo collocati nelle posture e nei tessuti del corpo. L'armatura caratteriale si sviluppa in modo tipico dalle difficoltà sperimentate durante gli stadi di sviluppo della vita. I modi che abbiamo di affrontare queste sfide diventano modelli abituali che si inseriscono saldamente all'interno del sistema man mano che esso si sviluppa. Questi modelli sono al di là della consapevolezza cosciente. Essi non sono quello che noi *decidiamo* di fare, sono piuttosto come dei programmi impazziti che funzionano in modo automatico. In tal modo sono delle risposte abituali inconsce – modelli autoperpetuantesi, che tendono a ricreare proprio quelle situazioni che li hanno generati.

Le *strutture caratteriali* descrivono dei modelli generali di armature corporee. Alexander Lowen descrive cinque strutture caratteriali di base, ciascuna con delle precise caratteristiche, basate sul lavoro pionieristico di Wilhelm Reich[6]. Molte persone ne presentano una di queste cinque, con ombre e sfumature delle altre strutture. Ad esempio, possiamo lavorare attraverso uno strato di struttura caratteriale, per trovarne poi un altro sotto, oppure talvolta una struttura viene attivata dalle circostanze della vita, come la perdita di una persona cara, che attiva i nostri aspetti "orali", o le richieste degli studi universitari attivano la nostra necessità di realizzazione. Comprendere l'armatura caratteriale risulta molto utile nel lavoro sull'interazione tra corpo e mente e crea una relazione diretta con la distribuzione dell'energia attraverso i chakra.

Lowen ha dato alle cinque strutture caratteriali dei nomi specifici, alcuni dei quali li fanno apparire quasi patologici. Ritengo che queste strutture caratteriali siano piuttosto comuni e per questo motivo preferisco usare dei nomi meno degradanti. Qui le descriveremo *brevemente*, usando entrambi i nomi e trattandone in modo più dettagliato nei capitoli appropriati.

Lo Schizoide/Creativo. Lowen definì struttura Schizoide per la sua caratteristica separazione tra mente e corpo, quale risultato dell'alienazione dal primo chakra. Le persone che possiedono questa struttura sono molto creative e intelligenti, con i chakra superiori ultrasviluppati. Il loro problema si concentra intorno al diritto di esistere, così questa struttura viene discussa nel primo chakra.

L'Orale/Amante. La struttura orale viene discussa nel secondo chakra, come risultato della deprivazione durante la fase di cura/nutrimento di dipendenza in relazione al primo e al secondo chakra. Poiché i tipi orali sono fortemente orientati verso la fusione emozionale e il dare, sono indicati anche come gli Amanti.

Il Tollerante/Masochista. La struttura del Masochista è fissata al terzo chakra, con l'energia legata alla volontà. Derubati della loro autonomia, i masochisti tendono a tenere tutto dentro in un modello conflittuale di compiacere e resistere, rovesciando all'interno la loro energia bloccata. Sono forti e leali e possono sopportare bene le difficoltà e così vengono indicati in modo più preciso come struttura del Tollerante.

Il Rigido/Realizzatore. Feriti al cuore dalla mancanza di approvazione, questi tipi tendono a focalizzare la loro energia sulla realizzazione. Sono molto funzionali, ma spesso temono le relazioni, il coinvolgimento e la sensazione di intimità. La struttura del Realizzatore viene discussa nel quarto chakra.

Lo Psicopatico/Sfidante-Difensore. Anche la struttura psicopatica è collegata, per quanto riguarda lo sviluppo, al terzo chakra, ma il risultato tende all'eccesso più che al difetto. Questo tipo è orientato verso l'esercizio del potere ed è definito anche lo Sfidante-Difensore, poiché difende i sottomessi e sfida i forti.

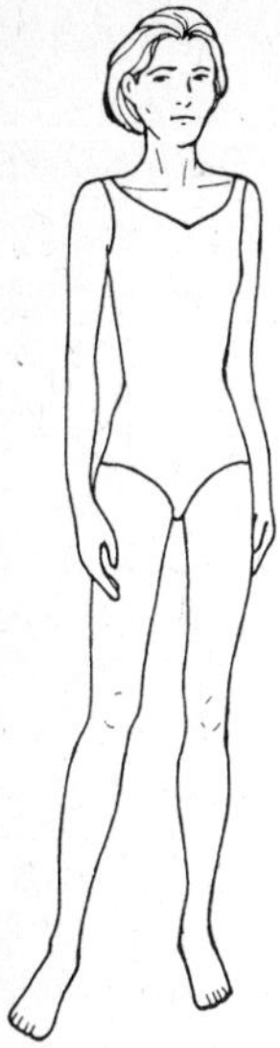

A.
Carattere Schizoide.

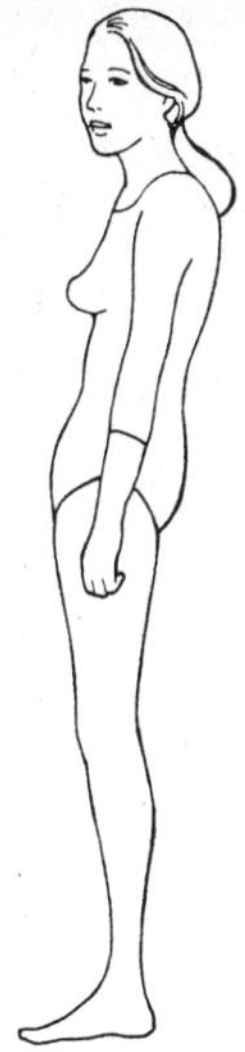

B.
Carattere Orale.

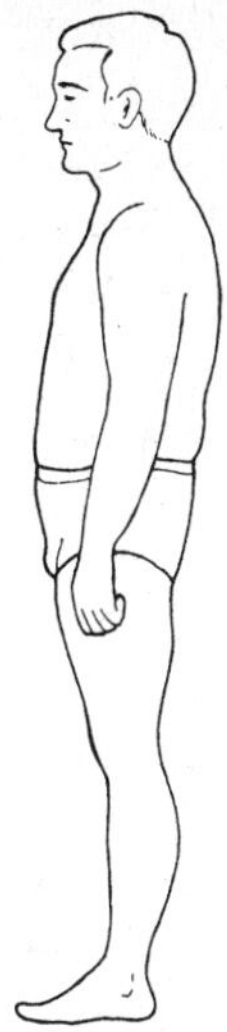

C.
Carattere Tollerante.

D.
Carattere Rigido.

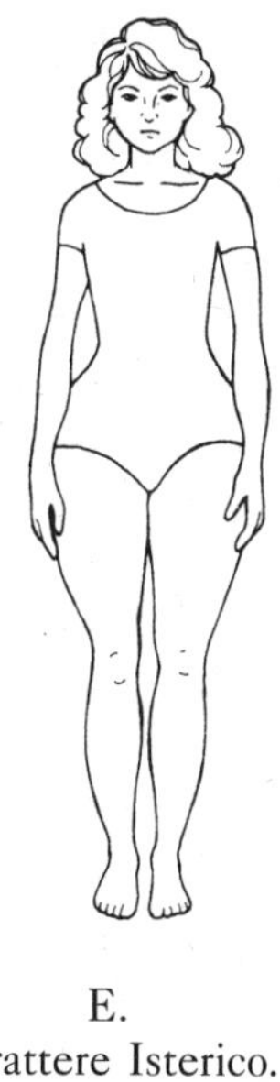

E.
Carattere Isterico.

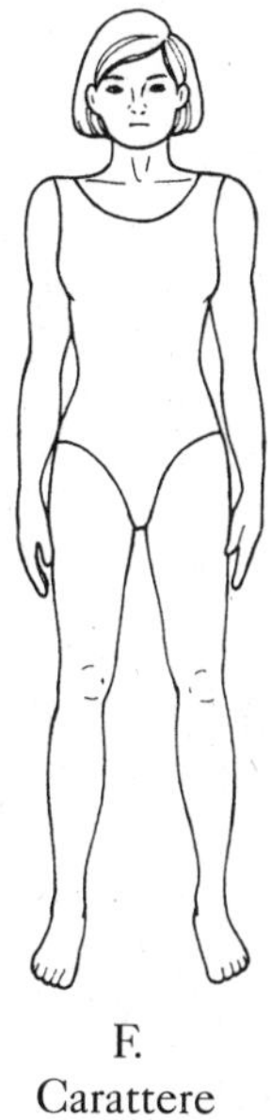

F.
Carattere
Sfidante-Difensore.

Figura 0-5. Tipi fisici

Figura 0-6. Le cinque strutture caratteriali

Termini di Lowen	*Schizoide*	*Orale*
Termini alternativi	Creativo	Amante
Età della deprivazione	Dall'utero a 6 mesi	Da 6 mesi a 2 anni e 1/2
Modello di controllo	Tenere unito	Reggersi (aderire)
Paure	Andare in pezzi, impazzire	Abbandono, rifiuto
Dubbi	Diritto di esistere	Diritto di avere
Illusione	La mia mente è il mio corpo	Non posso facerla da solo. L'amore risolve tutto
Genitori	Arrabbiato, spaventato	Deprivante
Sintomi della personalità	Mancanza di senso del sé	Depresso, bisognoso, dipendente
Occhi	Vuoti, fissi, spaventati	Imploranti, da cagnolino
Aspetti positivi	Molto creativo	Capace di amare
Segnali fisici	Tensione nelle giunture, costretto, scattante	Petto infossato, troppo magro o grasso, pallido, morbido
Chakra più interessati	1° carente	2° e 4° in eccesso

Masochista	*Rigido*	*Psicopatico*
Tollerante	Realizzatore	Sfidante-Difensore
da 1 1/2 a 3	da 3 1/2 a 5	da 2 1/2 a 4
Tenere dentro	Reprimere	Sostenere
Umiliazione esposizione	Resa (ai sentimenti)	Sottomissione (a un altro)
Diritto di agire (autonomia)	Diritto di volere, diritto di sentire	Diritto di essere libero, diritto di amare
Cerco di compiacerti	Il rendimento è tutto	È tutta questione di volontà
Intrusivo, autoritario	Sessualmente freddo	Un genitore seduttivo, un altro autoritario
Si sente bloccato, incostante	Aggressivo, orgoglioso, competitivo	Assetato di potere, ostinato, contrario
Sofferenti, confusi	Luminosi, brillanti, presenti	Imperativi
Resistente, paziente, diplomatico	Buon organizzatore altamente funzionale	Testa sulle spalle, gentile coi sottoposti
Compresso, sedere contratto, spasmi muscolari	Testa alta, cuore chiuso, pelvi attive, centro del corpo bloccato	Bello, proiettato verso l'alto, pelvi mobili
3° bloccato	4° carente	3° in eccesso, 5° forte

Poiché il suo modello posturale spinge l'energia verso la parte superiore del corpo, specialmente verso il corpo e le spalle, tratto lo Sfidante nel capitolo sul quinto chakra.

La figura 0-6 offre uno schema di tutte e cinque le strutture caratteriali per un facile riferimento. Più avanti seguiranno altri schemi, nelle discussioni più dettagliate, che ne mostrano le relazioni con i modelli per eccesso e per difetto di tutti e sette i chakra.

I SETTE DIRITTI

Ciascun chakra riflette un diritto fondamentale, inalienabile, tra quelli sotto elencati. La perdita di questi diritti blocca il chakra. Recuperare questi diritti è una parte necessaria del processo di guarigione del chakra (fig. 0-7).

Primo chakra: *il diritto di esistere.* Per trovare la solidità nel primo chakra dobbiamo possedere un senso istintivo del nostro diritto di esistere. Nei miei studi mi accorgo che la larga maggioranza delle persone ha dei problemi con questo diritto, per quanto basilare esso possa sembrare. Senza il diritto di esistere ben pochi sono i diritti che possono essere reclamati. Abbiamo il diritto di occupare uno spazio? Abbiamo il diritto di stabilire la nostra individualità? Abbiamo il diritto di prenderci cura di noi stessi? Il diritto di essere qui significa il diritto di esistere, il diritto che sta alla base della nostra sicurezza e della nostra sopravvivenza.

Un corollario di questo diritto è il *diritto di avere*, in particolare di avere quello che ci è necessario per sopravvivere. Posso aver afferrato il mio diritto di esistere, ma avere ancora dei problemi nel permettermi di *possedere* cose come tempo per me stesso, piacere, denaro, beni materiali, amore o apprezzamento. Non essere in grado di possedere qualcosa è come possedere una libreria senza ripiani. Se nel sistema non esiste un luogo in cui immagazzinare le cose e nessun processo efficace per ottenerle, ci troveremo in uno stato di costante deprivazione – anche se ci verrà offerto aiuto.

Un bambino non voluto pone in dubbio il suo diritto di esistere e può trovare poi delle difficoltà nell'ottenere in seguito ciò che gli è necessario nella vita. Quando ci vengono negati cibo, vestiario, riparo, calore, cure mediche o un ambiente sano, il nostro diritto di esistere è stato ridotto. Di conseguenza, nella vita potremo porre in dubbio quel diritto più volte. Il diritto di avere si trova alla base della capacità di contenere, di tenere, di mantenere e di manifestare, che sono tutti aspetti di un primo chakra sano.

Secondo chakra: *il diritto di provare emozioni.* Una cultura che disapprova l'espressione delle emozioni o considera la sensibilità soltanto una debolezza mina il nostro fondamentale diritto di provare emozioni. "Non hai il diritto di essere arrabbiato". "Come puoi esprimere le tue emozioni in questo modo? Dovresti vergognarti!" "I ragazzi non piangono". Questo tipo di ingiunzioni violano il nostro diritto di sentire. È dai sentimenti che otteniamo importanti informazioni sul nostro benessere. Quando il diritto di provare emozioni viene disatteso, perdiamo il contatto con noi stessi, siamo ottenebrati e scollegati. Un corollario di questo diritto è il *diritto di volere*, dal momento che, se non possiamo provare emozioni, è molto difficile sapere ciò che vogliamo. Il nostro diritto di godere di una sana sessualità è intimamente connesso al diritto di sentire.

Terzo chakra: *il diritto di agire.* Le culture che posseggono dei modelli comportamentali strettamente definiti danneggiano il diritto di agire con il timore della punizione e la costrizione all'ubbidienza cieca. La maggior parte della gente segue le orme degli altri, temendo le innovazioni, temendo di essere libera. Quando viene limitato il diritto di agire, con esso spariscono la volontà e la spontaneità e la nostra vitalità diminuisce. Il che non implica che il terzo chakra si giovi di atti insensati o stravaganti, ma piuttosto che ci è necessaria la libertà per sviluppare la nostra autorità interiore. Un corollario di questo diritto è il *diritto di essere liberi.*

Quarto chakra: *il diritto di amare e di essere amati.* In una famiglia questo può essere danneggiato da qualunque disfunzione nella capacità che i genitori hanno di amare e di curare i loro figli. Dal punto di vista culturale il danno si rivela in giudizi negativi sugli uomini che amano altri uomini e sulle donne che amano altre donne. Il diritto di amare viene inoltre danneggiato dai pregiudizi razziali, culturali, dalla guerra o da tutto ciò che crea inimicizia tra gruppi, ma anche da un basso livello di autostima, da una volontà spezzata e dall'incapacità di provare emozioni e di comunicare. Come chakra centrale in un sistema di sette, il diritto di amare viene danneggiato quando uno qualunque degli altri diritti viene annullato o danneggiato.

Quinto chakra: *il diritto di dire e ascoltare la verità.* Questo diritto viene danneggiato quando, all'interno della nostra famiglia non ci è permesso di parlare apertamente. "Non parlarmi in questo modo, giovanotto!" "In questa famiglia non parliamo di certi argomenti". Questo comprende anche il fatto di non essere ascoltati, quando parliamo, di mantenere i segreti di famiglia e di non sentirsi parlare apertamente. Quando i nostri genitori, la nostra cultura o il nostro governo ci mentono, viene violato questo diritto. Imparare a comunicare in modo chiaro è un fatto essenziale per riappropriarsi di questo diritto.

Sesto chakra: *il diritto di vedere*. Questo diritto viene danneggiato quando ci viene detto che quello che vediamo non è reale, quando le cose vengono deliberatamente nascoste o negate (come ad esempio l'ubriachezza dei genitori) o quando viene limitata l'ampiezza della nostra visione. Quando i bambini assistono a delle cose che sono al di là della loro comprensione, oppure quando si verificano di frequente scenate paurose e terribili, i bambini diminuiscono la loro capacità di vedere. Questo può alterare tanto la visione fisica che la percezione psichica più sottile.

Settimo chakra: *il diritto di conoscere*. Questo comprende il diritto ad un'informazione accurata, il diritto alla verità, il diritto alla conoscenza e il diritto di sapere semplicemente che cosa sta accadendo. Certamente l'educazione è una parte importante della conoscenza. Altrettanto importanti sono i diritti spirituali di ciascuno – il diritto di essere in contatto col divino nel modo che ci sembra più appropriato. L'imposizione su un altro di un dogma spirituale danneggia i diritti spirituali e personali del nostro settimo chakra. Negare informazioni e educazione significa soffocare la ricerca naturale del settimo chakra.

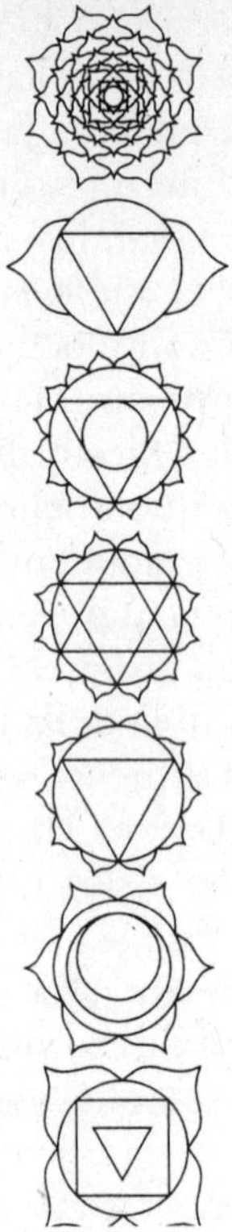

7 Conoscere

6 Vedere

5 Parlare

4 Amare

3 Agire

2 Sentire

1 Esistere

Figura 0-7. I sette diritti

LE SETTE IDENTITÀ

Se i nostri diritti rimangono intatti, o se siamo stati in grado di reclamarli, allora abbiamo una buona possibilità di abbracciare le nostre sette identità basilari dei chakra, ciascuna delle quali influisce su quella sottostante in un modello continuamente in espansione di sistemi più vasti. Prima di elencare le identità, sarà opportuno riflettere sul concetto stesso di *identità*, poiché è un concetto evanescente ma importante, tanto nell'ambito psicologico che in quello spirituale.

L'identità ci dà un *significato*. Siamo continuamente alla ricerca di un significato, perché ci dice come operare. In un sistema, l'identità delle parti determina il modo in cui esse interagiscono. I gatti possono riprodursi con altri gatti, ma non con i cani. Riconoscendo le nuvole foriere di pioggia, sappiamo che dobbiamo chiudere i finestrini della macchina. Se siamo malati o fuori fase vogliamo indagarne le cause.

Ciascun chakra è associato a una particolare identità, che emerge nel suo sviluppo via via che maturiamo nella vita. Ciascuna identità contiene all'interno le identità degli stadi precedenti. Ampliare il nostro senso di identità è uno dei mezzi per ampliare la forma della nostra consapevolezza da un chakra all'altro.

Possiamo vedere le identità come degli strati metaforici di vestiario, come mezzi per coprire l'essenza sottostante dell'anima. Avere dei vestiti non è un problema – abbiamo bisogno di abiti differenti per differenti occasioni, dai jeans, allo smoking alla biancheria sexy. *È* un problema se riteniamo di essere il nostro vestiario e non ce lo togliamo mai.

Quando siamo talmente immersi in queste identità da confonderle con il Sé sottostante, allora siamo bloccati ad un particolare livello. Abbiamo confuso la veste con il corpo stesso – incapaci di togliercela, nel timore di esporre la nudità che sta sotto. Se, d'altro canto, non siamo in grado di identificarci con nessun livello, allora sappiamo che abbiamo del lavoro da fare. Andare in cerca di un lavoro con addosso dei jeans sporchi o fare del giardinaggio vestiti in modo formale non è cosa appropriata – se questo è tutto quello che sappiamo fare, siamo gravemente limitati.

Le identità dei chakra possono essere positive o negative, liberatorie o costrittive. Sono allo stesso tempo vere e false. Sono vere in quanto sono parti reali, ma sono anche false in quanto non sono il tutto (fig. 0-8).

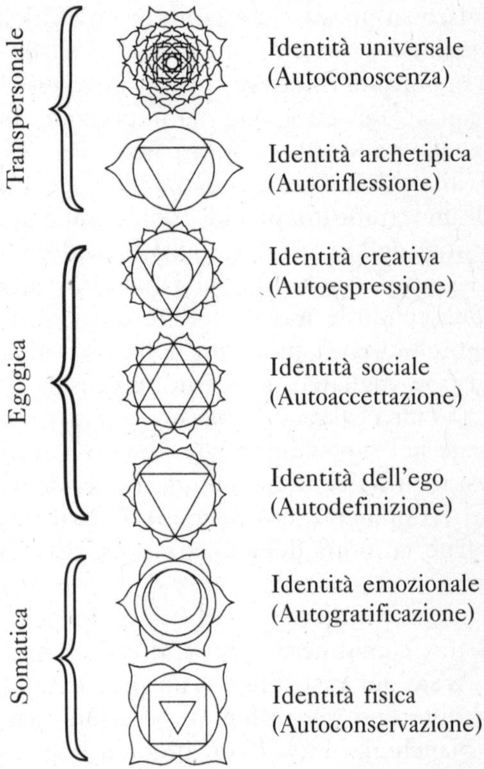

Figura 0-8. Identità

Primo chakra. Il nostro primo livello di identità è noto come *identità fisica* e il suo compito è l'*autoconservazione*. Qui impariamo a identificarci con il corpo: quando il mio corpo ha fame, *Io* ho fame, quando duole, *Io* dolgo. Il corpo riveste l'anima invisibile e ne rivela la forma e l'espressione. Quando ci identifichiamo con il corpo, ci identifichiamo con l'espressione dell'anima nella sua forma fisica, ma anche con le sue qualità fisiche di maschile, femminile, giovane, vecchio, grasso, magro, sano o malato.

L'identificazione fisica è necessaria per trattare col mondo fisico. Se non mi rendo conto che *non posso* sollevare cinquanta chili di carta in uno scatolone, posso danneggiare seriamente la mia schiena. Se non mi rendo conto quando ho fame oppure quando ho bisogno di riposarmi, nel tempo posso compromettere gravemente la mia salute. Fare a meno di questa identità significa essere dissociati dal corpo e aver perso il contatto col mondo fisico.

Secondo chakra. Sotto la superficie del corpo ribollono le emozioni. Le emozioni sono la veste dei nostri sentimenti. Quando proviamo un'emozione forte ci sentiamo vivi e spesso ci identifichiamo con la sensazione coinvolta. Persino il nostro linguaggio compie questa identificazione. Io *sono* arrabbiato, io *sono* impaurito (altre lingue dicono io *ho* paura, io *ho* rabbia). Questa è l'identità che dice *io sento*, *quindi sono* e qualunque cosa sia quello che provo, *è* ciò che sono. Alcuni identificano in questo modo il loro principale senso del sé.

Il nostro secondo chakra allora è *la nostra identità emozionale* e il suo compito è *l'autogratificazione*. L'emozione emerge dalla nostra identità fisica e tuttavia vi aggiunge una nuova dimensione. Dobbiamo sentire il nostro corpo per poter sentire le nostre emozioni e imparare a interpretare il loro messaggio. L'identità emozionale amplia l'esperienza del corpo e gli conferisce dimensione e struttura, collegandoci al fluire del mondo.

Terzo chakra. Nel terzo chakra ci identifichiamo con la nostra volontà, il nostro comportamento e le nostre azioni. È qui che ci rendiamo conto di essere un'entità separata con il potere di scegliere le nostre azioni e le conseguenze. Questa è *l'identità dell'ego*, orientata verso *l'autodefinizione*[7]. Questo tipo di identificazione dice: "Io sono ciò che faccio". Quando facciamo qualcosa nel modo giusto o realizziamo qualcosa di difficile, ci sentiamo bene con noi stessi. Quando compiamo degli errori o falliamo, pensiamo di essere cattivi. Pensiamo che ciò che facciamo sia un'affermazione di chi siamo. L'identità dell'ego emerge dall'identità fisica ed emozionale e può essere considerata *l'ese-*

cutrice interiore, poiché esegue le nostre attività nel mondo. È l'identità che più spesso si manifesta. Ma dobbiamo ricordare – è soltanto un mezzo.

Quarto chakra. Nel quarto chakra creiamo un'*identità sociale*, nota anche come "*persona*". La persona è la personalità creata per interagire con gli altri – è la parte di noi stessi che l'ego lascia affiorare alla superficie, separata dalle ombre. La nostra identità sociale può essere l'aiutante compulsivo, l'amante seduttivo, colui che compiace o l'intrattenitore. Nella nostra famiglia possiamo assumere il ruolo del bambino sperduto, dell'eroe, della brava ragazza o del ribelle. All'inizio il concetto che abbiamo di noi stessi si basa sul modo in cui gli altri reagiscono a noi – se siamo popolari o degli isolati, ammirati o criticati, amati o rifiutati – e ci identifichiamo innanzitutto con le nostre relazioni. Maturando, l'identità tende a includere il modo in cui percepiamo il nostro ruolo nel servire gli altri, o il modo in cui abbiamo imparato a dare e ad accettare un mondo al di là della nostra parte egoica. Questo costituisce la base per la nostra *autoaccettazione*.

L'identità sociale affonda le radici nell'ego e tuttavia si espande continuamente oltre il regno delle necessità centrate su se stessi, per essere consapevoli degli altri. Quando infrango l'identità univoca con l'ego-sé e mi prendo cura di altre persone nel mondo, emerge la mia identità sociale. Tuttavia, il modo in cui mi presento agli altri dipende molto dalla forza dell'ego sottostante.

Quinto chakra. Il quinto chakra è il centro della nostra *identità creativa*. È qui che ci identifichiamo con la nostra *autoespressione* – ciò che diciamo e produciamo. All'inizio ci identifichiamo con la nostra parola attraverso gli impegni che assumiamo. Io mi sono impegnata nel matrimonio e attraverso quell'impegno sono una moglie. Ho dato la mia parola di scrivere un libro e in base a quell'impegno sono una scrittrice. In questa identità ci assumiamo le identità di quello che diciamo dandogli corpo con le nostre azioni. Attraverso la nostra creatività ci identifichiamo come artisti, insegnanti, imprenditori, politici, madri o padri. (Possiamo anche identificarci con i nostri errori e con i nostri fallimenti). L'identità creativa si espande verso l'esterno, grazie alla sua capacità di contribuire e restituire al sistema più ampio.

Man mano che questo sistema si sviluppa, iniziamo a identificarci con possibilità più ampie e attingiamo l'ispirazione dalle grandi opere della civiltà, dalle azioni ispiratrici degli eroi e dei santi, dei poeti e dei pittori. Immergendoci nel flusso creativo del mondo che ci circonda, ci identifichiamo col nostro cammino. Il nostro cammino è la realizzazione del nostro contributo personale al sistema più vasto. Idealmente il percorso ci conduce a una crescita sempre maggiore della coscienza e ad una finale trascendenza dell'io personale in quello transpersonale. Il suo fondamento è un ego sano, sicurezza sociale e un senso di compassione per gli altri.

Sesto chakra. Nel sesto chakra noi ci espandiamo nella nostra *identità archetipica*, trasformando l'*Io* individuale in qualcosa di transpersonale. La nostra storia personale viene ora vista come un evento in una storia più ampia. Se abbiamo sofferto per una figura materna negativa, perché nostra madre non è stata aiutata, siamo portatori di un aspetto della storia archetipica della degradazione della dea madre – la perdita della madre archetipica. Il potere che mancava a nostra madre è quello stesso potere che nei millenni è stato tolto alle donne, tolto all'archetipo stesso. Coloro che hanno sofferto per la lontananza del padre sono portatori di una parte della più grande storia della rivoluzione industriale, della privazione del potere che gli uomini, allontanati dalle loro famiglie, hanno subito e dei valori della casa legati alla terra.

Ampliamo la nostra comprensione del Sé quando scopriamo i temi della nostra vita riflessi nelle fiabe, nella mitologia, nei film e nelle storie riportate dai giornali. Facciamo esperienza della *riflessione del sé* nel sistema più vasto. Ci rendiamo conto di essere degli attori di un dramma assai più ampio, che cavalcano le onde delle basse e alte maree culturali. Maturando a questo livello, comprendiamo consciamente l'evoluzione dei simboli archetipici che ci parlano. Se abbracciamo la causa per la conservazione delle antiche foreste, stiamo facendo qualcosa di più che salvare semplicemente degli alberi – contribuiamo a una più grande causa archetipica.

Settimo chakra. Nel chakra della corona giungiamo all'identità finale e più ampia: la nostra *identità universale*. Più si espande la nostra coscienza, più ampia diviene la nostra identità. Quando ci rendiamo conto del grandioso scopo del cosmo, ci viene data l'opportunità di trascendere il nostro mondo più piccolo e più limitato e ci identifichiamo con l'universo intero. Questo è un tema comune nelle esperienze mistiche, dove l'identificazione con gli stati dell'ego minore apre la via al riconoscimento di un'identità unitaria con tutti gli aspetti della vita, e anzi di tutto il creato. Nella filosofia orientale è questa la base della vera *conoscenza di sé* – la conoscenza del divino che la abita.

Ogni livello dei chakra muove da identità esclusivamente individuali – uniche e singolari come il nostro corpo – verso una comunanza universale. All'estremo opposto del chakra della corona l'individualità è trascesa e assorbita nel più vasto campo del divino. Questo è espresso dalla massima buddista *Tu sei Quello*. Lo scopo del chakra della corona, della meditazione e, in verità, di tutte le discipline spirituali, è quello di spezzare i legami con le identità minori e di giungere alla realizzazione dell'identità universale. Il che non nega la realtà delle identità minori; significa solamente che ci è possibile vederle come parte di un'unità integrata e unificata.

Ogni identità è primaria quando il nostro processo evolutivo è centrato su di essa. Come la gerarchia delle necessità di Maslow, dobbiamo consolidare le nostre identità dei livelli più bassi prima di poter sopportare le identità più vaste, anche se di tanto in tanto e disordinatamente possiamo scorgerne delle scintille. Man mano che sperimentiamo le identità superiori, più inclusive, le nostre identità inferiori rientrano nella giusta prospettiva – non meno importante, ma prendono il loro posto come parti che sostengono un'unità più potente e più ampia.

I DEMONI DEI CHAKRA

L'inconscio non è per natura soltanto male, è anche la fonte del bene più grande; non solo tenebra, ma anche luce, non solo bestiale, semiumano e demoniaco, ma superumano, spirituale e, nel senso classico del termine, "divino".

C.G. JUNG

Ciascun chakra possiede quello che io chiamo un demone specifico, che interferisce con la sua salute e ne mina l'identità. Uso il termine *demone* non per indicare qualche tipo di creatura malvagia, ma come modo di dare un nome alla controforza che apparentemente si oppone alla naturale attività del chakra. Il motivo per cui dico "apparentemente" è perché i demoni nascono per insegnarci qualcosa. Una controforza in genere opera nel senso di rafforzare ciò a cui essa si oppone. La presenza del demone impedisce al chakra di fare il suo lavoro, ma quella sfida ci costringe anche a renderci più consapevoli di quel lavoro, così che alla fine possiamo farlo meglio.

Quando ne siamo inconsapevoli, i demoni ci impediscono di progredire. Fissano la nostra energia al livello di un particolare chakra, mandando in corto circuito la nostra attività ed espressione e bloccando la risoluzione. Se prendiamo consapevolezza del demone ed esploriamo il motivo per cui è lì, ne otteniamo una più profonda conoscenza di noi stessi. Ad esempio, riconoscere che abbiamo paura, ci permette di affrontare la paura e comprenderne le origini, divenendo infine più sicuri di noi stessi. Riconoscere il dolore, permette di guarire e fa sì che il cuore si alleggerisca.

I demoni vengono trattati in modo dettagliato in ciascuno dei loro rispettivi chakra. Quella che segue è una breve descrizione di ciascuno per darvi un'idea generale della loro varietà (fig. 0-9).

Il demone del primo chakra è la *paura*. Essa nasce quando

qualcosa minaccia la nostra sopravvivenza. Ci impedisce di sentirci sicuri, concentrati e calmi. Crea un'ipervigilanza, che forza l'energia verso i chakra superiori.

Il demone del secondo chakra è la colpa. La colpa mina il naturale flusso dell'energia sessuale ed emotiva attraverso il corpo e ci impedisce di manifestarci all'esterno, inibendo il nostro rapporto emotivo e sessuale con gli altri.

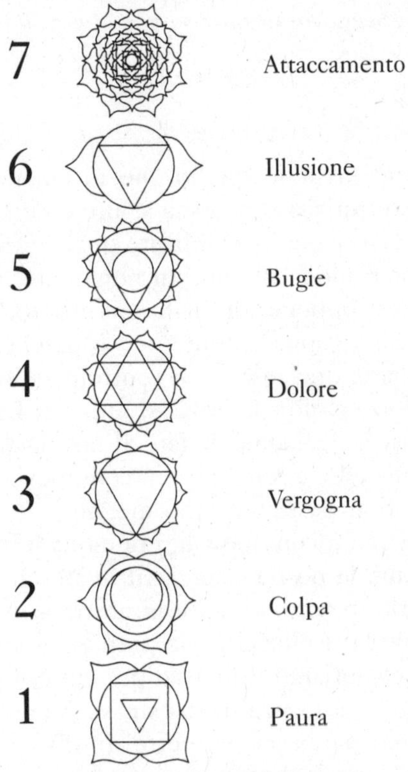

Figura 0-9. Demoni dei chakra

Il terzo chakra ha come suo demone la *vergogna*. La vergogna mina l'autostima, il potere personale, l'attività spontanea e la gioia. La vergogna fa collassare il terzo chakra e volge la sua energia radiante all'interno, contro il sé.

Il *dolore* è il demone del chakra del cuore. Il dolore contrasta la leggerezza e l'espansione del cuore e lo fa sentire pesante e chiuso. Il dolore è il risultato di ferite inferte al cuore.

Le *bugie* sono le antitesi demoniache alla comunicazione della verità nel quinto chakra. Le bugie alterano il nostro rapporto con il mondo esterno, attraverso l'informazione distorta.

L'*illusione* è il demone del sesto chakra. L'illusione fissa l'attenzione e ci impedisce di vedere con precisione.

E infine l'*attaccamento*, che è il demone del settimo chakra. L'attaccamento è quel limitato centro d'attenzione che oscura la realizzazione e l'unità con la coscienza cosmica.

GLI STADI DI SVILUPPO

Se c'è qualcosa che desideriamo cambiare nel bambino, dovremmo prima esaminare e vedere se non vi è qualcosa che faremmo meglio a cambiare in noi stessi.

C.G. JUNG

Lo sviluppo delle abilità e dei concetti collegati a ciascun chakra si verifica progressivamente nella vita, e ogni stadio che viene completato aiuta il risveglio salutare del chakra successivo. Benché per la maggior parte del tempo i nostri chakra siano tutti in funzione, esistono dei precisi stadi di sviluppo in cui vengono apprese le abilità dei vari chakra e integrate nella personalità. Tipologicamente i chakra si evolvono secondo una sequenza, dal basso verso l'alto, seguendo la nostra età cronologica (fig. 0-10). Talvolta è necessario che la fase del chakra successivo abbia inizio, perché venga completata quella del precedente. Dunque vi è una certa sovrapposizione tra lo sviluppo di un chakra e quello del successivo. Naturalmente esistono anche delle variazioni da persona a persona, una discrepanza che si allarga nei chakra superiori.

Il primo ciclo completo di sviluppo dei chakra richiede circa vent'anni e il ciclo riprende nuovamente ad un livello più complesso quando il giovane lascia la casa e inizia la sua vita adulta. La descrizione degli stadi sotto elencati è necessariamente breve e maggiori dettagli verranno forniti nei successivi capitoli in modo da delineare lo svolgersi del processo di sviluppo. Questi stadi possono essere paragonati ad altri modelli di sviluppo, come mostra lo schema della figura 0-11.

Primo chakra: da metà gravidanza a 12 mesi dopo la nascita, culminante a 4-5 mesi

Il primo chakra è in relazione alla formazione del corpo fisico e si forma durante lo sviluppo prenatale e il periodo infantile. A questo stadio la crescita del corpo è molto rapida e dunque vi si concentra tutta l'energia vitale. Lo scopo dello sviluppo infantile è quello di imparare ad adoperare il corpo – come succhiare, mangiare, digerire, afferrare, sedere, procedere a gattoni, stare in piedi, camminare e manipolare gli oggetti – in generale, ad avere a che fare con il mondo fisico e a sfidare la forza di gravità. Questi compiti richiedono un incredibile impegno e occupano la maggior parte della coscienza per tutto il primo anno.

Nell'infante la coscienza è concentrata internamente, con poca consapevolezza del mondo esterno. Il bambino vive in simbiosi totale con la madre, non essendo ancora in grado di sperimentare un senso separato del Sé. Finché il bambino non si muove con la propria energia, anche la minima indipendenza è impossibile. La scoperta e il dominio delle funzioni motorie sono i primi passi verso questa indipendenza.

A questo stadio la consapevolezza si focalizza soprattutto sulla sopravvivenza e sul benessere fisico. Quando queste necessità vengono adeguatamente soddisfatte, lo spirito viene ancorato al corpo fisico e il bambino si sente bene accolto nel mondo. Erik Erikson definisce, nei suoi otto stadi di sviluppo psicologico, la lotta di questa età come *fiducia vs. sfiducia*. Il progresso accompagnato da successo, lungo questo stadio, ci conferisce un senso di speranza e afferma il nostro diritto di esistere e il nostro diritto di avere. Questo stadio getta le fondamenta per la sicurezza e la connessione, che permette *l'autoconservazione* e forma *l'identità fisica.*

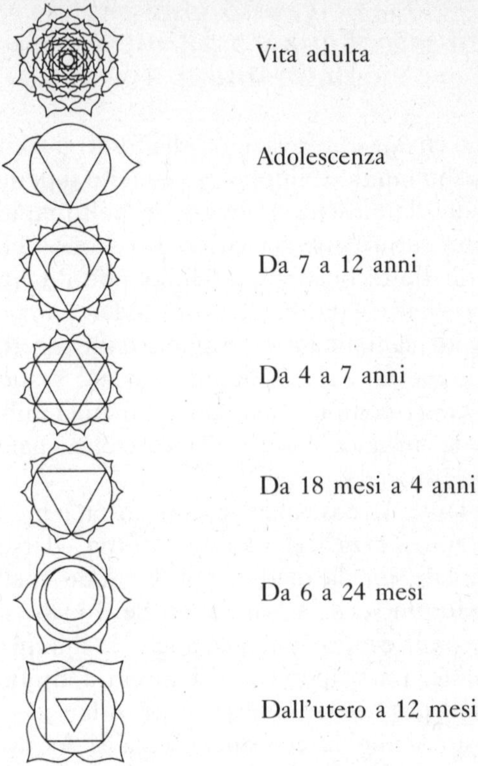

Figura 0-10. Gli stadi di sviluppo

Secondo chakra: da 6 a 24 mesi, culminante dai 12 ai 18 mesi

Il secondo chakra, che è caratterizzato dalla dualità, sensazione, sentimento e mobilità, si manifesta all'attenzione conscia a sei mesi circa, quando l'acume visivo permette al bambino di concentrare l'attenzione sugli oggetti esterni e di acquistare una prospettiva visiva più ampia. Un notevole stato di attenzione si verifica quando il bambino sta seduto e per la prima volta prende coscienza delle cose che si trovano nelle sue immediate vicinanze[8].

Man mano che il bambino impara ad andare a gattoni e a

camminare, sviluppa la capacità di allontanarsi dalla madre e fa esperienza di brevi episodi di indipendenza. Definito *covata* da Margaret Mahler, l'infante inizia appena a scoprire di essere un'entità separata, schiudendosi dalla simbiosi, simile a quella dell'uovo del primo chakra. Poiché egli è ancora assai dipendente dalla madre, questa scoperta è simultaneamente terrorizzante ed eccitante e dunque segnata dall'ambivalenza via via che egli si immerge in un mondo di diversità e di scelte. Benché il primo stadio di Erikson, quello della *fiducia vs. sfiducia*, si estenda a coprire questo periodo, io definirei questo stadio con un nome separato, essendo caratterizzato dal conflitto *separatezza vs. attaccamento*.

Man mano che il bambino esplora, egli fa esperienza delle sue prime distinzioni come scelte binarie – buono e cattivo, piacere e dolore, vicinanza e distanza, se stessa e gli altri. A questo stadio tali distinzioni sono percepite, più che comprese. A questo punto il bambino è tutto necessità, sensazione e desiderio. Necessità e desideri determinano le motivazioni della locomozione – il vedere qualcosa e il muoversi verso di esso, fondendovisi e incorporandolo (per lo più con la bocca). Poiché il linguaggio non si è ancora sviluppato, il mezzo primario di comunicazione è attraverso l'emozione, che si spera venga soddisfatta in modo accogliente e significativo.

Questo stadio è focalizzato sulla formazione di un'*identità emotiva*, che è concentrata soprattutto sull'autogratificazione.

Terzo chakra: da 18 mesi a circa 4 anni

Il terzo chakra inizia col periodo del tentativo di autonomia che si verifica con i "terribili due" (noto anche come stadio volontaristico). Il bambino si è ora con successo staccato dalla "covata" materna e si sente abbastanza sicuro in questa separatezza per desiderare di sperimentare con la sua propria volizione. Ciò che nel secondo chakra era soltanto un desiderare impotente, diventa ora un atto di volontà, con qualche piccola speranza di successo. Lo sviluppo del linguaggio permette al bambino di concepire il tempo in termini di causa ed effetto.

Figura 0-11. Teorie comparate di sviluppo

Chakra	1 - Muladhara	2 - Svadhisthana	3 - Manipura
Identità	Fisica	Emotiva	Ego
Età	Utero-12 mesi	6-24 mesi	18 mesi - 3 anni
Freud	Orale	Orale	Anale
Reich/Lowen	Schizoide (Creativo)	Orale (Amante)	Masochista (Tollerante) Psicopatico Sfidante-Difensore
Piaget	Sensorio-Motorio (Stadi 1 e 2)	Sensorio+Motorio (Stadi da 3 a 6)	Preoperazionale
Erikson	Fiducia vs. Sfiducia*	Fiducia vs. Sfiducia*	Autonomia vs. Vergogna e Dubbio
Maslow	Fisiologico	Sicurezza	Appartenenza**
Wilbur	Pleromatico Uroborico	Tifonico (assiale, pranico, corpi-immagine)	Appartenenza del sé
Kohlberg	Punizione/ Obbedienza	Strumentale/ Edonismo	Bravo ragazzo, Brava ragazza
Psico-sintesi	Inconscio collettivo inferiore	Inconscio personale inferiore	Sé conscio

** Vorrei aggiungere uno stadio a Erikson, corrispondente al secondo chakra, definito Separazione vs. Attaccamento e lasciando Fiducia vs. Sfiducia al primo chakra.*

4 - Anahata	5 - Vissudha	6 - Ajna	7 - Sahasrara
Sociale	Creativa	Archetipica	Universale
da 3 a 7 anni	da 7 a 12 anni	Adolescenza	Vita adulta
Fallico	Latenza	Adolescente	Genitale
Rapido (Realizzatore/Isterico)			
Psicopatico Sfidante-Difensore			
Preoperazionale	Operazioni concrete	Operazioni formali	Operazioni formali
Iniziativa vs. Colpa	Industriosità vs. Inferiorità	Identità vs. Confusione di ruoli	Intimità vs. Isolamento, Generatività vs. Autoassorbimento, Integrità vs. Disperazione
Autostima**	Autoattualizzazione	Trascendenza	Trascendenza
Personico preegoico	Personico medioegoico	Centauro/ esistenziale, tardo-egoico, ego maturo, sottile inferiore	Sottile superiore, causale, definitivo
Legge e ordine	Contratto sociale	Universalismo	Universalismo
Sé conscio	Sé conscio	Inconscio superiore, Inconscio collettivo, superiore	Transpersonale

** *Questo è l'ordine di Maslow. Per riflettere i chakra in modo più appropriato, l'Autostima corrisponderebbe al terzo chakra e l'Appartenenza al quarto chakra.*

Questa comprensione rende possibile l'iniziare a controllare gli impulsi e a posporre la gratificazione. (Se mangio prima la verdura poi avrò il dolce). Qui gli stati inconsci, istintuali, dei due chakra inferiori cominciano a passare sotto il controllo della coscienza, segnalando l'emergere di una personalità conscia e il risvegliarsi dell'ego.

A questo stadio il bambino è naturalmente centrato su di sé e desidera affermare il senso della propria personalità, di potere e la capacità di autocrearsi e autodefinirsi. Egli ha coscienza di se stesso come entità separata e ora è focalizzato sulle dinamiche di potere esplorando e sviluppando la sua volontà personale.

La realizzazione importante qui è un senso di autonomia e di volontà, bilanciato armoniosamente dalla volontà degli altri. È estremamente dannoso spezzare la volontà del bambino, così come permettergli un senso eccessivo di controllo senza porre dei limiti. Erikson fa riferimento a questo stadio come *autonomia vs. vergogna e dubbio*. Una sana risoluzione crea potere e volontà.

Questa è la formazione di un'identità personale dell'ego, centrata soprattutto sull'autodefinizione.

Quarto chakra: da 4 a 7 anni

Il quarto chakra si sviluppa quando viene abbandonato il totale egocentrismo del terzo chakra e si comincia a dimostrare interesse per relazioni esterne a quelle primarie con la madre e il padre. Il che non significa che il cuore non si sia già aperto, come potrà testimoniare il genitore di qualunque bebè. Nelle prime fasi il cuore è aperto, ma non intelligente, essendo inconsapevole del suo amare. Quando si risveglia il quarto chakra, l'amare diviene più consapevole e ciò significa che i comportamenti vengono coscientemente adattati ad ottenere o esprimere l'amore.

L'autonomia sviluppata nel terzo chakra costituisce il fondamento delle relazioni con gli altri. Le relazioni all'interno della famiglia offrono al bambino il primo modello in base al quale costruire le sue personali relazioni. Ora il bambino interiorizza queste relazioni familiari e inizia ad avere dei compagni di gioco della sua età. La natura di tutte queste relazioni ha un notevole effetto sull'autostima del bambino e per questo motivo, a questo stadio, un rifiuto o una perdita possono essere grandemente dannosi.

Il mondo familiare è il fondamento sociale che permette di entrare nel più vasto mondo quotidiano o della scuola. Il pensiero concettuale rende possibile percepire il mondo come un insieme completo di relazioni e imparare queste relazioni è il compito dominante del momento. "Perché il fuoco scalda?" "Perché la mamma di Susie guida un'auto diversa?" "Perché papà ha la barba e tu no?" Il principale obiettivo della coscienza a questo stadio è imparare il modo in cui le cose sono in relazione l'una con l'altra.

Questo stadio preannuncia la formazione dei nostri programmi relazionali e della nostra *identità sociale*. La formazione coronata da successo di una sana identità sociale si basa sull'*autoaccettazione*, che a sua volta permette l'accettazione degli altri. Erikson ha definito questo stadio *iniziativa vs. colpa*, in cui la decisione crea direzione e scopo, essenziali per il livello superiore successivo.

Quinto chakra: da 7 a 12 anni

Questo è lo stadio dell'espressione creativa. Una volta sviluppata l'identità sociale e che si siano comprese le relazioni essenziali tra sé e il mondo, si apre un periodo di creatività personale. Se gli stadi precedenti sono andati bene, allora il bambino possiede un solido senso di sé ed è ben caricato sia dal punto di vista energetico che da quello emozionale. Ora si desidera incanalare quell'energia all'esterno verso la creatività, col gesto di restituire qualcosa, di fare la propria offerta al mondo. La capacità di compiere questa offerta ed essere apprezzati per questo è essenziale per mantenere la forza dell'ego. Il pensiero del bambino ora opera a un livello più simbolico, dando spazio alla creatività e al pensiero più astratto (le *Operazioni Concrete* di Piaget).

Erikson ha definito questo stadio *industria vs. inferiorità*, dove la decisione si manifesta in un senso di competenza.

Questo è un periodo di espansione, sperimentazione e creatività. Perciò è importante sostenere la naturale creatività e curiosità del bambino. È anche importante creare un modello di sane forme di comunicazione.

Questa è la formazione dell'*identità creativa*, con l'importante proprietà dell'*autoespressione*.

Sesto chakra: l'adolescenza

Il risveglio di questo chakra richiede la capacità di riconoscere dei modelli e di applicarli alle decisioni della vita. È l'emergere delle *Operazioni Formali* di Piaget, in cui l'immaginazione aiuta il bambino a sviluppare il suo concetto simbolico del mondo.

Per gli adolescenti segna un momento di revisione della loro identità sociale – rendendo possibile in questo periodo una scelta più cosciente, mentre l'identità sociale del quarto chakra nasce soprattutto da reazioni inconsce alle dinamiche familiari. Può verificarsi il risveglio dell'interesse per argomenti spirituali, per la mitologia o il simbolismo, sia attraverso la musica, le poesie, gli idoli cinematografici che l'ultima moda a scuola. Quando a tutto questo viene permesso di maturare, esso conduce alla formazione dell'*identità archetipica*, il cui interesse è concentrato sull'*autoriflessione*. Erikson ha definito il conflitto dell'adolescenza *identità vs. confusione dei ruoli*.

Settimo chakra: la prima età adulta e oltre

Il settimo chakra è collegato alla ricerca della conoscenza, alla formazione di una visione del mondo e al risveglio della ricerca spirituale. Ogni nuova informazione viene filtrata attraverso la visione del mondo che si sviluppa (una struttura in continuo cambiamento), che forma la base di tutti i comportamenti futuri. Il settimo chakra è ampiamente coinvolto nella ricerca del significato: il porsi problemi sulla natura della vita, dell'universo e del Sé che è dentro di noi.

Questo porta alla formazione di un'*identità universale*, che si trova nel centro del Sé risvegliato attraverso l'*autoconoscenza*.

È importante notare il ruolo tanto delle correnti energetiche ascendenti che discendenti, mentre si verifica lo sviluppo. Andando in prestito dalla psicologia dello sviluppo di Ken Wilbur, possiamo vedere che la discesa della coscienza dalla corona si intreccia con l'organizzazione dell'energia pura proveniente dal basso e stimola la capacità di muoversi verso lo stadio successivo[9] (fig. 0-12). Avere coscienza (settimo chakra) del corpo (primo chakra) permette di differenziarsi dal corpo e, così facendo, di essere in grado di intervenirvi e quindi di intervenire sul mondo fisico. L'affacciarsi delle immagini (sesto chakra) ci permette di percepire un mondo al di fuori di noi e genera un senso di alterità e il desiderio di muoversi ed esplorare (secondo chakra). Lo sviluppo delle abilità linguistiche (quinto chakra) ci permette di esercitare la nostra volontà (terzo chakra) quando diciamo sì, no, voglio o non voglio. L'interazione del linguaggio ci fornisce dei *concetti* che accompagnano i nostri movimenti, i nostri sentimenti o le azioni e nasce così il mondo concettuale delle relazioni, caratteristico del quarto chakra.

Le difficoltà che si verificano durante uno di questi stadi cruciali, possono influire sul chakra che si sta sviluppando in quel momento, ma anche sui chakra successivi. Ad esempio, il senso del potere è positivamente influenzato dalla sicurezza di poter soddisfare in modo adeguato le necessità della sopravvivenza, la serenità del cuore è sostenuta dal nutrimento del tatto negli stadi del primo e del secondo chakra, la nostra capacità di comunicare è sostenuta da un io equilibrato e dal senso di amore e di accettazione.

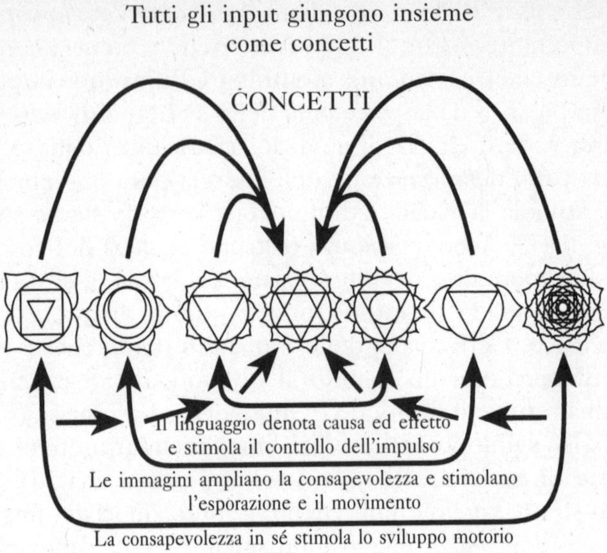

Figura 0-12. Correnti combinate nello sviluppo

LO SVILUPPO NELL'ADULTO

Il processo di individuazione

L'individuazione significa diventare un essere singolo, omogeneo e, in quanto l'individualità comprende la nostra più profonda, ultima e incomparabile unicità, implica anche il divenire il proprio sé... o "l'autorealizzazione".

C.G. JUNG

Lo sviluppo dei chakra durante l'infanzia è relativamente inconscio. Lo sviluppo nell'adulto invece è un processo ampiamente conscio – dobbiamo *voler* svilupparci o può non accadere mai. Per molte persone lo sviluppo dei chakra in età adulta non si verifica mai, in quanto esse rimangono dipendenti e impotenti e non sfuggono mai ai loro modelli istintuali programmati. Possono non provare mai dei desideri spirituali e possono non scoprire mai il potenziale della parte più elevata di se stessi. Poiché il processo del risveglio è spesso ostacolato da minacce e difficoltà, chi ha il diritto di dire se essi stanno meglio o peggio? Ma per coloro che sono insoddisfatti del copione che è stato loro dato, che aspirano a qualcosa di più grande ecco una descrizione del secondo turno dell'evoluzione personale attraverso i chakra.

Quando il giovane lascia la casa e comincia a vivere in modo indipendente (prima età adulta), iniziano nuovamente gli stadi dei chakra. Il secondo turno non è definito in modo così chiaro, poiché vi è un maggior potenziale di variazioni nell'ordine dello sviluppo. Alcuni hanno dei figli prima di sviluppare delle capacità lavorative, altri vanno a scuola per anni e anni. Alcuni iniziano con la spiritualità e si creano una famiglia in seguito, o non hanno affatto una famiglia. Alcuni passano un breve periodo a crearsi una base economica, una relazione o una modalità di esprimersi in modo creativo, mentre altri passano l'intera vita in uno di questi compiti. Quello che segue è uno schema generale e potrebbe essere considerato piuttosto ottimale che reale. Per questo motivo non vengono indicate le età.

Primo chakra. Il primo problema da risolvere è quello della sopravvivenza – trovare un luogo per vivere, imparare ad avere cura di se stessi e trovare una fonte indipendente di guadagno. Naturalmente il tempo richiesto da questo stadio varia da persona a persona – per alcuni è una lotta che dura tutta la vita. Il successo segna un'indipendenza e un'autosufficienza fondamentali.

Secondo chakra. Una volta che questo venga realizzato (o simultaneamente) si creano delle relazioni sessuali. Ciò non significa che la sessualità non si sia manifestata per molti anni, ma la consapevolezza dell'"altro" ora si fa più acuta e la necessità di un partner può ora divenire primaria. In genere la spinta alla soddisfazione di necessità primarie è ciò che sta al di sotto e in genere è proiettata sul partner. La frustrazione emotiva può risvegliare modelli inconsci dall'ombra, che può sabotare le prime relazioni, spesso con incomprensioni, accuse e sovvertimenti emotivi. Il che si fa ancora più acuto quando i sensi adulti della volontà e della responsabilità personale non sono stati ancora risvegliati.

Terzo chakra. Negli adulti, il processo di individuazione ci libera dal doverci conformare alle aspettative dei genitori, dei parenti, degli amici o della cultura e ci permette di diventare un individuo vero, che agisce in padronanza di sé e secondo la sua volontà. Qui ci muoviamo dalla dipendenza, dall'impotenza e dall'obbedienza alla creazione del nostro percorso e del nostro futuro. Questo può risvegliarsi o meno nella vita di ciascuno. Spesso è impedito da un lavoro insignificante o dalla schiavitù di relazioni in cui veniamo confinati dalle necessità e dalle aspettative di altre persone.

Dunque inizia il compito di costruirci il nostro personale cammino nel mondo: sviluppare una carriera personale, crearci delle abilità per raccogliere le sfide e avere il controllo del nostro destino. Potrebbe essere un coinvolgimento politico, cercare delle affinità con altri che combattono la loro impotenza, attraverso gruppi con affinità politiche, gruppi di recupero o gruppi spirituali. Un terzo chakra alterato cerca il potere *sugli* altri; il terzo chakra risvegliato e con un senso di autonomia cerca supporto e forza *con* gli altri.

Quarto chakra. La focalizzazione sulle relazioni matura infine in una reale empatia e altruismo e nel mantenimento di relazioni durature. In genere le relazioni che hanno superato lo stadio ormonale richiedono una seria rivalutazione del proprio comportamento verso gli altri. Talvolta la perdita di una precedente relazione ci costringe ad esaminare la natura di *tutte* le nostre relazioni, compresa la nostra famiglia di origine. Se vi sono dei bambini, l'enfasi viene posta sulle dinamiche familiari. Le relazioni con i colleghi, con i cooperatori, con gli amici e con la comunità aggiungono complessità a questo stadio centrale della vita.

Possiamo anche esaminare noi stessi in termini della nostra relazione col mondo esterno. Che ruolo abbiamo svolto? Che ruolo vogliamo svolgere? Che cosa cerchiamo nelle relazioni? Che parte di noi stessi è stata repressa e necessita di essere recuperata? Jung indica il quarto chakra come l'inizio, nella mezza età, dell'individuazione, focalizzato inizialmente sull'equilibrio tra il maschile e il femminile interiore, o *animus* e *anima*[10].

Quinto chakra. Ancora una volta l'espressione creativa e quella personale vengono chiamate in causa. Questo è lo stadio in cui ciascuno offre il proprio contributo personale alla comunità. Può significare il creare un'attività commerciale, scrivere un libro o una tesi, costruirsi la casa o perseguire seriamente un hobby artistico. Questa espressione creativa aiuta a coagulare degli elementi sperimentati negli stadi precedenti. Per molte persone questo si verifica nella parte centrale della vita, anche se, con personalità più creative, ciò avviene assai prima e può precedere o dominare altre attività. Può essere anche il periodo in cui il proprio contributo viene offerto attraverso il servizio pubblico.

Sesto chakra. Questo stadio coinvolge la riflessione e lo studio di modelli attraverso l'esplorazione della mitologia, della religione e della filosofia. Può esservi un periodo di ricerca in forma di viaggio o di un rinnovato studio di percorsi interiori. Questo è uno stadio introvertito in cui si prende dall'esterno, dopo aver soddisfatto le proprie urgenze introvertite e desiderando un ulteriore sviluppo interiore. (Per coloro che cominciano con l'introversione potrebbe essere venuto il momento di comunicare ciò che si è imparato al mondo esterno). È questo anche un momento di interesse e di sviluppo spirituale, se ciò non si è ancora verificato. Questa ricerca si intensifica quando i figli sono cresciuti e l'adulto ha più tempo e libertà per la contemplazione e per la pratica spirituale.

Settimo chakra. Questo è il momento della saggezza, della comprensione spirituale, della conoscenza e dell'insegnamento. Ora riuniamo le informazioni che abbiamo raccolto nel corso della vita e le passiamo agli altri. Per alcuni questo significa abbandonare la vita mondana per una ricerca spirituale, mentre per altri è un momento di insegnamento e di condivisione, un momento per sviluppare la conoscenza superiore.

Bisogna sottolineare ancora che questi stadi di sviluppo, specialmente nel secondo ciclo, non sono uguali per tutti, né vengono vissuti in questo stesso ordine. Nell'adulto spesso lo sviluppo è arrestato da conflitti infantili irrisolti. Se vi sembra di non essere andati molto avanti su uno di questi livelli, allora questo libro fa per voi. Vi aiuterà a scoprire in che punto vi siete arrestati e vi spiegherà in che modo procedere sul sentiero della liberazione verso la completezza.

Nei capitoli seguenti i principi di cui abbiamo parlato vengono applicati dettagliatamente a ciascun chakra. Tuttavia va ricordato che questo è un modello più che un dogma rigido. Le singole persone sono molto complesse e, perché sia valido, bisogna esaminare l'intero schema dei chakra di ciascuno. Ogni volta che insegno nei miei seminari mi vengono sempre poste molte domande del tipo: "Il mio amico ha fatto così e così. Che chakra è quello?" Raramente è tanto semplice. Non è sufficiente collegare dei particolari sintomi a dei particolari chakra. Ad esempio, una persona timida (carenza del terzo chakra) potrebbe soffrire di un collegamento con la terra insufficiente (carenza del primo chakra), di sentimenti tumultuosi (eccesso di secondo chakra) o di molte altre possibilità. Ciò che è importante è capire innanzitutto l'intero sistema e poi esaminare ogni persona nel suo complesso, usando ragione, intelligenza, competenza e compassione. Solo allora la visione sarà completa.

NOTE

[1] Ken Wilbur, *Sex, Ecology, Spirituality* (Boston, Shambala, 1995), 7.

[2] *Sat-Chakra Nirupana*, "Description of and investigation into the Six Bodily Centers" del tantrista Purnananda Swami, tradotto da Arthur Avalon (vedi sotto).

[3] Arthur Avalon, *The Serpent Power* (New York, Dover Pubblications, Inc. 1974)

[4] Gli antichi diagrammi tantrici riportano diverse associazioni di colori per i chakra. Per ulteriori informazioni sui colori del "corpo eterico" e i chakra si veda il saggio di Valerie Hunt "*A Study of Structural Integration from Neuromuscular, Energy Field and Emotional Approaches*", che si può richiedere al Rolf Institute, Boulder, Colorado, oppure si veda il mio libro *Wheels of Life* (St. Paul, MN, LLewellyn, 1987), 327.

[5] Stanley Keleman, *Patterns of Distress: Emotional Insults and Human Form* (Berkley, CA; Center Press, 1989), 9.

[6] Si veda Lowen, *Language of the Body* (New York, Collier Books, 1958) oppure Reich, *Character Analysis* (New York, Farrar, Strauss and Giroux, 1949).

[7] I primi tre orientamenti – autoconservazione, autogratificazione e autodefinizione – sono stati in un primo momento collegati alle "forze inferiori" da Jacqueline Small nel suo libro *Transformations* (Marina del Rey, CA, De Vorss & Co., 1982).

[8] Margaret Mahler, *The Psychological Birth of the Human Infant; Symbiosis and Individuation* (New York, Basic Books, 1975), 54.

[9] Ken Wilbur, *The Atman Project* (Wheaton, IL, A Quest Book, 1980), 7-29.

[10] J. Marvin, Spiegelman and Arwind U. Vasavada, *Hinduism and Jungian Psychology* (Phoenix, AZ, Falcon Press, 1987), 48.

IL PRIMO CHAKRA

Alla ricerca del tempio del corpo

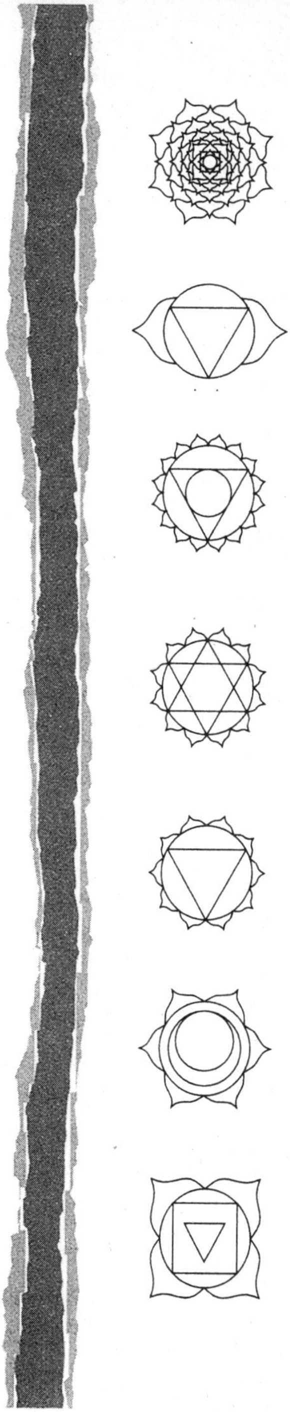

COLPO D'OCCHIO SUL PRIMO CHAKRA

ELEMENTO
Terra

NOME
Muladhara (radice)

SCOPO
Fondazione

CARATTERISTICHE
Radici
Collegamento con la terra
Nutrimento
Fiducia
Salute
Casa
Famiglia
Prosperità
Confini appropriati

COLORE
Rosso

COLLOCAZIONE
Base della colonna vertebrale
Plesso coccigeo

IDENTITÀ
Fisica

ORIENTAMENTO
Autoconservazione

DEMONE
Paura

STADIO EVOLUTIVO
Dal 2° trimestre a 12 mesi

SCOPI EVOLUTIVI
Crescita fisica
Capacità motoria
Permanenza degli oggetti

DIRITTI FONDAMENTALI
Esistere e avere

CARATTERISTICHE EQUILIBRATE
Buona salute
Vitalità
Ben radicato
A suo agio nel corpo
Senso di fiducia nel mondo
Sensazione di sicurezza e salvezza
Capacità di rilassarsi e di essere sereni
Stabilità
Prosperità
Giusta vivacità

TRAUMI E VIOLENZE
Trauma di nascita
Abbandono, trascurato fisicamente

COLPO D'OCCHIO SUL PRIMO CHAKRA

Mancanza di legame fisico con la madre

Malnutrizione, difficoltà a nutrirsi

Malattie gravi o operazioni

Violenza fisica o ambiente violento

Violenza con clistere

Traumi ereditati - timori di genitori sopravvissuti (es. sopravvissuti all'olocausto, veterani di guerra, povertà)

Carenza

Sconnessione dal corpo

Notevolmente sottopeso

Timorosi, ansiosi, senza pace, non riescono ad adattarsi

Poca capacità di fissare gli obbiettivi e poca disciplina

Difficoltà finanziarie

Mancanza di delimitazione

Disorganizzazione cronica

Eccesso

Obesità, mangiar troppo

Accaparramento, fissazioni materiali, avidità

Trascurato, pigro, stanco

Timore dei cambiamenti, dipendente dalla sicurezza

Delimitazioni rigide

Disfunzioni fisiche

Disordini intestinali, anali, dell'intestino crasso

Problemi alle parti solide del corpo: ossa, denti

Problemi alle gambe, ai piedi, alle ginocchia, alla base della colonna, ai glutei

Strategie di cura

Riconnessione col corpo

Attività fisica (aerobica, pesi, corsa, danza)

Molto contatto fisico, massaggi

Collegamento bioenergetico

Hatha yoga

Prendere in esame il rapporto con la madre nella prima infanzia

Reclamare il diritto di esistere

Affermazioni

È sicuro per me essere qui

La terra mi sostiene e viene incontro alle mie necessità

Amo il mio corpo e ho fiducia nella sua saggezza

Sono immerso nell'abbondanza

Esisto e sono reale

SFUMATURE DI ROSSO

Quando Mary entrò nel mio studio il dolore del suo corpo era palpabile e tuttavia non se ne rendeva conto. Camminava rigida e nervosa, gli occhi si guardavano intorno pieni di panico, era in uno stato di ipervigilanza per la sua sicurezza. Parlava rapidamente, come se avesse una grande paura e l'urgenza delle sue parole rivelava una grande sofferenza che in quarantasei anni non aveva mai trovato sollievo. Il suo corpo era contratto, sottile e rigido e la sua storia rivelava una serie di tendenze autodistruttive, compresa l'anoressia, nel tentativo di annientare il suo corpo e di vivere interamente nella mente. Ora cominciava ad avvertire una sensazione di addormentamento alle estremità. Le mani, tagliate fuori dalle acque della sua anima e da essa separate, si agitavano nervosamente per loro conto, come pesci in una rete. Non era in grado di dire se aveva fame o sonno, caldo o freddo. Scollegata dal suo corpo, non era strano che si sentisse scollegata anche dalla vita stessa.

Questa donna era chiaramente un individuo e tuttavia la sua sofferenza rivelava radici comuni a quelle di molti altri clienti che avevo visto negli anni. Aveva provato altri terapisti, che si erano limitati unicamente alla conversazione e nessuno si era messo in contatto con la grave scissione tra corpo e mente di cui lei soffriva. La sua condizione è la condizione di molti, con vari gradi di gravità. Separati dall'esperienza del nostro corpo, siamo separati dalla nostra vitalità, dall'esperienza del mondo naturale e dalla nostra più profonda verità di base. Questa divisione crea uno stato dissociativo. Non collegati al nostro corpo, le nostre azioni diventano compulsive – non più guidate dalla coscienza o radicate nelle sensazioni, ma alimentate da un'urgenza inconscia di creare un ponte tra mente e corpo a qualunque costo.

Perdere la nostra connessione col corpo significa diventare privi di una patria spirituale. Senza un'ancora galleggiamo privi di scopo, sbattuti dai venti e dalle onde della vita. La sconnessione dal corpo è un'epidemia culturale. Di tutte le perdite che oggi disgregano l'animo umano, questa alienazione può essere la più allarmante, perché ci separa dalle più vere radici dell'esistenza. Con lavori degradanti, con routine automatiche e ambienti che annichilano i nostri sensi, perdiamo la gioia che nasce dalla connessione dinamica con l'unica presenza viva che ci viene garantita in nostro possesso per tutta la vita: il nostro corpo.

La dissociazione produce delle azioni pericolosamente sconnesse. Uccisioni insensate e sparatorie (in cui il corpo dell'altro è visto senza vita e senza significato, una cosa a sé) invadono i nostri notiziari, accolti con fascinazione morbosa da spettatori anonimi. Le donne annientano o gonfiano di silicone le loro curve, per avvicinarsi alla norma culturale delle figure delle modelle incollate sui manifesti o nelle riviste. Gli uomini sottomettono aspramente la loro carne per costruirsi un senso di potere, spesso ottundendo le loro sensazioni e i loro sentimenti. Molte persone diventano dipendenti da sostanze, addormentando la loro vitalità con cibo, droghe o attività compulsive. I bambini vengono picchiati, violentati e costretti all'obbedienza, allontanati dai loro stessi giovani corpi, prima ancora di aver imparato a capirli, allontanati da adulti scorporati, che non sanno quello che annientano.

Ci viene insegnato a controllare il corpo attraverso la mente, che è considerata assai superiore. Ma il corpo possiede un'intelligenza i cui misteri la mente deve ancora scoprire. Leggiamo nei libri come mangiare, fare l'amore, quanto dobbiamo dormire e imponiamo queste pratiche al corpo invece che ascoltarlo dal di dentro.

Privati del corpo, come aspetto unificante dell'esistenza, ci frammentiamo. Reprimiamo la nostra vitalità e diventiamo simili a macchine, facilmente manipolabili. Perdiamo per davvero il nostro terreno di prova.

Inoltre molti atteggiamenti religiosi perpetrano una svalutazione del corpo. Alcune religioni descrivono il corpo come la radice di tutti i mali, mentre altre ci dicono che è soltanto un'illusione o, nel caso migliore, semplicemente insignificante. La pratica medica tratta il corpo in modo meccanico, come un insieme di parti dissociate, separate dallo spirito che vi abita dentro. Il training standard degli psicoterapisti ignora completamente il ruolo del corpo nella salute mentale. Cospiscue per la loro assenza sono le conoscenze di anatomia, nutrizione, allergie, movimento, yoga, allineamento muscolare, strutture caratteriali bioenergetiche, o persino del semplice massaggio. L'uso del tocco terapeutico o del contatto fisico in qualunque forma è spesso strettamente proibito, talmente grande è il timore della contaminazione sessuale. Le università educano le nostre menti a spese del nostro corpo e vi sediamo completamente immobili per giorni, mesi e anni, costringendo noi stessi a lavori sedentari, che continuano a ignorare le necessità del corpo.

Può allora destare meraviglia il fatto che ignoriamo nello stesso modo il nostro ambiente fisico, danneggiando il corpo della terra, così da perpetuare la nostra sopravvivenza dissociata? Forse il crescente problema dei senzatetto è una metafora del nostro essere dei senzatetto culturali, poiché il corpo è di fatto la casa dello spirito. La crisi nella cura della nostra salute si estende ben oltre l'aspetto della copertura assicurativa – è una crisi di connessione con la realtà biologica della nostra esistenza.

Il degrado della nostra realtà fisica è un'epidemia culturale per la quale non esiste una cura semplice, pillole da prendere o guarigioni miracolose. Né necessariamente possiamo alleviare la pena che proviamo quando l'ottundimento se ne va e ci risvegliamo alla costrizione e all'abuso che abbiamo precedentemente accettato. Soltanto recuperando il corpo possiamo iniziare a curare il mondo perché, come la mente sta al corpo, così la cultura sta al pianeta. Sanare la spaccatura tra mente e corpo è un passo necessario per guarire tutti noi. Cura la nostra casa, la nostra fondazione e la base su cui tutto il resto è costruito.

I PETALI SI SCHIUDONO

Caratteristiche essenziali del primo chakra

Le fondamenta del tempio

Tutte le fondamenta affondano nella terra – la base universale di tutto ciò che facciamo. Per il nostro spirito il nostro corpo è la terra, le fondamenta, la casa. Mettersi in contatto col corpo significa collegarsi con la terra, avere radici nella realtà biologica dell'esistenza. Situato alla base della colonna vertebrale, il primo chakra è il fondamento di tutto il sistema dei chakra. È qui che costruiamo le fondamenta del tempio del corpo – l'ancora del Ponte dell'Arcobaleno. Senza fondamenta forti, radicate, ben poco può essere realizzato. Dobbiamo possedere un terreno abbastanza solido per avere la stabilità e tuttavia abbastanza morbido per essere penetrato dalle radici. L'ancoraggio di questo tempio affonda nel ventre della terra, poiché il suo nome sanscrito, *muladhara* significa *radice*.

Le fondamenta contengono l'energia del tempio definendone lo scopo, gli angoli e il perimetro. Definiscono un luogo come contesto di base di tutto ciò che ci accade intorno. Ci forniscono un terreno, una casa, un punto di ancoraggio per la nostra esperienza. Le fondamenta determinano ampiamente la forma della struttura sovrastante, determinando ciò che può sostenere, quanto alta può essere costruita, a che tipo di sforzi può resistere. Dunque, un danno a questo chakra si riflette in ciascuno e in tutti i chakra superiori.

Costruire delle fondamenta forti significa guadagnare in solidità. La solidità ci permette di essere fermi e di costruirci delle delimitazioni. La solidità possiede consistenza, ripetizione, affidabilità. Il nostro corpo è la forma solida della nostra esistenza; possiede dei confini definiti. Essere solidi significa stare di fronte a quel che ci sta di fronte senza deflettere, rimanere ancorati in verità di fronte all'opposizione e rimanere calmi e sicuri.

Sopravvivenza

L'elemento sottostante della consapevolezza che costituisce queste fondamenta è l'istinto di sopravvivenza. Questo è un istinto arcaico, fondamentale e inevitabile e permette il funzionamento del programma di base della nostra esistenza fisica. Quando viene soddisfatto diventa come una specie di routine di sottofondo, permettendo alla nostra coscienza di impegnarsi in altre attività. Quando viene minacciato domina tutte le altre funzioni della nostra coscienza. Dove sono i vostri pensieri quando siete minacciati all'improvviso da un assalitore, quando state per trovarvi in un incidente d'auto o dovete affrontare una malattia mortale? In quei momenti tutta l'energia psichica disponibile è incanalata verso la sopravvivenza e ne rimane poca per qualsiasi altra cosa.

Quando le minacce di sopravvivenza si verificano spesso (come avviene per chi sia stato cresciuto nella violenza o in grave povertà), allora la coscienza si fissa a questo livello. Il che tiene il corpo in uno stato di allerta iperstimolata, invaso dagli ormoni dello stress che promuovono la risposta istintiva del fuggire-o-combattere. Ci si può sentire agitati, tesi e incapaci di un sonno profondo e questo nel tempo può condurre a frequenti problemi di salute. Ciò avviene comunemente nell'alterazione da stress post-traumatico (SPT), una condizione in cui le reazioni allo stress continuano a verificarsi per lungo tempo dopo che il trauma si è verificato.

Uno dei miei clienti era cresciuto in una zona di guerra del Guatemala. Dopo quindici anni in un ambiente più sicuro i suoi muscoli erano ancora costantemente tesi e pronti alla fuga. Soffriva di insonnia e di una grave forma di tensione della mascella. Era pieno di paura e sussultava facilmente e aveva problemi di concentrazione e di realizzazione del proprio benessere. Era un uomo molto creativo, intelligente, sensibile, il cui corpo stava crollando a trent'anni perché non riusciva mai a rilassarsi. Non riusciva né a soddisfare, né a sfuggire alle richieste del suo primo chakra.

Quando il primo chakra è danneggiato, siamo perseguitati da problemi di sopravvivenza, compresi la salute, il denaro, l'abitazione o il lavoro. Ci può sembrare che una sensazione di fondamentale sicurezza e salvezza ci eluda, per quanto noi si faccia, anche se non esistono reali minacce alla nostra sopravvivenza.

Gli istinti di sopravvivenza sono alla base dell'*inconscio collettivo*, come tendenze ereditarie e preferenze, che si sono sviluppate nella psiche umana nel corso dell'evoluzione. Questi istinti costituiscono gli impulsi naturali del corpo a difendere se stesso e a mettersi in rapporto con l'ambiente. Quando questi istinti naturali vengono negati si verifica un'interruzione tra il risveglio della coscienza e il centro più profondo del nostro essere. Veniamo privati del corpo e scollegati dal nostro ambiente. Riappropriandoci del primo chakra possiamo vivere in armonia con i nostri istinti fondamentali di sopravvivenza, senza essere dominati inconsciamente da essi.

Il demone della paura

Quando viene minacciata la sopravvivenza proviamo paura. La paura allerta la nostra consapevolezza e invade il corpo di sostanze chimiche naturali (come l'adrenalina) per renderlo pronto all'azione. La paura focalizza la nostra attenzione sul qui e ora per fronteggiare la minaccia, ma la focalizza all'esterno e verso l'alto, verso i chakra della percezione e dell'attività mentale. Diventiamo ipervigili, agitati, ansiosi. Non riusciamo a tranquillizzarci, a rilassarci o a lasciarci andare. È come se saltassimo proprio fuori dalla nostra pelle.

Quando viviamo in un ambiente carico di pericolo o di deprivazione, proviamo paura. Se, durante la crescita, il pericolo era una presenza frequente, allora la paura pervaderà il nostro programma di base per la sopravvivenza. Il senso di paura è la nostra sola sensazione di sicurezza, per quanto paradossale ciò possa apparire. Ci sentiamo al sicuro solo perché siamo in continuo stato di allerta e quando tentiamo di rilassarci ci sentiamo ancora più a disagio. Il sistema nervoso e le ghiandole surrenali rimangono costantemente in funzione. In questo stato di ipereccitazione il nostro grilletto è più sensibile e più facile a reagire in forme estreme. Le nostre fondamenta sono letteralmente vacillanti e la concentrazione può essere difficile. Come risultato, il corpo si trova in un continuo stato di stress, che diviene la normalità. Alla fine questo può causare pressione alta, problemi cardiaci, problemi di stomaco, carenze del sistema immunitario, debolezza delle ghiandole produttrici di adrenalina, insonnia o stanchezza cronica.

Teoricamente la paura ci risveglia dallo stato di abbandono e fiducia caratteristico dell'infante. Quando la minaccia non può essere affrontata, ci adattiamo alla paura e ci modelliamo intorno a una contrazione e a una agitazione di base. Tutto ciò è contrario allo stato di salute del primo chakra, che è associato alla salvezza, alla sicurezza e alla solidità. Lavorare attraverso la paura significa imparare a rilassarsi e a percepire le energie sottili del corpo, provare piacere ed espandere la nostra attenzione verso un panorama più ampio. Combattere la paura significa rafforzare il primo chakra. Vivere con la paura significa indebolirlo.

Per poterci radicare in fondamenta solide, capaci di sostenere il resto delle nostre attività, dobbiamo vincere il demone della paura. Il che significa innanzitutto che la paura va compresa. Da dove proviene? In che modo vi è servita? Tuttavia, comprendere non è sufficiente, perché la risposta alla paura è ancora radicata nel corpo. Il passo successivo è quello di lasciare e integrare le risposte istintuali alla paura. Vi spinge a correre e nascondervi? Vi rende rabbiosi e attivi o paralizzati e confusi? Lasciare che il corpo esprima queste risposte aiuta a completare la *gestalt* della risposta al trauma originale. Completando il ciclo della paura possiamo spezzarlo e possiamo creare un modello più sano. Infine bisogna sviluppare la forza e le risorse per affrontare in futuro, in modo adeguato, minacce analoghe. Il che può includere cose come la costruzione dell'autostima, imparare le arti marziali o migliorare la capacità di comunicazione.

Benché la paura sia il demone del primo chakra, è anche un avversario sacro, una presenza che ha molto da insegnarci. La paura esiste in quanto alleata dell'autoconservazione e ci insegna l'importanza che abbiamo e la necessità di prenderci cura di noi stessi. Solo quando riconosciamo questo demone come alleato possiamo veramente controllarlo.

Ernest Holmes, fondatore della filosofia della Scienza della Mente, descrive la paura e la fede come due cose che possiedono le stesse qualità. La paura significa credere che qualcosa di terribile possa accadere, mentre la fede significa credere che qualcosa di bello possa accadere. Benché i risultati siano diversi, le cause sono le stesse – entrambe sono convinzioni che governano il nostro comportamento e influenzano il modo in cui ci sentiamo. Se riusciamo a sostituire un irragionevole timore con una ragionevole fede, allora abbiamo trovato un antidoto naturale al demone del nostro primo chakra.

Riappropriarci delle nostre radici

Il nome sanscrito del chakra di base, *muladhara*, significa radice. Questo chakra ci radica nei nostri corpi, nel mondo fisico e nella terra. Una pianta non può sopravvivere senza radici, né lo può la psiche di un essere umano. Le nostre radici rappresentano il luogo da cui veniamo: la terra, l'utero, i nostri antenati, la famiglia e la nostra storia personale. Non possiamo negare simultaneamente tutto il nostro passato e mantenere le radici allo stesso tempo.

Per creare delle fondamenta solide dobbiamo individuare le radici della nostra infanzia. Nel bene e nel male, queste radici ci hanno nutrito e sostenuto nei nostri stadi formativi. Se il terreno era inospitale, dobbiamo trapiantare la nostra psiche in suolo più fertile. Il che significa prestare attenzione all'ambiente in cui viviamo e al terreno che ci creiamo intorno.

Il chakra Muladhara corrisponde all'elemento *terra*, che è il terreno per le nostre radici. Come ho affermato nell'Introduzione, la vita umana dipende da un rifornimento di energia. Le nostre radici possono essere viste come il modo che il nostro sistema ha di attingere al più vasto sistema del pianeta, che è la nostra fonte, l'origine della corrente liberatoria, da cui crescono tutte le cose. Gli elementi necessari per la sopravvivenza fisica provengono dalla terra in varie forme – il cibo che mangiamo, le cose che tocchiamo e vediamo, l'acqua che beviamo, l'aria che respiriamo e i suoni che udiamo. Premiamo contro la terra per stare in piedi o muoverci e riposiamo sulla terra (sostenuti dalla gravità) quando decidiamo di star fermi.

Per molti di noi le nostre radici sono influenze inconsce sul nostro comportamento, legate ad aspetti del nostro passato. Per portare *muladhara* alla coscienza bisogna rendersi consapevoli delle proprie radici, scoprire il passato, esaminarlo, immergervisi. Tutto ciò che cresce sopra si dirama nell'infinito, diventando più complesso. Scendere verso le nostre radici ci porta alla singolarità, alla semplicità e ci conduce alla comunanza dell'inconscio collettivo. Ci porta a casa sulla Terra.

Mettere le basi

Un primo chakra sano permette a una persona di radicarsi in senso energetico – un concetto critico per comprendere la vitalità e il benessere essenziali. Il mettere le basi ci orienta nel tempo e nello spazio e ci collega all'ambiente. L'essere radicati ci offre una fonte di forza collegando il nostro corpo all'ambiente. Fisicamente ciò avviene attraverso le gambe e i piedi, attraverso la cui stimolazione essa viene inviata al corpo e l'eccesso viene scaricato al suolo. Il che significa che possiamo stare sui nostri piedi e procedere nella vita. Solo attingendo energia dalla base possiamo creare una simile corrente liberatoria.

Mettere le radici porta al corpo la consapevolezza ed è essenziale per formare delle sane delimitazioni. Ci sentiamo più svegli e vivi quando la corrente della coscienza diretta verso il basso ci collega al corpo e incontra il campo delle sensazioni, i limiti e i confini della realtà fisica.

Molte persone che si considerano spirituali hanno migliorato di molto la loro vita, una volta che hanno imparato a inviare la loro energia tanto verso il basso che verso l'alto. In genere ci viene insegnato che la spiritualità è superiore, va oltre, non è fisica. Fare veramente esperienza della vitalità del nostro corpo significa sperimentare uno stato profondamente spirituale – raggiunto accettando le nostre tendenze naturali più che negandole attraverso le pratiche ascetiche.

Una volta che abbiamo messo radici, possiamo essere presenti, concentrati, dinamici. La nostra attenzione è concentrata sul qui e ora, apportando un'intensità dinamica al modo in cui ci presentiamo. La nostra esperienza è diretta, basata sui sensi, immediata. Siamo sicuri di noi stessi e tuttavia controllati, collegati alla nostra fonte di sostentamento.

Senza essere radicati alla terra siamo instabili. Perdiamo il nostro centro, partiamo per la tangente, siamo spazzati via dai nostri piedi o sognamo ad occhi aperti nel mondo della fantasia. Perdiamo la nostra capacità di contenere, che è la capacità di avere e mantenere. Se non possiamo contenere, non possiamo nemmeno mantenere i nostri confini e costruirci una forza interiore; dunque, non possiamo maturare. I confini ci offrono il necessario sigillo ermetico per la trasformazione. Privi di confini, il naturale eccitamento viene dissipato e diluito e diventa inefficace. Quando perdiamo il nostro terreno, la nostra attenzione vaga ed è come se non fossimo del tutto qui.

Stabilizzare in modo sano il proprio terreno è il lavoro essenziale del primo chakra e il fondamento di qualunque crescita successiva. Qui è la convalida della nostra esistenza e lo stabilirsi dei diritti fondamentali del primo chakra: il diritto di esistere e il diritto di avere ciò che ci serve per sopravvivere.

Nutrimento

La necessità del nutrimento ci costringe a rimanere dei sistemi aperti, in costante interazione col nostro ambiente. Il modo in cui ci sosteniamo e ci nutriamo è il risultato della nostra storia passata. Il nutrimento è la più essenziale forma di supporto per la sopravvivenza del nostro corpo. Senza supporto cadiamo. Senza nutrimento crolliamo. Le persone che presentano un senso di collasso fisico rivelano una mancanza di supporto nella loro vita e il loro corpo attesta un senso di sconfitta. Probabilmente mettono in discussione il loro diritto di esistere, hanno difficoltà a nutrirsi o soffrono da sindrome di abbandono.

I disordini alimentari sono spesso manifestazioni del primo chakra e della sua relazione col nutrimento. La mia amica Connie si buttava sul cibo ogni volta che si sentiva sola, nel tentativo di trasformare il suo senso di vuoto in solidità. Mary, che abbiamo incontrato prima, metteva a tal punto in discussione il suo diritto di esistere, che dubitava letteralmente di avere diritto a nutrirsi e spesso passava giorni senza mangiare. Reclamare il nostro diritto di esistere, imparare a porre le basi e soddisfare le nostre necessità di nutrimento, sono tutte necessità del primo chakra.

Manifestazione e prosperità

La manifestazione richiede l'accettazione della limitazione. Un confine ci permette di contenere e quindi di convogliare e costruire. Le caratteristiche di un buon radicamento, della connessione con i nostri corpi e con il mondo fisico, dell'autonutrimento e dell'autoconservazione contribuiscono alla capacità di realizzare la prosperità. Qui non parlo dell'essere ricchi – parlo di venire incontro alle necessità fondamentali della sopravvivenza in modi che assicurano sicurezza, stabilità e sufficiente libertà per espandersi al di là della coscienza della sopravvivenza. Questo significa essere in grado di pagare l'affitto o il mutuo, tenere la macchina in buon ordine, tenere la nostra casa relativamente pulita ed efficiente e mettere in tavola pasti regolari. Significa essere in grado di gestire le necessità basilari del pianeta terra, le necessità di vivere in un corpo fisico. Per poter soddisfare queste necessità di sopravvivenza, dobbiamo essere in grado di trattare il nostro immediato ambiente fisico – prendere da esso ciò di cui abbiamo bisogno per la conservazione di noi stessi e della nostra famiglia. Questo è il terreno di prova delle capacità del nostro primo chakra. Ci offre i mezzi per la nostra indipendenza, per poggiare sui nostri piedi, per stare in piedi sul nostro terreno. Solamente stando in piedi sul nostro terreno possiamo determinare il nostro futuro.

Il primo chakra è il più specifico e limitato livello nel sistema. Una limitazione è un confine, che separa qualcosa da ciò che lo circonda per poterlo definire. Un confine crea una delimitazione necessaria, che ci permette di avere qualcosa di intero, di specifico.

Per poter manifestare dobbiamo essere in grado di accettare la limitazione. Dobbiamo essere capaci di concentrarci su ciò che vogliamo, di specificarlo. Dobbiamo essere capaci di soffermarci abbastanza su di esso perché la manifestazione si verifichi. Devo essere in grado di sedere sulla mia sedia per mesi per poter manifestare questo libro. Potrebbe essere necessario sottostare a lunghi periodi di scolarizzazione o di training per manifestare una buona abilità lavorativa. Per essere esperti di qualcosa dobbiamo praticarla in continuazione, limitandoci a quella specifica attività finché ne diventiamo padroni.

Ho conosciuto molte persone, altamente intelligenti e dotate di talento, soprattutto nei circoli New Age e della contro-cultura, incapaci di manifestare prosperità. Ciò che ho anche notato in questo gruppo è un irrealistico attaccamento alla libertà, il non voler accettare limitazioni sufficientemente lunghe da poter manifestare le loro necessità fondamentali. Il risultato è che non hanno alcuna libertà, ma una schiavitù al livello di coscienza del primo chakra. In qualità di Sagittario, amante della libertà, ho trascorso la decade dei miei vent'anni in questo stato. Ero libera dalle restrizioni di un lavoro noioso, ma ero anche troppo povera per sapere che farmene della mia libertà. Solo quando ho accettato i limiti con semplicità, ho potuto manifestare una prosperità per me stessa.

Quando cooperiamo con le limitazioni del primo chakra, la nostra energia aumenta e naturalmente si espande ad altri livelli. Quando ci ribelliamo contro queste limitazioni, rimaniamo fermi alla modalità di sopravvivenza e non siamo in grado di staccare la nostra corrente dal suolo. Qui il paradosso fondamentale è che dobbiamo accettare la limitazione per poterla trascendere. Questo tema si applica a tutti i chakra – dobbiamo consolidare un livello prima di poter costruire e andare avanti.

IL LOTO CRESCE

Colpo d'occhio sulla formazione evolutiva del primo chakra

Età	Necessità e caratteristiche
Dall'utero a 12 mesi	Fiducia
	Nutrimento
Compiti	Sicurezza
Crescita fisica	Diritto di esistere
Sviluppo motorio	
Collegamento	

La nostra famiglia determina il modo in cui troviamo il nostro terreno, come formiamo il nostro territorio. Se non siamo stati sufficientemente toccati e tenuti, non possiamo essere mai sicuri di noi stessi emotivamente, del terreno su cui stiamo, poiché non possiamo aver fiducia che gli altri ci sorreggano. È stata la mia esperienza, come quella di altri, che le persone che non sono state sufficientemente sorrette, hanno timore di cadere e si tengono rigidamente lontane dalla terra.

STANLEY KELEMAN

Il gioco del far finta

Per un momento, pensate di vivere l'esperienza di un bambino appena nato. Avete appena lasciato l'utero caldo e scuro, dove vi veniva dato tutto e ora emergete alla luce accecante e al freddo. Aprite gli occhi e vedete immagini confuse, udite suoni più violenti di quelli che avete mai udito. Siete spaventati e affamati in un modo che non avete mai sperimentato. Qualche istinto primordiale guida la vostra bocca a un seno e voi succhiate i vostri primi succhi vitali, il latte tiepido che scorre nel vostro ventre vuoto. Vi rilassate, sentendovi temporaneamente al sicuro. Avete iniziato il vostro viaggio, lungo tutta una vita, con il compito più difficile di tutti – quello di nascere.

Per parecchi mesi, all'inizio della vostra vita, siete incapaci di fare alcunché per voi stessi. Non capite nulla e non avete quasi alcun controllo sul vostro corpo o su quanto vi circonda. Non siete in grado di parlare la lingua, così non potete né comunicare, né comprendere nulla di quello che viene detto attorno a voi e tuttavia la vostra vita dipende dal fatto che le vostre necessità vengano soddisfatte.

Benché riusciate a padroneggiare gradualmente dei semplici compiti, questo è di fatto il vostro stato durante il primo anno di vita. Il soddisfare le vostre necessità è al di là del vostro controllo e tuttavia voi avete bisogno di tutto. Provate una sensazione terrificante, che non era presente nell'utero. Le cose non vengono fornite automaticamente come accadeva prima. Vi sono momenti di fame, di freddo, di disagio e di dolore. Se queste necessità vengono miracolosamente soddisfatte, si creano le vostre fondamenta psicologiche per porvi in relazione col mondo: *fiducia* o *sfiducia*. Poiché non comprendete il meccanismo di come vedere soddisfatte le vostre necessità (il pianto è automatico e, a questo stadio, non intenzionale) l'aspetto di *fiducia vs. sfiducia* diviene un'esperienza basilare del vostro più profondo sé. Questo è il vostro primo vago senso del fatto di capire se siete contenti di essere qui o no.

Fiducia e sfiducia sono gli elementi fondamentali del programma del vostro primo chakra, che forma la base di tutti gli altri programmi che seguono. La fiducia permette al corpo di sciogliersi dalla sua posizione accartocciata, dona calma e sicurezza e incoraggia il collegamento, il legame e l'esplorazione. La fiducia soddisfa l'istinto di sopravvivenza e si prova un senso di benessere emotivo. Se siete fiduciosi che il mondo sia un luogo amichevole, provate la sensazione di voler vivere. Senza fiducia, la vostra sopravvivenza si sente costantemente minacciata e, poiché non vi è nulla che potete fare per evitare la minaccia, l'ansietà è insostenibile.

La sostanza della sopravvivenza – essere nutriti, essere tenuti, il calore e il benessere fisico – devono provenire a voi dall'esterno. Il che viene fornito dalle vostre radici, cioè i genitori, la famiglia e chi si prende cura di voi. Il grado in cui i genitori hanno successo in questo compito dipende moltissimo dal tipo di supporto che hanno ricevuto come infanti e bambini e da che tipo di sistema di supporto essi hanno per se stessi, mentre voi siete piccoli. I nonni sono di aiuto e di sostegno? La famiglia ha sufficiente denaro per soddisfare ogni necessità? La madre deve lavorare? Durante la gravidanza e l'allattamento mangia a sufficienza? Tutto questo influisce sullo sviluppo del vostro primo chakra.

Nei primissimi mesi di vita il vostro sistema nervoso risponde in modo istintivo. Dall'interno del vostro corpo provengono dei segnali – fame, freddo, disagio – e vengono spontaneamente comunicati attraverso il movimento o il pianto. La vostra coscienza non è sviluppata abbastanza da permettere di bloccare lo scorrere dell'energia. Siete totalmente aperti, poiché non avete imparato a filtrare verso l'esterno tutto ciò che non volete. Il vostro corpo d'infanti è letteralmente inondato di vitalità o carica. È da questa condizione che formate il vostro primo chakra e l'inizio vero e proprio del sé.

L'ambiente come sé

La vita umana inizia in uno stato di incastro pre-egoico. La condizione neonatale è quella di un'immersione nel Terreno Dinamico precedente all'articolazione di qualunque senso di personalità individuata... Nella condizione dell'incastro originale il neonato è, in effetti, in un utero al di fuori dell'utero. Si trova in uno stato di gestazione psichica antecedente al parto e allo sviluppo dell'ego.

MICHAEL WASHBURN

Per il feto che si sviluppa, l'utero è la prima esperienza del corpo, la prima casa e il primo ambiente e il terreno dell'essere da cui emerge la vita. Per questo motivo tale ambiente ha un'influenza importante, e spesso trascurata, sullo sviluppo del primo chakra. L'equilibrio nutrizionale della madre e i suoi stati emotivi durante la gravidanza, giocano un ruolo nella struttura del terreno personale del bimbo. Quando l'utero è rigido l'infante impara a contrarre il proprio corpo. Quando la madre è impaurita o tesa, l'ambiente uterino è invaso da sostanze chimiche che stimolano un livello di energie più intense, che diventa il normale stato di base per il feto che vi sta all'interno. Se la madre usa sostanze, come tabacco, alcool o droghe, anche il bimbo che ha dentro le usa.

La nascita è l'ingresso nella vita e l'inizio dell'individualità. È il primo passo nel viaggio della nostra vita e ha un effetto notevole sul modo in cui ci sentiamo durante questo viaggio. Tuttavia, l'infante non si rende conto di quella individualità per un bel po' di tempo. Persino dopo la nascita egli rimane in uno stato di identità fusionale e per i primi cinque o sei mesi non esiste il concetto di un sé separato. Il corpo, la voce, il tatto e la presenza in generale della madre, sono tutti parte di un'esperienza di vita totale, unificata, non differenziata. La coscienza è orientata quasi interamente sul corpo.

Tanto lo stato della madre, che dell'ambiente, diventano, letteralmente, la prima esperienza del sé. Se la madre è tenera e attenta, l'ambiente confortevole e di supporto, allora così noi percepiremo noi stessi. La carica che scorre attraverso di noi è calda, eccitante e positiva. Se la madre è fredda e crudele e l'ambiente è doloroso, allora la nostra prima esperienza del sé vitale ha una carica negativa. Questa programmazione fornisce la base fondamentale di tutto lo sviluppo successivo e questo è il motivo per cui le caratteristiche del primo chakra si rispecchiano in tutti i chakra che seguono.

Se i movimenti e i suoni (come il pianto) riflessi del corpo procurano un sollievo sotto forma di cibo, calore o conforto, allora la continuità tra l'interno e l'esterno non viene interrotta e lo stato fusionale continua fino a che vi è consapevolezza sufficiente e sufficiente sviluppo motorio per iniziare a separarsi. Se il bambino è incapace di vedere soddisfatte le sue necessità, sviluppa allora una crescente sfiducia nel mondo esterno, una dissociazione dal mondo interiore e un senso di inadeguatezza e abbandono al centro del proprio essere. Nel bambino piccolo, la necessità che il mondo esterno e quello interno rimangano in armonia è estrema per molti anni a venire, ma soprattutto in un periodo in cui non vi è alcuna distinzione. Se i nostri impulsi istintuali non ci portano ad ottenere le cose che ci sono necessarie per sopravvivere, impariamo a non dar loro fiducia o ad ignorarli e, allo stesso tempo, percepiamo il mondo come ostile. Non aver fiducia nei nostri istinti fondamentali significa creare uno stato di disarmonia col nucleo profondo del nostro essere fisico. Ci crea disarmonia col nostro terreno e col mondo naturale.

Erikson ha chiamato questa prima lotta della vita *fiducia vs. sfiducia* e ha descritto la sua soluzione salutare come un sentimento di speranza. "La speranza è la fede incessante nella realizzazione dei desideri primevi" [1]. La speranza ci dona fiducia, entusiasmo, pensiero positivo ed eccitazione nei confronti della vita. È l'essenza fondamentale necessaria a crescere e andare avanti.

I compiti evolutivi a questo stadio sono concentrati sull'imparare a guidare il corpo in quanto veicolo basilare di vita. La consapevolezza, che proviene dal settimo chakra, è inizialmente focalizzata sul corpo stesso, man mano che il bimbo scopre le proprie mani, i piedi e le dita. Attraverso l'istinto, impara a succhiare, ad afferrare, a rotolare, a sedersi ritto, a strisciare, a gattonare e a camminare. Il bimbo impara anche a prendere contatto col mondo fisico afferrando e muovendo gli oggetti, imparando a tenere una bottiglia o una tazza, usando le sponde della culla per mettersi in piedi. Infine impara che gli oggetti continuano ad esistere anche quando non li vede.

Il programma del primo chakra è preverbale, preconcettuale, riflessivo e istintuale. Piaget l'ha chiamato il *Periodo Sensorio-Motorio* in cui la consapevolezza è sensoria e lo scopo è lo sviluppo motorio.

A sei mesi circa si verifica un cambiamento incredibile. Il bimbo sta seduto dritto e per la prima volta diviene verticale per suo conto. Ora i chakra sono posizionati uno sopra l'altro e l'energia inizia a scorrere verso l'alto. Spesso i genitori notano un aumento dell'intelligenza e di acume nel bambino. Lo star seduti dritti espande il campo della percezione visiva e di conseguenza la dimensione del mondo, segnando l'inizio del secondo chakra.

Tuttavia gli ulteriori sviluppi del primo chakra continuano, così come l'aumento del peso corporeo, lo sviluppo del coordinamento motorio e il rafforzamento delle gambe in preparazione al camminare. Ben presto il bambino striscia, va a gattoni e cammina, riuscendo infine a stare dritto sui suoi piedi, con un certo grado di indipendenza verticale. Sono state create le strutture costruttive di base della vita individuale e il bambino è pronto a esplorare il mondo attraverso i suoi sensi e i movimenti schiudendo l'eccitante regno del secondo chakra.

TRAUMI E VIOLENZE

Tutto ciò che minaccia la sopravvivenza, come i *traumi di nascita*, *l'abbandono*, *la trascuratezza*, *una malattia grave*, *la malnutrizione*, *l'estrema povertà* o *la violenza fisica* ha un impatto sul primo chakra. Più il bambino è piccolo quando questi fatti accadono, più è probabile che queste minacce alterino la formazione del primo chakra. Un primo anno di vita senza traumi crea delle fondamenta solide, che possono sostenere meglio o in seguito permettere di riprendersi dalle difficoltà.

Quando un neonato si trova di fronte al pericolo o all'abbandono, ciò lo costringe a ricadere su sé stesso – un'indipendenza che è impossibile dal punto di vista evolutivo. Invece il bambino sprofonda in un'insostenibile buca di terrore e di impotenza – l'esperienza di non avere una base. Quando questo accade, si blocca la corrente energetica discendente. Invece la forza vitale si muove verso i chakra superiori, dove si sente più al sicuro. Allora il movimento ascendente diviene abituale, deprivando i chakra inferiori e squilibrando il sistema.

La nascita e l'infanzia sono al di là della memoria cosciente di molte persone. Tuttavia, come esperienza primaria, esse pervadono indirettamente ogni aspetto del nostro essere. Riprendersi da questi traumi è un processo decisamente non intellettuale. Richiede che si ritorni ai messaggi e ai movimenti del corpo, immergendoci nella nostra fisicità e ricollegandoci agli impulsi del nucleo. Quello che segue è un esame più dettagliato di alcuni degli eventi sfortunati che danneggiano il funzionamento del primo chakra durante i suoi cruciali stadi di formazione.

Traumi di nascita

La nascita è la nostra prima esperienza di sopravvivenza. La separazione dalla madre dopo la nascita è un'usanza medica deplorevole, che si rivela fondamentalmente traumatica per il neonato. Non c'è da meravigliarsi che una cultura che pratichi una tale usanza lasci la gente così priva di contatto col loro terreno che ci si trovi a danneggiare in modo suicida la terra, il nostro suolo collettivo.

La coscienza e la cultura cambiano assai più rapidamente dell'evoluzione del corpo fisico. Soltanto in quest'ultimo secolo i bambini sono nati in un ambiente tecnologico, a paragone di milioni di anni in cui dall'utero ci si spostava ad un'esperienza ugualmente organica di contatto con la madre, quiete, oscurità e contenimento. La nascita tecnologica, in cui il neonato viene cacciato fuori sotto luci accecanti, sculacciato e separato dalla madre è uno shock tale per il nostro antico sistema nervoso, che l'esperienza è un assalto al nostro senso neurologico del suolo. Quei primi momenti comunicano che qualcosa non funziona, persino se il neonato non è cosciente di una tale formulazione. I maschietti inoltre sono traumatizzati ulteriormente dalla circoncisione senza anestesia!

Per fortuna gli ospedali stanno diventando più consapevoli della necessità di una continuità dall'utero alla madre e al seno. Si sta tornando all'allattamento al seno e finalmente il contatto post-natale viene riconosciuto come un aspetto cruciale per il legame madre-figlio. Nel frattempo abbiamo avuto parecchie generazioni che hanno sopportato delle esperienze di nascita distruttive per il terreno. Per molti di noi reclamare il nostro corpo e il nostro terreno deve essere un atto conscio, più che un letterale diritto di nascita.

I traumi di nascita possono causare future difficoltà e fragilità. Il neonato uscito da un parto orribile sarà più propenso a piangere, ad essere dipendente, ad avere problemi di salute. A sua volta il pianto potrebbe inibire il legame con i genitori, procurando loro stress, il che li condurrà a ulteriore trascuratezza o violenze. Quando la base viene preparata in modo appropriato e il bambino è ricevuto bene, accudito e seguito, allora è relativamente calmo e più propenso a ricevere la considerazione e il sostegno positivo degli altri in quegli importantissimi primi mesi.

Incubatrici

I bambini in incubatrice sono privati del tocco materno e delle poppate. Vedere visi pieni d'amore attraverso un vetro senza essere toccati è un'esperienza scorporante. Gli adulti che da piccoli sono stati in incubatrice possono sviluppare la tendenza a considerare la loro vita surreale e a sopportare relazioni distanti senza sapere come renderle più intime. Vi è il vago senso che qualcosa manchi dalla vita, ma essi non sono in grado di comprendere che cosa sia. L'isolamento sembra una cosa normale e dunque è accettato troppo facilmente; manca loro l'esperienza della sicurezza e del confine e dunque del contatto solido con il loro proprio corpo.

Abbandono

L'abbandono, che sia fisico o emotivo, ha un impatto diretto sulla nostra sopravvivenza. Un bambino che non viene toccato a sufficienza, sperimenta una sorta di abbandono, anche quando gli vengano fornite altre cure. L'accudimento fisico è talmente essenziale, che i bambini che si trovano negli istituti, privati del contatto, spesso muoiono di una malattia chiamata *marasmus*, un termine greco che significa consunzione. Semplicemente non hanno energia sufficiente per costruire se stessi solo in base al cibo. Negli anni '20 degli studi rivelarono un tasso di mortalità tra i bambini degli istituti dal 90 al 100%. I pochi che sopravvivevano erano quelli che avevano avuto la fortuna di trascorrere brevi periodi in adozione[2].

L'abbandono può essere sottile o eclatante. Ogni volta che un infante è separato dal suo genitore di nascita, si sente in qualche modo abbandonato. Brevi periodi di separazione sono normali e non causano danni permanenti. Periodi più lunghi, così come lunghe ospedalizzazioni, divorzi o lunghe assenze dalla città, creano profonda insicurezza. Dopo queste separazioni è importante prendere tempo per dedicare extra attenzione e rassicurazione.

Quando un bambino viene adottato, c'è il precedente abbandono da parte del genitore di sangue, anche se pianificato. I genitori adottivi devono provvedere anche per l'ansia da separazione del bambino offrendo consistente amore e sicurezza – molto più di quanto avrebbe bisogno un figlio naturale.

L'abbandono minaccia la nostra sopravvivenza. Ci fa sentire non voluti e noi poniamo in dubbio il nostro diritto di esistere. Scatena paure che possono inibire risposte appropriate a situazioni comuni. Ad esempio, se da adulti temiamo l'abbandono, possiamo aver timore di esprimere, nelle nostre relazioni, le cose che non ci piacciono per paura di essere nuovamente abbandonati. Oppure accettiamo troppo facilmente l'abbandono e interpretiamo la minima critica o cambio d'umore del nostro partner come un segnale di rifiuto. Il vuoto dell'abbandono può essere sperimentato nuovamente ogni volta che si verifica nella vita adulta, quando la perdita di chi amiamo ci lascia con la sensazione di cadere a pezzi. Il corpo stesso può riflettere questo collasso, con i muscoli cronicamente sottotono, le gambe deboli e la parte superiore della schiena curva, come se la spina dorsale non potesse tenersi ritta.

L'abbandono durante gli anni della formazione spesso provoca un eccesso nel primo chakra – che compensa con la dipendenza dalla sicurezza, dal cibo, dalle persone amate, dalla routine. Janet era infelice del lavoro che aveva, ma era terrorizzata di perderlo per timore di non poter trovare nient'altro. Mariana aveva una relazione insoddisfacente, ma era convinta che, se l'avesse lasciata, sarebbe rimasta sola per sempre. Marvin aveva molto denaro in banca, ma non riusciva mai a spenderlo. Tutti erano dipendenti dalla sicurezza di ciò che avevano, mettendo la loro energia essenzialmente in un modello di mantenimento che forniva delle false sicurezze. Senza fiducia di base, tutti temevano il cambiamento.

L'abbandono da parte di altri crea anche la tendenza ad abbandonare se stessi. Cindy ad esempio, abbandona qualunque compito stia svolgendo alla minima difficoltà. Sam si prende poca cura del proprio corpo, dimenticandosi di mangiare o di lavarsi. Sarah abbandona le sue opinioni quando si trova di fronte a un disaccordo e adotta le opinioni dell'altro. Nathan abbandona i suoi progetti prima di completarli, trascurando la scuola e lasciando cose non finite al lavoro e a casa. L'abbandono mina la fiducia necessaria a sviluppare un senso di sicurezza, di speranza e di fiducia. Mina le basi più profonde del nostro Sé.

Trascuratezza

La trascuratezza è una forma più sottile di abbandono. La trascuratezza spesso è intermittente e contrasta il lavoro di base del primo chakra, che è quello di stabilizzare l'intero sistema. Se la trascuratezza non è tanto pronunciata da permetterci di sopravvivere, cresciamo con un ricordo sepolto di impotenza che annienta la connessione con qualunque cosa concreta. Questa instabilità conduce alla sfiducia negli altri, creando un'ulteriore alienazione da coloro che potrebbero aiutarci. La trascuratezza provoca anche vergogna, che ha un pesante impatto sul senso di autostima e di potere personale del terzo chakra, così come sul diritto di essere amati del terzo chakra. Come l'abbandono, la trascuratezza spesso trova eco nel modo in cui trattiamo noi stessi.

Difficoltà di nutrizione

La malnutrizione o situazioni ostili di nutrimento (come le esplosioni di rabbia di papà durante la cena) influenzano la nostra capacità di nutrirci – una funzione essenziale del primo chakra. Che un bambino sia allattato o no al seno, lo stato emotivo della madre durante l'allattamento e gli atteggiamenti ereditati verso il cibo, tutto ha il suo effetto su questa funzione vitale per la sopravvivenza. Mi è capitata più di una cliente a cui non era permesso di mangiare finché non avevano finito i suoi fratelli. Un'altra mi ha detto di essere stata costretta a sedere a tavola per quattro ore finché non ebbe mangiato un piatto di uova fredde. Alcuni bambini vivono in uno stato costante di fame, mentre altri sono supernutriti con cibi di cattiva qualità; costretti a mangiare quando non hanno fame o manipolati dai genitori attraverso il cibo.

Gli adulti che vivono questo tipo di esperienze da bambini, trovano grande difficoltà a interpretare i veri messaggi di fame. Possono manifestare allergie ai cibi, rifiuto o dipendenza dal cibo. Ciò si può manifestare come problemi di fiducia, disordini nutrizionali, difficoltà digestive o semplicemente come energia stagnante che è il risultato dell'essere in un sistema chiuso, incapace di assorbire nuovi input. Poiché il nutrimento si presenta sotto molte forme – cibo, amici oppure stimoli intellettuali e creativi –, questo aspetto si può trasferire a molte altre aree della vita.

Clisteri

Un altro trauma per il primo chakra, molto diffuso una generazione fa, è il trauma dei clisteri. L'uso ripetuto di clisteri è un equivalente della violenza sessuale, solo che la violenza viene perpetrata sul primo chakra invece che sul secondo della sessualità (anche se in alcuni casi può avere delle sfumature sessuali). Questa invasione dell'area più intimamente collegata al chakra radicale, distrugge la fiducia così vitale in questo stadio e frantuma letteralmente il senso della propria solidità. Sono garantite difficoltà con i confini e si creano o muri impenetrabili o confini inesistenti. Viene negato il diritto di avere del primo chakra, poiché l'unica creazione solida del bambino gli viene sottratta contro la sua volontà in un momento non in sintonia col corpo. Come reazione, l'energia viene spinta in alto verso la testa, risultando o nell'incapacità di tenere e contenere o nella eccessiva necessità di farlo e inoltre danneggiando il senso dell'autonomia (un aspetto del terzo chakra).

Ciò non significa tuttavia che qualunque uso del clistere sia abusivo. Vi sono momenti in cui può essere necessario per motivi di salute. Diventa abusivo quando viene usato eccessivamente, senza necessità, come strumento di potere o di punizione nei confronti del bambino, oppure come perversa sublimazione sessuale da parte del genitore.

Violenza fisica

La violenza fisica provoca dolore e insegna ai bambini a dissociarsi dalle loro sensazioni fisiche. L'ansia causata dalla violenza provoca uno stress ormonale e questo stato di eccitazione può creare dipendenza, producendo la necessità di creare crisi nel corso della vita per potersi sentire vivi e superare lo stordimento della dissociazione. Le crisi ci pongono continuamente in uno stato di sopravvivenza. La dissociazione fisica può rendere la persona incline agli incidenti, poiché gli spigoli, i confini e i pericoli non vengono presi in considerazione. Questi piccoli infortuni riportano all'esperienza familiare del dolore. Le strategie per far fronte alla violenza fisica possono influenzare tutti e ciascuno dei chakra con difficoltà nel lasciarsi andare alle sensazioni (2° chakra), nelle dinamiche di potere e autostima (3° chakra), nelle relazioni (4° chakra), nella comunicazione (5° chakra), nella chiarezza di vedute (6° chakra) e nella chiarezza di pensiero (7° chakra).

Poiché la violenza fisica danneggia letteralmente il corpo, in qualche modo si rivelerà sempre in qualche aspetto del primo chakra. Determina un profondo tradimento della fiducia, poiché il bambino è sempre in una condizione di svantaggio nel difendersi. La violenza fisica può provocare eccessi o carenze nelle strategie di difesa, o separando la coscienza dal corpo, oppure creando un'ossessione del corpo come cosa. Comune è la combinazione di dissociazione e ossessione, come ad esempio l'ottundimento delle emozioni unito a continue diete.

La violenza fisica ha un effetto di frammentazione sul sistema nervoso e analogo effetto sul naturale flusso dell'esperienza. In alcuni casi il corpo è danneggiato fisicamente da tagli, ferite o ossa rotte. Non ne consegue forse che anche i campi più sottili dell'energia vengono spezzati e frammentati? Ciò rende difficile sanare uno squassato senso della stabilità, di fiducia, di sicurezza e di benessere.

Poiché la violenza fisica proviene in genere da qualcuno che si trova in casa, la vita quotidiana diventa pericolosa. Allora la paura è una compagnia costante – un modo di mettersi in relazione con il mondo – e come tale si trasforma in una pietra di paragone per l'esperienza dell'esser vivi. Tutto questo può condurre a creare future situazioni critiche, in cui il familiare senso di tensione viene usato per stimolare quel senso di vitalità.

Incidenti, operazioni, malattie

James proveniva da una famiglia relativamente normale, senza alcuna delle apparenti violenze che così spesso affliggono i miei clienti e tuttavia la sua storia attestava un'incredibile serie di bizzarri incidenti. A quattro anni era stato investito da una macchina e si era rotto una gamba. L'anno successivo era caduto e si era fratturato il cranio. Un altro anno aveva avuto un'appendicite acuta. A quindici anni il cric di una macchina aveva ceduto mentre lui vi stava sotto e lo aveva quasi ucciso. Quando lo vidi, a diciannove anni, era stato attaccato da poco da un rapinatore mentre stava consegnando una pizza per il suo lavoro serale. James era un ragazzo intelligente e amabile, che aveva dei problemi a star seduto fermo, a concentrarsi o a soffermarsi su una qualunque cosa. Benché per altri versi fosse integro, aveva un sistema nervoso traumatizzato dai suoi molti incidenti.

Operazioni, malattie gravi o traumi fisici dovuti ad incidenti, hanno tutti un effetto traumatico sul corpo e sul sistema nervoso. Persino la chirurgia necessaria alla sopravvivenza può traumatizzare il corpo e la psiche del bambino che è sottoposto a questa esperienza. In genere non pensiamo che gli incidenti automobilistici abbiano effetti emotivi a lungo termine, ma molte persone riferiscono paure inconsce, difficoltà nel sonno, cambiamenti nelle abitudini nutritive, nervosismo prolungato e difficoltà a concentrarsi per lungo tempo dopo che le ferite fisiche sono guarite. Può essere più difficile decifrare gli effetti di questi avvenimenti, poiché possono essere stati liquidati come insignificanti. Tuttavia essi lasciano una traccia nel corpo, in genere con sintomi da stress post-traumatico, che attestano una frammentazione dell'energia, non correlata agli avvenimenti correnti. La tendenza alla frammentazione può somigliare al processo energetico della struttura schizoide, ma senza le altre caratteristiche fisiche o emotive. È come se l'impatto degli incidenti avesse spinto lo spirito fuori dal corpo e questo non avesse ancora trovato del tutto la via per rientrare. Esattamente come una tazza che si rompe e viene reincollata e può avere delle piccole crepe, il campo dell'aura non si salda sempre completamente e possono esservi delle difficoltà a contenere, focalizzare, a mettere le basi e con le altre proprietà del primo chakra.

Traumi ereditari

Lucy era nata due anni dopo la morte di sua sorella nella culla. I genitori di Lucy avevano investito tutto su di lei e avevano prestato un'attenzione eccessiva a ogni sua necessità. Ma quello che alimentava questa cura era la paura dei suoi genitori che lei pure potesse morire all'improvviso. Inconsciamente Lucy aveva assorbito questa paura e aveva avuto frequenti problemi di salute e di insicurezza per tutta la vita.

Hannah soffriva di un profondo senso di paura e di insicurezza, che non sembravano essere in relazione ad alcun trauma o violenza. Si manifestava come un attaccamento eccessivo alla sicurezza e all'accaparramento di oggetti di possesso. I suoi genitori erano fuggiti in questo paese durante la Seconda guerra mondiale tra grandi difficoltà e pericoli. Sua madre era stata traumatizzata dall'esperienza, benché in famiglia se ne parlasse molto raramente. Hannah si ricordava che sua madre si svegliava in preda agli incubi e si recava da lei per cercare conforto. La madre aveva l'ossessione di sbarrare le porte, accumulare provviste per i momenti di emergenza, e viveva con un senso di terrore sul futuro di Hannah. Senza rendersene conto, trasmetteva a sua figlia le sue paure.

È possibile ereditare dai nostri genitori degli aspetti del primo chakra senza alcuna diretta violenza su noi stessi. Genitori con traumi di guerra, problemi di povertà, persecuzione razziale, quelli che sono sopravvissuti all'olocausto, che hanno perso un precedente figlio o che hanno aspetti irrisolti riguardo alla sopravvivenza di qualunque tipo (compresa la capacità di essere pienamente all'interno del loro corpo) possono inconsciamente trasmettere le loro paure ai loro figli. Tutto ciò probabilmente risulterà in attitudini e idee sui pericoli del mondo, più che in atteggiamenti fisici. Tuttavia può contaminare il terreno di base dell'essere con uno strato non identificato di paure e sfiducia, che infine diviene parte dell'esperienza del corpo.

EFFETTI GENERALI DEI TRAUMI E DELLE VIOLENZE

Confini deboli

Possiamo interferire con l'incorporamento non permettendo ai confini di formarsi – oppure non permettendo ai confini di perdere la loro forma. In entrambi i casi, possiamo scoraggiare il nostro futuro, la formazione di noi stessi.

STANLEY KELEMAN

I confini possono essere un mistero per coloro che sono stati privati dell'accudimento, della continuità e della sicurezza. Un mio cliente, che era cresciuto in un orfanotrofio, non riusciva a capire lo scopo o la necessità di un qualunque tipo di confine. La sofferenza per la separazione e il desiderio di fusione erano così intensi, che l'intero concetto di confine era per lui qualcosa da respingere. Come risultato, invadeva continuamente i confini altrui e infine era finito in galera con una denuncia per molestie contro i bambini.

Quando i nostri confini non funzionano, ce li fornisce il mondo. Gli altri ci respingono, la polizia ci mette in prigione, le malattie ci limitano. Saremo a pari con quelli che hanno confini eccessivamente rigidi e che ci rigettano continuamente verso noi stessi. Tuttavia, se le necessità del chakra inferiore sono state soddisfatte in modo adeguato, allora non avremo timore di costruirci dei limiti appropriati. Avremo la capacità di dire "ho mangiato abbastanza", "ho bevuto abbastanza" o "ne ho abbastanza di questa relazione non produttiva". Possiamo ritirarci, nella sicurezza che le nostre radici ci sosterranno. Non dipendiamo dagli altri. Se le nostre necessità non sono state soddisfatte nel primo chakra, allora temiamo di porre dei limiti – cercando ancora ad ogni costo la fusione e il contatto che ci sono stati negati, non potendo mai sperimentare la soddisfazione dell'"è abbastanza".

Quando a una persona non viene permesso di avere il proprio terreno, ma deve sopperire alle necessità di sopravvivenza della famiglia, allora non si formano dei confini. Questo è lo sfondo del codipendente, che s'è dovuto occupare di mamma durante la sua malattia, di papà quando era ubriaco, dei fratellini più giovani quando i genitori lavoravano. Quando questi doveri si fanno necessari per la sopravvivenza, allora la sopravvivenza è equiparata all'assenza di confini. Il bambino cresce con una contraddizione pragmatica, perché nel mondo di oggi la sopravvivenza richiede dei confini decisamente definiti.

Dominanza del chakra superiore

Senza la consapevolezza delle sensazioni e delle attitudini fisiche una persona viene spezzata in uno spirito privo di corpo e in un corpo disincantato.

ALEXANDER LOWEN

Le esperienze che minacciano la sopravvivenza intensificano il movimento verso l'alto dell'energia fisica. Quando il corpo non si sente né al sicuro, né a suo agio, il piccolo storna nuovamente la sua attenzione dalla spiacevole esperienza e taglia fuori le sensazioni fisiche. La corrente discendente, radicante, viene inibita quanto è più possibile, dirigendo la maggior parte dell'energia verso la testa. Una persona del genere può essere fisicamente obnubilata e non in grado di accorgersi quando ha bisogno di mangiare o di dormire, ed entrambe queste funzioni sono programmi di mantenimento del primo chakra. Il risultato è che può contrarre frequenti malattie – ascoltando il corpo solo quando grida troppo forte per essere ignorato. Può non essere in grado di interpretare correttamente le emozioni (poiché le emozioni danno sensazioni fisiche) e di conseguenza essere inconsapevole delle proprie necessità. Una persona con una corrente ascendente accelerata è ipervigile nei riguardi dei messaggi *esterni* a sé, come se fosse alla costante ricerca di modi per collegarsi con chi si prende cura di lei o in costante allerta verso il pericolo. Questo è il tratto distintivo di un primo chakra carente: il corpo viene annientato e la coscienza è elevata, creando una profonda frattura tra mente e corpo.

Un adulto con un terreno danneggiato è in genere afflitto da un terribile senso che c'è qualcosa di sbagliato, ma non riesce a capire che cos'è. Il terreno è così basilare e strutturato in così tenera età, che diviene letteralmente *retro*terra. Raramente ci rendiamo conto che il nostro terreno è un suolo arido, una palude fangosa o una roccia impenetrabile. Come un pesce, che non sa di essere nell'acqua, spesso il nostro terreno ci è invisibile. Il risultato è che un terapista che lavora su questo problema, può sentirsi confuso in proposito ed esserne portato lontano, esattamente come l'energia del cliente lo ha allontanato dal proprio terreno. Le sessioni possono essere estremamente intellettuali, saltare da un argomento all'altro oppure contenere bugie e omissioni che mascherano il vero problema. Imparare a sviluppare la corrente discendente del corpo e letteralmente costruire un terreno, esattamente come si costruirebbero delle fondamenta – mattone su mattone – è il lavoro necessario alla struttura alto-basso in cui domina il chakra superiore.

Oggettivazione del corpo

Una delle mie clienti faceva continuamente riferimento al proprio corpo come a "questa cosa che mi trascino dietro". Un'altra si preoccupava fino all'ossessione della propria figura, cercando di farla apparire come quella delle modelle. Un'altra, che era una ballerina; diceva: "Il mio corpo mi fa talmente impazzire quando non si comporta nel modo in cui dovrebbe".

Il corpo può essere un'entità aliena per la persona il cui primo chakra è danneggiato, visto come una cosa statica, più che come l'asserzione vivente dell'anima. L'alienazione dal corpo produce l'oggettivazione del corpo, il che significa vederlo come un oggetto, come una cosa, come il burattinaio vede il suo burattino.

In questa cultura le donne spesso vedono il loro corpo come una cosa, anche se non hanno subito alcuna violenza da bambine. Come scrive Susan Kano in *Making Peace with Food*, "è solo attraverso un condizionamento continuo ed esteso che un essere umano intelligente si riduce a vedere se stesso come un ornamento, la cui prima priorità è quella di ottenere un corpo sottile, più che un essere umano completo, che ha una miriade di altri interessi e un potenziale illimitato" [3]. Quando oggettiviamo noi stessi e gli uni gli altri, giungiamo a vedere il corpo come una cosa vivente, dinamica, di ciò che siamo.

Altri squilibri del chakra

Quando il primo chakra è danneggiato, ciò si riflette in ciascuno degli altri chakra. Ne viene affetta la sessualità, in quanto esperienza del corpo, dei sensi e di contatto e connessione; ne è affetto il proprio senso di potere personale, poiché non possiamo combattere o difenderci senza un terreno su cui stare in piedi. Senza radici che portano su dalla terra energia e nutrimento, siamo deboli. Le relazioni sono influenzate negativamente dalla mancanza di confini e da una persistente sicurezza che ha bisogno di continue rassicurazioni. La comunicazione può essere bloccata dalla paura o diventare eccessiva e scollegata dalle emozioni.

I chakra superiori tendono ad essere più intensi, con un'immaginazione creativa ed elaborata e una dedizione all'intelletto come difesa nei confronti delle sensazioni. In casi estremi questa intensificazione può provocare confusione, un senso di vuoto o la sensazione di impazzire. La risposta non sta nel diminuire la coscienza, ma nel radicarla e nel darle corpo.

STRUTTURA CARATTERIALE

Lo Schizoide: creativo e intelligente

La difesa schizoide è un meccanismo d'emergenza per fronteggiare un pericolo di vita e di sanità. In questa lotta tutte le facoltà mentali sono ingaggiate nella battaglia per la sopravvivenza. La sopravvivenza dipende dal controllo assoluto e dal dominio del corpo e della mente.

ALEXANDER LOWEN

La struttura caratteriale schizoide è detta anche Creativa, per il suo alto grado di intelligenza, creatività e interesse verso gli argomenti spirituali. Questa struttura si sviluppa molto presto nella vita, persino nell'utero, dove un bambino può essere concepito da una madre spaventata, arrabbiata o riluttante, le cui emozioni vengono trasmesse al bambino. Questa struttura può essere vista anche come *figlio non voluto*[4] (fig. 1-1). Se la madre è spaventata o sviluppa una resistenza all'essere messa incinta, i suoi muscoli si contrarranno e l'utero si indurirà intorno al feto. Il bambino che cresce non ne riceverà un senso di libertà, di sicurezza o di essere voluto. Contrarrà il proprio essere anche se sta crescendo fisicamente a ritmo più rapido di qualunque altro momento. Le contrazioni diventano un modo normale di essere, una dichiarazione energetica di rifiuto della vita.

Se la madre si è allontanata dal proprio corpo, avrà difficoltà a trasmettere un sano senso di radicamento al proprio piccolo. Magari non tocca a sufficienza l'infante, che è l'affermazione fondamentale dell'esistenza del bambino. Poiché il corpo non viene affermato, il carattere creativo pone in dubbio il suo *diritto di esistere*, il primo dei nostri sette diritti. I tipi creativi non sentono di avere il diritto di occupare uno spazio o di soddisfare le loro necessità fisiche. Tendono a negare il loro corpo, ignorando i segnali di fame, di sete o di fatica. Ciò può avvenire anche quando una madre è troppo stanca, malata o gravata da troppi figli, anche se i suoi figli sono stati voluti. Senza l'aiuto adeguato la madre non può dare l'importante radicamento di cui suo figlio ha bisogno durante i primi anni di vita.

Mary, che abbiamo incontrato in precedenza, aveva una struttura caratteriale Schizoide/Creativa. Era alta, magra e contorta. Gli occhi spalancati, come suggelati in una risposta meravigliata. Era nervosa, agitata e altamente energetica, persino tendente ad attacchi maniacali. Dormiva e mangiava molto poco e in un certo periodo le era stata diagnosticata l'anoressia. Quando le fu chiesto di fare un disegno del proprio corpo (che per lei era un esercizio difficile) disegnò una corda arrotolata strettamente attorno al suo torso come un boa constrictor. Il suo torso era molto poco mobile e il petto era infossato (fig. 0-5, A).

In particolare aveva la gola bloccata, che si schiariva continuamente mentre parlava. Parlava in modo rapido e spaventato, ma scriveva molto e nello scritto rivelava la sua mente sensibilissima e intelligente. Era capace di grandi intuizioni e percezioni e le sfuggiva molto poco di quanto le succedeva intorno. I suoi chakra superiori erano sviluppatissimi, mentre i suoi chakra inferiori avevano pochissima energia. Aveva perso il contatto col suo corpo. Da molti anni non aveva un partner sessuale. Si sentiva impotente in molti ambiti della sua vita. Viveva da sola, passava da sola molto tempo e aveva delle conoscenze, ma non veri amici.

I processi energetici di Mary erano frammentati. Preferiva rimanere nell'ambito della conversazione, dove si sentiva sicura e saltava da un argomento all'altro. Mi disse che sentiva di "non aver partecipato alla propria vita" e quando cominciò a star meglio, all'inizio cominciò a distribuire l'energia in troppe attività, nel timore di investirne troppa in una sola cosa. Poiché il suo corpo era contratto, aveva difficoltà a trattare troppo carico o eccitazione. Se questo avveniva, si ritrovava confusa dalla corrente ascendente di energia che sovraccaricava i chakra superiori e la inondava con troppe informazioni senza aver il modo di dar loro un ordine. Non aveva accesso agli aspetti limitanti e radicanti dei chakra inferiori, poiché fondamentalmente viveva di paure.

Diedi a Mary dei compiti elementari nella cura di sé, orien-

Figura 1-1. Struttura caratteriale schizoide (Creativo). Il figlio non voluto

1° CHAKRA **Molto carente**	2° CHAKRA **Carente**	3° CHAKRA **Paradossale** (eccessi e carenze)	4° CHAKRA **Carente**
Traumi nell'utero inizi della vita	Mancanza di rapporto con le emozioni, le sensazioni fisiche	Forte la corrente ascensionale, che dà la sensazione di molta energia	Teme l'intimità, si isola
Pone in dubbio il diritto di esistere, di essere qui	Le emozioni sono intellettualizzate, possono essere distorte, irregolari	Corrente discendente debole, focalizza poco	Solitario, distante
L'energia viene spinta in alto verso la testa	Manca di fiducia nelle relazioni, soprattutto fisiche	Esplosioni sparse irregolari di energia, molto nervoso, eccitabile, intenso	Armato contro la dipendenza
Corpo contratto e compresso	Poca compattezza fisica	Funziona male sotto pressione	Mancanza di amore per sé
Le parti del corpo si sentono separate	Poco senso del nutrimento	Si sente impotente	Non dimostrativo o affezionato, teme di esporsi
Movimenti meccanici	I movimenti possono essere a scatti, non fluidi	Poca autostima	Respirazione paradossale (es. spinge in dentro lo stomaco inalando)
Tendenza alla paranoia			
Teme la disintegrazione			
Non ha fiducia nel proprio corpo			

5° CHAKRA **Eccessivo**	6° CHAKRA **Molto sviluppato** (può essre eccessivo)	7° CHAKRA **Molto sviluppato** (può essere eccessivo)
Gran parlatore ma caotico; salta da un argomento all'altro	Immaginativo	Si ritira nel mondo spirituale, può essere ricco di spiritualità
Voce meccanica	Psichico (sensitivo)	Fortemente intellettuale
Continua a parlare per sentirsi al sicuro	Intuitivo	Molto intelligente
L'energia viene scaricata attraverso la gola	Sa pensare per archetipi e simboli, ama l'attrazione	Pensatori brillanti, innovativi, non legati alle vecchie forme
Può interrompere	Visualmente conscio (ipervigilante) vita fantastica attiva	
Difficoltà all'ascolto, a incamerare nuove informazioni	Percettivo	
Molto creativo, artistico		

tati verso aspetti essenziali come mangiare e dormire. Le raccomandai un massaggio alla settimana, di camminare spesso e di indulgere in cose piacevoli, come dei lunghi bagni caldi. Dal momento che non era in grado di percepire il suo corpo come un unico, intero organismo, lavorammo per riprenderlo pezzo a pezzo. Usai il canale della sua creatività nel disegnare e la impegnai in movimenti che esprimessero quello che disegnava. Ciò le diede la sensazione del rapporto tra il suo corpo e l'immagine del suo corpo. La aiutai a sperimentare e a mettere a punto i suoi confini, muovendoli dallo spazio ritirato profondamente dentro di lei a qualcosa che lei potesse mettere attorno a sé per sentirsi sicura. L'aiutai a spezzare l'abitudine alla costrizione, spingendo contro di me mentre io tenevo un cuscino, spingendo verso il fuori con grande energia dall'interno. Fui molto attenta ad evitare un sovraccarico, poiché il suo corpo non era in grado di sopportarlo. Invece lavorammo con esercizi di radicamento e di esplorazione fisica dolce e sicura.

Gradualmente Mary imparò a prestare attenzione al suo corpo. In un gruppo di terapia inoltre, imparò lentamente ad avere fiducia in un numero sempre maggiore di persone e ad aprirsi a loro. Imparò a dare valore a se stessa e a reclamare il suo diritto di esistere. Iniziò ad impegnarsi in attività che le portavano soddisfazione personale. Il suo processo di guarigione attraversò molti stadi e fasi ma, una volta iniziato, non potè più continuare a negare se stessa come aveva fatto per oltre quarant'anni. Ora prendeva parte alla propria vita.

RIPRISTINARE IL LOTO

Guarire il primo chakra

Quello che segue è un insieme di suggerimenti, tecniche e interventi per rivolgersi agli squilibri del primo chakra. Voglio sottolineare che ogni tecnica va usata con discrezione e insieme alla vostra pratica terapeutica. Non ci sono due individui uguali e lo spazio qui non è sufficiente per elaborare le diverse diagnosi.

Principi e valutazioni generali

Sanare il nostro rapporto con il nostro corpo significa sanare il nostro rapporto con la Terra. Riconquistare il nostro terreno significa riconquistare la nostra vitalità e le fondamenta di tutto ciò che segue. Innanzitutto è importante determinare la situazione del rapporto di una persona col suo corpo, col suolo sotto i suoi piedi e l'ambiente che la circonda. Le indicazioni importanti le troviamo nell'aspetto e nella forma del corpo e lo stile caratteristico di mettersi in relazione con il mondo esterno. Attente osservazioni del modo in cui una persona cammina, parla, si muove, respira, sta seduta e guarda da dietro i propri occhi ci rivelano dei modelli interni. Quello che vediamo qui è la dichiarazione fisica dei processi interni – come contrazione, espansione, conflitto, gelo, collasso, attivazione, annientamento o dissociazione.

Si noti che queste sono dichiarazioni energetiche, più che stati emotivi, anche se sono causati e accompagnati spesso da emozioni, come la paura che provoca contrazione, l'impotenza il collasso, l'eccitazione o la rabbia l'attivazione. Questi stati cambieranno a seconda di quello che sta succedendo in quel momento. Descrivere un trauma passato può attivare alcune parti del corpo.

Nel lavoro col primo chakra tuttavia, la dichiarazione energetica fatta dal corpo è più importante dell'emozione stessa. Mantenere la persona in contatto con le sensazioni fisiche, più che farla concentrare sulle emozioni aiuta a contenere i materiali difficili, traumatici. La persona può concentrarsi su ciò che il suo corpo *sta facendo* senza perdersi nelle sensazioni che sono più caratteristiche del secondo chakra. Tutto questo viene ottenuto facendo continuo riferimento ai processi fisici, e rispecchiandovisi, ai processi fisici che vengono sperimentati durante la sessione. "Quando hai paura, che cosa fa il tuo corpo? Che cosa accade al tuo ventre o al tuo respiro?" Una persona può imparare a trovare sollievo da emozioni dolorose, cambiando semplicemente la sua espressione fisica, senza precipitare nel labirinto del contenuto storico e nel minestrone emotivo. Anche un semplice suggerimento di radicamento può offrire una maggior forza e calma, come per esempio "Che cosa succede quando metti la parte posteriore dei piedi sul pavimento e vi poggi sopra tutto il tuo peso?" "Che cosa succede quando ti alzi?"

Disegnare il corpo

Trovo utile far disegnare ai clienti il loro corpo su un grande foglio di carta di giornale con un assortimento di matite colorate. Viene data istruzione di disegnare il modo in cui il corpo *si sente*, senza cercare di darne un'immagine realistica. Un'anoressica filiforme può disegnare il proprio corpo come un pallone gonfiato se questo è il modo in cui lo percepisce. Una persona rigida può disegnare dei quadrati scuri e degli angoli acuti. Una persona impaurita, contratta, può disegnare un corpo molto piccolo, usando solo un quarto della pagina, quando una persona eccessivamente dilatata potrebbe aver bisogno di molti fogli di carta. Una persona poco formata, collassata, potrebbe disegnare dei ghirigori eterei senza alcuna forma concreta.

La bellezza di questo esercizio è che mostra graficamente, senza intellettualizzazione, ciò che sta avvenendo dal punto di vista energetico. La cliente può guardare il suo disegno e vedere forme che normalmente rimangono inconsce. Dopo aver, innanzitutto, chiesto alla cliente di parlare del suo disegno, il terapista può indicare aspetti trascurati e porre delle domande come: "Che cosa rappresenta per te questa spessa linea nera che attraversa la tua parte mediana?" "Noto che il tuo disegno è molto fluido, ma non ha confini. È una cosa che rispecchia la tua vita?"

"Sembra che tu abbia paura di occupare spazio" "Disegni il corpo come se fosse molto grasso, ma invece sei molto magra". Talvolta intere parti del corpo vengono lasciate fuori – che relazione ha la cliente con queste parti? Una persona non disegnò la testa perché non aveva più spazio sulla pagina e aveva paura di chiedere un altro pezzo di carta. Perde spesso la testa per paura di chiedere ciò di cui ha bisogno? Un'altra persona usò tre fogli di carta molto grandi (24 × 36) ma tracciò solamente pochi segni sottili. La sua energia era troppo dispersa.

Se possibile, fate stare la cliente di fronte a uno specchio a figura intera e tenete il suo disegno di fronte al suo torso. Questo ha l'effetto di dare una sorta di visione a raggi X dello schema interno della struttura energetica. Che cosa prova nei confronti di questa persona? A che conclusioni giungerebbe se vedesse solamente il disegno? Quali sono le parti che richiedono maggiore attenzione e cura? Se nello studio non vi è uno specchio, datelo come compito a casa. Man mano che le persone crescono e cambiano, possono fare periodicamente questi disegni, costruendo una rappresentazione grafica dei loro progressi.

Dialogo del corpo

Il primo passo per uscire dalla dissociazione è quello di ristabilire la comunicazione col corpo. Questo esercizio dà voce a varie parti del corpo e permette alla mente di dialogare con queste parti e conoscerne l'esperienza.

In genere inizio facendo stendere la persona in una posizione rilassata, confortevole, mentre io siedo accanto a lei con carta e penna, pronta a scrivere tutto ciò che dice. All'inizio le chiedo di immaginare che il suo corpo sia una compagnia e che lei sia un ispettore mandato a intervistare gli operai su come ciascuno si senta in rapporto al suo lavoro e alla posizione nella compagnia. Ogni parte del corpo è un membro della corporazione e io chiedo di risalire dai piedi fino al viso. Dopo che io ho chiamato una parte del corpo, la cliente inizia con: "Io sono i miei piedi e io..." e poi completa la frase con la sua esperienza emotiva. "Io sono i miei piedi e mi sento come se il peso del mondo fosse su di me". "Sono il mio ventre e ho paura". "Sono la mia testa e reggo le fila". Talvolta una parte del corpo può desiderare di raccontare una intera storia, unendo diverse dichiarazioni. Altre volte può non essere in grado di trovare il modo di farsi sentire o può sentirsi intorpidita.

Quando tutto il corpo ha avuto la possibilità di parlare, allora rileggo tutto ciò che ho scritto, omettendo le parti del corpo. "Sento che il peso del mondo è su di me. Ho paura. Reggo la scena. Mi sento intorpidita, tesa". La cliente allora ha la possibilità di vedere il modo in cui il suo corpo esprime l'esperienza della sua vita.

Seguendo questo esercizio, che in genere prende un'intera sessione, si può allora ritornare indietro e avere un dialogo con le parti che sembrano più significative. "Così tu, petto, ti senti contratto e vuoto. Che cosa ti farebbe sentire più pieno?" "Così, stomaco, tu ti senti come se dovessi essere grande per essere notato. Come ci si sente ad essere grandi e pieni? Come ci si sente quando si è vuoti?" Lo stomaco potrebbe rispondere: "Ci si sente impauriti quando si è vuoti. Ma quando sono pieno mi sento ottuso". Poi la domanda potrebbe essere: "Di cosa hai paura?"

Il dialogo può avvenire tra la cliente e se stessa, oppure tra il terapista e la cliente. Lo scopo è quello di sviluppare una relazione tra la comunicazione e la consapevolezza – una relazione che poi può condurre all'azione e al cambiamento.

Determinare gli eccessi e le carenze del primo chakra

Determinare eccesso e carenza all'interno del chakra in questione è un compito necessario da fare prima di usare la maggior parte degli esercizi. Un chakra in eccesso trarrà grande beneficio da esercizi di rilassamento o di scarico, mentre un chakra carente trarrà beneficio da esercizi di stimolo o di carica.

Carica è un termine bioenergetico per l'eccitazione di base del corpo. Sentiamo carica quando siamo arrabbiati, eccitati, stimolati sessualmente, spaventati, innamorati o uno qualunque degli stati emotivi intensi. Proviamo una carica quando viene minacciata la nostra sopravvivenza, quando proviamo un profondo contatto spirituale, quando guardiamo un film emozionante oppure quando creiamo un'opera d'arte. La carica può essere avvertita come intensità, entusiasmo o accresciuta consapevolezza. Aspetti della nostra infanzia contengono una grande carica, alcuni positiva e altri negativa. Per i figli di genitori alcolizzati o divorziati le vacanze sono sempre cariche di ansietà. Diventiamo ipersensibili ad aspetti che hanno molta carica e possiamo reagire in modo eccessivo o evitare in modo compulsivo tali situazioni. Anche le esperienze positive contengono una carica. Possiamo ricevere una carica di energia al vedere un vecchio amico, nell'ottenere una promozione o nel ricordare una bella vacanza.

Si può richiamare una carica attraverso esercizi di radicamento, aumentando la respirazione, con la fantasia, con la visualizzazione, oppure parlando di soggetti caricati. Le immagini oniriche possono contenere una grande carica e questa carica può sorgere spontaneamente nel corpo mentre si parla del proprio sogno. Anche la verità ha una carica, specialmente quando è stata nascosta in precedenza, come se nel corpo si aprisse un cancello.

Aumentare la carica aumenta la consapevolezza del proprio corpo accrescendone la vitalità. Se una persona è depressa, o il suo corpo appare debole o privo di forma, aumentare la carica può dargli un senso di benessere ed è un processo del tutto privo di pericoli. La depressione è fondamentalmente uno stato di sottocarica, una mancanza di eccitazione e di entusiasmo.

Tuttavia, non tutta la carica è piacevole. Quando un corpo è compresso rigidamente, come avviene nella struttura Schizoide/Creativa, un aumento di carica può essere avvertito come ansietà. La tensione muscolare cronica è intesa a difendere *dalla* carica, come mezzo per evitare o dissipare emozioni non volute. In questo caso bisogna stare attenti a non sovraccaricare o a gravare il corpo con più energia di quanta si possa trattare senza pericolo. Quando una persona è sovraccaricata, può sentirsi ansiosa, inquieta, spaventata o fuori controllo. La carica in eccesso di questo tipo viene sperimentata come stress (fig. 1-2).

Carenza del primo chakra

Un primo chakra carente è contratto, vuoto, debole, afflosciato o privo di forma. Tutto questo in genere si riconosce semplicemente osservando il corpo. La contrazione spinge verso l'interno, come se la persona stesse cercando di rendersi più piccola possibile. Egli potrebbe sedere a gambe incrociate e inclinato in avanti, con le braccia incrociate e tenute strette al corpo, compiendo piccoli movimenti contratti. Nell'individuare la contrazione è importante vedere se se ne può individuare il centro. Una persona può contrarre la propria energia spingendola verso l'alto, verso la testa, all'interno verso il plesso solare o la zona cardiaca, oppure occasionalmente in basso, verso il proprio terreno.

Se la contrazione si spinge lontano dal terreno, il primo chakra diviene vuoto e vacante e la persona può perdere completamente il contatto con le sue sensazioni in questa zona. Se l'energia di una persona è molto disorganizzata, il primo chakra sarà debole e sparirà alla minima sfida. In certi momenti può apparire radicata e in altri no. La persona potrebbe cambiare continuamente di posizione, come se fosse irrequieta o spostare il peso da un piede all'altro quando sta in piedi. Vi è un'irrequietezza dell'energia in generale, spesso accompagnata da difficoltà di concentrazione.

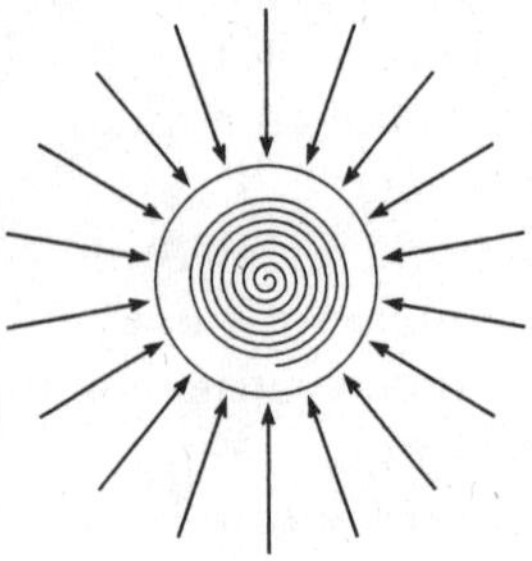

Un primo chakra in eccesso richiama una tale quantità di energia, da non riuscire a spostare l'energia in basso verso il terreno o in alto verso il resto del corpo. Questo crea un'eccessiva solidità che ha dei problemi ad accettare il cambiamento.

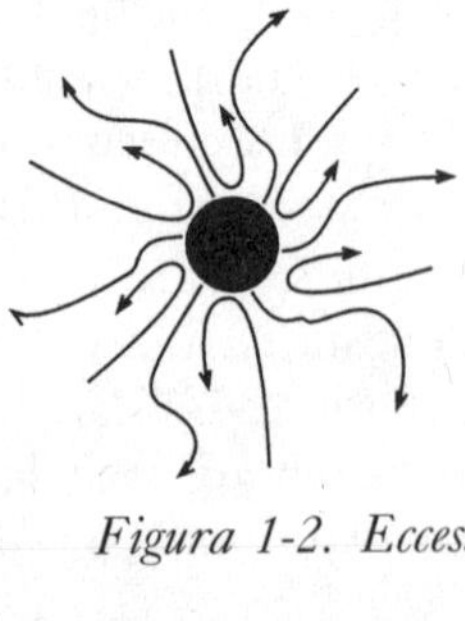

Un primo chakra carente è talmente contratto, che l'energia che si muove verso l'interno viene deflessa e dispersa a caso attraverso il corpo, senza radicarsi. Questo crea un movimento caotico privo di consistenza.

Figura 1-2. Eccesso e carenza nel primo chakra

Esiste anche un tipo di carenza che può manifestarsi tanto in un corpo magro, che in un corpo grande, sovrappeso (il che potrebbe apparire come un eccesso) quando il corpo è molto slegato e manca di forma. Poiché il primo chakra è collegato alla solidità, il corpo senza forma ha dei grossi problemi a solidificarsi o a mantenere la sua forma, il suo terreno o la struttura di base. I muscoli sono poco tonici, cattiva circolazione, colore e formazione del confine. Vi è uno stato di sottonutrizione e sottocarica.

Una persona con un primo chakra carente non riconosce l'importanza del corpo. Può essere che l'igiene e la cura siano scarsi; il vestirsi è trascurato. I dettagli che riguardano la vita non sono importanti, mentre le fantasie, i sogni, la conoscenza e la spiritualità sono molto importanti (bilanciati dalla dominanza del chakra superiore).

I primi chakra carenti necessitano di essere radicati dinamicamente e rispondono bene al lavoro svolto in piedi e all'uso di esercizi che caricano il corpo (vedi *Esercizio di radicamento* a p. 124). Hanno bisogno di essere incoraggiati per formarsi e mantenere quella forma, che può essere rafforzata dalla sfida. Sono molto utili gli esercizi che creano un limite.

Eccesso nel primo chakra

Un primo chakra in eccesso si sente pesante. Possiede solidità, ma con un senso massivo di pesantezza. È possibile che il corpo sia ampio e denso, con eccessi di peso distribuiti specialmente intorno ai fianchi, alle cosce e alle natiche. La massa stessa è solida e spessa, piuttosto che molle e flaccida. Se non vi è un problema di peso si troverà che i muscoli sono rigidi e induriti.

Il corpo che presenta un eccesso nel chakra radicale è formato in modo piuttosto solido e appare resistente ai cambiamenti. È possibile che la persona non muova spesso il suo corpo durante la sessione (mentre il carente può agitarsi continuamente) e gli occhi stiano sulla difensiva, con la testa tenuta diritta. Può lamentarsi di rigidità, indolenza, noia, timore dei cambiamenti o dell'incapacità di sollevarsi da terra. Possono esservi delle durezze nel carattere della persona. Ama la routine, la sicurezza e possedere cose, inoltre può essere spinta a raggiungere degli obbiettivi finanziari. Può apparire cinica su argomenti spirituali, preferendo la concretezza. Il suo aspetto può essere meticoloso, ben vestito e ben curato. I movimenti, quando si verificano, possono essere ripetitivi o compulsivi. I suoi confini sono eccessivamente formati, piuttosto come pareti di mattoni. Si lamenta di essere bloccata.

Un primo chakra in eccesso ha bisogno di essere scaricato, di lasciarsi andare e di passare dalla stabilità eccessiva al movimento e alla fluidità. Poiché l'energia è fissata alla base della colonna vertebrale, è necessario del movimento per distribuire l'energia in modo più efficace e lasciare il primo chakra in un equilibrio migliore. In genere movimenti fisici come la danza, il camminare, il nuoto o il semplice stretching sono efficaci per l'eccesso nel primo chakra perché l'ambito fisico è familiare e confortevole. Si raccomanda in particolare lo yoga, perché permette un rilassamento sereno e il sottile movimento dell'energia interna.

Caratteristiche equilibrate

Un primo chakra equilibrato è solidamente radicato e dinamicamente vivo. Possiede tanto stabilità che consistenza, facilità sia di contrazione che di espansione. Vi è il senso della forma senza rigidità, la sensazione di benessere fisico e una sana distribuzione dell'energia in modo uniforme. Ciò conferisce un senso di sicurezza interiore, buona cura di se stessi, l'affermazione del diritto di esistere e un forte senso della presenza.

Spesso mi viene chiesto se un chakra può essere contemporaneamente in eccesso e in difetto. Questo effettivamente accade piuttosto di frequente, quando vi sono delle strategie di sovracompensazione mentre vengono evitati altri aspetti. È un tentativo di equilibrare l'energia *all'interno* di un chakra, piuttosto che lungo tutto il sistema nel suo insieme. Un chakra equilibrato all'interno di se stesso ha meno probabilità di influenzare gli altri chakra, all'interno di un sistema, di un chakra che manifesti delle strutture univoche. Integriamo riportando gli estremi verso un centro comune, ancorato nel corpo fisico. Ad esempio il mangiar troppo spesso è un tentativo di radicare il corpo. Aumentando la funzione che è sottosviluppata (in questo caso un appropriato radicamento) offriamo alla funzione compensatoria la possibilità di diminuire.

Valutazione storica

Anche svelare le esperienze della vita evolutiva può far luce su una certa struttura del chakra. Che cosa sappiamo sulla nostra esperienza dell'allattamento o della prima infanzia? Che cos'altro succedeva in famiglia in quel periodo? Vi erano delle malattie gravi, delle operazioni o delle difficoltà? Che tipo di cure e nutrimento venivano dalla madre? In che rapporto era la madre col proprio corpo? Esistevano delle minacce alla propria sopravvivenza o alla sopravvivenza di qualche membro della famiglia? E come venivano trattati questi fattori? Usando il buon senso in genere queste domande rivelano strategie per eccesso o per difetto.

Il rifiuto e la trascuratezza in genere provocano delle carenze, per cui nel sistema non giunge sufficiente energia per formare delle fondamenta solide. Situazioni di stress, di soffocamento o pericoli più numerosi probabilmente creano un eccesso. Il terreno ha bisogno di rafforzarsi per la sopravvivenza, per poter sopravvivere e dunque sovracompensare. Tuttavia è possibile che la stessa situazione produca reazioni uguali e contrarie in due persone diverse – la violenza fisica può togliere completamente a una persona il contatto con il proprio corpo, mentre un'altra vi si concentra in modo eccessivo.

Problemi persistenti sono un esempio del processo in atto. "La mia salute mi causa continuamente dei problemi" "Non riesco ad ingranare" "Ho continuamente paura" "Le mie finanze sono sempre in una condizione deplorevole". Tutto ciò in genere può stare ad indicare dei problemi di eccesso o carenza. Paragonate queste affermazioni con lo schema all'inizio del capitolo per valutare in modo migliore i vostri processi.

Strategie generali

Affermare la fisicità

Il primo chakra rappresenta la nostra realtà fisica. Quando è danneggiato è danneggiata la nostra relazione col mondo fisico. Dunque, tanto nei casi di eccesso che di carenza la guarigione avviene creando una nuova relazione col mondo fisico – con il nostro corpo, la terra e l'ambiente che ci circonda. Il che può essere tanto un atto di riunione che l'esplorazione di un mistero meraviglioso.

Per la struttura schizoide con un primo chakra carente il tatto e l'accudimento sono cruciali per sviluppare una relazione col corpo che sia tanto affermativa che piacevole. Sono indispensabili un regolare massaggio e l'esercizio fisico. Il massaggio aiuta a spezzare l'armatura del corpo contratto, mentre allo stesso tempo offre un'esperienza accogliente e piacevole. L'esercizio di fatto pompa energia attraverso il corpo e sviluppa forza, creando un senso di connessione e orgoglio.

Come s'è detto prima, è importante riferire continuamente il cliente alla sua esperienza fisica. "Cosa accade nel tuo ventre mentre mi parli di questo avvenimento?" "Riesci a sentire il cambiamento nel tuo respiro ogni volta che parli di tua madre?" Se il cliente riferisce di sentirsi nervoso o impaurito o arrabbiato, incoraggiatelo ad ancorare questi sentimenti al corpo, chiedendogli di descrivere le sue sensazioni fisiche. "Che cosa prova il tuo corpo quando sei nervoso?" La risposta potrebbe essere: "Mi sento ansioso, il respiro è meno profondo, irrigidisco le spalle".

Ogni emozione ha la sua sensazione fisica. Una volta che la risposta fisica viene chiarita, la sensazione può essere intensificata esagerando quella risposta, oppure alleggerita creando una risposta uguale e contraria. Si potrebbe dire: "Irrigidisci ancora di più le spalle e contrai ancor di più il respiro". Intensificare l'emozione può aiutare a portarla dall'inconscio alla coscienza, dove può essere reclamata, esaminata o espressa. Questa è una cosa fondamentale soprattutto quando si lavora con l'ottundimento del corpo, dove le sensazioni fisiche devono essere esagerate per poter essere prese in considerazione.

Una sensazione negativa può essere alleggerita istruendo il cliente a compiere un movimento opposto. Ad esempio, Joanie, che era stata violentata fisicamente da bambina, ha una risposta inconscia alle cose che le fanno male, che è quella di ritirare le gambe verso il corpo e di avvicinare le ginocchia al petto. Quando le chiedo di esagerare tutto questo si avvolge a mo' di palla come per nascondersi. Quando compie questo gesto, prova un intenso terrore, che riconosce come un'emozione provata spesso da bambina. Per incoraggiarla ad allungarsi le chiedo di respirare profondamente, di mettere i piedi per terra e di spingere coi piedi. Questo incoraggia una reazione opposta, che crea un'emozione completamente diversa. Il che dà a Joanie il senso del suo terreno e un luogo da cui affermare un nuovo modo di essere nel suo corpo.

Talvolta, cambiare i movimenti del corpo in questo modo evoca una risposta catartica, che può essere consigliabile o no, dipende dal livello del trauma. È necessario procedere con molta cautela. Se il trauma è grave, attivarne la liberazione può travolgere il sistema, *specialmente* se il radicamento è debole. Se, durante le sessioni precedenti il radicamento è stato sviluppato in modo adeguato, creando un profondo senso di fiducia nella relazione terapeutica, allora una liberazione dolce può portare sollievo scaricando le emozioni trattenute nell'armatura del corpo e permettendo alla nuova emozione di entrare.

Per poter permettere a Joanie di mantenere questa posizione di radicamento e di sentirsi a suo agio con essa, è necessario farle riorganizzare il suo modo abituale di affrontare le cose. Non è facile ritirare l'energia quando i piedi sono piantati saldamente al suolo. Per supportare la nuova struttura ella deve invece confrontarsi, dire di no, arrabbiarsi o difendersi. Questa risposta deve essere incoraggiata, ma da una posizione fisica che la sostenga con passi piccoli e maneggiabili.

La struttura fisica e quella emozionale sono interdipendenti. Un cambiamento nella struttura fisica aiuta a sostenere una nuova risposta emozionale e il cambiamento nell'esprimere le emozioni aiuta a sostenere delle nuove posizioni fisiche. Bisogna lavorare contemporaneamente su entrambi i fronti, ma le emozioni si addicono di più al regno del secondo chakra, così qui concentreremo l'attenzione sull'aspetto fisico.

Lavorare sui piedi

Ci colleghiamo al nostro terreno attraverso i piedi e le gambe. Lavorare sui piedi può implicare due aspetti: lavorare direttamente con i piedi stessi, come nel massaggio dei piedi, flettendoli, arcuandoli, scalciando o spingendo coi piedi (si veda *The Sevenfold Journey* per altri esercizi fisici), oppure lavorando mentre si sta sui piedi (letteralmente mettersi in piedi).

Poiché io inizio il lavoro di radicamento con i piedi, chiedo al cliente di togliersi le scarpe e le calze e di poggiarsi su una palla da tennis o su un massaggiatore per i piedi per aprire i muscoli dei piedi. Il cliente sta su un solo piede, mentre spinge l'altro contro la palla da tennis, appoggiando un peso sufficiente a rilasciare la tensione. Il massaggiatore per i piedi è un rullo di legno con dei rilievi venduto in molti negozi di prodotti naturali o in centri per la salute. Il massaggiatore per i piedi è più duro della palla da tennis, ma penetra più profondamente. Talvolta faccio camminare il cliente su un rullo liscio di legno dello spessore circa della parte frontale di un cassetto e facendogli muovere il piede un centimetro alla volta. Quest'ultimo esercizio può essere piuttosto doloroso per il piede se l'energia bloccata è molta, così lo uso soltanto quando lavoro con stadi più avanzati di radicamento.

Purtroppo la maggior parte della psicoterapia si svolge in forma di dialogo verbale, seduti su una sedia ed è essenzialmente non fisica. Questo non è chiaramente l'approccio migliore per qualcuno che voglia lavorare sugli aspetti del chakra inferiore, soprattutto se le sue facoltà cognitive sono sovrasviluppate per difesa. In questo tipo di situazione vi sono ancora alcune semplici cose che si possono fare per sostenere il radicamento. Come minimo si può insegnare al cliente a tenere i piedi poggiati per terra, preferibilmente senza scarpe. Questo lo aiuta a mantenere un rapporto energetico più profondo col suo corpo e una maggior presenza nella sessione. Il che è essenziale per persone che abbiano problemi di radicamento (cioè, a dire il vero, per la maggior parte della popolazione). Chiedere al cliente di spingere ogni tanto i suoi piedi riafferma e rafforza il rapporto di radicamento ed è utile specialmente quando si ha a che vedere con paura e nervosismo. Esercitare una pressione con i piedi aiuta a spingere l'energia attraverso il corpo, dove può essere scaricata. Si può chiedere al cliente di monitorare continuamente la sua esperienza fisica nel modo in cui abbiamo spiegato prima. Gli esercizi che prevedono di disegnare il corpo o di parlare in nome di parti del corpo come se esse fossero delle subpersonalità e assegnare dei compiti da svolgere a casa come sostegno fisico sono aggiunte essenziali per lavorare col primo chakra.

Una volta che si siano aperti i piedi, chiedo alla persona di stare in piedi e farne esperienza in un modo del tutto nuovo. Gli chiedo di percepire i suoi piedi come sostegno del peso del corpo e di percepire la consistenza del terreno sotto di essi. Molti rimangono meravigliati di quanta maggiore consapevolezza essi abbiano dei loro piedi e immediatamente si sentono un po' più radicati.

Svolgere un lavoro psicologico mentre si sta in piedi aumenta l'energia fisica, permette una maggiore assertività, nega la passività e sostiene l'indipendenza. Il semplice atto di stare in piedi è un'asserzione di autonomia. Lo stare in piedi fa uscire dallo stadio infantile e permette all'adulto di emergere. Lo stare in piedi stabilisce un terreno e letteralmente realizza la metafora "prendere posizione". Molte delle nostre espressioni riflettono questo importante concetto energetico: "mettere piede", "stare sulle proprie gambe", "rifiutarsi di prendere posizione per qualcosa", "sostenere (resistere)" e infine "contenere (comprendere)". Far stare un cliente ritto in piedi realizza ciascuno e tutti questi concetti. In questo caso la posizione che egli prende è per se stesso.

Bisogna prestare anche particolare attenzione al modo in cui sta in piedi. Le pelvi vengono spinte in fuori o trattenute all'indietro? Le ginocchia sono flessibili o bloccate? Il ventre è protundente oppure il petto è infossato? Queste tutte sono delle indicazioni sul modo di reggersi del cliente e se ne dovrebbe prendere nota per lavorarci poi nel tempo. Ciò aiuta ad esplorare le posture del corpo sia consce che inconsce. La postura conscia del corpo è quella che assumiamo quando siamo osservati. Tiriamo in dentro lo stomaco, alziamo le spalle e il petto e raddrizziamo la spina dorsale. La postura inconscia del corpo è quella che si verifica senza pensare. Possiamo crollare, irrigidirci oppure stare abitualmente su una sola gamba.

Come si sente il cliente quando cerchiamo di radicarlo? Questo lo fa sentire nervoso o sicuro? C'è un punto nel corpo in cui si concentra la tensione oppure il corpo si rilassa? Richiede molta concentrazione oppure avviene spontaneamente? Gli occhi esprimono eccitazione, paura o tristezza? Sono queste le cose da chiedere e da osservare oppure da offrire come feedback al cliente. "I tuoi occhi all'improvviso stanno manifestando paura. È questo ciò che provi?" Poi dirigete quell'indicazione sul corpo. "Allora, quale sensazione nel tuo corpo ti fa sapere che hai paura e quando è cominciata questa sensazione?" Altre domande o asserzioni possono includere: "Che cosa provi in questa posizione?" "Le tue pelvi sono spinte all'indietro. Che cosa succede se le lasci muovere in avanti?" "Sembra che tu abbia la necessità di irrigidire le ginocchia. Che cosa succede quando le pieghi?" Queste asserzioni non intendono tanto essere analitiche, quanto invitare ad un'esperienza più profonda. Prestate attenzione alle interruzioni nel flusso di energia, ai punti che sono irrigiditi o alle parti che si muovono in modo maldestro. Poi concentrate l'attenzione ed esagerate questi processi inconsci fino a che diventano consci.

Irrigidire le ginocchia è un modo di rendere passivo il peso del corpo, così che ci si ritrae energeticamente offrendo ancora l'apparenza esteriore dell'essere presenti. Il peso passivo può anche essere considerato un peso morto – l'irrigidire le ginocchia spezza la connessione energetica tra le gambe e attutisce le sensazioni fisiche. Quando le ginocchia si irrigidiscono il ventre viene spinto in avanti, il petto si infossa, la testa cade in avanti e il respiro diminuisce. Questa è la postura della sconfitta e la sconfitta è un'allegoria del fallimento: dunque, irrigidiamo le ginocchia per rimanere in piedi. Per contrasto, la postura di allerta tiene le ginocchia leggermente piegate e il centro di gravità basso, più o meno come la posizione delle arti marziali.

Esercizio di radicamento

Per aumentare il senso di contatto dinamico col terreno, chiedo al cliente di sistemare i piedi ben aperti, con le dita leggermente all'interno e le ginocchia leggermente flesse. Talvolta gli dico di fare pressione sui piedi, come per cercare di spaccare in due il pavimento sotto di essi, per aumentare la solidità delle gambe. Una persona non può facilmente essere scalzata dal suo terreno quando mantiene una posizione come questa. Se gli si chiede di mantenere questa posizione mentre il terapista spinge leggermente sullo sterno, egli dovrà allora piantare i piedi sul pavimento, il che aumenta l'energia nelle gambe.

Una volta stabilita la posizione di base, gli chiedo allora di piegare e raddrizzare lentamente le ginocchia più volte, inspirando quando si piega ed espirando quando si raddrizza e spingendole contro il pavimento. Le ginocchia non devono raddrizzarsi del tutto. Se questo esercizio viene eseguito correttamente, inizierà ad aversi un leggero tremolio delle gambe. Con alcune persone questo si verifica solo dopo alcuni secondi, con altre dopo molti minuti. Il tremore indica che della nuova energia sta fluendo nelle gambe e nei piedi. Se si continua l'esercizio, questa energia aumenterà gradualmente e il tremore si intensificherà. In tal modo esso può essere usato per far rivivere parti del corpo che sono morte e ci si può muovere attraverso blocchi, oppure l'energia può essere diretta verso l'alto, al resto del corpo. Ogni volta che spingiamo contro qualcosa di solido, aumentiamo il flusso energetico nel nostro corpo. Un contatto più intenso col terreno aumenta la carica. Bisogna stare molto attenti ad osservare in che modo il cliente reagisce ad un aumento di carica. Se ne nasce ansia, il che accade spesso, bisogna o elaborarla o diminuirla. Può essere diminuita rallentando o interrompendo l'esercizio, scalciando con le gambe in aria, oppure sedendo su una sedia con la testa piegata più in basso. Può essere elaborata lavorando col materiale che illumina. Sally, ad esempio, sviluppò molta ansia durante la sua prima esperienza di radicamento. Lo si poteva capire dai suoi occhi e dal respiro e attraverso frequenti descrizioni illuminanti della sua esperienza.

"Mi sto sentendo molto a disagio", dice.

"Va bene, teniamo la posizione esattamente com'è e vediamo il disagio che cosa riguarda. Che sensazioni prova il tuo corpo?"

"Avverto un formicolio nelle mani e sulle labbra". (Questa non è un'infrequente risposta alla carica).

"Va bene. Presta attenzione alle tue mani. Cosa vogliono fare? Che impulso avvertono?"

"Non so. Non posso dirlo. Mi sento confusa".

Vedo che le braccia tremano, come se fossero inchiodate. "Cerca di afferrare in avanti con le braccia. Afferra davanti a te". Sally spinge le braccia in avanti e la carica defluisce dalle sue mani e affluisce al suo torso. Comincia a singhiozzare. Il senso di ansia si trasforma e improvvisamente si trova immersa nel ricordo di quando voleva raggiungere sua madre e sua madre non c'era. Riesce ad esprimere le sue emozioni di tristezza e la sua frustrazione nello stendere le braccia. Le permetto di afferrare le mie mani e di sentire un contatto concreto con qualcuno. Il risultato finale fu una sensazione di calma.

In questo caso l'ansietà è nata dalla confusione che ella sentiva attorno alla sua risposta istintuale (nucleo) all'aver bisogno di qualcuno quando non c'era. Una risposta che era stata rimossa per mancanza di soddisfazione. In altri casi è possibile che la cosa non si risolva in modo così semplice. Il mio ruolo è quello di condurre la persona il più avanti che le sia possibile e fare pressione soltanto quando sono sicura che esiste una possibilità di una qualche soluzione all'interno della seduta. Lo stabilisco con un'intensa osservazione e con un dialogo costante, che mi mantiene in contatto tanto con i suoi stati fisici che emotivi.

Man mano che una persona inizia a risolvere i problemi portati alla luce dagli esercizi, il radicamento guadagna in solidità. Essa sta letteralmente risolvendo quello che si è intromesso tra lei stessa e il terreno. Quando questo si verifica, iniziano a risolversi i problemi di lavoro, di abitazione e di disturbi fisici, tutti aspetti del primo chakra.

Tecniche di regressione

Poiché i primi stadi della vita precedono la deambulazione, non tutto il lavoro sul primo chakra può essere svolto mentre si sta in piedi. Se esistono dei traumi verificatisi nei primissimi stadi dell'infanzia, può rendersi necessario usare delle posizioni che simulano questi primissimi stadi.

Le tecniche di *rebirthing* si fanno da stesi e usano un certo tipo di respirazione per far scattare dei ricordi dell'utero e dell'esperienza del parto. Il respiro olotropico (inventato da Stanislav Grof) è una tecnica che rilascia le tensioni profonde trattenute nel corpo. Queste non sono tecniche che possono essere descritte adeguatamente in questa sede, ma si potrebbe voler inviare un cliente a un terapista del *rebirthing* o del respiro olotropico per qualche sessione, in modo da rendere accessibile del materiale da questi primi stadi. Tuttavia questi metodi sono molto potenti e non andrebbero usati alla leggera con un cliente che ha subito un serio trauma o la cui storia non vi è ancora ben nota.

Quando si lavora con gli stadi della prima infanzia, faccio stendere il cliente sulla schiena su di un tappetino di gamma a ginocchia flesse, in modo che i piedi siano tenuti piatti contro la gomma. Poi facilito il rilassamento e incoraggio una respirazione più profonda, tenendo attentamente d'occhio qualunque segno di cambiamenti energetici o di blocchi. Il seguente esercizio, *spingere i piedi*, spinge l'energia in basso, verso le gambe.

Chiedo al cliente di sollevare le gambe in aria e di farle ondeggiare, più o meno come farebbe un infante. Lo incoraggio anche a emettere dei suoni inarticolati mentre respira – che per alcuni è facile e per altri difficile. I suoni aiutano il cliente ad arrendersi al movimento dell'energia, ma in questo stadio non sono oggetto d'attenzione.

Gli chiedo poi di spingere con i piedi verso l'esterno con le dita rivolte in dietro verso il corpo. Quando il cliente spinge con i calcagni, le gambe inizieranno subito a vibrare, proprio come farebbero nella posizione all'impiedi ed io lo incoraggio ad arrendersi a questo tremore e a continuare a respirare profondamente. Dopo aver accumulato la carica, chiedo al cliente di scalciare rapidamente in modo da scaricare, con le ginocchia piegate per gli stadi più remoti e distese per un'asserzione più matura. Qui è bene incoraggiare il suono e, se le braccia sembrano cariche di energia, può anche strofinare le mani o i pugni sul tappetino. Lo scalciare continua finché il cliente è stanco (circa un minuto) ed è seguito da un riposo.

Questo è un ciclo espressivo carico/scarico, che spinge fuori ma non incoraggia l'atto di accogliere. Apre l'energia e la fa fluire, ma non insegna al cliente a contenere. Va bene per scaricare la rabbia di fondo e per spezzare la rigidità, ma non è consigliato per esperienze di abbandono, mancanza di cure o trascuratezza, che sono esperienze più leggere e più quiete.

Nota. Molti di questi esercizi hanno quello che io chiamo un *riflusso*. Il che significa che il flusso energetico del corpo si verifica con maggiore probabilità *dopo* l'esercizio piuttosto che durante. Dunque è di fondamentale importanza che il cliente si riposi qualche momento per avvertire veramente lo scorrere dell'energia nel suo corpo prima di procedere con qualcos'altro.

Per le emozioni più sottili, comincio a far stendere il cliente e lo faccio lavorare con le mani e con le labbra. Massaggio dolcemente le spalle e i muscoli della schiena e chiedo al cliente di stendere in avanti le mani come se volesse raggiungere una persona. Lo incoraggio anche alla reazione del succhiare, chiedendogli di spingere in fuori le labbra (cosa particolarmente adatta per la struttura Orale/Amante). Questo riaccende l'esperienza orale e attraverso la rinegoziazione dei ricordi passati, aiuta a soddisfare le infinite brame orali. È importante terminare facendo alzare lentamente in piedi il cliente in modo da fargli percepire la capacità di sostenersi in modo attivo e adulto.

Alcune di queste tecniche hanno profonde implicazioni di delimitazione e non vanno impiegate prima di aver stabilito dei confini chiari e un senso di sicurezza e di fiducia tra il terapista e il cliente. Il terapista deve stare in guardia verso gli aspetti di transfert e controtransfert. Io descrivo sempre l'esercizio completamente prima di farlo e chiedo al cliente, prima di cominciare, se si sente a suo agio in esso, assicurandolo che può essere interrotto in ogni momento. A un cliente che ha appena iniziato la terapia o che, secondo il mio giudizio, è incapace di dire "No" (come quelli che sono reduci da una violenza sessuale e i clienti che hanno un estremo bisogno di compiacere), non suggerisco nemmeno questi esercizi. Come con tutte le tecniche terapeutiche, cautela e discrezione sono obbligatori.

Conclusione

Se siete vivi, nessuno può dirvi come fare esperienza del mondo. E nessuno può dirvi qual è la verità, perché ne fate esperienza da voi stessi. Il corpo non mente

STANLEY LELEMAN

Se il primo chakra non funziona in modo sano, siamo intrappolati senza speranza a un livello mondano d'esistenza, evitando e avendo per sempre a che fare con lo stesso problema – la necessità di consolidare il livello del terreno da cui tutto il resto cresce. È mia convinzione che, se il terreno di una persona non è in qualche modo intatto, tutto il resto del lavoro è meno efficace. Se il terreno è intatto, il lavoro successivo procede in modo più coerente e rafforza il terreno. Il radicamento è un processo lento e cumulativo. È da qui che iniziamo e tuttavia cambia continuamente come risultato di ciò che costruiamo sopra di noi.

Non si finisce mai di lavorare sul radicamento. La nostra cultura, così lontana dal terreno del pianeta e con valori che stimano tanto poco il corpo e il mondo fisico, ci separa continuamente dal nostro terreno. A parte lo sviluppo dell'infanzia, c'è sempre del lavoro da fare per superare la programmazione culturale che indebolisce il collegamento del nostro primo chakra.

Chiedere il sacro tempio del nostro corpo, il nostro diritto di essere qui e il nostro diritto di avere ciò che ci è necessario per la sopravvivenza può essere una riunione gioiosa con il reale terreno del nostro essere e un solido inizio per il viaggio esaltante di ritorno alla salute attraverso i chakra.

NOTE

[1] Erik Erikson, nella citazione di Newman e Newman, *Development Through Life: A Psychosocial Approach* (Chicago, Dorsey Press, 1975), 182.

[2] Ashley Montagu, *Touching, The Human Significance of the Skin* (New York, Harper & Row, 1971), 77-78, dove sono elencati molti di questi studi. Molti riportano un tasso di mortalità del 100%.

[3] Susan Kano, *Making Peace with Food* (New York, Harper & Row, 1989), 40.

[4] Questo termine è stato coniato da Pamela L.A. Chubbuck, Ph. D. durante il suo corso privato.

LETTURE CONSIGLIATE

Per esercizi relativi ai chakra

The Sevenfold Journey, Anodea Judith & Selene Vega/Freedom, CA: Crossing Press, 1993.

Introduzione allo yoga

The Runner's Yoga Book. Jean Couch, Berkley, CA, Rodmell Press, 1992.

Relax and Renew: Restful Yoga for Stressful Times. Judith Lasater, Berkley CA, Rodmell Press, 1995.

Per esercizi di bioenergetica

The Way to Vibrant Health. Alexander Lowen, M. D. and Leslie Lowen. New York, Harper Colophon Books, 1977.

Psicologia somatica generale

The Body in Recovery: Somatic Psychotherapy and the Self. John P. Conger. Berkley CA, Frog Ltd. 1994.

The Language of the Body. Alexander Lowen, M.D. New York, Collier Books, 1958.

Somatics: Reawakening the Mind's Control of Movement, Flexibility and Health. Thomas Hanna. Reading, MA. Addison-Wesley Publishing Co., 1988.

The Human Ground: Sexuality, Self and Survival. Stanley Keleman. Berkley, CA. Center Press, 1975.

Your Body Speaks its Mind. Stanley Keleman. Berbley, CA, Center Press, 1975.

Pattern of Distress. Stanley Keleman. Berkley, CA, Center Press, 1989.

IL SECONDO CHAKRA

Nuotando nelle acque della differenza

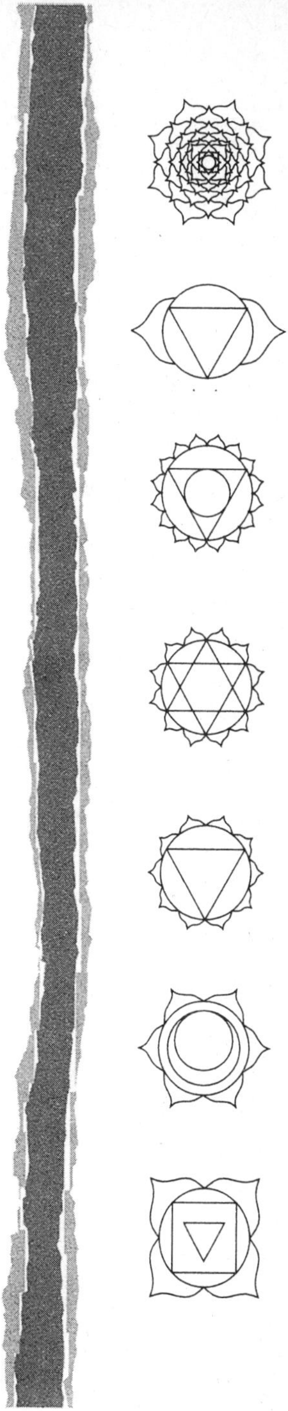

COLPO D'OCCHIO SUL SECONDO CHAKRA

ELEMENTO
Acqua

NOME
Swadhisthana (dolcezza)

SCOPO
Movimento e connessione

CARATTERISTICHE
Movimento
Sensazione
Emozioni
Sessualità
Desiderio
Necessità
Piacere

COLORE
Arancione

COLLOCAZIONE
Parte inferiore dell'addome
Plesso sacrale

IDENTITÀ
Fisica

ORIENTAMENTO
Autogratificazione

DEMONE
Colpa

STADIO EVOLUTIVO
Da 6 a 24 mesi

SCOPI EVOLUTIVI
Esplorazione del mondo attraverso i sensi
Locomozione

DIRITTI FONDAMENTALI
Percepire e provare piacere

CARATTERISTICHE EQUILIBRATE
Movimenti aggraziati
Intelligenza emotiva
Capacità di sperimentare il piacere
Accudimento di se stessi e degli altri
Capacità di cambiare
Delimitazioni sane

TRAUMI E VIOLENZE
Abuso sessuale (aperto o nascosto)
Abuso emotivo
Situazioni instabili
Abbandono, freddezza, rifiuto
Negazione degli stati emotivi del bambino, mancanza di identificazione
Irretimento
Manipolazione emotiva
Uso esagerato del box o restrizione dei normali movimenti

COLPO D'OCCHIO SUL SECONDO CHAKRA

Rigore morale o religioso (contrario al piacere)

Violenza fisica

Famiglia di alcolizzati

Caratteristiche ereditarie: genitori che non hanno elaborato i loro problemi sessuali; casi di incesto non trattati

Carenza

Rigidità del corpo e degli atteggiamenti

Frigidità, paura del sesso

Pratiche sociali limitate

Negazione del piacere

Eccessive difese

Paura del cambiamento

Mancanza di desiderio, di passione, di eccitazione

Eccesso

Esibizionismo sessuale, ossessione del sesso

Ossessione del piacere

Emozioni eccessivamente forti, dominato dalle emozioni, (isteria, alternanza di stati bipolari, crisi distruttive)

Eccessivamente sensibile, emotivo

Delimitazioni fragili, invasione degli altri

Manipolazione seduttiva

Dipendenza emotiva

Attaccamento ossessivo

Disfunzioni fisiche

Malfunzionamento degli organi riproduttivi, della bile, del sistema urinario

Difficoltà mestruali

Disfunzioni sessuali: impotenza, eiaculazione precoce, frigidità, anorgasmia

Dolori lombari, problemi alle ginocchia, mancanza di flessibilità

Sensi assopiti, mancanza di interesse per il cibo, per il sesso, per la vita

Strategie di cura

Terapia del movimento

Rilasciamento o controllo delle emozioni nel modo appropriato

Lavoro sul bambino interiore

Lavoro sui confini

Programmi in 12 stadi per le dipendenze

Assegnazione di piaceri sani

Sviluppo dell'intelligenza sensibile

Affermazioni

Merito piacere nella vita

Assorbo informazioni dalle mie emozioni

Accetto e celebro la mia sessualità

La mia sessualità è sacra

Mi muovo facilmente e senza sforzo

La vita è piacevole

SFUMATURE DI ARANCIONE

Perdi la mente e torna ai sensi

FRITZ PERLS

Raramente mi capita di trovare un cliente, o anche solo un amico, che non abbia problemi sessuali. Troppo sesso, troppo poco, paura, dipendenza, vergogna, deprivazione o compulsione – le grida delle ferite sessuali lasciano un'eco in molte vite, portando pena e frustrazione, rabbia e paura – tutto in un'esperienza intesa per il piacere. Tutte insieme queste ferite gettano un riverbero sulla nostra cultura in lotte che si dispiegano in una vasta gamma di temi sessuali: controllo delle nascite, aborto, diritti dei gay, nudità, fedeltà, celibato, molestie sui bambini, violenza sessuale e pornografia. Con un paradosso forzato la sessualità è allo stesso tempo rifiutata e magnificata.

Queste ferite hanno il loro pedaggio emotivo. L'ottundimento emotivo è idealmente approvato come comportamento pubblico. Le reazioni emotive sono disapprovate come un segno di perdita di controllo. La funzione del *sentire*, in senso junghiano è considerata una funzione inferiore nella nostra cultura, associata allo stato inferiore delle donne. La passione, una forza essenziale di motivazione per la vitalità, il potere e la creatività, viene soppressa, considerata come un bambino petulante, che ha bisogno di essere controllato dalla nostra volontà. Prive di passione e di piacere le nostre vite sfumano in una identità priva di senso, le nostre emozioni sono smorzate dietro la routine quotidiana del comportamento previsto.

Il secondo chakra – centro delle sensazioni e del sentire, delle emozioni e del piacere, dell'intimità e dei legami, del movimento e del cambiamento – viene invece girato e ritorto, schiacciato e sbrindellato, tagliando così ulteriormente fuori la cognizione percettiva della mente dalla radice sensibile del corpo. Senza il tatto, diventiamo letteralmente intoccabili. Se i nostri sensi sono addormentati il comportamento diventa *privo di senso* invece che *sensato*.

Nel recuperare il secondo chakra noi reclamiamo il nostro *diritto di sentire*. Reclamiamo anche la passione e il piacere, il senso di bisogno e la vulnerabilità e il collegamento dei nostri sensi tanto alla realtà interiore che a quella esterna. Liberiamo il flusso dell'energia dinamica che è essenziale per la crescita, per il cambiamento e per la trasformazione e lasciamo andare l'armatura che ci separa. Allora possiamo reclamare l'intimità a cui agognamo, ponendo termine al nostro isolamento frammentato.

A lungo sessualità e spiritualità hanno avuto un rapporto conflittuale. Molti le vedono come polarità rivali della coscienza, così che inseguire l'una significa negare l'altra. Simili filosofie ci dicono che per diventare degli esseri spirituali, dobbiamo superare il desiderio, rinunciare alla sessualità, per innalzarci sopra le nostre sensazioni. Altre pratiche, come ad esempio il tantra, considerano sessualità e spiritualità come un'unità indivisibile, in cui l'una esalta l'altra.

Negare le qualità del secondo chakra significa negare una parte essenziale della nostra interezza, una parte che gioca un ruolo importante nell'espansione e nel risveglio della coscienza. Renderlo più o meno importante degli altri chakra significherebbe sbilanciare l'intero sistema. Onoriamo il secondo chakra come una parte eccitante e necessaria del nostro viaggio e, con l'onorarlo, rendiamoci liberi di espanderci ancora oltre e al di là di esso.

I PETALI SI SCHIUDONO

Caratteristiche essenziali del secondo chakra

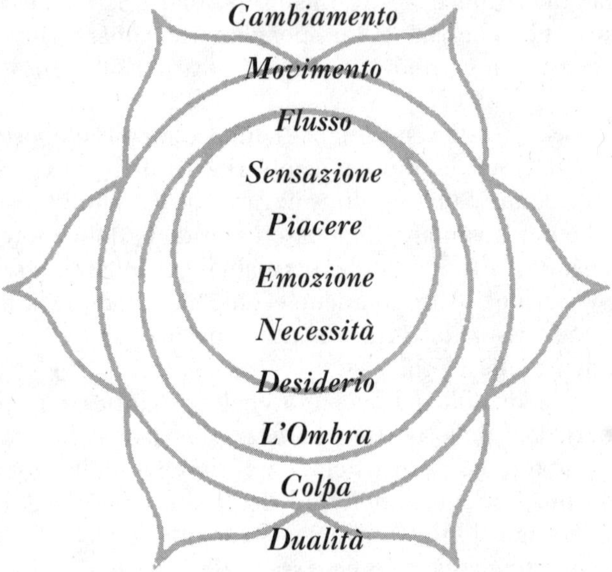

Cambiamento

Movimento

Flusso

Sensazione

Piacere

Emozione

Necessità

Desiderio

L'Ombra

Colpa

Dualità

Sessualità

Nuotando nelle acque

Il mito del viaggio sotto le acque, dell'affogare e rinascere, ha attraversato la storia in diverse religioni e diverse culture come il mito del battesimo – l'essere immersi nel fiume per affogare, per morire, per poter poi rinascere ancora. È questo un audace affacciarsi sul non-essere, con la prospettiva di raggiungere l'essere.

ROLLO MAY

Quando entriamo nel secondo chakra incontriamo il regno equoreo delle emozioni e della sessualità. Mentre nel primo chakra abbiamo lavorato per il radicamento e per la stabilità, ora coltiviamo le emozioni e il movimento; prima ci siamo occupati di sopravvivenza e struttura, ora concentriamo la nostra attenzione sulla sessualità e sul piacere. Il nostro elemento associato è passato dalla *terra* all'*acqua*, dal solido al liquido. In questa trasmutazione incontriamo il cambiamento. Attraverso la coerenza la coscienza trova il suo significato; attraverso il cambiamento trova stimolo ed espansione.

Se pensiamo al corpo come a un vaso per l'anima e lo spirito, allora l'elemento terra nel primo chakra offre sostegno e contenimento per l'essenza fluida del secondo chakra, proprio come una tazza che contenga dell'acqua. Senza un appropriato contenitore l'acqua scorre via e la tazza rimane vuota. Tuttavia, se il contenimento è eccessivo, l'acqua non può scorrere per nulla e diventa stagnante e morta. Idealmente ci serve una coppa capace di essere riempita, di contenere e di svuotarsi. Compito del primo chakra era quello di costruire questo contenitore.

Lasciarsi andare al movimento

Trovare coerenza nel cambiamento significa comprendere il dispiegarsi del flusso. Se nel primo chakra sviluppiamo radicamento, stabilità, attenzione e immobilità, ora la sfida del nostro secondo chakra è proprio l'opposto: lasciarsi andare, scorrere, muoversi, percepire e cedere. Solo muovendosi la nostra coscienza si espande e la nostra coscienza viene stimolata solo dal cambiamento. Movimento e cambiamento stimolano il risveglio.

Il movimento supera l'inerzia del primo chakra. Attraverso il movimento ampliamo il nostro campo di percezione, aumentando le nostre informazioni sensoriali. Muovendo il corpo costruiamo il tessuto muscolare, intensifichiamo la circolazione, stimoliamo le terminazioni nervose e in genere accresciamo la nostra flessibilità e vitalità. Il flusso di piacere e di eccitazione attraverso il sistema nervoso immerge l'organismo nella sensazione e nella consapevolezza e risveglia la coscienza che è in esso. Il movimento diventa il suo stesso piacere.

Prestando attenzione al modo in cui ci muoviamo, possiamo scoprire aspetti ed emozioni che in passato sono stati sepolti.

Nel primo chakra, le forme della struttura fisica ci forniscono delle indicazioni sul processo inconscio. Nel secondo chakra osserviamo il modo in cui queste forme si muovono e creano un contatto.

Sensazione

I sensi sono il collegamento essenziale tra il mondo esterno e quello interno. Solo attraverso i sensi trascendiamo l'isolamento e ci mettiamo in contatto con una sfera più ampia. L'esperienza dei sensi è allo stesso tempo fisica, emotiva e spirituale. I sensi sono la porta tra il mondo interiore e quello esterno. La vista, l'udito, il tatto, il gusto e l'odorato ci forniscono un'impressione interiore costantemente mutante del mondo che ci circonda, attraverso la quale formiamo i nostri sistemi di opinione di base, le nostre strategie di approccio e i nostri processi mentali. I sensi sono gli input dei dati del nostro sistema generale. Ci orientano nel mondo, ci permettono di creare delle connessioni, danno un significato alla nostra esperienza. Attraverso i nostri sensi possiamo riconoscere la differenza tra dolore e piacere, ci espandiamo o ci contraiamo, ci muoviamo in avanti o all'indietro, reagiamo o agiamo. Quando si prova dolore o senso di vuoto, i nostri sensi sono spenti. Quando questo accade, limitiamo l'informazione che entra nella nostra coscienza e ci tagliamo fuori dal mondo che ci circonda. I sensi sono l'unico mezzo che possediamo per fare esperienza dei collegamenti.

La complessa combinazione di sensazioni ed emozioni ci fornisce il tessuto emotivo dell'esperienza. I sensi, come il linguaggio delle emozioni, costituiscono la base dei nostri valori. Il modo in cui percepiamo una cosa e la sensazione che essa ci suscita sono i mezzi con cui determiniamo un valore. Senza un collegamento sensibile con quello che ci circonda, perdiamo il nostro senso dei valori e delle differenziazioni.

Piacere

Come la logica guida la mente, così il desiderio guida l'anima.

THOMAS MOORE

Che cosa fate dopo aver terminato un duro giorno di lavoro? Molte persone cercano di rilassarsi e dedicarsi a piaceri di qualche tipo. Una volta che un organismo si è occupato delle proprie necessità di sopravvivenza, l'appuntamento successivo sull'agenda in genere è il piacere. È una cosa biologicamente innata muoversi verso il piacere e lontano dal dolore. Il dolore ci fa contrarre, ritirare o chiudere, mentre il piacere ci invita a dispiegarci, a espanderci e a metterci sulla lunghezza d'onda dei nostri sensi. Se lo scopo generale del secondo chakra è quello di stimolare il movimento, il piacere è il modo più invitante per ottenere questo scopo[1].

Da bambini il piacere ci perviene dal tatto e dalla vicinanza, dal gioco, dalla stimolazione e dalla convalida della nostra esperienza emotiva. I bambini provano piacere nell'essere vivi e nell'esprimere quella vitalità per andare incontro al mondo. Se quell'andare incontro viene ricompensato da amore e incoraggiamento, la vita diventa allora un'esperienza piacevole.

Sfortunatamente non a tutti i bambini tocca questo lusso. La mia cliente Jennifer proveniva da una famiglia dove il piacere era considerato un inutile spreco di tempo e di energia. Sua madre era un genitore oberato da cinque figli, che aveva dovuto sacrificare il piacere semplicemente per sopravvivere. Non c'era mai abbastanza tempo o denaro per quei piccoli extra che rendono piacevole la vita. Essendo la maggiore, da Jennifer ci si aspettava che si addossasse responsabilità da adulta. Il tempo passato con i suoi amici veniva considerato sottratto al suo lavoro con la famiglia. Non le veniva permesso di pensare ai suoi piaceri. Era cresciuta sentendo di non avere alcun diritto ad alcuna indulgenza verso se stessa, mentre sua madre lavorava tanto duramente per sopravvivere. Tutt'ora, anche se ha un lavoro ben pagato, riesce a comprarsi soltanto vestiti nei negozi dell'usato, raramente si prende una vacanza e si lascia poco tempo per i piaceri del sesso. La vita per lei è tetra.

Per Oliver il piacere è collegato a tecniche manipolatorie. A Oliver venivano offerte gratificazioni di piacere, come dolci, tempo in più per guardare la TV oppure coccole con la mamma, ma solo quando si comportava secondo le necessità di sua madre. Quando era triste, arrabbiato, o lui stesso bisognoso, queste gratificazioni gli venivano negate. Anche se questo può apparire un uso normale della punizione e del premio, Oliver ora ha dei problemi a percepire la propria rabbia e a esprimere le sue necessità, per paura che sua moglie gli possa negare il suo affetto, o che gli pioverà dal cielo qualche invisibile punizione che gli toglierà tutto ciò che di prezioso possiede. A dire la verità, Oliver ha dei problemi a comprendere ciò che vuole in assoluto, perché molto tempo fa ha imparato a negare i propri desideri. Oliver si sente in colpa a provare piacere nella vita – perché sempre si chiede se se lo merita.

A Samantha il piacere è stato offerto in un'atmosfera sana. È stata amata e toccata senza essere invasa. Il suo corpo è stato rispettato e accudito. I suoi genitori hanno gioito della sua curiosità e del suo divertimento e in casa si respirava aria di allegria. Possiede un sano senso del piacere. Sa mettersi in sintonia col suo corpo ed è in grado di dire quando è abbastanza. È una persona positiva ed entusiasta della vita.

Come era considerato il piacere nella vostra famiglia? Lo si teneva lontano o vi si indulgeva? La vostra famiglia si prendeva tempo per le vacanze, si rideva e si giocava insieme? Era predominante il messaggio che il duro lavoro e l'autosacrificio fossero necessari per sopravvivere o che fossero un veicolo di forza spirituale? Lavoro e gioco, autodisciplina e piacere erano in equilibrio? In che modo queste attitudini si riflettono nel vostro atteggiamento verso il piacere?

Il piacere ci invita a prestare attenzione ai nostri sensi, a vivere pienamente il presente, a gioire dell'esperienza dell'essere vivi. Il piacere ci invita a rilassarci su ciò che provoca stress. Il piacere ci rende più ricettivi alle nuove idee, più entusiasti riguardo ai nuovi compiti o alle nuove richieste. Attraverso il piacere ampliamo la nostra consapevolezza dell'intricata rete delle terminazioni nervose che collegano incessantemente il mondo interno e quello esterno tramite la coscienza.

Il piacere ci invita a integrare le cose, mentre il dolore ci invita a separare e a disunire. Se qualcuno o qualcosa mi procura piacere, è più probabile che io voglia esplorarlo ulteriormente, muovermi verso di esso, renderlo parte della mia vita. Se qualcosa non mi procura piacere (come un lavoro che odiamo), esiste la tendenza a evitarlo o a negarlo.

La nostra cultura identifica la maturità con la capacità di negare il piacere. Spesso, quando cresciamo, ci viene detto di mettere da parte i nostri piaceri – di stare seduti immobili, di lavorare sodo, di negare o controllare le nostre emozioni. I piaceri che un tempo conoscevamo vengono regolati dal senso di colpa, trattenuti all'interno dalla rigidità del corpo e dalla rigidità del nostro pensiero. Ciò che diventa rigido diventa anche fragile e friabile. A causa della sua fragilità un sistema rigido ha bisogno di essere difeso strenuamente e il risultato di quella difesa è uno stato di chiusura.

Possiamo sostenere così tanto peso solo quando lo reggiamo. Quando ci lasciamo andare e scorriamo liberamente, sperimentiamo una maggiore quantità di energia vitale all'interno di noi stessi. Il piacere ci invita a lasciare andare, a far scorrere e a muovere. Permettere il libero scorrere dell'energia attraverso il corpo è uno dei compiti principali del secondo chakra. Quando il piacere viene negato, una parte essenziale del programma del nostro secondo chakra non verrà mai scritta. Questo forgia una persona a cui manca un ingrediente vitale per essere intera, ma non sa ciò che è, che cosa si prova, come cercarlo, o persino che cosa manca.

Noi filtriamo l'esperienza attraverso il campo delle emozioni. Quando il piacere viene negato, perdiamo il diritto ad esso, ci sentiamo in colpa per la sua mancanza, ci vergogniamo di possederlo. Allora tutte le emozioni vengono messe in discussione. Il bambino non ha più lo schermo delle sue emozioni per poter filtrare gli stimoli in ingresso e di conseguenza perde la capacità discriminante di sani confini. Ne risultano delle difese eccessive o la totale incapacità di proteggersi. Gli aspetti di delimitazione sono dunque prevalenti in ciascuno dei tre chakra inferiori.

Quando i sani piaceri primari vengono negati, prevalgono quelli secondari, come il piacere del bere, le droghe, l'evitare le responsabilità, l'esagerazione sessuale o il mangiare eccessivo. Poiché i piaceri secondari non possono veramente soddisfare il nostro desiderio per quelli primari, la nostra mancanza di soddisfazione ci fa desiderare ancora di più, costituendo una base per la dipendenza. Vi è una fame infinita di benessere, una fame che non viene mai veramente soddisfatta. Un sano piacere arreca soddisfazione; un piacere dato da una dipendenza arreca un desiderio di averne ancora.

Emozioni

L'emozione è la fonte principale di tutto ciò che assurge alla coscienza.
Non può esservi trasformazione delle tenebre in luce
e di apatia in movimento senza l'emozione.

C.G. JUNG

Le emozioni sono reazioni istintive ai dati sensoriali. Se i sensi introducono l'informazione nuda e cruda, le sensazioni sono la reazione inconscia a questa informazione e le emozioni sono il modo in cui noi organizziamo le nostre sensazioni. Senza la coscienza, le emozioni governano le nostre reazioni. Possiamo arrabbiarci, innamorarci o disamorarci, sentirci depressi o impauriti, ma queste emozioni in genere affiorano dalla profondità della nostra psiche di loro spontanea volontà. Possiamo scegliere il modo in cui reagire a queste emozioni, ma le sensazioni hanno una vita tutta loro.

Io sono convinta che, in fondo, le sensazioni abbiano una funzione spirituale, in quanto linguaggio dell'anima. Questo linguaggio è parlato dal corpo. Possiamo pensare alle sensazioni come a parole, alle percezioni come a delle frasi e alle emozioni come a dei paragrafi. Questi mattoni costituiscono il livello primario della nostra esperienza, attraverso cui si dispiega la nostra storia, dandoci un significato. Il significato integra i nostri sistemi, il senso da noi percepito dell'esperienza del mondo.

Molti terapisti si concentrano moltissimo sulle emozioni. Sensazioni pervasive di paura, frustrazione, vergogna o ansia stanno all'inizio della ricerca del cambiamento e all'inizio della trasformazione. Se fuggiamo da queste emozioni (qualcosa che è culturalmente incoraggiato) fuggiamo proprio dalla porta d'ingresso della nostra trasformazione.

Una volta che ci siamo messi su questa via di ricerca, le emozioni dispiegano la storia del viaggio della nostra anima. Le sensazioni emergono dall'inconscio, dal nucleo istintuale del corpo e si muovono verso i chakra inferiori per entrare nella coscienza. Reagiamo in un certo modo, ma non sappiamo perché. Le sensazioni catturano la nostra coscienza, facendo concentrare la nostra attenzione finché non ne sveliamo il mistero. Le sensazioni sono la chiave per accedere ai ricordi sepolti, ad avvenimenti che hanno un significato che la nostra mente cosciente può aver negato. All'inizio le emozioni sono organizzazioni subconsce di impulsi che si allontanano dal dolore e vanno verso il piacere.

È difficile provare delle emozioni senza qualche tipo di movimento. È difficile mantenersi immobili quando siamo arrabbiati o eccitati. L'essere nervosi ci scuote. La tristezza ci può lasciare palpitanti di lunghi sospiri che ci scuotono. Controlliamo le emozioni gelando i movimenti del nostro corpo. Irrigidiamo le mascelle, contraiamo il collo e il ventre, inibiamo il respiro e, in genere, ci contraiamo. Successivamente la percezione delle emozioni è accompagnata da una qualche sorta di movimento, da un rilassamento della tensione, che ci permette di aprirci ed espanderci di nuovo. La rabbia viene espressa con pugni o calci, la paura con il tremito, la smania con l'ottenere, la tristezza con i singhiozzi.

Proprio come rilasciare le emozioni libera il corpo, è vero anche il contrario; possiamo anche liberare le emozioni muovendo consciamente il corpo. L'allungarsi può liberare tristezze e desideri sepolti; dare pugni contro un cuscino può dare accesso a livelli più profondi di ansia. Il modo in cui il nostro corpo si regge ci dice molto sul tipo di emozioni che sono conservate sotto la nostra coscienza. Se il corpo è gelato, incoraggiare il movimento aiuta a liberare le emozioni e a ristabilire la vitalità e la mobilità.

Necessità

I bisogni sono delle necessità. Non sono desideri inutili. Ho bisogno di mettere del gas nella mia macchina per farla muovere. Devo fare del tirocinio per poter svolgere un particolare lavoro. Mio figlio ha bisogno di amore se voglio che sia emotivamente equilibrato. Questi sono dei requisiti per funzionare in modo sano.

Da bambini spesso ci vergogniamo delle nostre necessità. È possibile che i nostri genitori non siano stati in grado di soddisfarle, oppure avevano delle necessità loro stessi che non erano state soddisfatte. Così, ci è stato insegnato che quelle non erano delle necessità e abbiamo imparato a non ascoltarle. Una donna con cui lavoravo non riusciva a mangiare fino a che non moriva letteralmente di fame, non riusciva a riempire il serbatoio finché non era quasi vuoto e non poteva trarre un respiro finché non aveva vuotato i polmoni del precedente per alcuni momenti. Considerava le sue necessità dei desideri di poca importanza, qualcosa da dover vincere. Si sentiva in colpa perché le avvertiva e cercava di tenerle nascoste. Il risultato era che si depriva e si impoveriva, incapace di soddisfare le sue necessità fondamentali e di muoversi poi verso altre cose.

Quando reclamiamo le nostre necessità, ci assumiamo la responsabilità della nostra soddisfazione.

Desiderio

Tu sei ciò che è il tuo desiderio profondo che ti guida.
Come è il tuo desiderio, così è la tua volontà.
Come è la tua volontà, così sono le tue azioni.
Come sono le tue azioni, così è il tuo destino.

BRIHADARAMAYAKA UPANISHAD IV.4.5

Il desiderio è un impulso spirituale/emotivo che ispira movimento e cambiamento. Il desiderio è la necessità dei sensi di trovare soddisfazione attraverso l'espansione e la necessità dello spirito di muoversi verso qualche cosa di più grande, di accogliere il cambiamento. Se non desideriamo nulla i sensi si chiudono. Perdiamo la nostra vitalità, non avvertiamo l'impulso a muoverci oltre. L'oggetto del desiderio può non essere una cosa necessaria, ma la sensazione del desiderio è l'anelito dell'anima a muoversi oltre.

Spesso il desiderio viene represso dalla disciplina spirituale. Ci insegnano che il desiderio è una trappola, una distrazione dal nostro vero sentiero, che ci porterà immancabilmente fuori strada. Ci dicono che i desideri portano alla frustrazione e alla sofferenza e che solo negandoli possiamo trovare veramente Dio, l'illuminazione e la pace. Ma anche trovare Dio è un desiderio, un anelito e una necessità. Senza desiderio non siamo in grado di avere forza sufficiente per ottenere ciò che è difficile. Senza desiderio non abbiamo energia, ispirazione o terreno per la volontà. Il desiderio può condurre alla frustrazione, ma quella frustrazione ci insegna una lezione importante per la crescita. Il desiderio non è la trappola, ma il combustibile per l'azione. È *l'oggetto* dei nostri desideri che spesso viene confuso. Quando comprendiamo le necessità più profonde che stanno dietro i nostri desideri, siamo maggiormente in grado di soddisfare noi stessi al livello del nucleo dell'essere.

Il desiderio è una combinazione di sensazione ed emozione. Il desiderio è il carburante della volontà, che è correlata al terzo chakra. È la radice della passione e dell'entusiasmo, essenziali per sviluppare energia e potere. È la fondamentale spinta in avanti che ci porta all'azione. Solo rimanendo in contatto con le nostre sensazioni possiamo veramente conoscere i desideri della nostra anima; soltanto conoscendo i nostri più profondi desideri la nostra volontà può trovare chiarezza. Altrimenti i desideri non riconosciuti sabotano la volontà combattendola. E questo ci porta *all'ombra*.

L'ombra

L'illuminazione non giunge immaginandosi figure di luce,
ma rendendo cosciente l'oscurità.

C.G. JUNG

Dal momento che il secondo chakra produce il primo maggior cambiamento nella consapevolezza, la prima esperienza degli opposti, e letteralmente rappresenta il numero due, esso è associato al dualismo e alla polarità. Dunque, uno dei compiti dello sviluppo adulto del secondo chakra è quello di integrare aspetti della nostra personalità, prima polarizzati o univoci, in un'unità indivisibile. Questo è un passo essenziale nella nostra ricerca alchemica e cioè il recuperare l'ombra e l'integrazione di polarità quali il maschile e il femminile, mente e corpo, esperienza esteriore e interiore. Come avviene nel processo di individuazione di Jung, spesso dobbiamo muoverci all'interno, verso l'inconscio, per poter afferrare i resti perduti dei chakra inferiori allo scopo di recuperare l'interezza. Nel secondo chakra il nostro lavoro è quello di reclamare l'ombra.

L'ombra rappresenta energie istintuali represse che vengono tenute bloccate nel mondo dell'inconscio. Non muoiono, né cessano di funzionare, ma non fanno più parte della consapevolezza cosciente, non vengono più espresse direttamente dalla nostra attività cosciente. Di conseguenza sono agite inconsciamente, talvolta con grande forza. Potremmo credere di non arrabbiarci mai, ma mettiamo in atto una resistenza passiva che fa infuriare gli altri. Possiamo negare le nostre necessità, ma manipoliamo sottilmente noi stessi tanto da trasformarci in centri d'attenzione.

Per tenere incatenata l'ombra ci vuole molta energia, il che sottrae all'insieme grazia e forza. Inoltre non funziona, perché l'ombra ci perseguita nei nostri sogni, sabota il nostro lavoro e le nostre relazioni e viene sublimata in attività compulsive. Quando l'ombra viene repressa rimaniamo tagliati fuori dalla nostra interezza e dal nostro terreno. Poiché le energie istintuali costituiscono la maggior parte delle energie del bambino, veniamo anche allontanati dall'innocenza e dalla spontaneità del fanciullo interiore.

Quando l'ombra non viene riconosciuta, viene proiettata sugli altri. Come una forma nascosta su cui facciamo risplendere la nostra luce enfiata, l'ombra viene vista sfilare senza vergogna nel comportamento di quelli che ci circondano, mentre noi rimaniamo onesti e intatti. Maria, che reprimeva la sua sessualità, vedeva in ogni uomo qualcuno che tentava di ottenere da lei dei favori sessuali. La madre adottiva di Sandy, una bonaria organizzatrice nella comunità della sua chiesa, a casa puniva ed esercitava il controllo, accusando continuamente Sandy di attività immorali.

Quando ci polarizziamo, diventiamo come magneti, che attirano a sé il polo opposto. Invariabilmente attraiamo quelli che incarnano la nostra ombra rifiutata – come compagni, capi, cooperatori, vicini o figli, che si insinuano nelle nostre vite con relazioni a cui non riusciamo facilmente sfuggire. Se abbiamo rifiutato il nostro potere personale, il nostro capo sarà un tiranno. Se siamo degli esseri dipendenti, che danno sempre, sposeremo una persona fredda e che ci rifiuterà. Se siamo tranquilli e rispettosi, i nostri vicini o i compagni di stanza saranno rumorosi e maleducati.

Le qualità ombra sono aspramente criticate e giudicate quando vengono proiettate sugli altri. La presenza di questo giudizio è un indizio della nostra ombra come parte rifiutata di se stessi. Se rifiutiamo la sessualità come parte di noi stessi, allora l'aperta sessualità degli altri produrrà una reazione negativa molto forte (più o meno come quello che si vede in alcune sette religiose, fissate sul comportamento sessuale degli altri). Se la rabbia è la parte di noi stessi che rifiutiamo, ne avremo paura e la criticheremo negli altri. Se sopprimiamo le nostre emozioni, avremo poca tolleranza per quelli che si trovano nel bisogno, che piangono o che sono fortemente espressivi. Ci crea un gran disagio avere intorno qualcuno che esprime le nostre energie ombra. Il nostro giudizio è un tentativo di negare la fonte del nostro disagio.

Lo psicologo Hal Stone suggerisce che questo giudizio nasce dalla risonanza tra la parte rifiutata di se stessi e il comportamento degli altri[2]. È difficile per il tipo non emotivo, razionale trovarsi intorno una persona emotiva, perché risveglia le sue emozioni represse. Poiché a questo aspetto della sua personalità non viene permesso di esprimersi, lo stimolo deve essere rimosso ad ogni costo. Se non viene rimosso, la parte rifiutata verrà risvegliata al punto da non poter essere più tenuta sotto controllo – un aspetto che appare pericoloso al concetto del sé che ha l'ego. I giudizi critici, negativi, tentano di eliminare gli stimoli che potrebbero risvegliare la nostra ombra.

Riappropriandoci dell'ombra dissolviamo il giudizio e acquistiamo una maggiore accettazione di noi stessi e degli altri, ricostituendo l'unità essenziale. Una delle mie parti rifiutate era "il poltrone". Incapace di rilassarmi, dovevo continuamente stimolare me stessa per realizzare sempre qualche cosa. Criticavo quelli che non lavoravano duramente quanto me e giudicavo male mio marito che leggeva il giornale domenicale – finché ho imparato a riconoscere di quanto avevo bisogno di tempo libero, semplicemente per sedermi e rilassarmi. Il mio giudicare la pigrizia altrui mi aveva offerto un indizio della parte rifiutata di me stessa. Permettendo a me stessa di essere pigra di tanto in tanto e di rilassarmi e godermi di più la vita ho eliminato la mia tendenza a giudicare gli altri e ho migliorato moltissimo la mia salute e le mie relazioni.

Recuperare l'ombra non significa diventare dei ladri, degli assassini, dei violentatori o degli aggressori. È più probabile che aspetti del genere emergano quando l'ombra viene repressa e la sua energia si accumula al punto da sommergere il sé conscio. Maggiore è la repressione, più forte la nostra ombra deve gridare per essere udita e maggiore è la possibilità che si demonizzi.

Potete figurarvelo come quando ci si porta al lavoro un panino e della frutta. Per evitare di mangiare troppo presto, infilate il pranzo in fondo al cassetto del vostro tavolo e ve ne dimenticate. Lo mandate nel mondo delle ombre, dove è fuori dalla vista, fuori dalla mente. Siete talmente impegnati, che ve ne dimenticate del tutto, fino a due settimane dopo, quando dal vostro cassetto comincia a emanare uno strano odore e voi scoprite questo rifiuto marcito. Non era cominciato così ma, perso nelle ombre, è degenerato fino a diventare qualcosa di assolutamente spiacevole.

La stessa cosa può accadere anche ad elementi della nostra personalità. Se non vengono espressi non si evolvono. I nostri capricci infantili non si trasformano in comunicazioni sofisticate. I nostri bisogni non vengono soddisfatti da amore e intimità; i nostri desideri sessuali diventano fantasie ossessive. I nostri aspetti ombra, come bambini rifiutati, si avvalgono di un comportamento sempre più estremo per ottenere attenzione.

Recuperare l'ombra significa recuperare le energie istintive delle nostre necessità e dei nostri desideri in modo da poterle incanalare in modo appropriato. Ciò non significa consegnare la coscienza all'ombra, ma piuttosto portare l'ombra alla coscienza.

Colpa

La colpa è il demone del secondo chakra, perché inibisce il libero scorrere del movimento, soprattutto privandolo del piacere. Se mi sento in colpa per quello che sto facendo, non ne gioisco pienamente. Non posso farne pienamente esperienza poiché una parte di me è congelata, limitando e cercando di controllare quello che sto facendo. Costantemente in lotta col mio peso, mi sentivo colpevole ogni volta che mangiavo. Il risultato era che non traevo soddisfazione dal mangiare e volevo farlo ancora. Le attività compulsive sono spesso istinti del principio del piacere portati alla ripetizione perché la colpa che li accompagna non ne permette la soddisfazione.

La colpa sequestra l'ombra nel suo regno oscuro e inconscio. Potremmo dire che la colpa è il guardiano della prigione che tiene intrappolata l'ombra, impedendole di illuminarsi, alla luce della coscienza. Così l'ombra, presa in trappola, diviene ancora più insistente e il secondino deve intensificare il suo controllo. Man mano che il secondo chakra si apre alla natura duale della realtà, subito la colpa lo segue da vicino e polarizza la personalità. Ci divide in luce contro ombra, in bene contro male. Un giorno ci sentiamo meravigliosi e il giorno dopo orribili e tutto per qualcosa che abbiamo fatto. Più splende la luce, più oscura è l'ombra. Più è grande la colpa, più tentiamo di emanciparcene con un comportamento impeccabile. Il comportamento impeccabile impedisce il naturale scorrere dell'energia, che sale dai chakra inferiori e tende a polarizzare mente e corpo.

Una personalità polarizzata è caratterizzata da un atteggiamento del tipo o/o. Senza la molteplicità dell'arcobaleno ci troviamo bloccati in scelte in bianco e nero. Se a un bambino si inculcano i principi morali senza un vero senso di rapporto con gli altri, sarà una morale del tipo o bianco o nero. Questo è bene e questo è male. Per i piccoli, che hanno una comprensione limitata del mondo, questa è una cosa necessaria. Ma rimanere fermi a questo punto significa rimanere all'interno di un processo cognitivo immaturo.

I bambini che vivono nel terrore della punizione, si gelano di fronte a questo comportamento assolutista. È comprensibile che vogliano delle regole chiare, in modo da potersi comportare di conseguenza ed essere al sicuro. Desiderano che vengano esposte in termini chiari e tenderanno a prendere in esame tutta la vita in termini di polarizzazione. Ma cosa succede a quei casi che si trovano a mezza strada?

Ad esempio, Sandy stava passando un momento difficile perché doveva decidere se lasciare o meno il suo boyfriend. Per lei, le uniche due scelte erano o di vivere con lui, oppure rompere completamente la relazione e non vederlo mai più. Ma nessuna di queste due scelte le andava. Non le veniva in mente che esisteva tutta una gamma di scelte tra questi due estremi. Poteva lasciare la casa e dargli degli appuntamenti e magari vedere anche altre persone per un po'. Poteva mettere fine alla relazione così come la conosceva e ristabilire un'amicizia. Poiché si sentiva in colpa sui suoi sentimenti negativi, pensava di doverli superare completamente oppure di mettere fine alla relazione.

Le emozioni in genere sono ambigue. Comprendere completamente le nostre emozioni significa comprendere l'ambiguità. Le scelte o bianche o nere sono raramente accettabili. Le scelte inaccettabili ci tengono alla larga dal prendere decisioni e ci intrappolano nella paralisi. Non possiamo procedere, ostacolando così la caratteristica del movimento del secondo chakra. Quando vi sentite intrappolati in una visione estremista, fermatevi un momento per chiedervi di che cosa vi sentite colpevoli.

Nella logica binaria dei computer si sta introducendo un nuovo tipo di matematica, detto *logica confusa*, per renderli più efficienti. La logica confusa è in grado di un'approssimazione degli stati che si trovano tra polarità, invece che lavorare con on e off, zero e uno. La logica confusa delimita i luoghi che si trovano tra il torsolo della mela e la mela intera, quando è mangiata a metà, quasi finita, quasi intera o qualunque altro numero di stati si trovino nel mezzo. Questi stati in genere sono più precisi e permettono di prendere decisioni più accurate.

Dobbiamo sviluppare la nostra capacità di sentire per poter discernere le sfumature sottili che si trovano tra le polarità. Quando le sensazioni sono assopite, siamo in grado di distinguere solamente le differenze più ovvie, le scelte o bianche o nere più eclatanti. Quando esiste il senso di colpa, pensiamo di dover prendere delle decisioni chiare e non ci sentiamo a nostro agio con le approssimazioni. Il risultato è che può essere più difficile arrivare alla verità, più difficile comunicare quella verità agli altri e più difficile servirsene per giungere ad una decisione efficace.

Naturalmente esiste un sano senso di colpa, in quanto sensazione che ci permette di esaminare il nostro comportamento prima, durante e dopo le nostre azioni. Quando non venga distorto, il senso di colpa ci avverte dove sono i limiti e dove abbiamo bisogno di cambiamenti. Nel suo posto appropriato di retroazione, la colpa non è un demone ma una guida. Solo quando la colpa diventa eccessiva, abituale, interiorizzata e tossica domina il libero scorrere del movimento e la piena esperienza sensibile della vita che è così necessaria al secondo chakra. La colpa è maestra quando ci guida, ma un demonio quando ci lega.

Sessualità

Quell'unità di cultura e natura, di lavoro e amore, di moralità e sessualità a cui l'umanità da sempre agogna, quell'unità rimarrà sempre un sogno, finché l'uomo non permetterà la soddisfazione delle richieste biologiche della gratificazione sessuale naturale (orgastica).

WILHELM REICH

La sessualità è l'espressione somma dei molti aspetti associati al secondo chakra: movimento, sensazione, piacere, desiderio, emozione e polarità. È l'eliminazione della differenza, l'unione degli opposti e l'esperienza di connessione che trascende l'isolamento e costituisce il fondamento del livello del chakra successivo: la forza. È il terreno su cui si svolge molta della nostra crescita, poiché ci porta in contatto con gli altri che, per natura, sono diversi da noi.

La sessualità è l'incarnazione di Eros, la forza fondamentale di attrazione. Eros è un antico dio, la forza di connessione che unisce e delizia, che collega e addolcisce. Tutto ciò avviene attraverso un flusso di energia dinamica in costante movimento, che è creata e intensificata da due sistemi energetici che si incontrano. Nella mitologia indù Eros è il dio *Kama*, da cui hanno origine tutti gli dei, il potere vincolante di attrazione, che tiene insieme l'universo. Negare Eros significa andare verso la disintegrazione e la distruzione.

Accogliere Eros significa avere la capacità di arrendersi, di saper fluire insieme alla natura biologica del corpo istintivo/emotivo. Danzare con Eros significa danzare con la forza vitale nella corrente liberatoria dei chakra inferiori. La sessualità è l'espressione statica di quella forza.

Come abbiamo già detto, la sessualità è stata massicciamente equivocata dalla nostra cultura. Le ferite di una sessualità bistrattata sono profonde e penetranti e influenzano il naturale scorrere dell'eccitazione attraverso il corpo. La colpa, in qualità di demone del secondo chakra, è un diretto antidoto al piacere e all'autostima. La colpa è stata rovesciata attraverso i cancelli sessuali da cui scorre Eros, con tale forza che per alcuni questi cancelli non si aprono più. In tal modo viene bloccato un ingresso essenziale al piacere e alla trasformazione. La sessualità viene rifiutata e inviata nel regno delle ombre, dove assume la sua forma demoniaca di dissociazione e perpetrazione e dove cerca disperatamente una connessione ad ogni costo.

Recuperare il secondo chakra significa recuperare il nostro diritto di sentire e di avere una sana sessualità. È il recupero della forza di Eros così come scorre in tutti gli aspetti della vita. Il che non significa che questa energia culmini sempre nell'atto sessuale. Eros è ben vivo in ogni aspetto della nostra esistenza: il profumo del cibo che cuoce in cucina, i colori di un tramonto, mangiare un gelato in un giorno caldo. Eros ha bisogno di essere una parte onorata della nostra esperienza, onorato per quel dio potente che è.

Caratteristiche equilibrate

Un secondo chakra equilibrato sa raggiungere la soddisfazione sessuale, il piacere fisico, il generale godimento della vita, è a suo agio con l'intimità ed è in grado di accettare volentieri il cambiamento e il movimento, inclusi movimenti fisici aggraziati. Gli stati emotivi sono stabili e chiari. È possibile sentire profondamente senza manifestazioni eccessive. L'equilibrio comprende la capacità di prendersi cura di se stessi e degli altri, mantenendo tuttavia dei confini sessuali ed emotivi sani.

La sessualità in un secondo chakra equilibrato è una sana espressione di intimità, di piacere e di gioia, con delimitazioni sensibili e un concreto senso di collegamento. Questo equilibrio, o la sua mancanza, si può verificare in ogni tipo di sessualità – eterosessualità, transessualità, omosessualità, normalità, bisessualità. Le caratteristiche di una sana sessualità possono essere decise dalla persona in questione, comunque le linee generali tra adulti consenzienti, di piacere reciproco, di integrazione con la vita dell'altro e di stimolo alla crescita, sono un buon modo di cominciare. Infine la sessualità dovrebbe favorire l'accrescimento dell'intero sistema dei chakra, interiormente ed esteriormente.

IL LOTO CRESCE

Colpo d'occhio sulla formazione evolutiva del secondo chakra

Età	Necessità e caratteristiche
Da 6 a 24 mesi	Separazione vs attaccamento Sicurezza e sostegno all'esplorazione Sicurezza emotiva Ambiente stimolante Autogratificazione
Compiti	
Esplorazione del mondo attraverso i sensi Locomozione Separazione dalla fusione simbiotica	

Per essere degli esseri umani teneri, attenti e capaci di amare,
bisogna essere stati teneramente amati e accuditi nei primi anni,
dal momento in cui si è nati.

ASHLEY MONTAGU

Quando mio figlio Alex mosse i suoi primi passi nella stanza, il giorno del suo primo compleanno, fu un momento da ricordare. Era veramente compiaciuto di se stesso e la gioia sul suo viso e sul mio era inconfondibile. Rendendoci tutti orgogliosi, stava entrando in un nuovo stato di maturità. Ora possedeva un maggior livello di indipendenza, tanto eccitante quanto pericoloso. Era in grado di muoversi più rapidamente esplorando il mondo e poteva anche farsi male. I suoi primi passi furono tremanti e incerti – in piedi poteva cadere da un'altezza maggiore. Volle immediatamente che lo tenessi e lo rassicurassi che si trovava al sicuro, che ciò che aveva fatto andava bene. Questo dilemma, *separazione vs attaccamento*, è tipico dello stadio di sviluppo del secondo chakra [3].

Abbiamo descritto in precedenza la maggiore attenzione che compare quando il bambino è capace da solo di sedere diritto all'età di sei mesi circa. A quest'epoca gli occhi sono maggiormente in grado di mettere a fuoco, portando il mondo esterno alla consapevolezza del bambino in un modo che prima non era possibile e stimolando un nuovo flusso di coscienza. Per il bambino di questa età il mondo esterno è un mistero inesplorato, che può essere scoperto solo attraverso i sensi. Desiderando mescolarsi con questo mondo, ora desidera muoversi verso l'esterno ed esplorare, assaggiare e toccare da vicino quello che vede e sente da lontano. Il che stimola la necessità di sviluppare la locomozione, cosa che all'inizio è difficile, frustrante e persino paurosa.

Lentamente la focalizzazione primaria sulla madre comincia a svanire, man mano che l'esplorazione dell'ambiente cattura l'attenzione del bambino. La scoperta del mondo esterno distrugge la meravigliosa unità psichica caratteristica del primo chakra. Ora il bambino è immerso in un mondo di dualità e rende binarie le sue prime distinzioni – esterno e interno, se stesso e l'altro, piacere e dolore. Talvolta la presenza della madre viene percepita come calda e meravigliosa, mentre altre volte ella appare arrabbiata o deprivante – quello che gli psicologi chiamano "la mamma buona" e "la mamma cattiva". Ora il compito consiste nel collegare queste dualità.

Poiché le capacità cognitive del linguaggio e del ragionamento non sono ancora del tutto sviluppate, il mezzo principale per operare questo collegamento sono le sensazioni. Il mondo esterno stimola all'interno delle sensazioni. L'espressione di queste sensazioni interne crea dei mutamenti esterni, come ad esempio il fatto che la madre venga a confortare il bambino quando quello piange. Le sensazioni costituiscono l'affacciarsi della consapevolezza psichica e l'inizio della formazione del valore. Ciò che viene percepito come piacevole è considerato buono, ciò che è spiacevole cattivo. Queste distinzioni binarie dirigono i movimenti del bambino. Egli desidera muoversi verso ciò che percepisce come buono e lontano dal disagio. I sensi sono lo stimolo di queste sensazioni; dunque l'interesse principale del bambino diviene quello di appagare i propri sensi. È importante avere un ambiente che sia piacevole per il bambino che esplora, con forme colorate, giocattoli che suonino e testure da toccare.

Lo stato emotivo diventa l'indicatore primario della realtà e costituisce la base per lo sviluppo di una *identità emotiva*. La consapevolezza del tempo non è molto sviluppata, così tutto ciò che il bambino sente viene vissuto come un momento eterno, immutabile. Se la mamma gli manca, gli sembra che se ne sia andata per sempre. Ciò che sente è quello che egli stesso fa esperienza di essere. Se le sue emozioni trovano risposta, allora *lui* trova risposta e sviluppa un senso di sicurezza, di potere, di rapporto con gli altri.

Man mano che il corpo si sviluppa e si rafforza, la locomozione si fa più efficiente. La stimolazione dei sensi, le sensazioni e il movimento si collegano in modo inseparabile. Per un bambino è necessario avere la possibilità di muoversi (quando ciò sia sicuro) secondo quello che sente perché questo collegamento sia saldo, come ad esempio allontanarsi da un estraneo in cui non ha fiducia o potersi tenere un giocattolo che gli procura piacere. Tutto ciò collega le emozioni agli istinti fisici.

Via via che il movimento diviene più efficiente, il mondo del bambino si amplia ancora di più e talvolta si allontana dalla madre. All'inizio questa è una cosa che gli fa paura e desidera tornare indietro immediatamente per assicurarsi che lei sia ancora là. Ripetendo questa danza si instaura una sicurezza che permette al bambino di emergere gradualmente come un'entità separata e di preparare il terreno per il terzo chakra. Margaret Mahler, ricercatrice di studi sull'età evolutiva, ha definito questa fase della *schiusa*, perché è come se il bambino uscisse – come da un uovo – dalla simbiosi materna per emergere come individuo distinto[4].

Il contatto, il benessere e l'accudimento offrono la sicurezza e il collegamento che permettono di separarsi in modo sicuro. "La mancanza di contatto viene esperita come ansia della separazione – la mancanza di rapporto del collegamento", afferma Ashley Montagu, autore di *Touching: The Human Significance of the Skin*[5]. Questa mancanza di collegamento viene avvertita come una minaccia per la sopravvivenza e fa precipitare nuovamente nel panico e nel timore del primo chakra, impedendo che lo sviluppo proceda verso l'alto in modo appropriato. Il tatto ci fornisce l'orientamento cinestetico ed è la prima esperienza sensibile che impariamo. Può il bambino imparare a fidarsi dei propri sensi? Può imparare ad interpretarli con precisione? Le sue sensazioni vengono rispecchiate in modo appropriato? È al riparo dal pericolo? In famiglia è esposto a un ambiente emotivo tossico? Poiché l'esplorazione dell'ambiente immediato può rivelarsi una ricerca piena di spavento e pericolo, è essenziale che, chi si prende cura del bambino offra guida e sostegno.

Soddisfare le richieste necessarie alla sopravvivenza e promuovere dei sani legami emotivi tra il bambino e i genitori aiuta a sviluppare il secondo chakra, in quanto offre un'esperienza piacevole e sicura dell'esplorazione del mondo esterno. Ciò che decreta la stabilità di questa transazione è il flusso energetico tra madre e figlio; la costanza della madre rende sicura l'esplorazione. Il terreno diventa una molla per un ulteriore sviluppo. Senza un terreno solido da cui allontanarci, non possiamo spingerci molto lontani, come se saltassimo su una spiaggia sabbiosa.

A questo stadio il *clima emotivo* della famiglia ha un'influenza determinante. Se la madre è impaurita, arrabbiata o ansiosa, il bambino assorbirà tutte queste emozioni a livello non verbale, somatico. Le esperienze somatiche si radicano nel sistema, nel senso che diventano stati emotivi biochimicamente ancorati nella muscolatura, al di là del controllo del pensiero cosciente. Il linguaggio delle emozioni (che in seguito diventa il *repertorio emotivo*) viene programmato a questo stadio per simpatia di rispecchiamento. Tale rispecchiarsi comprende il riflettere sul bambino quello che sembra potrebbe fare. "Non hai l'aria molto contenta. C'è qualcosa che non va?" "Vedo che sei molto agitato!" "Sei arrabbiato con papà?" Se un bambino si trova nella fase preverbale, la riflessione emotiva si verifica attraverso il benessere e l'intonazione della voce – una riflessione e una risposta allo stato percettivo del bambino. Il che potrebbe essere una cosa tanto semplice come prendere in braccio il bambino quando piange, cullarlo quando è agitato o permettergli di avere un luogo in cui esprimere la sua rabbia in modo appropriato.

È questa la fase in cui il bambino sviluppa la sua *identità emotiva*. Impara ad esprimere verbalmente le emozioni in cui si trova immerso. Se il campo emotivo che lo circonda è imbevuto di rabbia, il bambino impara a mimare quella rabbia e sviluppa la condizione biochimica emotiva che l'accompagna. Ci identifichiamo con le emozioni che ci sono familiari. Il che significa che ci sentiamo in assoluto più reali quando proviamo le emozioni collegate al clima della nostra famiglia. Se quel clima era di rabbia o di tristezza, ci sentiamo più veri quando siamo arrabbiati o tristi. Da adulti tenderemo a creare delle situazioni che scatenano emozioni familiari.

I compiti di questa fase evolutiva sono volti a sviluppare un collegamento sensibile tra il mondo interiore e quello esterno, a costruire un collegamento e un ambiente emotivo di supporto tanto per la vicinanza, che per la separazione, a creare una sensazione di piacere e di legame con il corpo e a svegliare attraverso la stimolazione dei sensi la coscienza nel suo risvegliarsi. Se questi compiti sono affrontati nel modo corretto, il bambino avrà delle buone possibilità di possedere un secondo chakra sano, insieme alla capacità di muoversi in modo aggraziato, di provare emozioni profonde, di possedere sensibilità, passione per la vita e una sana sessualità.

TRAUMI E VIOLENZE

Deprivazione tattile e sensibile

La perdita dello stato essenziale di benessere che avrebbe dovuto svilupparsi dal periodo che ciascuno ha trascorso in braccio conduce a ricerche e sostituzioni di quello stato. La felicità cessa di essere una condizione normale dell'essere vivi e diviene un traguardo.

JEAN LIEDLOFF

David è cresciuto in una tranquilla famiglia della classe media. Sua madre era una donna votata al suo compito di mamma, che non aveva una sua vita al di fuori della famiglia. Faceva tutto quello che ci si può aspettare da una madre – cucinava, faceva le pulizie, accompagnava i figli in macchina alle partite di baseball, la mattina preparava i loro vestiti e faceva parte dell'associazione dei genitori. Tuttavia raramente toccava i suoi figli. Non li abbracciava, non leggeva loro delle storie tenendoli in braccio, né dimostrava affezione fisica. A dire la verità, *nessuno* in famiglia dimostrava affetto. Come risultato David si porta dietro una ferita nell'anima che gli rende difficile essere in contatto con se stesso o comprendere ciò che veramente vuole nella vita. Tende ad essere un solitario, che riversa tutta l'energia nella sua carriera e che evita l'intimità delle relazioni.

Quando l'identità fisica non viene affermata attraverso il tatto, spesso viene sostituita da un'immagine congelata – una separazione tra il sesto e il secondo chakra. Quando l'immagine soffoca il sé senziente (come avviene nella personalità narcisistica), la persona può raggiungere il successo esteriore ma essere ancora insicura di chi è veramente. Man mano che la vita procede, questa separazione si fa ancora più pronunciata, finché vi è un crollo. La ferita narcisistica è una ferita dell'anima. L'io senziente, il più profondo, il più vulnerabile, viene ignorato, mentre l'io esterno più vuoto viene lodato e gratificato.

I bambini hanno bisogno di una certa quantità di impulsi dei sensi per essere in grado di sviluppare l'importante collegamento tra mente e corpo. Un'appropriata stimolazione dei sensi accresce l'intelligenza, il coordinamento e l'attenzione. Se c'è una grande varietà di giocattoli con cui giocare, di colori da vedere, di suoni da udire e di superfici da toccare, la mente riceve più impulsi per stimolare i suoi processi. Nel suo libro *Emotional Intelligence*, Daniel Goleman descrive come i topi con gabbie più accoglienti (con più scalini e ruote), non solo sono più abili nei labirinti, ma sviluppano anche un cervello più pesante rispetto ai topi che hanno gabbie più limitate[6]. Quando entra in gioco una consapevolezza dei sensi, si sviluppa un'importante circuito neuronale.

Jean Liedloff, autrice del libro *The Continuum Concept*, nota delle profonde differenze nello sviluppo tra i bambini che sono tenuti e portati in braccio e quelli che non lo sono. Dal momento che l'innata aspettativa istintiva nel bambino è quella di essere tenuto, quando viene toccato si verifica una sensazione di adeguatezza che consolida il sistema nervoso. Senza questa esperienza, nasce un senso dominante di desiderio di essere tenuto e l'attenzione dei sensi si estende al di là di se stessa, alla ricerca dell'esperienza perduta. Dopo troppe delusioni si spegne. Liedloff afferma che la differenza tra le aspettative del bambino e la sua attuale realtà è in relazione al suo senso di benessere[7]. Più grande è la differenza, più un bambino vive il dubbio, il sospetto, la paura di essere ferito e la rassegnazione – tutte cose che minano il benessere emotivo.

Troppa o troppo poca stimolazione genera gravi conflitti nella mappatura interna del mondo esterno, nella formazione delle relazioni e nello sviluppo di armonia e movimento. I bambini privati del tatto si organizzano paradossalmente prendendo le distanze dagli altri, negando la loro necessità di intimità. Se vengono abbracciati, spesso sono rigidi e legnosi, incapaci di ricevere completamente l'abbraccio.

La mancanza di contatto può promuovere vari tipi di stimolazioni autoerotiche, quali un abituale dondolio, masturbazione compulsiva e disordini alimentari. Tutti questi sono tentativi di riempire quel vuoto del secondo chakra con un qualche tipo di movimento e di sensazione piacevole. Marion Woodman, in *Ad-*

diction to Perfection, descrive l'obesità come il tentativo del corpo di avvolgersi di carne morbida per sostituire una madre assente o che l'ha rifiutato[8].

La mancanza di contatto inibisce lo sviluppo dei principali canali della ricettività sensoria. Quando la stimolazione dei sensi è eccessiva o carente, i canali sensori si chiudono. Se non si riesce a imparare il linguaggio dei sensi è come non riuscire a imparare a leggere o a scrivere – senza questo ci vengono negate informazioni essenziali per la sopravvivenza, per il benessere e per l'espansione della coscienza. Le sensazioni sono i mattoni dell'intelligenza emozionale e ci permettono di andare d'accordo con gli altri.

Gli altri sensi si sviluppano gradualmente insieme con l'esperienza tattile. Il suono della voce materna, calma o arrabbiata, si collega al calore dell'essere tenuti in braccio, alla solitudine dell'abbandono o alla paura di essere picchiati. Segnali visivi come le espressioni facciali, la luce e il buio o la decorazione delle varie stanze, sono collegati all'esperienza fisica del sonno e della veglia, del mangiare e del fare il bagno. Queste associazioni collegano il sistema di mappatura interno, che si sviluppa attraverso l'esperienza sensibile che il bambino fa del mondo. Se l'esperienza è dolorosa, allora i sensi si chiudono e il mondo diventa definitivamente più piccolo. Il bambino si ritira in un mondo interiore di fantasia e di immaginazione.

Se la stimolazione è più di quanto il bambino possa sostenere, allora diviene sovraccaricato e l'energia in eccesso cercherà una via di scarico. Poiché questo è un periodo in cui le emozioni costituiscono il linguaggio primario, questo scarico avviene attraverso espressioni emotive come il pianto o la rabbia. Questa abitudine può consolidarsi ed esistere nel corso di tutta la vita.

Fra i nove e i diciotto mesi, il bambino impara a raccordare insieme sensazioni, azioni e reazioni in un senso organizzato del sé. Il collegamento tra i diversi sensi in un'unica *gestalt* di esperienza segna il collegamento primario tra mente e corpo. Se i sensi non fluiscono logicamente dall'esperienza, il bambino impara a non fidarsi dei propri sensi. Se il senso di fame non ha come risultato quello di essere nutrito, se la voce carezzevole della madre non è collegata all'essere tenuto in braccio, se un bambino viene rifiutato o fatto vergognare per le sue necessità naturali, allora sembrerà che i sensi abbiano fallito nel fornire all'individuo l'informazione corretta. Quando non abbiamo fiducia nei nostri sensi li azzeriamo. Dunque il bambino maltrattato, anche da adulto, non sarà in grado di dire se ha fame o se è sazio, se è stanco o in pericolo, se è iperstimolato o sta per scoppiargli un raffreddore. I sensi hanno perduto la loro attendibilità come catalizzatori di informazioni.

Secondo Jung, una funzionalità dei sensi poco sviluppata, conduce a frequenti errori di giudizio delle situazioni, basandosi invece su un'intuizione eccessiva, che spesso può essere ben lontana dalla realtà. Dunque, ciò che diventa carente nel secondo chakra, spesso si rivela come un eccesso nel sesto.

Mentre la sottostimolazione non risveglia la curiosità della mente nel corso del suo sviluppo e lascia il bambino isolato e solo, la sovrastimolazione può travolgere il sistema nervoso e creare ansietà. Se siamo in sintonia con il nostro bambino, possiamo sperare di raggiungere un equilibrio.

Ambiente emotivo

E-mozioni sono energie in moto. Se non vengono espresse l'energia viene repressa. Poiché è energia deve andare da qualche parte. L'energia emotiva ci muove, come fa tutta l'energia... Negare l'emozione significa negare il fondamento e l'energia vitale della nostra vita.

JOHN BRADSHAW

Rebecca muoveva i primi passi quando i suoi genitori divorziarono. Per la sua famiglia fu un momento di rabbia e di dolore. Ancora nel seggiolone (così mi dice sua madre) assisteva a liti violente tra i suoi genitori. Benché Rebecca non venisse picchiata, assisteva alla continua violenza di suo padre contro sua moglie, finché sua madre finalmente prese Rebecca e i suoi fratellini e ruppe il matrimonio. Fu a questo punto che Rebecca divenne un diavoletto, assumendo su di sé il furore del padre ora assente. Immersa in un mondo di violenza, Rebecca aveva imparato la rabbia come mezzo primario di relazionarsi. Dieci anni dopo, quando sua madre venne da me per la prima volta, quel modello comportamentale durava ancora. A quel punto investiva le relazioni sociali di Rebecca, il suo rendimento scolastico e l'equilibrio di sua madre.

Talvolta i bambini piccoli sembrano dei piccoli motori a reazione: dell'energia entra, dell'energia esce. Senza la maturità che stemperi le loro emozioni, le sensazioni che scorrono all'interno della famiglia scorrono all'interno del bambino con pochissimi cambiamenti. I bambini non decidono di essere arrabbiati o paurosi, amorevoli o calmi. Riflettono semplicemente il clima emotivo in cui sono immersi senza difesa.

Le emozioni che passano attraverso il bambino influenzano il suo stato fisiologico, la sua percezione del mondo e la sua crescente percezione di sé. Se l'ambiente familiare è saturo di rabbia, i bambini possono abituarsi all'alto tasso di adrenalina indotto dalla rabbia e imparano che la rabbia è il normale modo di esprimersi. È possibile che associno alla rabbia il senso del loro potere personale. Se mamma e papà sono impauriti, quella paura viene comunicata in modo non verbale al bambino ed entra a far parte del suo repertorio emotivo. Se l'ambiente è amorevole, il suo senso dell'io, che è in via di sviluppo, viene incentrato sull'aspettarsi, ricevere ed esprimere quell'amore con le sensazioni collegate.

Le emozioni che i bambini esprimono come reazione a certe situazioni, spesso incontrano punizione, rifiuto o vergogna. Rebecca veniva punita per i suoi attacchi di collera. David divenne emotivamente introverso e fu messo in ridicolo per la sua timidezza. Sarah era di natura esuberante, ma veniva sgridata perché stesse buona. L'espressione delle sensazioni diventa allora un impulso poco affidabile.

Non potendo fidarci delle nostre sensazioni allora, le teniamo dentro, le mettiamo a tacere o ce ne dissociamo. Poiché le emozioni sono una risposta istintiva all'esperienza, perdiamo un collegamento vitale con l'esperienza e con la vita. Si può ricorrere all'alcool o alle droghe per prendere le distanze dall'esperienza. Il comportamento può essere compulsivo, privo di emozioni. Un genitore violento è incapace di percepire la sofferenza del bambino. Poiché le nostre emozioni sono così immerse nella sensazione, per poterle inibire dobbiamo annullare le sensazioni del nostro corpo e dunque al contempo, annullare la nostra vitalità.

Le emozioni sono il primo linguaggio parlato dal bambino attraverso le reazioni istintive del corpo. Il bambino impara il suo linguaggio emotivo attraverso un efficace rispecchiarsi e una risposta positiva al suo stato emotivo originale. Se il genitore risponde all'espressione emotiva del bambino, allora il bambino impara che il suo linguaggio emotivo innato è efficace e gli presta maggiore attenzione. Se impara a comprendere le sue emozioni diventa *emotivamente istruito*, il che significa che può leggere e comunicare con le emozioni proprie e con quelle altrui. Allora le emozioni possono evolversi in significati (cioè maturare attraverso i chakra).

L'empatia favorisce l'istruzione emotiva. Un rispecchiarsi efficace fa sì che il bambino colleghi la coscienza alle sue sensazioni istintive. Impara che a un certo stato interiore è collegata la rabbia, mentre altre sensazioni possono essere definite tristezza o paura. In tal modo impara a esprimere le sue sensazioni in un modo più maturo. Quando Johnny ha l'aria triste sua madre dice: "Oh, oggi hai l'aria triste. Che cosa c'è?" Questo gli insegna a dare un nome alle sue emozioni, a leggerle e poi a comunicarle attraverso il linguaggio invece di mimarle.

Quando ci viene detto di non provare emozioni in un certo modo, viene negato *il diritto* del nostro secondo chakra *di provare emozioni*. "Oh, non dovresti sentirti così per tuo zio." "Togliti quel sorriso furbo dalla faccia." "Non hai il diritto di arrabbiarti!" Se crediamo a queste ingiunzioni, instauriamo il dominio della mente sulle sensazioni. Ci sentiamo colpevoli delle nostre sensazioni e le reprimiamo, addirittura fino al punto da non poterle più riconoscere.

Susan, per esempio, non aveva mai la possibilità di arrabbiarsi. Nella sua vita non c'era nulla che la facesse arrabbiare, così questo non sembrava un problema. Si lamentava invece dell'isolamento che creava allontanandosi continuamente dalla gente. Non si rendeva conto che il suo allontanarsi era il risultato della rabbia che non era capace di esprimere. Se solo avesse potuto esprimere ciò che non le piaceva, sarebbe stata in grado di operare dei cambiamenti nelle sue relazioni invece di ritrarsi.

Per una persona emotivamente ignorante, guardare qualcuno

che si trova in uno stato fortemente emotivo risulta un vero mistero, come se quella persona parlasse una lingua straniera. La persona emotiva viene criticata per l'assurdità di un comportamento stupido, mentre una persona emotivamente ignorante trova che le sue stesse sensazioni sono un eguale mistero. Quando la funzione del sentire è sottosviluppata, si manifesta nella sua forma ombra di *malumore*. I malumori non sono consciamente collegati alle sensazioni, ma tuttavia sono portatori di toni emozionali che, in genere, sono assolutamente evidenti a chiunque altro. Quando le si chiede che cosa non va, la persona imbronciata in genere risponde scontrosamente con un "Niente!" che di fatto va inteso come una vera e propria asserzione. La loro ignoranza impedisce loro di saper leggere le proprie emozioni e conoscerne l'importante significato.

In una famiglia in cui le sensazioni semplicemente non vengono espresse, non esiste l'opportunità di imparare il linguaggio emozionale. Senza conoscenza emotiva va perduta un'intera dimensione dell'esperienza e del rapporto umano. Senza la capacità di leggere le nostre necessità e le nostre sensazioni, siamo incapaci di soddisfarle e rimaniamo intrappolati finché il messaggio viene finalmente interpretato.

Irretimento

Lo sviluppo del secondo chakra comincia con la fusione delle identità della madre e del bambino e termina con l'emergere dell'autonomia. Il bambino impara innanzitutto che le sue emozioni sono un'estensione di quelle della famiglia, ma in seguito impara a provarne di sue. Quando al bambino non viene permesso di emergere ed esprimersi come un individuo unico, viene irretito. Quando si manifestano delle emozioni che non sono gradite alla madre, come rabbia, dipendenza o paura e ricevono punizione, rifiuto o vergogna, allora il bambino impara che può provare solo delle sensazioni che corrispondono ai desideri o agli stati emotivi dei suoi genitori.

Non gli viene permesso di sviluppare un'identità separata, basata sulla sua personale esperienza sensibile/emozionale. La vita del bambino viene definita secondo i termini delle necessità familiari, ma la famiglia non è presente per soddisfare le necessità del bambino. Dunque un bambino irretito si sentirà colpevole ogni volta che perseguirà le sue personali necessità e i suoi interessi.

Al bambino irretito viene dato un falso senso del sé. Assume le sue informazioni dall'esterno, definisce i suoi stati emotivi in base alle reazioni degli altri e crea una personalità esteriore che può essere in profondo contrasto con le sue necessità interiori. Questa è la base della personalità narcisistica, descritta così bene da Alice Miller in *The Drama of the Gifted Child*[9]. Si crede che la personalità esterna sia il vero sé. Ne risulta una vita vissuta senza individuazione né autenticità.

Un bambino irretito sarà altamente consapevole dei sentimenti degli altri. La chiarosentenza (la capacità di percepire le emozioni altrui) proviene da un chakra che è indirizzato troppo verso l'altro e non abbastanza radicato nell'esperienza del proprio corpo. Un chiarosenziente arriva a una festa e si sente responsabile della donna seduta in un angolo che tutti ignorano, oppure può percepire la gelosia del suo vicino, la cui moglie sta flirtando, il tutto senza alcuna consapevolezza delle proprie necessità. Un po' di chiarosentenza ci conferisce una certa sensibilità nei confronti degli altri, ma troppa ci separa dal nostro terreno e ci lascia dominare da un miscuglio tumultuoso delle emozioni degli altri, che non siamo in grado di controllare.

Abuso sessuale

Sono giunta a rendermi conto che l'assalto sessuale è l'imposizione di un'esperienza di morte sulla vittima. Vale a dire che la vittima esperimenta che la sua vita le è stata presa da qualcun altro.

EVANGELINE KANE

L'abuso sessuale colpisce il centro più profondo del secondo chakra. Che sia leggero o grave, interno o esterno alla famiglia, l'abuso sessuale ha degli effetti duraturi su tutti gli aspetti del secondo chakra: il libero scorrere dell'energia all'interno del corpo, la capacità di accedere all'intimità, il piacere e una sana sessualità da adulti, il sentirsi a proprio agio con le emozioni, un sano senso dei confini, una relazione positiva col proprio corpo. Né l'abuso sessuale si limita a danneggiare solo il secondo chakra – influisce sul nostro senso di fiducia, sulla nostra esperienza del potere (o mancanza di essa), sulle nostre relazioni future e spesso, poiché la cosa rimane segreta, sulla nostra capacità di comunicare. Poiché aggredisce le emozioni e le funzioni sensibili del corpo, il sesto e il settimo chakra spesso compensano con un eccesso di intuizione e di pensiero.

Nell'abuso sessuale è compresa qualunque cosa che non rispetti il naturale sviluppo della sessualità del bambino. Abusi sessuali potrebbero essere le sculacciate o delle punizioni perché un bambino si tocca i genitali o delle pulsioni sessuali verso un bambino che non ha ancora raggiunto lo sviluppo adatto o non è interessato. L'abuso sessuale comprende esibizionismo, voyeurismo, esposizione di pornografia, eccitazione sessuale, invasione della privatezza, manifestazioni di affettuosità fisiche non volute, linguaggio sessuale o barzellette inappropriati all'età, come pure ovviamente le carezze genitali o il coinvolgimento sessuale di un bambino con un adulto, un genitore o un fratello maggiore. Anche eccitare un bambino con l'esibizione, flirtando o promettendo delle ricompense per aver espresso un interesse sessuale in modi che lui o lei non possono evitare, rientra nell'abuso sessuale. Tutto ciò non permette che la sessualità del bambino si sviluppi secondo i propri ritmi. Anche gli adulti che si scagliano su vittime adulte non consenzienti stanno operando un abuso sessuale, ma io qui mi sto occupando di attività che ci influenzano in età più sensibili dal punto di vista dello sviluppo. Più è giovane l'età in cui avviene un evento del genere, più devastanti sono i suoi effetti.

La stimolazione delle zone erogene è volta a dissolvere i confini. Per gli adulti questa è in genere un'esperienza piacevole. La situazione originale del bambino tuttavia, è priva di confini. Lo sviluppo della prima infanzia è orientato verso lo sviluppo di un ego che può *creare* dei confini e distinzioni, più che verso la loro dissoluzione. Se durante queste età così sensibili vengono stimolate le zone erogene, è possibile che non si formino dei confini e il bambino trova difficoltà a bloccare, o persino a individuare le influenze che gli provengono dall'esterno.

Questa difficoltà con i confini spesso è una lotta di tutta la vita per le vittime dell'abuso sessuale sui minori. Privi di confini solidi essi non sono in grado di proteggersi da future invasioni ed è molto alta l'incidenza di ulteriori esperienze sessuali traumatiche. Internamente, ciò può persino danneggiare il sistema immunitario, che non è in grado di riconoscere in modo appropriato organismi invasivi.

L'abuso sessuale può produrre intorpidimento emozionale, dissociazione, dipendenze varie, disordini alimentari o fobie, disfunzioni sessuali, senso di colpa e di vergogna, depressione, ostilità, dipendenza, disturbi del sonno, disturbi psicosomatici e molte altre difficoltà nella vita. Devasta le relazioni in cui sono in gioco aspetti di fiducia e di intimità e molte vittime di un abuso scelgono il celibato e l'isolamento piuttosto che correre il rischio di ulteriori tradimenti. Altri possono diventare altamente sessualizzati o promiscui, alla continua ricerca della forte carica erotica che era stata loro imposta da bambini. Per tale motivo alcuni di quelli che hanno subito abuso sessuale e non hanno ricevuto trattamento, diventano essi stessi attori di tale abuso, in quanto incapaci di rispettare i confini degli altri e agendo attivamente in modo inconscio l'abuso da loro subito. Spesso l'abuso sessuale è così traumatico che gli eventi sono rimossi dalla memoria, rendendo difficile una loro efficace individuazione e il trattamento. Per altri i ricordi sono anche troppo invasivi ed emergono spontaneamente in momenti non voluti, come ad esempio durante momenti di intimità, di rilassamento, di meditazione o di interazione sociale.

L'abuso sessuale confonde la dinamica piacere/dolore e distorce l'interpretazione delle emozioni. Poiché l'esperienza fisica può essere piacevole, mentre il tradimento emotivo è doloroso, può verificarsi una confusione continua tra dolore e piacere. Ci si può sentire tristi o vergognarsi quando si prova piacere, oppure si può limitare il piacere a causa delle emozioni che scatena. In altri casi, quando il perpetratore era un membro della famiglia in cui si aveva fiducia e l'abuso si è verificato in forma di intimità e di vicinanza (talvolta l'unica vicinanza che il bambino ha ricevuto), il piacere emotivo può essere accompagnato da senso di colpa e vergogna. Immediatamente viene sconvolta l'intera arena del secondo chakra. Le vittime di un abuso spesso si sentono tradite dal loro corpo e possono scegliere di ignorarne del tutto i segnali. È un processo lungo e difficile quello di individuare questi messaggi conflittuali sepolti nelle sensazioni e nelle emozioni.

Far affiorare l'abuso alla coscienza, conoscerne gli effetti e iniziare il processo di guarigione promuove dei profondi cambiamenti in ogni aspetto della vita. *È* possibile guarire dagli effetti dell'abuso sessuale e ora vi sono molti esperti terapisti, gruppi e libri che aiutano il processo di guarigione (si vedano le letture raccomandate alla fine del capitolo).

Stupro

Lo stupro è un assalto talmente evidente al secondo chakra, che parla quasi da sé. L'uso della sessualità per il potere e la violenza, la violazione dei propri confini e della propria dignità, l'intimidazione e l'annientamento dello spirito – tutto questo è un assalto all'intero sistema dei chakra. Poiché il secondo chakra è il primo posto nel sistema in cui entra il mondo esterno (un ingresso essenziale all'essere un sistema aperto), la violazione dello stupro può costringere l'intero sistema a chiudersi. È anche possibile che uno qualunque degli effetti già elencati si verifichino in un adulto che ha fatto esperienza dello stupro. Quando dall'infanzia esistono delle ferite non guarite per abuso sessuale, lo stupro non solo è un evento traumatico di per se stesso, ma riporta alla luce anche eventi precedenti. Più forti sono le fondamenta del nostro chakra inferiore di base, migliori sono le possibilità di recupero.

Aborto

L'aborto non è una violenza perpetrata su un bambino piccolo, tuttavia qui deve essere considerato come qualcosa che ha delle profonde conseguenze sul secondo chakra di una donna. A livello emotivo l'aborto costituisce un conflitto morale e, per quanto liberali siano le idee che una possa avere, la decisione non è mai facile. Quasi sempre è accompagnata da un subbuglio emotivo, spesso da senso di colpa e da paura e può innescare un profondo senso di lutto e di perdita. Inoltre l'aborto blocca il naturale processo del corpo, che è orientato verso il proseguimento della gravidanza. Anche sotto anestesia gli organi del primo chakra vengono aggrediti e una ferita del genere richiede tempo per guarire, tempo di cui raramente ci si rende conto.

Una donna che ha appena subito un aborto ha bisogno di trattarsi con la tenerezza che presterebbe alla vittima di uno stupro, perché in un certo senso, nell'aborto l'utero viene stuprato. Non solo è di aiuto creare dei rituali o un dialogo intorno al possibile spirito del bambino, ma è anche importante dialogare col corpo prima, durante e dopo l'operazione. Possiamo dire al corpo quello che sta per succedere, consolare il corpo durante il processo e tranquillizzarlo quando tutto è finito. È importante avere un'amica che possa ascoltare il vostro dolore, del tempo per scrivere nel vostro diario o dello spazio per stare da sole con le vostre emozioni.

Non è di aiuto il fatto che il clima politico che circonda l'aborto sia tanto tempestoso. Una donna deve sopportare già abbastanza dolore e traumi dovendosi occupare di una gravidanza non voluta; se giunge alla difficile decisione di abortire, ha bisogno di amore e sostegno, non di maggiore degradazione e vergogna.

Effetti generali degli abusi

In un mondo che, allo stesso tempo, cerca e nega il piacere, in cui la sessualità è diventata confusa, scombinata e maltrattata e in cui la meccanizzazione nega l'esperienza sensibile del corpo, le ferite del secondo chakra sono molte e profonde. Qualunque cosa blocchi lo sviluppo del secondo chakra recide due collegamenti essenziali: il collegamento *interno* tra mente e corpo e il collegamento *esterno* che unisce il mondo interno a quello esterno, l'io e l'altro, l'anima e l'ambiente. Senza questi collegamenti diventiamo, come dice Alexander Lowen "divisi in uno spirito scorporato e in un corpo disincantato" [10].

Se ci mancano la stimolazione tattile e l'accudimento, perdiamo letteralmente il contatto, diventiamo frammentati, isolati, lontani, scollegati e infine maleinformati. Se i nostri canali sensibili si chiudono, blocchiamo la massa dei nostri input informativi e ci troviamo prigionieri del nostro stesso mondo. Persi i contatti con le nostre sensazioni, siamo ovviamente fuori contatto con le emozioni degli altri e ci mancano le basi per l'empatia e la compassione necessarie per giungere al quarto chakra.

Se viene negata l'espressione attraverso il movimento, il nostro corpo diventa rigido, tuttavia bloccare questo processo richiede una grande quantità di energia. Un bambino che monitorizza tutte le sue azioni nel terrore del rifiuto o della critica, si crea una pesante armatura, con una rigidità che viene riflessa in una fisicità maldestra e in un senso di disagio personale. Spesso esiste un'analoga mancanza di flessibilità e di apertura alle nuove idee, a stili di vita alternativi, a nuove avventure o possibilità. Ciò che viene rifiutato, viene poi proiettato – la rigidità può portare a esprimere veementi giudizi, alimentati dalla passione che viene proibita nel regno delle emozioni.

STRUTTURA CARATTERIALE

L'Orale: l'Amante

Il carattere orale non compie grandi sforzi per raggiungere ciò che vuole. Questo è dovuto in parte alla mancanza di forte desiderio, in parte al timore di raggiungerlo... Spera di ottenere in qualche modo ciò che desidera, senza sforzarsi, in tal modo può aggirare il temuto disappunto.

ALEXANDER LOWEN

Samantha sedeva sulla mia poltrona con le lacrime che le scorrevano sul viso. La sua voce, come il suo corpo, era pesante e lento. All'inizio era venuta da me per depressione e sovralimentazione, ma ora stava fronteggiando un'oscura disperazione per la perdita improvvisa della sua relazione primaria con una donna con cui aveva sperato di dividere la vita. Si sentiva abbandonata e tradita. Si sentiva come cadere a pezzi. Non riusciva a respirare profondamente. Non riusciva a smettere di pensare alla sua amante e si attaccava disperatamente anche alla minima speranza di riconciliazione. Cominciava ad aver problemi nel prendersi cura di se stessa, a concentrarsi sul lavoro e in certi momenti pensava al suicidio. Quel giorno sentiva che tutte le speranze di un suo futuro erano svanite – che senza la sua amante era persa per sempre.

Samantha è un esempio di struttura caratteriale orale. Le sue sensazioni di perdita e disperazione sono del tutto reali. Se potessimo essere nel suo corpo, ne sentiremmo il vuoto devastante, come se qualcuno avesse appena spento un interruttore e avesse interrotto tutte le nostre risorse vitali. Sarebbe difficile star seduti diritti. Vorremmo lasciarci andare, arrotolarci in una palla e avere qualcuno che ci sostiene. Le nostre braccia penderebbero senza vita lungo i fianchi. Vorremmo aggrapparci, perdonare, supplicare il nostro amante di rimanere e prendersi cura di noi. L'abbandono sarebbe anche troppo reale e familiare, perché ci siamo trovati in questa situazione già altre volte, in altre relazioni. Saremmo persi nel nostro dolore.

Negli stadi psicosessuali di Freud, il primo e secondo chakra corrispondono, dal punto di vista dello sviluppo, allo *stadio orale*, in cui l'attenzione primaria è concentrata sul nutrimento e il contatto fisico. Quando a questo stadio si subisce una deprivazione, il bambino non riceve le energie di cui ha bisogno e ha letteralmente dei problemi a formarsi. La deprivazione in genere è emotiva – troppa separazione dalla madre, troppo poco contatto, troppo poca attenzione – ma può essere anche fisica, nel senso di non ricevere cibo a sufficienza, di essere staccato troppo presto dal seno o di avere una madre che non ha sufficienti energie per nutrire il suo bambino. Oggigiorno, che le madri lavoratrici e le ragazze-madri sono comuni, sono molti i motivi per cui una madre può non essere in grado di provvedere adeguatamente a suo figlio, tanto emotivamente che fisicamente. Ne risulta una carenza nella capacità del primo chakra di radicarsi e formarsi e un eccessivo senso di bisogno nel secondo chakra. Possiamo considerare il carattere orale un *bambino denutrito* (fig. 2-1).

La bioenergetica considera il carattere orale dipendente, incline ai vizi e bisognoso. Il corpo tende a essere morbido e poco formato, talvolta sottile e insaccato, altre volte sovrappeso ma articolato in modo poco compatto. Il petto è in genere infossato e i muscoli e la carne sembrano pendere con rassegnazione (fig. 0-5, B). A causa della loro deprivazione gli Orali rimangono in uno stato di sottocarica cronica. Tendono alla depressione e in genere hanno troppo poca energia. Il loro problema non è tanto il *diritto di esistere* (come era per la struttura schizoide/creativa), quanto piuttosto il *diritto di avere*. Sono meno impegnati a chiedersi "Sopravviverò?" quanto invece "Sono voluto?" I loro problemi si concentrano su un nutrimento soddisfacente di cibo o amore. Desiderano disperatamente essere amati; quando questo desiderio è frustrato, come in genere accade, si gettano sul cibo o su attività orali per consolarsi.

Dove lo Schizoide si ritrae, l'Orale cerca dipendenza e fusione come difesa contro la deprivazione. Questo si collega all'incapacità dell'infante di provvedere alle proprie necessità emo-

Figura 2-1. Struttura del carattere orale (l'Amante). Il bambino denutrito

1° CHAKRA **Carente**	2° CHAKRA **In eccesso**	3° CHAKRA **Carente**	4° CHAKRA **In eccesso**
Senso di vuoto, di abbandono	Dipendente, attaccato	Scarico, letargico	Crede che l'amore risolva tutto
Difficoltà a formare se stesso, il corpo appare insaccato	Bisognoso	Mancanza di aggressività, paura della rabbia	Molto attaccato nelle relazioni, leale
Le gambe non sostengono, non sa stare sulle sue gambe, ginocchia bloccate	Anela al contatto, all'accudimento, al sesso	Poco tono muscolare	Molto amorevole, gentile, compassionevole, comprensivo
Scarsità – non ce n'è mai abbastanza	Emotivamente sensibile	Non riconosce le opzioni di potere	Codipendente
Paura di abbandonarsi	Desidera fondersi	Si svilisce soprattutto nelle relazioni	Facilmente si sente rifiutato
	Si sente deprivato	Bassa autostima	
		Si scoraggia facilmente, le richieste appaiono impossibili	

5° CHAKRA **In eccesso**	6° CHAKRA **Può essere equilibrato**	7° CHAKRA **Carente**
Riempie il vuoto con attività orali, come parlare	Può manifestarsi in entrambe le direzioni	Connessione spirituale nella ricerca dell'unione, più per sanare la ferita del cuore
Si rapporta alle persone attraverso la conversazione e la usa per catturare la loro attenzione (ottenere amore)	L'attenzione verso gli altri compensa una intuizione altamente sensibile	La spiritualità può rispecchiare il rapporto genitore-figlio (cioè infantile), vuole essere accudito
Comunicazione immatura – non chiede direttamente per le sue necessità	Mancanza di energia dal terreno, può non farcela fino ai chakra superiori	Intelligenza calcolatrice – si fissa sul soddisfare le necessità
La voce può essere infantile o triste	Sogni ad occhi aperti per compensare il vuoto	

tive e alla ricerca di un influsso di energia esterna a sé per sentirsi normale. Dunque, anche da adulto il punto di interesse energetico è fissato al di fuori del sé. Quando è amata, la personalità orale si sente energizzata e intera. Sa accudire e dare, è un partner leale, percettivo e comprensivo. Sa creare un legame stabile e amare profondamente e per questo motivo il suo nome più dolce è l'Amante. Gli Amanti non temono di amare, di dissolvere i confini o di essere vicini, anche se tendono ad essere feriti. Poiché amano in modo così profondo, perdere una relazione è una cosa sconcertante e si chiedono perché l'amore dell'altro non sia profondo quanto il loro. La loro dipendenza è spesso di tipo avvinghiante, il che naturalmente allontana le persone e perpetua il problema. Il rifiuto diventa la loro maggiore paura.

Poiché i tipi Amante si rianimano quando interagiscono con gli altri, spesso trovano la loro definizione al servizio degli altri, benché questa difesa possa anche diventare una trappola. Attraverso il servizio chiaramente ci si guadagna il diritto di vedere soddisfatte le proprie necessità, come pure il senso di essere voluti. La personalità orale è la migliore candidata per la codipendenza – con una necessità compulsiva di scegliere gli altri e di fissarvisi.

La spossatezza che risulta da un continuo dare, crea un vuoto interiore ancora maggiore ed è questo il circolo vizioso della struttura orale. Danno per ricevere, ma raramente ricevono in ritorno e così rimangono svuotati e si sentono ancora più bisognosi. Spesso, più un carattere orale viene deprivato, più tenta di dare. Per spezzare questo circolo bisogna imparare a nutrirsi fisicamente, emotivamente e spiritualmente. Riempiendo la nostra coppa, il nostro senso di bisogno diminuisce e siamo più capaci di ricevere. Allora il nostro dare viene da una più matura pienezza, invece che da un senso di vuoto.

Come il nome può implicare, il carattere orale spesso si concentra sul cucinare e mangiare il cibo o su altre attività orali, come fumare, bere, parlar troppo o mordere. Essendo il cibo l'unica sostanza solida che ingeriamo, offre un senso di sostegno e di solidità ed è un sostituto dell'accudimento emotivo che è mancato. Di fatto *è* un tipo di nutrimento – offre sostegno, forza e un senso di presenza interiore per riempire il vuoto intollerabile. Sfortunatamente il mangiare eccessivo può causare letargia e inerzia e impedire un sano radicamento. Chi ha un corpo pesante in qualche modo si sente abbastanza pesante da essere ancorato nel mondo, avvolgendosi nel corpo della madre e creando la confortevolezza che non è stata fornita quando era necessaria. Ridurre il cibo può causare ansietà o depressione e può portare alla luce un vuoto, che non ha un centro o un contenuto specifici.

I tipi orale/amante sono convinti che l'amore risolva tutto. Possono essere la madre che si sacrifica, la moglie devota, il lavoratore leale. Possono essere molto bravi ad abbattere le pareti altrui, poiché non hanno sperimentato una grande necessità di confini nelle loro relazioni interpersonali. Si meravigliano quando gli altri erigono delle barriere, dicono "no" o creano delle separazioni. Poiché sono rimasti ancorati a un periodo della vita in cui non c'erano confini, quando il bambino aveva bisogno di fusione, gli Orali hanno un pessimo rapporto con i confini. Questa mancanza di confini può causare problemi relazionali, che spesso risultano in un rifiuto e perpetuano il circolo vizioso di dipendenza/rifiuto/insicurezza/attaccamento/rifiuto.

I tipi orali hanno un'aggressività assai poco sviluppata e si arrabbiano raramente. Questo avviene in parte per il semplice fatto che non hanno energia sufficiente per arrabbiarsi e poi perché arrabbiarsi significa correre il rischio di essere rifiutati, che costituisce il loro maggior terrore. Senza aggressività il carattere orale trova difficoltà a formare i robusti, definiti bordi caratteristici della solidità del quinto chakra e tanto necessari per la sopravvivenza. Il concentrarsi e l'autodisciplina, la formazione dei confini e l'accettazione di una struttura imposta, (come il lavoro o la scuola) richiedono uno sforzo immenso e possono apparire concetti astrusi e con richieste ingiuste, a cui l'Orale oppone resistenza e di cui si risente.

Per curare chi ha una struttura caratteriale orale bisogna insegnar loro a stare in piedi da soli e a percepire forza e completezza all'interno della loro separatezza e indipendenza. È di aiuto incoraggiare la loro aggressività, che dà energia al corpo e muove la corrente liberatoria verso l'alto per nutrire i chakra superiori. Non hanno necessità di sviluppare il secondo chakra, che in genere è in eccesso, hanno invece bisogno di bilanciare questo eccesso sviluppando i chakra immediatamente precedenti e seguenti, cioè quello della volontà e del radicamento. La loro grande capacità di amare deve essere rivolta verso se stessi come attenzione per se stessi e nutrimento spirituale. Il primo passo consisterà nel farli uscire dal loro stato eccessivamente emotivo, per riportarli a contatto col terreno solido.

ECCESSO E CARENZA

Poiché il secondo chakra ha a che vedere col movimento, eccesso e carenza hanno un immenso impatto sulla quantità di movimento interno ed esterno del corpo, ma anche sull'identificazione emotiva e sull'espressione sessuale. Mentre attraversiamo il regno della dualità, un sano equilibrio è essenziale per progredire verso il terzo chakra, centro della forza. Il mantenere due polarità richiede sufficiente flessibilità per espandersi verso entrambi i poli, come la situazione richiede. Non c'è forza che abbia un solo polo. La *monopolarizzazione* è l'attaccamento a un solo lato di una situazione o a un'unica qualità di un equilibrio dinamico, come l'attività senza riposo, parlare senza ascoltare, la luce senza l'ombra. La monopolarizzazione crea l'arresto di uno sviluppo, che divide una parte di noi stessi opponendola a un'altra e inibisce il movimento e il progresso. Con un occhio solo non percepiamo la profondità. Con la monopolarizzazione ci manca la profondità e la sensazione: la vita diventa piatta. Tuttavia, se siamo capaci di librarci soltanto a poca distanza da terra, ci mancano l'ampiezza e il senso della dimensione e viviamo in una zona grigia e nebulosa.

In questo chakra molti oscillano tra eccesso e carenza – alcuni per periodi della durata di anni, segnati da grandi cicli di attività sessuale o celibato, ad esempio, mentre altri possono sperimentare estreme fluttuazioni emotive nel corso di uno stesso giorno. È essenziale rimanere al centro di se stessi (in relazione al radicamento del primo chakra) per trovare un sano equilibrio. Questo equilibrio non è una questione di una rigida restrizione a un centro immobile, ma è una fluttuazione omeostatica attorno a una stabilità interiore, esattamente come quei giocattoli che hanno sul fondo un peso e che ritornano sempre ad una posizione verticale, perché il peso della base li riporta sempre a posto. Trovare il nostro centro nell'oceano tumultuoso del secondo chakra è un indice di risoluzione che ci permette di progredire (fig. 2-2).

Un secondo chakra in eccesso ha una delimitazione debole e una bassa capacità di contenere. È possibile che vi sia poco discernimento riguardo all'espressione sessuale ed emotiva, con un movimento più marcato verso l'esterno che verso l'interno.

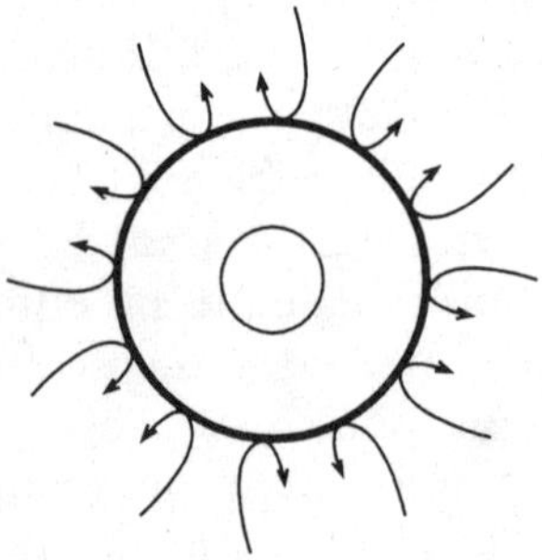

Un secondo chakra carente ha una delimitazione rigida e lascia passare pochissima energia al suo interno. Essendo svuotato, la spinta verso l'esterno è minima.

Figura 2-2. Eccesso e carenza nel secondo chakra.

Carenza

Per David era difficile capire che cosa provava. Cadeva in stati depressivi, talvolta per giorni, ma raramente riusciva a decifrare che cosa lo preoccupava. Il suo matrimonio era stabile, ma mancava la passione. Per lui il sesso era spesso più un dovere che un piacere. Essendo stato toccato raramente da bambino, si trovava a disagio nel manifestare affetto. Si lamentava di sentirsi emotivamente spento nella vita e le fluttuazioni emotive di sua moglie per lui erano un mistero. Nel suo lavoro non era particolarmente felice, ma era terrorizzato alla sola idea di fare dei cambiamenti. Il suo corpo era ben formato ma rigido. Il programma del secondo chakra di David era scritto in modo molto incompleto. Come risultato il chakra era chiuso.

Un secondo chakra carente causerà innanzitutto una limitazione nel movimento, dal punto di vista fisico, emotivo e sessuale. Nel corpo questo effetto si manifesterà con movimenti rigidi o goffi, giunture irrigidite e muscolatura rigida, che non riesce facilmente a lasciarsi andare alla morbidezza e alle sensazioni. Una persona del genere cammina in modo rigido, muovendo poco le anche e ha grande difficoltà a piegare le ginocchia e le pelvi. (Un aspetto che varia secondo la gravità; non tutte le carenze sono così evidenti). Provatevi a camminare tenendo le pelvi rigide e avrete un'idea di come ci si può sentire. È possibile avvertire la rigidità in tutto il resto del corpo.

Una limitazione nel movimento inibisce lo scorrere dell'eccitazione attraverso il corpo, inibisce il nutrimento del *chi*, o energia vitale, abbassa il tasso respiratorio e metabolico e attutisce le emozioni. Poiché il movimento e il cambiamento sono aspetti essenziali per il funzionamento del sistema, la rigidità del secondo chakra carente ci rende fragili. Per proteggere questa fragilità i confini vengono mantenuti molto saldi, per poter tenere a bada l'energia non voluta, che potrebbe indurre un cambiamento e minacciare la stabilità. Si è convinti che se lasciamo fluire le emozioni precipiteremo in un abisso dove nulla ci può sostenere. Per molti questo significa disintegrazione e, finché non si trova un terreno adeguato per sostenere il nuovo movimento, questa può essere una paura molto reale.

A livello mentale la limitazione di movimento e il timore del cambiamento possono creare una monopolarizzazione delle idee – vale a dire la convinzione che le cose si possano fare in un modo solo. Anche questo aspetto va difeso da confini rigidi e ostili (spesso visti con fanatismo politico e religioso). Si oppone estrema resistenza ai nuovi input e un fulcro univoco può creare un'intensità che può anche sembrare potente, ma in realtà è fragile e precaria.

Poiché il piacere favorisce un'espansione di energia dal centro alla periferia, chi ha un secondo chakra carente rimane in uno stato di contrazione. Una persona del genere tende ad evitare il piacere, spesso a causa di una dura critica interna, che non può ammettere il divertimento senza autocondanna. Questa negazione può inviare energia ai chakra superiori, con risultati positivi o negativi. L'energia può muoversi in alto verso il terzo chakra come attività spasmodica o lavoro-dipendenza, oppure verso i chakra superiori come un'intensificazione della creatività, fervore religioso, ossessione per la purezza o ricerca intellettuale. Poiché il piacere si traduce in una parte rifiutata del sé, il piacere degli altri viene giudicato severamente.

Una carenza a livello emotivo può essere tanto il risultato di una totale mancanza di programmazione (come il crescere in un ambiente familiare emotivamente freddo), quanto della soppressione delle emozioni per poter tollerare una situazione intensa. In entrambi i casi, la mancanza di emozioni e la corrispondente mancanza di sensazioni fisiche, sono delle strategie di fuga che conducono a una carenza nel secondo chakra. Il che produce una sensazione di vuoto, un senso di piattezza nei confronti della vita, la sensazione di essere immobilizzati (nessun movimento interno) e un senso di isolamento. Può esservi una sorta di rassegnazione, di apatia o pessimismo e l'incapacità di rendersi conto delle proprie necessità.

Dal punto di vista sessuale una carenza nel secondo chakra si manifesta con sensazioni sessuali represse, attutite o non esistenti. Può risultare difficile creare un collegamento emotivo durante l'attività sessuale, con poca sensibilità nella parte inferiore del corpo o la difficoltà a raggiungere l'eccitazione o l'orgasmo. Può aversi un senso di vergogna nei riguardi del sesso, la tendenza a giudicare o semplicemente un'intensa timidezza, che contrae l'energia nel momento in cui dovrebbe invece espandersi e fondersi con l'altro. Poiché la sessualità è un campo tanto complesso, il timore del sesso, di fatto, può essere il timore delle emozioni che il sesso dischiude – la vergogna interiorizzata di non essere sufficientemente bravi, la vergogna del proprio corpo, il panico riguardo a confini deboli, l'incapacità di comunicare bene, o qualunque altro aspetto relativo proveniente da ferite del passato.

La contrazione del secondo chakra può influenzare anche il campo sociale, in quanto le abilità sociali richiedono una cultura emotiva. Senso di colpa e vergogna interiorizzati possono produrre profondo impaccio in situazioni sociali, facendo apparire una persona rigida o fredda quando interagisce con gli altri. Si può dare l'impressione di non provare emozioni, quando invece le emozioni possono essere semplicemente nascoste. Una carenza nel secondo chakra in genere produce introversione.

Eccesso

Dana si trovava sempre in uno stato di agitazione emotiva. Ogni cosa per lei si manifestava come una crisi che doveva essere risolta immediatamente. Era talvolta esuberante, piena di energia e stimolante. Altre volte era preda della rabbia o in un torrente di lacrime, come se il mondo stesse andando in pezzi. Conduceva un'intensa vita sociale e trascorreva molto tempo al telefono o andando alle feste. Nelle sue relazioni era sessualmente molto attiva e molto generosa. Amava farsi coinvolgere profondamente e le sue relazioni conoscevano drammatici alti e bassi. Non riusciva a stare seduta immobile, a concentrarsi sulle cose da fare, né a posporre in alcun modo una gratificazione. Quando lavoravo con lei, aveva smesso di bere da due anni, ma era stata un'alcolizzata per più di dieci anni. Il secondo chakra in eccesso di Dana ipercompensava la mancanza di soddisfazione emotiva che aveva subito da bambina.

Quando vi è un eccesso nel secondo chakra ci si sente vivi al massimo in stati emotivi intensi. La frase "sono arrabbiato" implica che noi siamo quella emozione, più che provare semplicemente quell'emozione in quel momento. Per alcuni, l'unico periodo in cui sentono di *essere* qualcosa è quello in cui provano un qualche tipo di emozione forte. Il campo può variare dalla rabbia alle lacrime, dall'eccitazione alle paure – ciascuna un centro attorno a cui tutti devono danzare. Per persone del genere è difficile discernere quello che provano dalla realtà della situazione. Se si sentono minacciati non sono in grado di capire se la minaccia è reale. Non riescono a comprendere che la loro paura può essere in relazione a qualcosa avvenuta nel loro passato, oppure che possono fare delle scelte riguardo al modo di reagire. Possono anche essere eccessivamente sensibili dal punto di vista emotivo, incapaci di lasciarsi scivolare di dosso le cose e prendono tutto troppo a cuore. Le emozioni possono oscillare violentemente da uno stato ad un altro in un periodo di tempo relativamente limitato.

La corrente ascendente, che è radicata negli istinti inconsci è più attiva della corrente discendente, che è quella della comprensione cosciente. In una famiglia, quelli che provano emozioni forti possono dettare il comportamento del resto della famiglia. Questo eccesso crea anche una carenza negli altri membri. Il dittatore emotivo assorbe tutto lo spazio emotivo e tutti gli altri devono danzare attorno ai suoi stati incostanti o depressivi, privati del diritto alle loro proprie emozioni.

Contrariamente all'isolamento dello stato carente, la persona con un secondo chakra in eccesso prova un intenso e continuo bisogno di contatto. Si può avere una dipendenza dalle persone e dai ricevimenti, con l'incapacità di stare da soli, di creare dei confini o di dire no. Poiché il corrispondente stadio evolutivo è ancora uno stadio di fusione e di dipendenza, essere bloccati nel secondo chakra ci mantiene in uno stato che non comprende ancora del tutto la nostra completezza come individui separati e tenta di mantenere lo stato di fusione che non era stato soddisfatto.

Senza la capacità di comprendere la separazione si ha difficoltà a separare le proprie sensazioni da quelle degli altri (chiarosentenza). Chi possiede un alto grado di chiarosentenza è talmente consapevole di ciò che provano tutti gli altri, da avere delle difficoltà a mettersi in contatto con le loro personali sensazioni. Se sono vicini a un depresso ne assumono la depressione, come se fosse colpa loro. Sono felici se gli altri sono felici. Questo può produrre delle forme di dipendenza sociale, sessuale ed emotiva.

Quale risultato del profondo bisogno di essere collegati si formano dei confini fragili e c'è poco rispetto per i confini altrui. Queste persone possono imporre le proprie necessità agli altri con una disperazione che impedisce loro di vederle soddisfatte. Senza volerlo, possono invadere gli altri sessualmente ed emotivamente. Si può avere un attaccamento ossessivo, o la tendenza a fissarsi su un altro come oggetto, come se si possedesse la chiave del senso di connessione e di vitalità di questo altro. Il rifiuto e l'attaccamento creano un circolo vizioso che impedisce che le proprie necessità vengano soddisfatte e aumenta la spinta proprio verso quel comportamento, che ne impedisce l'interruzione. L'eccesso si riversa al di fuori senza posa nel tentativo di veder soddisfatte le proprie richieste, mentre il calderone interno viene svuotato e non sviluppa mai un vero senso di forza o di amore.

Spesso questa dipendenza sociale è il risultato del tentativo di bloccare all'esterno l'intensità delle proprie emozioni più profonde. Quando ci troviamo con gli altri, impegnati a interagire e ad occuparci delle loro necessità, veniamo distratti dalle nostre paure e dalla nostra tristezza. Poiché in questo stadio evolutivo le necessità emotive devono essere soddisfatte dall'esterno, fissarsi a questo livello produce una ossessione per gli altri a prezzo di se stessi – uno stato comunemente noto come *codipendenza*.

Il sistema, che in questo chakra è in eccesso, agogna alla stimolazione dei sensi. In contrasto con chi è carente, che invece preferisce colori e cibi più delicati, oppure circondarsi di uniformità, l'eccessivo desidera costantemente stimoli, cambiamento ed eccitazione. Queste persone possiedono un senso fortemente drammatico dell'essere vivi, che all'inizio può dare l'impressione di una certa esuberanza e tuttavia la loro stimolazione raramente viene incanalata in un risultato concreto e queste persone possono sentirsi perse o sole quando tentano di mettersi in uno stato di maggiore tranquillità.

Dal punto di vista sessuale, un eccesso nel secondo chakra sembra far girare il resto del sistema attorno alle proprie gonadi. Spesso amanti meravigliosi, rispondono all'energia istintuale di Eros e fioriscono all'intimità, alla connessione e alla rassicurazione dell'ego che sentono nella condizione sessuale. Benché in questo non vi sia assolutamente nulla di sbagliato, diventa un problema quando predomina su una sana discriminazione nella scelta degli amanti, quando crea dipendenza sessuale al punto di trascurare altri aspetti della vita o si manifesta nella conquista di un amante più che in una vera e propria intimità. Allora la quantità può diventare più importante della qualità.

Il secondo chakra è collegato all'elemento acqua e un secondo chakra eccessivo ha un contenitore debole a causa di confini fragili, perdendo e spargendo l'acqua prima che possa nutrire la crescita all'interno. Può esservi la necessità di muoversi in continuazione, rendendo difficile il fermarsi su un singolo oggetto abbastanza a lungo per renderlo manifesto.

Parlando secondo i termini del principio del piacere, un secondo chakra in eccesso può essere talmente orientato verso il piacere che impedisce di realizzare qualunque altra cosa. Quando si trova di fronte a qualche difficoltà, colui che dipende dal piacere dice semplicemente: "È troppo difficile. Voglio uscire e divertirmi e star meglio". Un secondo chakra in eccesso afferra l'energia e non la lascia passare oltre verso gli altri chakra. Così l'energia necessaria ad alimentare la volontà viene assorbita dalla necessità di una gratificazione immediata. Se alla fine quella gratificazione potesse essere soddisfatta tutto andrebbe bene, ma quando il ciclo diventa tale da sviluppare una dipendenza, non verrà mai soddisfatta e dominerà sempre tutte le altre spinte.

Dipendenza

È difficile classificare le dipendenze in termini di chakra, perché diverse sostanze producono diversi stati ed influenzano chakra diversi. Persino una dipendenza in generale non può essere classificata all'interno di un singolo chakra. Nella dipendenza chimica la droga prescelta ci dà un'indicazione importante sugli squilibri dei chakra. Gli stimolanti o i calmanti sono innanzitutto in relazione con l'energia dinamica del terzo chakra, mentre l'alcool crea uno stato di fusione e attutendo le inibizioni è in relazione più stretta col secondo chakra. Il mangiare eccessivo può essere un tentativo di radicamento, collegato al primo chakra, un movimento verso il piacere (secondo chakra) o una rabbia bloccata nel terzo. Ma tutte le dipendenze all'inizio sono un tentativo di creare o negare una sensazione o uno stato di coscienza. Il tentativo di creare un particolare stato è una compensazione, mentre la negazione è un volerle evitare. Questo ci fornisce le nostre strategie di attacco di base per l'eccesso e per la carenza.

L'alcool diminuisce il controllo inibitore della mente conscia, che permette alla corrente liberatoria di salire dal basso e muoversi senza ostacoli verso la corona, rilasciando energia e scaricando il sistema. Quando la corrente discendente, che focalizza e delimita, diventa eccessiva, la forza vitale può sentirsi limitata e si trova sollievo eliminando la sua influenza dominatrice. Un alcolizzato può liberare la sua rabbia o, quando l'energia si muove verso l'alto, dire cose che prima erano bloccate. Libero dalle inibizioni, può essere spontaneo, comunicare le sue sensazioni, raccontare barzellette e sentirsi vivo. Sfortunatamente questa liberazione non produce un'integrazione. Esiste l'espressione ma poca ricezione. Il sollievo è solo temporaneo e deve essere riprodotto ancora e ancora – un circolo che conduce alla dipendenza. Questo è un chiaro esempio di come non sia sempre benefico inviare l'energia verso l'alto.

Poiché il secondo chakra ha a che vedere col movimento, i tentativi di contrastarlo o di deviarlo tendono a creare dei modelli ripetitivi, poiché l'energia in movimento gira in circolo cercando un'uscita. Se pensiamo a questa energia come a un corso d'acqua – un'analogia appropriata, dal momento che questo è il chakra dell'acqua – allora possiamo comprendere che bloccare la corrente provoca l'erosione delle rive, i confini naturali della corrente. Quando le rive del fiume sono danneggiate, l'acqua gira intorno come un mulinello a vortice, che succhia energia nei chakra, senza farla passare lungo la corrente, producendo un'erosione sempre maggiore. I modelli ripetitivi creano comportamenti di dipendenza che si aggravano nel tempo, chiudendoci all'interno di un circolo distruttivo che corrode ulteriormente altri aspetti della nostra vita.

Benché il trattamento delle dipendenze sia un processo complicato che va oltre lo scopo di questo libro, la necessità di dare un nuovo corso ai ciclici modelli ripetitivi e di scaricare la forza emotiva che vi sta sotto, rientra nell'ambito del secondo chakra. Poiché la dipendenza è così spesso il risultato di una ferita emotiva, sono validi i principi generali per la guarigione del secondo chakra. Essi sono il ricollegarsi alle sensazioni del corpo, scaricare e/o imparare a limitare le emozioni da cui ci si sente pervasi, portare a compimento i movimenti bloccati congelati dal trauma e imparare a decifrare e a soddisfare in modo appropriato le necessità.

SETTIMO CHAKRA:	religione, pratiche spirituali
SESTO CHAKRA:	allucinogeni, marijuana
QUINTO CHAKRA:	oppiacei, marijuana
QUARTO CHAKRA:	tabacco (fumo), zucchero, amore, marijuana
TERZO CHAKRA:	anfetamine, cocaina, caffeina, lavoro, rabbia
SECONDO CHAKRA:	alcool, sesso, eroina
PRIMO CHAKRA:	cibo, gioco, compere, lavoro

Figura 2-3. Dipendenze e chakra correlati

RIPRISTINARE IL LOTO

Guarire il secondo chakra

Non possiamo guarire ciò che non possiamo sentire

JOHN BRADSHAW

C'è talmente tanto di sbagliato nell'atteggiamento culturale che abbiamo nei confronti delle emozioni e della sessualità, che la cura di questo chakra diventa un'impresa monumentale che va ben oltre il nostro io personale. Chi può dire l'ultima parola su quello che veramente significa una sana sessualità? Qual è il giusto livello di risposta emotiva? Quando mai porteremo a compimento il lavoro sulle nostre emozioni? Come possiamo aprire completamente i nostri canali sensibili in un mondo pieno di immagini e suoni aggressivi? Come possiamo mantenere una sessualità sana e potente, che per sua natura coinvolge altri, quando gli altri sono feriti nella loro sessualità? Il secondo chakra è essenzialmente un chakra di movimento, che non guarisce mai del tutto, in quanto è in un costante stato di cambiamento. Se esistesse una pietra di paragone per un secondo chakra in buona salute, questa sarebbe la capacità di accogliere il cambiamento senza perdere la stabilità del proprio centro.

Ci vorrebbe un libro intero per descrivere tutta la complessità degli aspetti coinvolti nella cura del secondo chakra. A dire la verità esistono molti volumi soltanto sulla cura dell'abuso sessuale, per non parlare dell'abuso emotivo, della terapia sul bambino interiore, dei rapporti con l'oggetto, dell'adescamento e delle terapie orientate sul movimento, tutte cose che sono in relazione diretta col secondo chakra. Il mio discorso sulle tecniche di guarigione si limiterà a quelle specificamente relative alla teoria dei chakra, con una lista di riferimenti aggiuntivi alla fine del capitolo.

La cura del secondo chakra è soprattutto una questione di incorag-

giare l'eccesso o la carenza a muoversi verso il centro. La premessa di base è semplice: quando il movimento è contenuto, si identifichino i modelli che lo limitano e si incoraggi il movimento. Quando il movimento è eccessivo si impari a contenerlo, o rilasciando le emozioni in modo da alleggerire la pressione, oppure imparando a tollerare l'intensificarsi della sensazione e dell'eccitazione. Il che richiede di imparare a prestare attenzione alle correnti e agli impulsi sottili che scorrono attraverso il corpo.

Ripristinare il naturale processo di guarigione

È importante comprendere che il corpo possiede un suo proprio processo di guarigione. Quando ci tagliamo è importante pulire e fasciare la ferita, ma il naturale processo di guarigione si verifica per suo conto sotto la fascia. Noi siamo biologicamente provvisti di istinti innati per l'autoguarigione e l'autoconservazione e quando questi istinti vengono interrotti da un trauma o da uno stress permanente, l'intero nostro fondamento ne è alterato e con esso il libero flusso dell'energia.

Lo scorrere dell'energia attraverso il corpo è il modo che ha il corpo di restaurare l'equilibrio. Quando questa corrente viene liberata, fornendo allo stesso tempo un contenitore sicuro, questa guarigione viene avviata. Questo ristabilisce il flusso liberatorio che ci permette di abbandonare i modelli costrittivi e di espanderci. Man mano che il flusso liberatorio si manifesta alla coscienza, il suo significato viene integrato in un contesto più ampio. Il che aiuta a portare verso il basso la corrente della manifestazione, incanalando l'energia emotiva verso fini costruttivi.

Curando il secondo chakra agiamo sempre in favore del naturale processo di guarigione del corpo, per cui sono essenziali il movimento e l'emozione. Quando quel movimento viene limitato, lo è anche il processo di guarigione. Se la reazione innata di una persona a una certa situazione è stata ostacolata, esiste allora una costante tendenza a ricreare situazioni analoghe per completare il modello iniziale. Se il blocco è grave, simili situazioni possono non permettere il completamento, abbandonandoci in un circolo senza speranza che ripete i traumi negativi senza essere in grado di risolverli e procedere oltre.

Sciogliere il ghiaccio: il ripristino del libero flusso del movimento

Il trauma si verifica soltanto quando un individuo si adatta a una minaccia (una risposta normale) ma poi è incapace di adattarsi nuovamente o di ritornare al funzionamento precedente alla minaccia... È la fuga inibita (o impedita), o la lotta, che causa una risposta di congelamento che condurrà a sintomi traumatici.

PETER LEVINE

Ray venne nel mio ufficio la prima volta lamentandosi di un ricorrente violento dolore al collo. Aveva provato con la fisioterapia, con la chiropratica, col massaggio, con la psicoterapia ufficiale e con una serie di altri metodi, senza esito. Poiché il dolore non aveva una causa organica, sapeva che doveva trattarsi di qualche problema psicosomatico. Vedevo che il suo corpo era rigido, che muoveva il collo molto poco e che teneva strette al petto le mani e le braccia. La sua energia era contratta.

Quando iniziammo col lavoro bioenergetico la sua risposta fu molto positiva. Si caricava facilmente e scaricava con un movimento di scuotimento che presto si evolvette in movimenti intensi ma sconnessi delle braccia e delle spalle. Sapendo che dietro questa risposta congelata c'era una buona dose di trauma, procedetti con attenzione e passai parecchie settimane caricando e scaricando dolcemente attraverso il movimento, prima di affrontare il contenuto del trauma. Come una pentola a pressione, la sua energia aveva bisogno di essere rilasciata lentamente, prima di togliere il coperchio. Incoraggiai vari movimenti delle braccia e delle spalle, che gli permisero di collegarsi in modo più profondo con la capacità di movimento del suo corpo.

Rendendomi conto che il blocco si manifestava come energia intrappolata, sapevo che era necessario aprire il tutto per poter liberare l'energia. Quando le braccia poterono recuperare la loro mobilità, si creò un'apertura che alleviò la sua sensazione di impotenza. Gradualmente cominciai a dipanare la sua storia e a far emergere le emozioni nel movimento, che ben presto, da movimenti casuali, divenne un'espressione finalizzata. Imparò ad usare le braccia secondo le sue necessità interiori, aprendosi alternativamente verso l'esterno per trovare sostegno o respingendo per stabilire dei confini. Avendo stabilito dei confini e un senso di forza e di radicamento, si potè procedere con sicurezza a lavorare in maggiore profondità sul materiale emotivo. Sciogliemmo gradualmente il ghiaccio nel suo corpo e ristabilimmo il flusso emotivo.

Quando un organismo è minacciato, il flusso dell'energia nel corpo aumenta in preparazione della lotta o della fuga. Se non è possibile né scappare, né combattere (come quando un bambino viene picchiato dal padre), allora dobbiamo ignorare questi impulsi anche se il corpo è stato energizzato. Un trauma ripetuto, che non possiamo superare, ci costringe a vivere in questa contraddizione energetica di attivazione e inibizione. Questo crea una sorta di intensità congelata, nota come *immobilità tonica* o *risposta congelante*. In tutto il mondo animale la capacità di fingersi morti per ingannare i predatori o diminuire l'effetto del trauma è una naturale risposta biologica. Il congelamento ci permette di uscire parzialmente dal corpo e di distaccarci dalle sensazioni dolorose che possono verificarsi. Se non possiamo evitare il trauma, la dissociazione è una valida difesa. Ci impedisce di essere travolti annullando la nostra coscienza nell'esperienza immediata.

Il terapista somatico Peter Levine ha studiato il modo in cui traumi e abusi ripetuti creano nel corpo una risposta cronica di congelamento. Quando un trauma viene attivato la persona trema leggermente, come se avesse freddo. Di fatto siamo completamente congelati, congelati nel nostro movimento, contratti e ritratti in noi stessi e in questo processo usiamo una grande quantità di energia. Nel mondo animale questa risposta di congelamento non è intesa come permanente. Quando il trauma è cessato, un animale si scuote e si muove in modo erratico, scaricando l'energia congelata e tornando infine al suo stato naturale.

Se il trauma è ripetuto o costante, oppure se non vi è conforto o uno spazio sicuro in cui scaricare, allora non possiamo liberare questa energia supercongelata. Una certa parte del nostro essere rimane intrappolata nel trauma e la libera espressione dell'energia viene inibita. La descrizione di Peter Levine è schematica:

Quando non siamo in grado di rispondere in modo efficace al pericolo, il nostro sistema nervoso fa esperienza del pericolo come di un evento in fieri, che poi si congela nella nostra psiche. Quando il sistema nervoso viene travolto, ai nostri muscoli pervengono messaggi conflittuali. Non possono agire in sintonia. I movimenti perdono la loro fluidità. Diventano goffi, rigidi e scoordinati, il che intensifica soltanto l'ansietà indotta dall'evento. Quando l'esperienza è molto violenta l'organismo collassa. Il corpo/mente esperimenta questo come ansietà, impotenza, sconfitta e depressione[11].

Se il congelamento produce immobilità, allora lo scioglimento induce la liberazione dei naturali movimenti del corpo. Esattamente come il ripristinare la circolazione dopo un congelamento può causare intenso dolore e deve essere fatto lentamente, così avviene anche con la liberazione dagli effetti traumatici dell'immobilità. Più pervasivo è il blocco, più grande è il trauma e maggiore è l'energia che vi è contenuta. La liberazione deve essere condotta lentamente e con grande attenzione.

Per evitare che il sistema nervoso ne venga travolto, è importante fissare innanzitutto qualche tipo di ancora o di terreno a cui aggrapparsi quando le cose si fanno difficili. Può essere un ricordo sicuro e familiare, una posizione del corpo in cui ci si sente a proprio agio, un collegamento con una fonte interiore di forza, sia reale che immaginaria. Quando l'impedimento nella corrente viene rimosso, si può avere un tale ingorgo di energia, che ci è necessaria una salda roccia a cui aggrapparsi per evitare di essere trascinati via dalla corrente. Se si ancora l'energia man mano che viene liberata, la si radica nella solidità del primo chakra. Questo si ottiene tramutando l'emozione in sensazione e impulso. "Quando avverti questa rabbia, quali sono le sensazioni nel tuo corpo?" "Cosa vogliono fare le tue mani con questa energia?" Ancorata alla sensazione del corpo l'energia può salire verso la consapevolezza per trovare un significato. "Questa collera è simile alla collera che tuo padre riversava su di te quando eri bambino?" "Riesci a interpretare questa vergogna come un risultato del tuo abbandono più che di un tuo livello di realizzazione?"

È importante anche procedere lentamente, reintegrando pezzo a pezzo le diverse parti dell'esperienza. Levine definisce questa lenta integrazione *titolazione* – in quanto la titolazione combina gli elementi chimici un poco alla volta, in quantità troppo piccole per esplodere. In tal modo l'intero volume si completa senza incidenti. In situazioni traumatiche, il sistema nervoso ha bisogno di stabilizzare gradualmente la sua reazione all'evento. Alla fine, delle piccole parti che il sistema nervoso può affrontare senza esserne travolto possono condurre alla completa guarigione. È un procedimento complesso e vale la pena di leggere il libro di Peter Levine, *Waking the Tiger: Healing Trauma through the Body*, per una completa analisi di questa tecnica.

Lavorare con il senso di colpa

Per lavorare usando il senso di colpa bisogna cominciare a prendere in esame le forze che hanno influenzato le nostre azioni in un certo periodo. Per il bambino che si sente in colpa perché va male a scuola è importante rendersi conto che delle situazioni familiari instabili possono avergli impedito di concentrarsi sui suoi studi. Per la persona che si sente in colpa perché avverte dei bisogni è importante determinare se in passato le sue necessità sono state soddisfatte. Soltanto prendendo coscienza delle forze che hanno agito nel passato, possiamo realmente cambiare il comportamento presente che ci fa sentire in colpa. Il che non vuol dire che non dovremmo assumerci delle responsabilità per ciò che abbiamo causato, però ci permette di collocare quella responsabilità all'interno del suo giusto contesto. Ecco alcune fasi utili per muoversi lavorando con il senso di colpa:

1. Inserite in un contesto il comportamento che vi fa sentire in colpa. Quali forze agivano su di voi in quel momento?
2. Esaminate i motivi, gli impulsi e le necessità dietro il vostro comportamento. Che cosa stavate cercando di soddisfare o ottenere?
3. Cercate gli aspetti sui quali può essersi modellato il vostro comportamento. (Mia madre nelle liti si comportava sempre così. Questo è il modo in cui mi hanno insegnato a fare il lavoro. Mio padre non ha mai finito la scuola).
4. Cercate il modo in cui le vostre necessità profonde possono essere soddisfatte con mezzi più diretti e appropriati.

5. Fate l'inventario di tutti i danni causati e cercate dei modi di fare ammenda. Se non siete sicuri di come fare ammenda, potete anche chiedere. Se la persona che ha ricevuto il danno non è più raggiungibile, cercate di affrontare la situazione in un modo più globale. Date del denaro o dedicate del tempo a un rifugio per donne maltrattate. Pagate la terapia di qualcuno. Aiutate qualcuno che ha problemi scolastici. Fate del volontariato in un'associazione di beneficenza.

6. Fate dei progetti per un comportamento nuovo.

7. Perdonate voi stessi e andate avanti.

Se continuate a essere tormentati dal senso di colpa per comportamenti innocenti, come dedicare del tempo o del piacere a voi stessi, prendete allora in esame il modo di pensare che sostiene queste idee, ponendovi le seguenti domande:

Cos'è la convinzione che dice, ad esempio, che il sesso è una cosa cattiva o che il tempo passato da soli è una cosa egoista? Che origine ha? Dove l'avete imparato? A chi serve quella convinzione?

Quali sono gli effetti dei valori inerenti a quella convinzione?

Qual è la vostra convinzione e su cosa si basa?

Quali sono i risultati delle vostre azioni? Fate del male a voi stessi o ad altri? Come potete ottenere supporto per le vostre azioni se siete convinti che siano giuste?

Lavorare con le emozioni: recuperiamo il nostro diritto di sentire

Le emozioni sono un movimento istintivo dell'energia psichica. Solo la nostra mente interpreta alcune emozioni come "buone" ed altre come "cattive". Quando reprimiamo le emozioni collegate a un abuso, reprimiamo contemporaneamente tutte le nostre emozioni e con esse il movimento dello spirito. Recuperare il nostro diritto di sentire è parte della cura del secondo chakra. Il primo passo per riappropriarsi questo diritto è quello di rimuovere la colpa che blocca le nostre sensazioni. Impariamo a vederle come risposte naturali a situazioni che ci toccano.

Le sensazioni collegate all'abuso possono essere travolgenti e spesso conflittuali. Possiamo sentire allo stesso tempo un intenso desiderio e un senso di tradimento, col simultaneo bisogno di tendere in avanti e di ritirarci. Possiamo avvertire allo stesso tempo una rabbia che espande e una paura che contrae. In certi momenti possiamo avvertire forti emozioni e in altri un senso di ottundimento.

Le emozioni sono i precursori dell'azione (terzo chakra), allora è difficile lasciare che un'emozione fluisca se l'azione che ispira è pericolosa o fa paura. Ad esempio, se permettere a noi stessi di sentire la nostra rabbia ci fa desiderare di uccidere qualcuno, può essere pericoloso sperimentare quella sensazione. Se provare tristezza per una passata separazione ci rende insopportabile la nostra attuale solitudine, cercheremo dei modi per evitarla. Se avvertire il bisogno che abbiamo di qualcuno ci rende succubi del suo abuso, non possiamo riconoscere il nostro bisogno.

Quando la forza che sta dietro un'emozione si accumula senza essere espressa o liberata, crea un eccesso emotivo. Ci è necessario creare un modo sicuro di diminuire la forza emotiva e permetterle di essere meglio contenuta e incanalata. L'energia di un'emozione può essere incanalata in movimenti o attività appropriate.

Io uso spesso la mia rabbia per pulire la casa, perché quando sono arrabbiata ho molta energia, ma non riesco a concentrarmi su nulla di difficile. Il dolore può essere incanalato nello scrivere poesie, la paura in uno stato più elevato di coscienza e il desiderio in attività creative.

Quando le emozioni sono eccessive, possiamo trasferire la nostra coscienza alle sensazioni nel nostro corpo. Le emozioni vogliono uscire, trasformarsi in azione ed essere riconosciute. Abbiamo bisogno di bilanciare quell'aspetto entrando e prestando attenzione all'io interiore. Rivolgendo coscientemente all'interno la nostra attenzione, le emozioni si addolciscono e ci offrono un più ricco tessuto di informazioni e collegamenti.

Liberazione emotiva: i pro e i contro

In un mondo in cui la regola culturale è quella di reprimere le emozioni, spesso facilitare la liberazione delle emozioni è stato un obiettivo della terapia. Talvolta una guarigione e una trasformazione profonde sono indotte da una semplice catarsi.

Lasciare semplicemente libero qualcosa che è stato trattenuto a lungo nel corpo può permettere al corpo di riformarsi in modo nuovo. Tuttavia la liberazione emotiva non porta sempre la guarigione. In alcuni casi, se il trauma è grave o i modelli emotivi, come la rabbia o le lacrime, sono ben stabilizzati, può travolgere la persona, creando ulteriori sensazioni di impotenza o dirigendo la routine emotiva ancora più a fondo nella risposta abituale. Quando la liberazione emotiva è un semplice scarico di energia, senza integrazione cognitiva, porta un sollievo di breve durata, ma raramente un cambiamento permanente. Allora la persona cerca in continuazione questa liberazione.

La liberazione emotiva è il movimento psichico istintivo dall'inconscio al conscio. La liberazione emotiva porta a termine le azioni che sono state interrotte. Se non possiamo sentire o esprimere totalmente le nostre emozioni la prima volta, creiamo delle nuove situazioni in cui possiamo percepirle. Le emozioni trattenute nel corpo fissano la nostra energia in modelli repressivi, rendendole non disponibili per noi. Una volta che un'emozione viene liberata possiamo recuperare quell'energia e orientare la situazione in modo nuovo. Dopo che abbiamo pianto una morte possiamo lasciarci andare. Dopo che ci siamo resi conto di una paura possiamo prendere delle misure per superarla.

La liberazione emotiva coinvolge completamente il corpo. Non è sufficiente che la testa registri semplicemente la tristezza o la rabbia. Ad ogni emozione è associato un movimento e finché il movimento non viene attuato, il vortice energetico dell'emozione rimarrà. Molti clienti vengono da me dopo essere stati da altri terapisti, che li hanno considerevolmente aiutati a comprendere i loro modelli di comportamento alla luce della loro storia. Dicono: "So che il mio atteggiamento sessuale è il risultato dell'abuso subito da mio padre. Ci ho lavorato per anni, *ma non è cambiato*". Il cambiamento è un movimento e per creare un cambiamento, vi deve essere nel corpo un movimento tanto esterno quanto interno.

L'emozione bloccata è intrappolata nella struttura del corpo. Quando lavoro per liberare le emozioni sepolte, chiedo alla persona di esagerare ciò che vedo fare inconsciamente al suo corpo. Se la vedo dimenarsi, le chiedo di esagerare quei movimenti. Se la vedo contratta, le chiedo di esagerare la contrazione. Tutto questo porta alla coscienza i movimenti inconsci e le sensazioni loro collegate. Mentre la persona mantiene la posizione esagerata, le chiedo che tipo di sensazioni questa sollecita. Se una risposta non è chiara, le chiedo di verbalizzare quello che dice il suo corpo. Chi è contratto potrebbe dire: "Non toccarmi". Chi si agita potrebbe dire: "Non voglio stare qui". Poi le chiedo di esprimere col movimento la stessa dichiarazione o sensazione. "Se fossi su un palcoscenico e dovessi esprimere senza usare le parole questa sensazione, che cosa faresti?" Questo procedimento dà corpo alle sensazioni e allo stesso tempo ne rende consapevole la coscienza.

In genere, questo processo prima o poi apre il naturale flusso delle sensazioni nel corpo. A questo punto io divento colei che agevola la sensazione. Se c'è della rabbia, do loro una mazza per picchiare il lettino. Se c'è tristezza offro conforto e simpatia. Se c'è timore offro delle risorse per rafforzarsi, invito a compiere dei movimenti opposti alla contrazione e stabilizzo la loro energia con delle tecniche di radicamento.

Controllo

Controllare la nostra energia significa accogliere fisicamente la nostra eccitazione, lasciare che le sensazioni si diffondano all'interno del nostro corpo che le contiene e farci formare da queste sensazioni. Quando viviamo con e delle nostre sensazioni fisiche, esse ci cambiano, coltivando i nostri corpi.

STANLEY KELEMAN

Essendo un carattere orale, con la caratteristica mancanza di carica, i miei primi terapisti somatici mi incoraggiavano tutti a "tirarla fuori". Piangevo tutte le mie lacrime, scalciavo e strillavo, picchiavo cuscini, e certamente ho liberato il mio flusso energetico. Ma, essendo un contenitore essenzialmente scarico, allo stesso tempo mi svuotavo e perdevo parte della mia capacità di tollerare e mettere a fuoco. In seguito scoprii che per me una lezione molto più profonda era quella di imparare a esercitare un controllo. Il controllo aumentò la mia vitalità e la mia stabilità.

Ci sono momenti in cui la liberazione emotiva non è consigliabile. Quando il terreno è troppo debole per offrire stabilità, sicurezza e controllo, la liberazione emotiva può provocare una disintegrazione, più che un'integrazione. Quando i traumi del passato sono gravi, le emozioni di rabbia o di impotenza possono causare un altro trauma e far scattare nel sistema nervoso i modelli comportamentali di stress traumatico che gli sono familiari. Quando le abitudini emotive dannose sono un problema attuale (rabbie incontrollabili, pianto troppo facile, sentirsi paralizzati dalle paure), non è di nessun aiuto scavare più in profondità questi abiti emotivi. Basta che sia presente uno di questi fattori perché sia consigliabile rendere accessibile il controllo e una modifica del comportamento, più che liberarlo.

Se il secondo chakra è in eccesso, il controllo lo riequilibria. Controllo significa non agire immediatamente in base a una sensazione, a una spinta, a un desiderio o a una necessità. Spesso questo comportamento eccessivo è un modo inconscio di scaricare energia prima che possa giungere pienamente alla coscienza, dove diventerebbe troppo minacciosa. Senza controllo non vi è deposito di energia e quindi nessuna forza.

L'energia segue dei percorsi abituali d'espressione. Il controllo invita a creare dei percorsi alternativi. Se il nostro abituale percorso di scarico è quello di fare del sesso, di bere o di litigare con qualcuno quando ci sentiamo ansiosi, diventiamo dipendenti da quella attività e non comprenderemo mai l'ansia, né la risolveremo efficacemente. Se impariamo a controllare l'ansia, troviamo un modo diverso di risolverla.

Imparare il controllo non significa che dobbiamo negare o annullare un'esperienza. Non è una questione di volontà della mente sul corpo, ma una penetrazione cosciente della mente *nel* corpo. Il controllo è una più profonda focalizzazione dell'attenzione sul processo delle emozioni e sulla sua direzione. Imparare il controllo significa permettere all'energia di riempire i nostri tessuti, di espandere le nostre sensazioni e di consolidare la nostra eccitazione. In questo modo impariamo a tenere la nostra eccitazione invece che a sprecarla.

Jeannette aveva l'abitudine di mangiare compulsivamente degli spuntini durante tutto il giorno. Al minimo segno di frustrazione nel suo lavoro, desiderava mettere qualcosa in bocca per distrarsi dalle proprie emozioni. Le chiesi di sedersi con le sue emozioni senza il suo "tranquillante" e registrare le sensazioni che affioravano. "Non riuscivo a stare seduta ferma. Avevo voglia di camminare su e giù per l'ufficio, scagliare qualcosa contro il mio capo, staccare il telefono, e inveire contro qualcuno". Man mano che proseguivamo col lavoro e resistevamo a questi impulsi di scarico, ci rendevamo conto di come lei si sentisse piccola e avesse troppe responsabilità in un'età troppo giovane. Non aveva il necessario sostegno del primo chakra per eseguire i compiti che ci si aspettava da lei. Istintivamente si rivolgeva al cibo per avere energia extra e come sostituto del sostegno del primo chakra. Solo comprendendo la motivazione che era sotto l'azione potemmo pianificare delle strategie di attacco più appropriate. Questa comprensione emerse resistendo agli impulsi di dipendenza, permettendo ai ricordi sepolti di affiorare alla coscienza.

L'acqua cheta scorre in profondità. Attraverso il controllo, le nostre sensazioni raggiungono maggiori profondità. Anche se non vogliamo diventare stagnanti, un secondo chakra in buona salute ha la capacità sia di esprimere, che di tenere sotto controllo le emozioni come è necessario ed appropriato. Controllare significa accumulare l'energia necessaria alla trasformazione, invece che disperderla e soffrire di uno svuotamento.

La guarigione sessuale: corteggiare Eros

Eros è l'elemento legante per eccellenza. È il ponte tra l'essere e il divenire e collega il fatto e il valore.

ROLLO MAY

È un peccato che la nostra cultura cerchi di separare la sessualità dal resto della vita. Poiché è l'energia cosmica di collegamento che conduce all'unione e all'espansione, è paradossale che abbiamo cercato di rimuovere la sessualità dalla conversazione e dall'attività del resto della nostra vita. Così facendo, abbiamo ostacolato la consapevolezza e la cura delle ferite sessuali, nascoste dal senso di colpa e dalla vergogna.

La guarigione sessuale non è limitata a quello che facciamo

a letto, ma coivolge il nostro intero approccio alla vita. Raggiungere la guarigione sessuale significa impegnarsi totalmente a livello emotivo/sensibile con la vita – fare l'amore con gli occhi, le orecchie e il naso; comprendere il nostro anelito per la poesia, la sensazione tattile e la vicinanza; creare un'intimità con le sottili sfumature dell'io più profondo. La guarigione sessuale non può avvenire nell'isolamento, poiché un sesso sano coinvolge molti livelli di coscienza. Non può essere separato dalla guarigione emotiva, poiché schiude le emozioni. È legata essenzialmente ai sensi e alla spinta dell'anelito e del desiderio. Richiede un fluido flusso d'energia nel corpo. Guarire noi stessi in ogni petalo del loto del secondo chakra – emozione, desiderio, movimento, sensazione, piacere e necessità – significa guarire contemporaneamente la nostra sessualità.

La guarigione sessuale richiede che vi sia equilibrio tra controllo e flusso. Molte disfunzioni sessuali meccaniche, come l'impotenza, l'incapacità di raggiungere l'orgasmo o l'eiaculazione precoce, riflettono il fallimento di controllare la propria eccitazione o di arrendervisi. Questi sono aspetti più di carattere energetico che sessuale e in genere si riflettono sul resto della personalità. Rivolgersi a questi modelli energetici nell'armatura corporea può equivalere a rivolgersi contemporaneamente ai problemi sessuali.

La guarigione sessuale richiede il muoversi da un'attività meccanica del sesso alla qualità luminosa di Eros. La guarigione sessuale richiede di ridisegnare l'unione di sessualità ed Eros, riconducendo così il sesso nella sfera del divino. Eros è una forza misteriosa, e corteggiare Eros vuol dire arrendersi all'ignoto. Il che richiede una sicurezza emotiva e fisica di base. Le ferite del passato, dovute a invasioni, rifiuti e aspettative, spengono la nostra esperienza di Eros. Ci fanno temere noi stessi, temere di aprirci, temere di dare fiducia al naturale impulso erotico che unisce psiche e soma, l'io e l'altro, Cielo e Terra, in un arco di energia che collega e accende ciascuno dei chakra. Guarire le ferite emotive aiuta a ristabilire la giusta discriminazione e fiducia, così che ci si possa ancora lasciar andare alle sensazioni. Il fine di Eros non è se non quello di esaltare e collegare, ma dobbiamo avere la fiducia e il radicamento del primo chakra e la confidenza emotiva del secondo per aprirci totalmente a questo accrescimento.

Il sesso senza Eros è vuoto e meccanico, funzione di un allontanamento dalla volontà che spesso lo inaridisce. Il sesso unito a Eros nutre la volontà. Siamo pervasi di energia, ispirati a imparare, a cambiare e spingerci oltre i limiti che avevamo accettato in precedenza. La sessualità perfusa da Eros porta il divino nell'atto del piacere, trascinandoci verso l'alto e verso l'esterno.

La guarigione sessuale, per sua natura, coinvolge un'altra persona – un sacro amante verso cui vi è fiducia e pazienza, comprensione e abilità. Questo è forse l'elemento più difficile da ottenere, dal momento che non possiamo semplicemente ordinarci l'amante giusto. Quando trattiamo degli aspetti sessuali, è importante essere in grado di fermarci in qualsiasi momento dell'esperienza, così che il nostro amante ci incoraggi ad analizzare qualunque sensazione proviamo in quel momento. Quando il partner piomba nell'apatia, in routine meccaniche o nella paura, è tempo di fermarsi e dire: "Che cosa stai provando? Come posso aiutarti?" Poiché il sesso ci conduce a provare le esperienze più intime e vulnerabili della nostra vita, l'arena sessuale è spesso il luogo dove emergono le nostre emozioni più profonde. E questo è, in generale, il terreno profondo della guarigione.

Ma la guarigione sessuale non si limita solo al secondo chakra. L'esperienza sessuale enfatizza ed è influenzata da ciascuno degli altri chakra. L'importante contributo del primo chakra è il rapporto che abbiamo con la salute del nostro corpo (rimanere in forma e in contatto). Dal terzo chakra, un sano ego e un senso di forza ci permettono di mantenere il centro e l'equilibrio nei nostri rapporti con gli altri. Il quarto chakra, con la sua enfasi sulle relazioni, ha un ovvio impatto sulla sessualità. Delle sane relazioni, col cuore aperto e con una chiara comunicazione (quinto chakra), non possono che esaltare il contatto sessuale. L'immaginazione (sesto chakra) gioca un ruolo decisivo nell'esaltazione sessuale, così come la capacità di sperimentare il sesso come unione spirituale (settimo chakra).

La guarigione sessuale riporta il sacro nell'atto sessuale. È una mutua adorazione del divino che è in noi, un restaurare l'unità nel dispiegarsi del piacere e un nutrimento dell'anima in preparazione del resto del viaggio lungo il Ponte dell'Arcobaleno.

NOTE

[1] Le persone inclini alla sessualità sado-masochista (S&M) non saranno d'accordo ovviamente, con questa affermazione. Per alcune persone il dolore, agito secondo certe condizioni, diventa piacere. Questa zona d'ombra della sessualità è una questione complicata, che implica ben più della dinamica dolore/piacere, ma coinvolge anche degli aspetti psicologici di forza e sottomissione. Talvolta sono necessarie sensazioni violente per contrastare l'intorpidimento e il dolore è una sensazione violenta. Ci sono persone per le quali il dolore invita all'espansione, dove prima regnavano intorpidimento e contrazione.

[2] Hal Stone lavora soprattutto col dialogo della voce e tra i suoi libri, scritti in collaborazione con Sidra Stone, vi è *Embracing Our Selves* e *Embracing Each Other* (si veda la bibliografia).

[3] Secondo Erikson, a questa età ci troviamo ancora immersi nel dilemma *fiducia vs. sfiducia*. Se dovessi individuare il secondo chakra secondo queste indicazioni, aggiungerei uno stadio definito *separazione vs. attaccamento*, la cui salutare decisione sarebbe l'autonomia che ci conduce allo stadio successivo, che ci sfida a mantenere quell'autonomia, pur se aggredita da vergogna e dubbio.

[4] Margaret Mahler, *The Psychological Birth of the Human Infant. Symbiosis and Individualism* (New York, Basic Books, 1975), 53-54.

[5] Ashley Montagu, *Touching: the Human Significance of the Skin* (New York, Harper & Row, 1978), 209.

[6] Daniel Goleman, *Emotional Intelligence* (New York, Bantam Books, 1995), 225.

[7] Jean Liedoff, *The Continuum Concept* (Reading, MA, Addison-Wesley, 1975), 32.

[8] Marion Woodman, *Addiction to Perfection* (Toronto, Inner City Books, 1982), 36.

[9] Alice Miller, Ruth Ward, trad. *The Drama of the Gifted Child: The Search for the True Self* (New York, Basic Books, 1981).

[10] Alexander Lowen, *The Betrayal of the Body* (New York, Collier Books, 1967), 2.

[11] Peter Levine, *Waking the Tiger: Healing Trauma through the Body* (da un lavoro in corso di pubblicazione).

LETTURE CONSIGLIATE

Abuso sessuale

The Courage to Heal: A Guide for Women Survivors of Sexual Abuse. Ellen Bass and Laura Davis. New York, Harper & Row, 1988.

Male Survivors: 12 Step Recovery Program for Survivors of Childhood Sexual Abuse. Timothy L. Sanders. Freedom, CA, Crossing Press, 1991.

The Courage to Heal Workbook: For Women and Men Survivors of Child Sexual Abuse. Laura Davis. New York, Harper & Row, 1990.

Allies in Healing: When the Person You Love Was Sexually Abused as a Child. Laura Davis. New York, Harper Perennial, 1991.

Recovering from Incest: Imagination and the Healing Process. Evangeline Kane. Boston, Sigo Press, 1989.

Terapia attraverso le emozioni

Emotional Intelligence. Daniel Goleman. New York, Bantam, 1995 (*Intelligenza emotiva*, Milano, Rizzoli, 1996).

The Emotional Incest Syndrome: What to Do When a Parent's Love Rules Your Life. Dr. Patricia Love. New York, Bantam Books, 1990.

Guilt is the Teacher, Love is the Lesson. Joan Borysenko. New York, Warner Books, 1990.

Sessualità sacra

The Art of Sexual Ecstasy: The Path of Sacred Sexuality for Western Lovers. Margo Anand. Los Angeles, J. P. Tarcher/Putnam, 1989.

Sexual Energy Ecstasy: A Practical Guide to Lovemaking Secrets of the East and West. David and Ellen Ransdale. New York, Bantam, 1993.

Sacred Sex: Ecstatic Techniques for Empowering Relationships. Jwala. A Mandala Book, 1537 – A 4th ST. Ste 149, San Rafael, CA 94901.

Sacred Pleasure. Riane Eisler. San Francisco, Harper, 1995.

IL TERZO CHAKRA

La via bruciante verso il potere

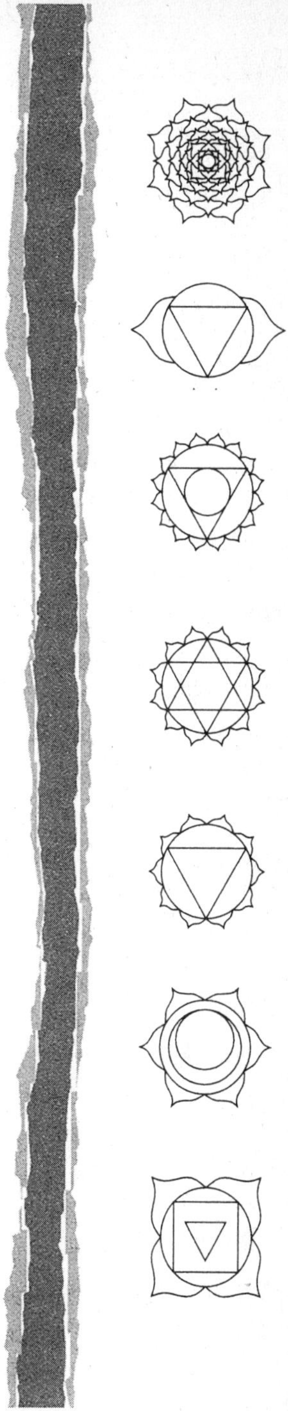

COLPO D'OCCHIO SUL TERZO CHAKRA

ELEMENTO
Fuoco

NOME
Manipura (gemma luminosa)

SCOPO
Trasformazione

CARATTERISTICHE
Energia
Attività
Autonomia
Individuazione
Volontà
Autostima
Agire a proprio vantaggio
Potere

COLORE
Giallo

COLLOCAZIONE
Plesso solare

IDENTITÀ
Identità dell'ego

ORIENTAMENTO
Autodefinizione

DEMONE
Vergogna

STADIO EVOLUTIVO
Da 18 mesi a 4 anni

SCOPI EVOLUTIVI
Realizzazione della separatezza
Istituzione dell'autonomia

DIRITTI FONDAMENTALI
Agire ed essere un individuo

CARATTERISTICHE EQUILIBRATE
Responsabile, affidabile
Equilibrato, volontà realizzativa
Buona autostima, forza dell'io equilibrata
Calore nella personalità
Fiducia
Spontaneità, capacità di gioco, senso dell'humor
Appropriata autodisciplina
Senso del proprio potere personale
Capace di accettare le sfide

TRAUMI E VIOLENZE
Essere spinto a provare vergogna
Autoritarismo
Situazioni instabili
Dominio sulla volontà
Abuso fisico, ambiente pericoloso, paura della punizione
Irretimento
Manipolazione emotiva
Responsabilità inadatte all'età (bambini genitorizzati)
Senso di vergogna ereditato dal genitore

COLPO D'OCCHIO SUL TERZO CHAKRA

CARENZA

Poca energia

Volontà debole,
facilmente manipolabile

Mancanza di autodisciplina
e incapacità di portare
a compimento

Bassa autostima

Freddezza emotiva e/o fisica

Digestione difficile

Centro del corpo infossato

Attrazione per gli stimolanti

Mentalità vittimista,
dà la colpa agli altri

Passivo

Inaffidabile

ECCESSO

Superaggressivo, dominatore,
vuole controllare

Ha bisogno di avere ragione,
di avere l'ultima parola

Manipolativo,
assetato di potere, traditore

Attrazione per i sedativi

Attacchi d'ira,
esplosioni di violenza

Ostinazione

Ambizione del comando
(Personalità del tipo A)

Competitivo

Arrogante

Iperattività

DISFUNZIONI FISICHE

Disordini dell'alimentazione

Disordini digestivi, ulcere

Ipoglicemia, diabete

Spasmi muscolari,
disturbi muscolari

Stanchezza cronica

Ipertensione

Disturbi di stomaco,
del pancreas, del fegato, calcoli

STRATEGIE DI CURA

Accettare il rischio (D)

Radicamento e contatto emotivo

Relazioni profonde,
controllo dello stress (E)

Esercizio fisico vigoroso
(corsa, aerobica ecc.)

Arti marziali

Coricarsi tardi

Psicoterapia: costruire un ego
forte; manifestare o controllare
la rabbia; lavorare sugli aspetti
della vergogna; rafforzare la
volontà; incoraggiare l'autonomia

AFFERMAZIONI

Onoro la forza che è in me;
Porto a termine i compiti
facilmente e senza sforzo

Il fuoco che è in me brucia
tutti i blocchi e le paure.

Posso fare tutto ciò che
desidero fare.

SFUMATURE DI GIALLO

Nessun essere umano può sopportare in eterno
l'esperienza stordente della propria impotenza

ROLLO MAY

Basta prendere un qualunque quotidiano per rendersi conto che la nostra è una cultura ossessionata dal potere. Titoli di violenza, guerre, vittimizzazioni e dominanza rivelano un mondo tormentato continuamente dai conflitti. Spesso la forza viene definita come dominazione; la sensibilità come debolezza. Si ritiene stupido prendere tempo per ponderare decisioni importanti, mentre colpi rapidi e audaci vengono propagandati come brillanti realizzazioni. Le notizie politiche somigliano più alle pagine sportive che ad analisi informate: "Il Presidente guadagna dei punti sul Congresso diviso." "Il Partito della Destra vince dei seggi ai Democratici." "I taglialegna sconfiggono gli ambientalisti." Mettiamo le speranze di molti nelle mani di pochi, rimanendo in uno stato di impotenza passiva, mentre quelli in cui abbiamo investito le nostre forze le sprecano per combattersi l'un l'altro, provocando stagnazione e reti politiche, oppure guerra continua.

Immersi nel nostro senso di impotenza, siamo affascinati dai trionfi degli altri e traiamo una perversa soddisfazione nel seguire le continue lotte per la supremazia e il controllo – su noi stessi, sulle altre persone, sulle altre nazioni e sulla natura stessa – ma sempre di potere *su* qualcosa.

Che cos'è il potere? Dove lo troviamo? Come lo usiamo? Perché ne abbiamo bisogno? Come possiamo evitare la sua dualità, priva di equilibrio, di vittimizzazione e abuso, di aggressione e passività, di dominio e di sottomissione?

Dove possiamo trovare il modo di diventare forti senza sminuire il potere degli altri. Come possiamo reclamare, con piena responsabilità, entusiasmo e orgoglio, il nostro innato *diritto di agire*, liberi da inibizioni e vergogna?

Queste domande sono problemi centrali per chiunque si sottoponga a un processo di guarigione. Educati all'obbedienza da genitori e insegnanti, istruiti a cooperare con più grandi strutture di potere corporative, legali, militari e politiche, ci siamo trasformati in una società di vittime e controllori. In una visuale polarizzata di o/o, consideriamo il potere in termini di mangiare o essere mangiati, controllare o essere controllati, vincitori o vinti, di chi sta in alto o chi sta in basso.

Il modello generale di potere che esiste nel mondo odierno può essere descritto come "potere su", basato su lotta e opposizione tra dualismi, in cui infine una parte vince *su* un'altra parte. Nella società lo vediamo nel razzismo, nel sessismo, nel classismo, nell'agismo e in quasi tutti gli altri "ismi" che possiamo elencare. Il potere si ottiene coi fucili e col denaro e la nostra cultura è ossessionata da entrambi. In un paese in cui il sogno americano di ciascuno è quello di diventare, come dice Laurence Boldt, un "piccolo re", consideriamo il potere come il regno del dominare su – più grande è il regno, più grande è il potere [1].

Nel mondo interiore la lotta continua. Riteniamo che la forza si ottenga combattendo le nostre parti inferiori con l'energia delle nostre parti superiori. Se vince la parte giusta, allora avremo un senso di potere. Se perdiamo ci sentiamo impotenti. Ci viene chiesto di far prevalere la mente sulla materia, di mettere alla prova la nostra forza dominando i nostri istinti fondamentali, sopprimendo l'energia primaria dell'io più profondo, che è la fonte psichica della nostra forza. La nostra forza vitale si concentra sulla lotta in quanto tale.

Non vi è dubbio che, qualche volta, sia importante vincere questo tipo di battaglia interiore. Ma la vittoria di una parte sull'altra non conduce all'unità, ma a un'ulteriore frammentazione. Battaglie di questo genere deprivano il sistema di energia e in genere riemergono per essere combattute sempre di nuovo. Non c'è da meravigliarsi che il movimento di ripresa sia pieno di vittime che accusano i loro crudeli persecutori, nella speranza di riguadagnare il loro potere perduto, non sempre rendendosi conto che siamo tutti vittime di un sistema sociale oppressivo, di valori culturali che ci sminuiscono e di un concetto stesso del potere superato. Abbiamo perso il senso della nostra sacralità; perso il contatto con la forza che è in noi.

Ristrutturare il nostro modo di considerare il potere e incanalare e controllare quella forza che è all'interno del nostro essere è la sfida del terzo chakra. Ci trasforma, illuminando la nostra vita di uno scopo. Possedere una forza reale che emana da dentro rinnova la gioia di essere vivi.

Per recuperare il nostro potere è necessario entrare in una dinamica del tutto nuova, una nuova definizione di potere, che ci allontana dalla lotta e ci avvicina alla trasformazione, fuori dal passato e verso il futuro, che ispira, rafforza e rende potenti degli individui senza sminuirne altri.

Anche all'interno del sistema dei chakra le dinamiche di potere sono basate sulla dualità, ma in modo tale da enfatizzare *combinazione e sinergia*, più che *separazione e lotta*. L'energia pura è creata da una combinazione degli attributi di materia e movimento propri del primo e del secondo chakra. L'espressione di quella energia come azione è motivata dalla sopravvivenza e dal piacere, le forze istintuali che contribuiscono a creare la nostra corrente ascendente liberatoria.

La *discesa* della coscienza rende possibile trasformare gli impulsi istintuali in attività volontaria, coscienza, che dà forma e direzione attraverso la comprensione quando incontra e media la corrente ascendente della liberazione (fig. 3-1). Quando la corrente ascendente e quella discendente si incontrano, l'energia pura della forza viene concentrata sull'attività. Solo attraverso questa combinazione ci rendiamo conto che il vero scopo della forza è la trasformazione.

Così, attraverso la porta della dualità, entriamo nel terzo chakra. Integrando con successo entrambi gli estremi della polarità, penetriamo in un terzo regno, che include e allo stesso tempo trascende la polarità, creando una nuova dinamica. Qui superiamo i regni oscillanti dell'o/o, del vinci/perdi, bianco/nero ed entriamo nel regno iridato della molteplicità. Una volta che ci siamo avventurati all'esterno, verso il centro del Ponte dell'Arcobaleno, le nostre scelte si ampliano, il nostro orizzonte si allarga. Man mano che le nostre opzioni aumentano, aumenta di pari passo anche la nostra forza e la nostra libertà.

Quando compiamo una scelta, diamo vita alla volontà. Esercitando la nostra volontà, sviluppiamo la nostra individualità, scopriamo le nostre forze e le nostre debolezze e iniziamo a costruire la potenza che guiderà la nostra vita. Lasciamo il regno della salvezza e della sicurezza, trasferendo la nostra salvezza sul terreno del nostro corpo. Molte persone in via di guarigione sono comprensibilmente preoccupate di sentirsi al sicuro. Ma il potere non si crea stando al sicuro; il potere proviene dalla volontà di lasciare il mondo della sicurezza per andare avanti verso l'ignoto. Quando incontriamo una sfida, questa ci rafforza costringendoci a crescere. La forza, come un muscolo, non aumenta se non si fa nulla.

Nel complesso del sistema dei chakra, lo scopo del terzo chakra è quello di trasformare l'inerzia della materia e del movimento in una direzione conscia dell'attività volontaria. Terra e acqua sono passive e dense. Si muovono verso il basso. Il primo e il secondo chakra sono istintuali. Seguono la via della minima resistenza. Il fuoco del terzo chakra è dinamica e luce, si solleva in alto allontanandosi dalla gravità. Questo cambiamento è necessario per raggiungere i chakra superiori e completare il nostro viaggio.

Dobbiamo avere la volontà di lasciarci la passività dietro di noi. Dobbiamo avere la volontà di abbandonare il modo in cui le cose sono sempre state per trasformare le nostre abitudini, stabilire un nuovo corso ed entrare nel terzo chakra. Dobbiamo avere la volontà di individuare – di uscire da ciò che è familiare e previsto, per confrontarci con la sfida dell'incertezza. "Così non dipendere dall'opinione pubblica è la prima condizione formale per realizzare qualcosa di grande", dice Hegel[2]. "Voi dovete essere il cambiamento che desiderate vedere nel mondo", dice Gandhi[3].

La frizione genera scintille. Il fuoco trasforma la materia in calore e luce e ci dona la capacità di vedere e di agire. Il fuoco ci desta dal nostro sonno passivo, accendendo la coscienza nella comprensione. La comprensione tempera il fuoco, forgiando l'energia pura in forza, direzione e trasformazione. In tal modo entriamo nella sezione giallo vivo del nostro Ponte dell'Arcobaleno, verso il dispiegarsi del viaggio che dalla materia giunge alla coscienza.

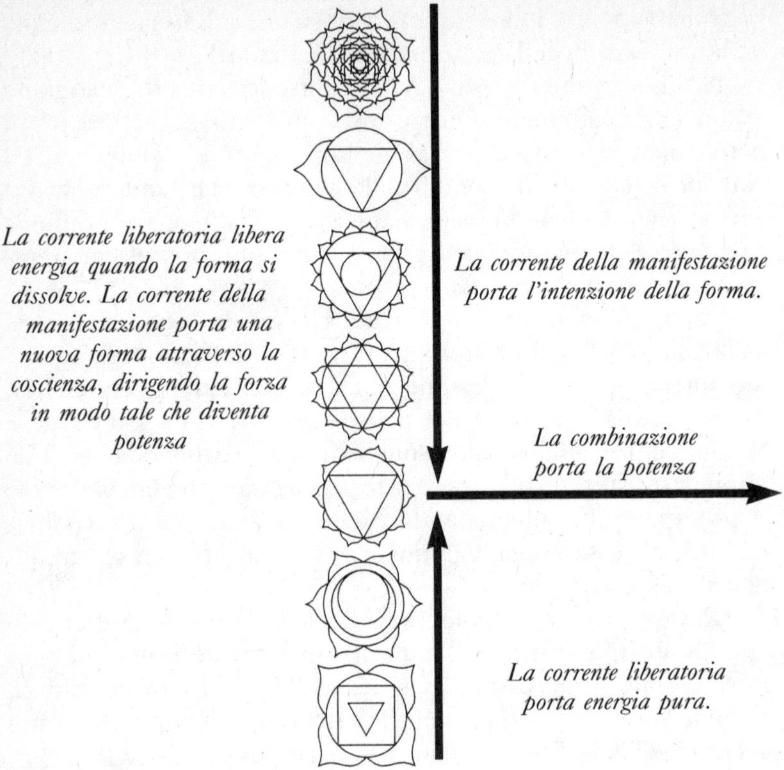

Figura 3-1. Combinazione delle correnti verticali col livello del terzo chakra

I PETALI SI SCHIUDONO

Caratteristiche essenziali del terzo chakra

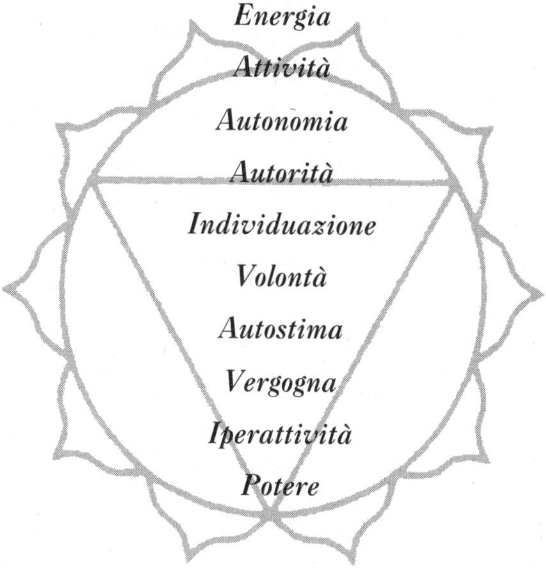

Energia e attività

Se il nostro radicamento è forte e solido e il naturale flusso dell'emozione e il movimento non sono impediti, possediamo i mezzi per convertire l'energia in azione. Man mano che continuiamo a ricevere input dall'ambiente che ci circonda, l'energia all'interno del sistema si accumula e inizia, come un sistema aperto, ad aver bisogno di essere riorganizzata, espressa e scaricata.

La naturale espressione di questa energia è l'attività. Ci mette in rapporto con ciò che ci circonda, permettendoci di caricare e scaricare la nostra eccitazione. Ci offre un insegnamento sul mondo e su noi stessi. L'attività può condurre al piacere o al disastro, a seconda dei suoi risultati. Man mano che maturiamo, iniziamo a scegliere in base a quali impulsi agire e quali tenere sotto controllo. In tal modo inizia a emergere un sé conscio, in cui la mente agisce al di sopra degli istinti, a emergere una responsabilità personale e la nascita dell'ego.

Un terzo chakra in buona salute presenta una vitalità piena di energia. La vita viene affrontata con gioia ed entusiasmo. Il nostro senso di potere personale ci dà la speranza di poter rendere possibili le cose per noi stessi e con questo atteggiamento positivo non temiamo di avventurarci verso l'ignoto, di correre dei rischi o di commettere degli errori. Quando il nostro campo energetico è forte, gli ostacoli non ci gettano a terra. Quando veniamo sfidati non perdiamo la nostra direzione, ma andiamo avanti con forza e volontà. Traiamo piacere dall'impegnarci in attività, nell'affrontare le sfide e nell'essere alle prese col mondo. L'attività sviluppa il nostro senso del potere presentandoci continuamente delle nuove sfide.

Quando l'attività viene accolta con vergogna e disapprovazione tuttavia, allora sminuisce il nostro senso di potere. Perdiamo fiducia nelle nostre capacità e temiamo le conseguenze della nostra energia. Per evitare ulteriore vergogna inibiamo i nostri impulsi e diventiamo limitati e imbarazzati. Perdiamo la nostra spontaneità e il senso del gioco. Incapaci di aver fiducia nei nostri impulsi fondamentali e nel costante bisogno di controllare ciò che proviene da dentro, la personalità si divide contro se stessa. Ci vuole energia per mantenere questa divisione, una perdita che ci deruba della nostra vitalità fondamentale e della nostra interezza.

Autonomia

La progressione dai chakra inferiori a quelli superiori è una progressione dall'individualità all'universalità. Iniziamo da uno stato di fusione, poi ci separiamo e diventiamo indipendenti, per emergere infine nuovamente in un mondo più ampio, questa volta come individui consapevoli.

Possiamo pensare ai primi tre chakra come alle marce più basse del sistema. Essi ci tengono radicati e impegnati, motivati e attivi. Mantengono intatto il sé individuale mentre interagisce col mondo. I chakra superiori ci collegano all'universale attraverso la comunicazione, la visione e la comprensione. Guardando avanti vediamo che, al chakra del cuore, compiamo un balzo improvviso nel centro del Ponte dell'Arcobaleno, in un luogo in cui individuale e universale si incontrano in perfetto equilibrio. Ma prima che questo incontro possa verificarsi, è necessario essere sicuri di noi stessi come individui unici e separati. Senza un forte senso del sé il nostro amore è ancora una fusione inconscia. Senza la nostra unica individualità veniamo travolti dalla vastità dell'universale.

Recentemente ho seguito una ragazza di diciannove anni che si trovava in uno stato psicotico di *borderline*, un mese dopo una dura esperienza con l'LSD. Aveva visto una parata delle sue vite passate, una gamma di energie archetipiche, aveva avuto una visione ad occhi aperti del cosmo. Ma il suo io individuale era ancora così poco formato che in questo viaggio aveva perduto completamente il senso della propria identità. Era travolta e lontana dal suo terreno nella sfera senza limiti dei chakra superiori. Dei semplici esercizi di radicamento produssero un profondo cambiamento nella coscienza e la riportarono a se stessa, per lo meno temporaneamente. Ci volle del tempo e molto lavoro di ricostruzione per tornare a un solido senso di se stessa.

Molta parte del movimento spirituale e New Age disapprova l'io individuale e l'autonomia, insieme alla sessualità, alla passione, al desiderio al bisogno e alla sacralità del corpo. Benché io convenga che rinunciare all'attaccamento e trascendere la piccolezza dell'ego siano passi necessari per raggiungere una coscienza universale, questo traguardo non è che dispersione e possibile fuga se ci manca un sano ego che sostenga questa trascendenza.

Dunque l'*autonomia* diventa un traguardo necessario del terzo chakra. Senza autonomia, l'amore del chakra del cuore è radicato nel bisogno più che nella forza, un desiderio di fuga più che di espansione. Una relazione equilibrata permette alle persone coinvolte di rimanere degli esseri separati, di mantenere la loro individualità, di seguire la propria crescita *e* di unirsi per scelta e per volontà, in libertà e totalità. Questo diritto non può essere garantito da un partner (o chiunque altro per quel che importa) se non lo possediamo *innanzitutto* all'interno di noi stessi.

L'autonomia è *essenziale* per la responsabilità personale. Se non siamo in grado di vederci come esseri separati, non possiamo assumerci la responsabilità delle nostre azioni. Rimaniamo passivi e irresponsabili, spesso lamentandoci della situazione dei nostri affari, dominati dal capriccio passeggero del gruppo, della cultura, dei nostri partner, o dei genitori

La mancanza di autonomia è spesso caratterizzata dal *biasimo*. Se ancora incolpiamo gli altri per i nostri problemi, non abbiamo ancora compiuto l'individuazione. Questo si vede spesso in coppie in cui i due sono esageratamente avviluppati l'uno nell'altra. Il biasimo colloca tanto la volontà che la responsabilità fuori di noi stessi. Se siamo radicati nella nostra autonomia, allora siamo la causa della nostra vita e siamo in grado di assumerci la responsabilità e il potere appropriati. Soltanto quando ci assumiamo una responsabilità possiamo realmente operare un cambiamento. Se è colpa di qualcun altro, non possiamo far altro che aspettare che quello cambi. Potremmo aspettare per sempre.

Individuazione

Il viaggio dell'anima verso la realizzazione è un processo che Carl Jung ha definito *individuazione*. È un viaggio verso la totalità e il risveglio, un viaggio attraverso il Ponte dell'Arcobaleno. Nel corso di questo viaggio la persona si sveglia dal mondo limitato in cui prima abitava per abbracciare il mondo più vasto dell'inconscio personale e collettivo recuperando la propria ombra, la parte interiore maschile e femminile e il suo legame con le energie mitiche e archetipiche. Lo scopo dell'individuazione è quello di integrare aspetti non ancora sviluppati di se stessi con un *Sé* più ampio, globale, che allo stesso tempo è personale e universale.

Mentre i regni inferiori del primo e del secondo chakra sono perlopiù inconsci e corrispondono allo stato di fusione del bambino con la madre e la famiglia, il terzo chakra è il punto in cui inizia realmente il processo di individuazione. È qui che l'io si risveglia e inizia a differenziarsi dalle aspettative esterne. Quella che è stata soprattutto un'esperienza passiva diventa ora un'emanazione della volontà. Per individuarci dobbiamo staccarci dai campi gravitazionali della terra e dell'acqua, padre e madre, gruppo e società e portare alla luce l'essere unico, divino, che vive dentro di noi.

È nello stato di individuazione del terzo chakra che superiamo la nostra inerzia psichica, le abitudini inconsce e i termini in cui permettiamo agli altri di definirci. È qui che fuggiamo dai genitori interiorizzati, dai pari e dalla cultura e iniziamo a definire noi stessi. Essere unici significa osare, rischiare la disapprovazione per l'integrità della nostra verità personale. L'individuazione è lo schiudersi del nostro destino unico, lo schiudersi dell'anima. Non possiamo cambiare il mondo se non abbiamo ancora compiuto l'individuazione dal modo in cui il mondo si aspetta di vederci. Non possiamo veramente reclamare il nostro potere senza la volontà di compiere l'individuazione.

Il concetto di individuazione di Jung è parallelo al processo evolutivo dell'adulto attraverso i chakra. Mentre Jung riteneva che l'individuazione iniziasse nel chakra del cuore, con l'integrazione della parte interiore maschile e femminile (animus e anima), io credo che inizi con la nascita dell'autonomia psichica del terzo chakra. Molti non risvegliano affatto questo chakra e trascorrono tutta la vita seguendo i percorsi di minima resistenza, cedendo ad altri la loro forza e definendo se stessi nei termini in cui ci si aspetta. Permangono negli aspetti meno differenziati dei chakra inferiori. I danni nei chakra inferiori o il non aver completato l'evoluzione ci impediscono di maturare fino a questo punto e ci impediscono di essere veramente liberi psichicamente.

Identità dell'ego

Dopo esserci identificati col nostro corpo fisico e con la nostra esperienza emotiva, iniziamo a formarci una nuova identità autonoma. Questa segna la nascita dell'*ego* – una realizzazione conscia di noi stessi come entità separate autodeterminanti.

Freud postulò l'ego per la prima volta quando divise la personalità in tre componenti fondamentali: l'*id*, che rappresenta i nostri impulsi innati, biologici e istintivi; il *superego*, che rappresenta la coscienza che controlla questi impulsi; e l'*ego*, che media tra le due parti. L'ego organizza la divisione tra conscio e inconscio, interno ed esterno e manovra le porte d'accesso tra i molti mondi del Sé.

Jung vide l'ego come l'elemento cosciente del Sé. Questo non comprende di necessità le nostre speranze inconsce e i sogni, le fantasie e le paure. Poiché l'ego è ignaro dell'inconscio, non è il centro dell'intero Sé, ma agisce come un principio operativo, unendo l'esperienza interiore e quella esteriore. Poiché il primo chakra è in rapporto con il mondo interiore e il secondo con quello esteriore, l'ego emerge come un mezzo di coordinazione nel terzo chakra tra questi due livelli di esperienza.

John Pierrakos, in *Core Energetics*, definisce l'ego in termini di energia somatica, chiamandolo "la facoltà umana che guida il flusso d'energia dentro e fuori il centro dell'essere umano. È la facoltà che sceglie, discrimina, analizza e regola il flusso dell'energia e dell'esperienza"[4].

In termini di chakra l'ego è un organizzatore dell'energia istintiva che sale dal primo e dal secondo chakra e la combina con la coscienza che scende dalla parte superiore. Diamo forma all'ego con la coscienza. L'energia vitale ne è la sostanza.

L'ego funziona come un'*identità esecutiva* del Sé. Sceglie quali impulsi esprimere o reprimere e orienta il movimento della nostra energia verso un traguardo. L'ego costruisce la dichiarazione di chi siamo, la dichiarazione che facciamo al mondo. Crea le difese per proteggere la vulnerabile essenza del Sé e sviluppa le strategie e i comportamenti per soddisfare le necessità di quell'essenza stessa via via che cresce e si sviluppa. Infine, l'ego organizza la coscienza verso l'autodefinizione. Basato su questo concetto di una sorta di programma psichico da cui costruire, l'ego è un organizzatore dell'esperienza.

Nell'insieme della personalità un ego ben funzionante ha un duro lavoro. Deve permettere al sé di essere guidato dalle energie dell'essenza istintiva, che sono ampiamente inconsce, tenendo allo stesso tempo in considerazione le energie transpersonali, spirituali, che sono al di là della coscienza normale e che tutte mantengono il Sé solido, sicuro, impegnato ed efficace nel mondo mondano. Tutto ciò richiede una forza dell'ego. Un ego forte è in grado di integrare esperienze diverse e difficili *e* mantenere un senso singolare, funzionante del Sé.

E tuttavia l'ego, oltre ad unire, divide, poiché sequestra le energie istintuali meno favorevoli nel regno delle ombre. Mentre l'ego è orientato verso l'amore e la realizzazione, l'ombra è costituita da quegli elementi che sembrano interferire con questi aspetti. Dunque l'ego crea la divisione tra conscio e inconscio, tra gli aspetti ombra dei chakra inferiori e la persona nel suo sviluppo che emerge nel quarto chakra. La buona notizia è che, dal momento che l'ego crea la divisione iniziale, può anche integrare. Dunque, il nostro concetto del Sé diventa un contenitore per il lavoro di individuazione. Ci sprona in avanti ad agire nel mondo e all'indietro per recuperare i pezzi perduti.

L'individuazione è un'espansione del Sé al di là dei regni dell'ego, tuttavia l'ego è necessario per ancorare questa crescita. Il termine *ego* è una combinazione della radice greca di *Io* (e) e *terra* (go). Dunque l'ego è il sé radicato, le radici individualizzate della coscienza.

L'ego è come una casa. È lì dove viviamo. Ci contiene, ci offre un luogo per crescere e cambiare e crea i confini necessari per formare noi stessi come entità. Equilibria l'energia nel sistema, mantenendoci in omeostasi. Molte discipline spirituali ci consigliano di trascendere l'ego e lo considerano qualcosa di negativo, limitativo o falso. Il problema dell'ego non è che è limitante, ma che noi ci lasciamo confinare continuamente da esso. Noi ce ne stiamo confinati lontano dalla paura, dalla vergogna o dalla colpa e non usciamo mai nel più vasto mondo, non apriamo mai le nostre porte e le nostre finestre. Non è un errore avere una casa, ma dovrebbe essere un'ancora per l'esperienza, non una limitazione. Mantenendo questa prospettiva saremo in grado tanto di avere un ego forte che di trascenderlo.

Volontà

Una donna nel mio gruppo di terapia dei chakra si offrì volontariamente per lavorare su aspetti del terzo chakra. Quando fu il suo turno mi guardò e disse: "OK, dimmi che cosa devo fare". Queste parole delinearono il suo problema meglio di tutto quello che seguì. Si era rivolta a qualcosa *al di fuori di sé* che le dicesse che cosa *doveva* fare in relazione alle sue necessità, persino prima che quelle necessità venissero espresse. Quanti di noi vivono doverosamente la loro vita nel modo in cui "devono farlo" cercando per sempre al di fuori di sé degli indizi senza mettere in discussione la fonte delle loro supposizioni? "Dovere in base a che cosa? " le chiesi di rimando.

"Beh, pensavo che tu avessi in mente per me qualche tipo di procedimento", rispose.

"Mi interessa di più il processo in cui già ti trovi. Posso soltanto aiutarti a rimuovere quello che lo blocca".

"Ma non so che cos'è".

"Credere che ci sia una via già segnata per te potrebbe esserne una buona parte. Guarda invece quello che vuoi e di cui hai bisogno. Quello è il tuo combustibile per la volontà. La tua passione e il tuo desiderio gli danno forza e direzione".

Da questo punto procedemmo a lavorare a quello che era accaduto alla sua volontà da bambina – come era stata bloccata, come era stata punita per atti di autonomia e come il suo modello di ruolo materno era quello di un'altruista compiacente. All'inizio non fu facile imparare a riconoscere la vera volontà. La domanda "che cosa farò se non c'è nulla che si suppone io debba fare?" spesso quando viene posta per la prima volta si scontra con un misterioso silenzio.

Da bambini veniamo premiati se facciamo quello che "dobbiamo fare" e puniti quando non obbediamo. In un momento cruciale dell'autonomia evolutiva, la nostra volontà viene strutturata da cose a noi esterne, senza considerazione per i bisogni e la direzione del sé interiore. Siamo educati all'obbedienza. L'obbedienza richiede volontà, ma è volontà prestata ad un altro, *volontà scorporata*. Non ha più origine nel nostro corpo, ma in quello di qualcun altro – nel corpo dei nostri genitori, del nostro amante, nella scuola, nella ditta o nel corpo militare. La volontà che non possiamo esigere ci apre alla manipolazione degli altri, dal momento che ci sono moltissime persone felici di dirci che cosa fare se non lo sappiamo da noi.

L'obbedienza ci solleva dalla responsabilità, dal momento che stiamo solo eseguendo degli ordini. Se gli ordini sono sbagliati è colpa di qualcun altro. Quando accettiamo l'obbedienza come un'abitudine o un dato di fatto diventiamo degli schiavi. Ci dimentichiamo di discutere. Sganciamo delle bombe su persone innocenti perché questi sono gli ordini che ci sono stati dati. Ci disfiamo facilmente dei nostri innamorati, senza pensare a quello che provano, perché così si comportano i nostri amici. Accettiamo quello che vediamo senza discutere se vi sia un modo diverso. Svendiamo un pezzo della nostra anima.

La risposta non sta nel diventare degli individualisti ostinati che cercano soltanto la propria soddisfazione, dal momento che questo nega la più grande rete sociale in cui siamo coinvolti. L'egoismo puro, non temperato dalla cooperazione volontaria con forze più vaste è egualmente dannoso. Rimaniamo intrappolati nella parte più meschina dell'ego, incapaci di entrare nell'amore bruciante del chakra del cuore. Il che lascia isolati e impotenti, poiché non esiste sinergia né spirito di cooperazione.

Tuttavia, a meno che questa cooperazione non sia volontaria, vale a dire che provenga dalla nostra volontà, non possiede vera forza o entusiasmo. Senza il desiderio di sostegno del chakra di sotto, diventiamo dei vuoti automi obbedienti, privi di vitalità e autenticità. Sopprimendo la nostra volontà invitiamo la sua ombra, che è o un sabotaggio passivo-aggressivo o una ribellione reattiva, più che un'azione strategica.

Rollo May, nel suo testo classico *Love and Will* chiede che cosa sottostà alla volontà disordinata: "Io credo che sia uno stato di mancanza di emozioni, la possibilità disperata che nulla importi, uno stato molto vicino all'apatia" [5]. Continua descrivendo la volontà come "la capacità di organizzare se stessi, in modo che possa verificarsi il movimento in una certa direzione o verso un certo obiettivo" [6]. Il suo fondamento è il desiderio, poiché il secondo chakra anela a ciò che ci manca. Il desiderio alimenta la volontà; la coscienza, scendendo dall'alto gli fornisce direzione e forma attraverso l'intenzionalità. Non vi è volontà senza intenzione, solo capriccio.

Il nostro desiderio ci dirige verso il futuro. Non è una coincidenza che il termine *volere* (*will*), sia usato per formare il tempo futuro in tutti i verbi inglesi: *I will go*, *I will talk to them*, *I will finish my book* (andrò, parlerò loro, finirò il mio libro). È attraverso la volontà che portiamo il futuro a compimento.

È interessante notare che il terzo chakra è situato nella parte più morbida del torso. Non ci sono ossa di fronte al plesso solare. Questo significa che l'unica cosa che tiene dritto il nostro corpo, con i nostri chakra allineati l'uno sopra l'altro, è un *atto di volontà*, da parte della fonte energetica del corpo. Quando l'autostima è bassa, quando la volontà è spezzata, quando siamo stanchi e non abbiamo vitalità, quest'area del corpo collassa. Il chakra non è sufficientemente pieno per sostenere la parte superiore del corpo. Senza questo sostegno il petto si infossa limitando la quantità d'aria che inaliamo, la testa non è più allineata con il corpo e le ginocchia si serrano, allontanandoci dal nostro vero terreno. Quando si sviluppa la volontà è utile fare degli esercizi come lo stare seduti diritti, che rafforzano i muscoli dello stomaco, i quali sostengono questa parte vulnerabile del torso.

Autostima

Quando si ritiene che aver sbagliato sia un evento catastrofico, si tende a evitare scelte e decisioni. Dunque lo sviluppo di una personalità individuale viene soffocato.

EDWARD WHITMONT

Una vitalità energetica richiede autostima. Con una fiducia di base in noi stessi possiamo affrontare meglio l'ignoto. Possediamo un senso dell'io che non si disintegra quando le cose vanno male, che riesce ancora a mantenere la sua solidità di fronte alla sfida. Con un ego sano non è un problema fare degli errori. Una personalità dominata dalla vergogna non ha posto per gli errori ed è duramente limitata nell'espansione. Come possiamo espanderci e crescere se non facciamo errori? E senza quell'espansione, in che modo svilupperemo il senso della nostra personale potenza? Quando l'autostima è poca, ci troviamo in un'incertezza paralizzante, quando dovremmo trovare movimento e forza.

Nei molti anni della mia pratica mi è raramente capitato di trovare un rapporto tra forte autostima e realizzazione. Spesso chi ha una carriera di successo, un aspetto straordinario o molto denaro sono proprio le persone con la più bassa autostima. Coloro che possiedono un'autostima più sana sembrerebbero possedere minori aspettative e accettare di più di vivere semplicemente la vita. Quelli che si sono trattati bene, che si sono presi cura del loro corpo, che sono stati in contatto con i propri sentimenti e si sono concessi il piacere, possedevano una maggiore autostima perché *si sentivano meglio*. Hanno riempito il calice prestando attenzione semplicemente agli aspetti del primo e del secondo chakra. Sentendosi appagati si sentivano sicuri. Erano pieni di energia. Il loro senso del sé aveva meno bisogno di essere definito dalle realizzazioni esterne perché vi era una presenza dentro. Mentre, se il valore che diamo a noi stessi è alto, è più probabile che ci prendiamo cura di noi stessi.

Vergogna

La vergogna è il demone del terzo chakra. È inversamente proporzionale al potere personale – maggiore è la vergogna, minore è il potere che avvertiamo e più duro è per l'ego il formarsi. La vergogna blocca la corrente liberatoria e impedisce all'energia che risale dai chakra inferiori di trasformarsi in un'azione reale. Ci vergognamo di noi stessi e dunque dei nostri istinti di base che, a questo punto, devono essere tenuti sotto controllo dalla mente. In tal modo, le personalità legate dalla vergogna si sentono bloccate e possono cadere in modelli di ripetizione e dipendenza compulsiva.

Quando la corrente ascendente liberatoria si blocca al terzo chakra, la corrente discendente manifestante della coscienza aumenta. La mente domina la scena, *impegnando* l'energia biologica in modelli di controllo accettati, creando l'espressione *legato dalla vergogna*. Le persone legate dalla vergogna ascoltano più i loro pensieri che i loro istinti, soprattutto le voci interiori che ripetono loro incessantemente quanto siano inferiori e privi di valore. La spontaneità viene limitata dall'analisi e dal controllo interni e l'energia è gelata dalla volontà.

Dal momento che gli istinti naturali non possono mai essere repressi del tutto, erompono periodicamente in forme ombra, che non fanno che aumentare il senso di vergogna e inadeguatezza. Quando ci comportiamo male, perdiamo il controllo, andiamo in pezzi o sperimentiamo delle cadute nel nostro vigile autocontrollo, la vergogna si fa più profonda. Tra gli esempi possiamo citare persone che fanno la dieta o usano sostanze stupefacenti e che ricadono ripetutamente o l'imprenditore che sabota lavoro e successo procrastinando e comportandosi in modo passivo-aggressivo. Il blocco della volontà impedisce alla corrente discendente di entrare nel secondo chakra, che è orientato verso il piacere e dunque queste attività raramente danno loro realmente piacere. La vergogna è mitigata in qualche modo dalla sofferenza e la necessità di ricreare infelicità e fallimento mantiene la persona in uno stato assai infelice e illusorio di equilibrio.

Proattività

Non ci fa male ciò che ci accade, ma è la nostra risposta a ciò che ci accade, che ci fa male.

STEVEN R. COVEY

Janet era preoccupata di non ottenere la promozione che desiderava. Dal momento che viveva a malapena col suo salario del momento, questa promozione era molto importante per lei. All'inizio si preoccupò fino al punto di ammalarsi, ma poi cominciò ad agire a favore di se stessa. Invece di aspettare di essere intervistata, rovesciò la situazione e intervistò il suo capo su ciò che pensava della compagnia. Trascorse del tempo in più a parlare a persone importanti per la sua nuova posizione, ingraziandosele per averne la raccomandazione. Anticipò le necessità che sarebbero sorte per sostituirla nella sua attuale posizione e prese l'iniziativa di trovare dei collaboratori interessati e iniziò a formarli. Infatti, con tutto questo lavoro, ottenne la promozione che voleva.

Steven R. Covey, nel suo best-seller *The Seven Habits of Highly Effective People*, ha reso popolare il termine *proactivity* (proattività, cioè l'agire a proprio vantaggio), usato ampiamente nei seminari di management. L'agire a proprio vantaggio è un'alternativa all'essere *reattivo* (eccesso del terzo chakra) o *inattivo* (carenza del terzo chakra). "Proattività" significa scegliere le proprie azioni invece che controllarle o esserne controllati. Le persone proattive si assumono delle responsabilità per costruire il loro futuro, per iniziare un comportamento che condurrà alla situazione che vogliono. Una persona proattiva non aspetta di vedere che cosa accadrà. Essere proattivi significa avere un'influenza determinante sul proprio ambiente, più che essere la vittima delle circostanze. La "proattività" richiede iniziativa e volontà.

Potere

Il terreno dei misteri è il limite dove la forza incontra la forza poiché il mistero è il sorgere delle forze inesplorate e indomite che non seguiranno la logica della nuda forza e dunque agiscono in modo inaspettato.

STARHAWK

Tutti questi attributi accrescono il potere personale. Dal latino *potere* (per *posse*), che significa essere in grado, il potere è la capacità di operare dei cambiamenti ed esiste per un solo motivo: la trasformazione. Quando il vecchio non è più utile al suo scopo, è tempo di trasformarlo in qualcosa di nuovo. Il potere non è una cosa, ma un modo. È un processo per diventare reali.

Possediamo potere quando osiamo vivere in modo autentico, quando entriamo in noi stessi e diciamo la nuda verità. Più osiamo assumerci dei rischi, porre in discussione o resistere alla pressione di andare contro i nostri sentimenti, più facile diventa. Il potere giunge quando siamo disposti a compiere degli errori e ad assumercene la responsabilità, a imparare da essi e a correggerli.

Il potere è l'espressione del sacro nel suo dispiegarsi evolutivo. Il potere è la grandiosa presenza del divino. Il potere è il mistero, l'ignoto, il confrontarsi con l'altro. Il potere è la transizione dal passato al futuro. Per sfuggire alle trappole soffocanti della limitazione personale e avvicinarci alla meravigliosa espansione della totalità, dobbiamo reclamare il nostro potere. Il potere è la capacità di determinare il nostro destino. Soltanto su una via di unicità l'energia vitale può dispiegarsi e penetrare in regioni sconosciute. Soltanto con il potere possiamo mettere da parte gli ostacoli che ci tengono prigionieri, schiavi e incoscienti.

Il potere inizia con ciò che è. La terra, in quanto materia, è il contenitore, il movimento è il mezzo. Il nostro corpo è il veicolo, le nostre emozioni il carburante, rendendo il terzo chakra il motore. Se dobbiamo sollevarci oltre questi piani, dobbiamo portarli con noi man mano che integriamo le nuove comprensioni. L'acqua e la terra ci ancorano alla realtà e formano il contenitore che permette al fuoco alchemico di bruciare caldo e luminoso. Sono il crogiolo della trasformazione.

IL LOTO CRESCE

Colpo d'occhio sulla formazione evolutiva del terzo chakra

ETÀ	COMPITI (continua)
Da 18 mesi a 4 anni	Controllo dell'evacuazione
	Autodefinizione
COMPITI	
Sviluppo dell'autonomia	NECESSITÀ E CARATTERISTICHE
Sviluppo del linguaggio	Disciplina appropriata
Controllo degli impulsi	Sostegno dell'autonomia
Imparare a trattenere e a lasciar andare	Fiducia e incoraggiamento
	Gioco

Questo stadio dunque, è decisivo per il rapporto tra amore e odio, cooperazione e ostinazione, libertà di autoespressione e la sua soppressione. Da un senso di autocontrollo senza perdita di autostima deriva un duraturo senso di buona volontà e orgoglio; da un senso di perdita di autocontrollo e di ipercontrollo estraneo deriva una duratura propensione al dubbio e alla vergogna.

ERIK ERIKSON

Quando mio figlio si trovava in fase di terzo chakra ero una ragazza madre. Mi ricordo bene l'impresa di preparare ogni mattina Alex e me. Quando Alex era più piccolo, trasformavo sempre la mattina in un momento speciale e lui aveva imparato ad aspettarlo. Ora, immerso nel suo terzo chakra, le nostre mattine divennero una guerra di volontà. Sapeva che dovevo sbrigarmi e sapeva come prendermi. Mentre si vestiva, prendeva tempo nascondendo le scarpe dopo che gliele avevo messe.

Giocava con il suo cibo, oppure lo buttava per terra e ne chiedeva ancora. Si glorificava della parola *no*, ridacchiando tutto contento per il nuovo potere che aveva scoperto di avere sulla mamma. Il mio terzo chakra doleva mentre resistevo alla voglia di sgridarlo e mi costringevo invece alla pazienza che solo un genitore amoroso può capire.

Questa storia è tipica di uno degli stadi più difficili dell'essere genitori: i "terribili due". Qui c'è l'emergere di un'autonomia che è ancora immersa nella dipendenza. Il bambino inizia a sentirsi separato, tuttavia vuole costante rassicurazione che il genitore sarà lì. Vuole fare delle cose per se stesso, ma molti compiti sono troppo difficili da svolgere da solo. Vuole esercitare la sua volontà per il puro piacere di farlo, senza discernere su dove e come usare quella volontà. La sfida di questo stadio è quella di imparare a controllare e dirigere gli impulsi senza perdere spontaneità ed entusiasmo. Benché sia difficile, un buon trattamento di questo stadio è cruciale per l'autostima, per l'autonomia personale e per una forte volontà – tutti aspetti di un sano terzo chakra.

Questo passaggio tumultuoso inizia quando inizia a decrescere l'ansia di separazione dalla madre, permettendo un nuovo livello di indipendenza. A questo punto le capacità linguistiche sono progredite fino a poter usare semplici frasi di due o tre parole. Entrambi questi punti di riferimento si verificano tra i diciotto e i ventiquattro mesi. Abbiamo raggiunto sani e salvi l'altra riva, dove il bimbo ha superato la tempesta ostinata dell'egocentrismo ed è emerso come un individuo relativamente cooperativo a tre anni circa.

La coscienza continua a filtrare dai chakra superiori man mano che ci sviluppiamo dal basso. Ricordiamo che la consapevolezza del settimo chakra ha iniziato il suo sviluppo motorio nel primo chakra. Delle immagini dal sesto chakra hanno motivato emozioni e movimento nel secondo chakra. Ora, lo sviluppo del linguaggio (quinto chakra) instilla concetti che rendono la mente capace di *operare* in base agli impulsi e ai comportamenti che affiorano dal corpo fisico/emotivo, rendendoci capaci di volontà personale nel terzo chakra. In altre parole, viene stabilito un rapporto tra linguaggio e azione che ci fornisce il potenziale per il controllo degli impulsi. Il bambino è in grado di comprendere una dichiarazione come “non picchiare tuo fratello” e poi cercare di mantenere quel concetto per limitare i suoi impulsi aggressivi. Può ricordarsi la frase “la stufa è bollente” e decidere di non toccarla. Una volta superati i naturali limiti imposti dall’infanzia, ora il bambino deve interiorizzare dei limiti appropriati, il che avviene attraverso l’interiorizzazione del linguaggio. Via via che questi concetti si stabiliscono, saranno molte le verifiche, il che aiuta il bambino a stabilire il collegamento linguaggio/azione. Spingere è eguale a colpire? Quanto può avvicinarsi alla stufa senza bruciarsi? No, significa veramente no?

Il linguaggio immerge l’infante nella corrente del tempo. Prima la sua esperienza era stata immediata, in quanto i riflessi e le risposte emotive non erano stati filtrati attraverso le mente concettuale, né controllati in alcun modo. A dire il vero la capacità di controllo non esiste durante la fase dei primi due chakra e sbagliano i genitori che cercano di ottenerla!

Con il linguaggio arriva un senso di passato, presente e futuro, che gli permette di operare un controllo, posporre, pianificare o riflettere sulle attività. Ora comincia a concettualizzare *causa ed effetto*. Se usa il vasino la mamma è contenta. Se mangia le verdure avrà il dolce. Se tocca la stufa si brucia. *Non possiamo controllare gli impulsi senza un concetto di tempo.*

Prima di giungere a questo punto il bambino è stato riflessivo e tendente ad assorbire, più che ad assumere iniziative. Il senso di identità sviluppato nel primo e nel secondo chakra è un’identità stabilita. Un corpo ben nutrito, in cui ci si sente bene, oppure un corpo affamato, abusato; un ambiente emotivamente sereno, o uno instabile – questi sono elementi su cui non abbiamo controllo ma che, tuttavia, costituiscono il terreno del nostro essere. Sono la *materia prima*, il materiale con cui creiamo noi stessi. È da questo campo stabilito che compiamo l’individuazione.

Via via che il bambino impara a controllare e dirigere i suoi impulsi, sviluppa la sua volontà. L’identità dell’ego si sviluppa selezionando gli istinti e gli impulsi che salgono dai chakra inferiori e decidendo quali attivare. Come abbiamo affermato in precedenza, ora l’ego diventa il mediatore tra l’ombra e la *persona* in evoluzione. L’ego le seleziona secondo la propria crescente definizione di sé. Se Mary viene punita perché si è arrabbiata, il suo sé ribelle, arrabbiato, si trasforma in una sua parte ombra, mentre la sua parte accondiscendente e calma può diventare una parte centrale della sua personalità. Il suo ego, in quanto direttore esecutivo interiore, decide quali parti della sua personalità vengono "assunte" e quali "licenziate" – noi coltiviamo le parti che compiono il lavoro che ci si aspetta che noi facciamo.

Buona parte di questa lotta per il controllo e l'autodisciplina viene giocata nell'arena dell'insegnamento ad usare il vasino. Spesso uno scontro di volontà tra il genitore e il bambino, abituarsi al vasino implica imparare a controllare muscoli precedentemente allenati a rispondere al momento. Il che richiede il controllo di due principi energetici fondamentali: *trattenere* e *lasciare andare*. Il coordinamento di questi principi stabilisce dei modelli per la vita, che si radicano profondamente nella struttura caratteriale.

Se ci si vergogna per essersi sporcati o si viene costretti al vasino troppo presto, il lasciare andare si fonde con la vergogna. Si avverte che ciò che è dentro di sé è in qualche modo cattivo e deve essere controllato e represso in ogni momento. Se si è invasi o forzati a lasciar andare contro l'orario naturale (come avviene con i clisteri o l'ordine di farlo in tempi stabiliti), allora il trattenere diviene un atto di sfida e il lasciar andare un atto di sottomissione. Queste espressioni energetiche fondamentali allora non fanno più parte di una autonomia emergente, ma sono dettate dalla figura autoritaria. Il trattenere e il lasciar andare diventano regolati dall'esterno. Diventiamo regolati da altri, persino al livello della nostra risposta muscolare e ci allontaniamo dalla nostra spontaneità e perdiamo parte della nostra spontaneità e gioia. Tuttavia se l'innato senso di tempismo del bambino viene rispettato e sostenuto, allora egli impara a fidarsi del proprio controllo interno sulla sua espressione fisica, in senso letterale e figurato. Ciò che ne risulta è la fiducia in se stesso.

Erik Erikson ha definito questo stadio *autonomia vs. vergogna e dubbio*, nel senso che vi arriviamo con l'una o con gli altri a seconda di come questo e gli stadi precedenti sono stati vissuti. Senza autonomia siamo destinati a provare vergogna, che ci fa dubitare delle nostre azioni, monitorando costantemente il libero flusso della forza attraverso il nostro sistema. Secondo Erikson, il trattare con successo questo stadio ci conferisce le caratteristiche proprie del terzo chakra di potere e volontà.

Via via che i muscoli maturano, si sviluppa la capacità di causare distruzione insieme alla capacità di autocontrollo. Un bambino può buttar giù una lampada dal tavolo durante un'attività frenetica e imparare a controllare il bisogno di picchiare la sorella. Il compito del bambino è quello di imparare un appropriato autocontrollo senza perdere spontaneità, fiducia o gioia nell'esprimere i suoi impulsi. Quando prevalgono vergogna e dubbio si distrugge l'autonomia. Cresciamo essendo definiti e controllati dagli altri.

Quando i chakra inferiori non sono soddisfatti e non portano a compimento i loro compiti, è possibile che l'individuazione non si compia.

Se la madre non provvede sufficienti cure o fiducia, oppure se l'ambiente emotivo è talmente intrappolante o instabile da consumare il bambino, allora non vi è individuazione. In alcuni casi vi può essere separazione o persino ribellione ma resistere al controllo non è la stessa cosa che esserne liberi. Fintanto che resistiamo, siamo forgiati e determinati dalla forza a cui ci opponiamo. Rollo May afferma: "Se la volontà rimane contestata, rimarrà dipendente da ciò che contesta. La contestazione è una volontà sviluppata a metà" [7].

Questo stadio segna il primo emergere della propria autonomia (per quanto goffa o incerta possa essere) e i genitori possono facilmente soffocare o incoraggiare questo processo. Se neghiamo al nostro bambino il diritto di agire o di affermare se stesso come essere autonomo, lo spingiamo a mettere in discussione quel diritto per il resto della sua vita. Se, in questo stadio cruciale, l'autonomia viene soffocata (come accade a molti attraverso le punizioni, la vergogna o un controllo eccessivo), allora il processo di individuazione si arena in una forma di resistenza o di sottomissione e non si sviluppa mai del tutto. Ci succede o di trattenere in modo troppo rigido, oppure di lasciar andare troppo facilmente. Il fuoco della spontaneità e della gioia si affievolisce, la volontà viene indebolita e il senso del potere e della responsabilità personale viene minato. Ne risulta una carenza nel terzo chakra, che non è in grado di sostenere in modo adeguato i chakra superiori ed è bloccato tanto nella manifestazione concreta, che nella piena realizzazione della coscienza.

Se, d'altro canto, la volontà di un bambino viene assecondata in modo eccessivo, senza discrezione o rispetto dei limiti appropriati, si ha un'inflazione dell'io. Di questi bambini si dice che "cavalcano sulle spalle dei genitori" e posseggono un senso abnorme del loro potere personale. Nella loro vita saranno destinati a cadere molte volte, creando un'oscillazione tra il senso di inferiorità e di superiorità. Manca loro il contenitore, costituito dai limiti, che è necessario per una reale manifestazione. Attendendosi dei risultati immediati, può loro mancare la disciplina interiore necessaria per portare a termine compiti più difficili, che ci danno il vero senso del nostro potere.

Dunque, se vogliamo che i nostri figli crescano come individui autonomi, che siano forti e accettino le responsabilità, dobbiamo guidarli nel modo giusto, senza sopprimere il loro delicato ego emergente. Come un filo d'erba appena nato, questo ego sta con coraggio, ma delicatamente, spuntando dal terreno, per raggiungere la luce dei cieli. Camminiamo con passo leggero, con pazienza e forza di volontà, dandogli il nutrimento di cui ha bisogno per crescere. E che la pazienza e la forza di volontà ci guidino in questo processo. Ne avremo certamente bisogno.

STRUTTURA CARATTERIALE

Il Tollerante

Nello sviluppo di questa struttura caratteriale il sistema muscolare del bambino in crescita viene sovvertito dalla sua naturale funzione del movimento alla funzione nevrotica del trattenere.

ALEXANDER LOWEN

Sam mi ricordava una nube in tempesta. Aggrondato e meditabondo, il suo corpo era denso, muscoloso e pesante. I suoi occhi rivelavano una tristezza malinconica, come se avesse sopportato in silenzio durante la sua vita delle grandi perdite. Una tristezza che mi ricordava il cielo prima della pioggia. La voce non si accordava col suo corpo possente, ma sembrava uscire in un lamento modulato. Iniziò la sua storia con una lunga lista di lamentele. "Mi sento come se non avessi energia. Sono sempre stanco. Mi sento arenato nel mio lavoro e nulla più mi eccita. Mi sento soltanto pesante e depresso, ma non so perché". Gli occhi erano abbassati e il corpo si muoveva molto poco. Quando gli chiesi da quanto tempo si sentiva così mi rispose: "È come se mi fossi sempre sentito in questo modo. Ma più invecchio e peggio diventa. Niente di quello che faccio sembra cambiare la situazione".

Più tardi feci mettere Sam in piedi e feci un po' di lavoro di radicamento di base per dare carica al suo corpo. Presto fu evidente che possedeva moltissima energia. Man mano che si accumulava potevo vedere il velo della rabbia scendere sui suoi lineamenti, ma mentre aumentava, disse che non gli piaceva l'esercizio.

Quando mi accorsi del suo bisogno di autonomia, interrompemmo gli esercizi e analizzammo la sua storia. Sua madre era stata soffocante, il padre distante e passivo e suo fratello maggiore lo maltrattava. Poco tempo dopo aver compiuto due anni nacque sua sorella e sua madre lo costrinse a usare presto il vasino per evitare di usare i pannolini con due bambini. Poiché suo fratello era aggressivo e incontrollabile, Sam veniva punito perché si difendeva e perché *non* diventasse come suo fratello. Il che significa che doveva reprimere la sua rabbia. Poiché suo fratello era ribelle, Sam divenne il favorito di sua madre. Lei lo adorava, ma anche lo controllava. Usurpò la sua autonomia, ma gli diceva anche quanto era meraviglioso quando lui la compiaceva, tuttavia lei gli sottraeva il suo amore se si comportava male. Quando, in seguito, abbandonò l'università per i cattivi voti, lei si rifiutò di parlargli per un certo numero di anni. Questo era il modo in cui trattava il suo favorito.

Sam imparò a sopportare, sentendo che non aveva scelta. Cercava di compiacere gli altri, ma in genere falliva. Quando falliva si autocriticava in modo feroce. La sua vita divenne tetra, la sua energia bloccata, la sua sessualità tiepida. Si sentiva bloccato.

Sam era un esempio della struttura caratteriale del *Masochista* (secondo la terminologia di Lowen) o del *Tollerante* (fig. 3-2). Il problema del Tollerante è quello di essere chiuso in un modello di stallo che lega l'energia della volontà, limita l'autonomia e ne comprime la spontaneità, la gioia e l'ottimismo. Si trova preso in un circolo vizioso, in cui l'attività che non può avanzare viene ritorta contro il sé creando una frustrazione maggiore, maggiore tensione e un blocco più grave. Questo provoca un cupo senso di disperazione e mancanza di speranza, una volontà inefficace e un ridotto livello di energia – in breve, un terzo chakra carente.

Mi riferisco a un "blocco" nell'energia come a un luogo nell'ambito psichico e somatico in cui si incontrano due o più forze contrastanti. Potreste volervi arrabbiare col vostro capo e allo stesso tempo desiderare la sua approvazione. Queste due necessità, entrambe valide, lavorano l'una a detrimento dell'altra. Poiché nessuna delle due può essere del tutto negata o del tutto espressa, il loro reciproco antagonismo genera un blocco. Quando uno dei lati del blocco scatta, aumenta l'energia del suo opposto e la lotta che ne deriva produce stress. Ad esempio Sam aveva molte ragioni di sentirsi arrabbiato contro sua madre, ma desiderava anche il suo amore e queste necessità sembravano escludersi a vicenda, da cui la sensazione dello stallo.

La struttura tollerante si sviluppa quando il genitore esercita un controllo eccessivo, schiacciando l'autonomia emergente del bambino. Poiché l'autorità viene forzata in un momento in cui emerge naturalmente l'autonomia, ma non è sufficientemente forte da reggersi da sola, l'unica soluzione possibile è la sottomissione. Poiché questa autorità non è in linea con la volontà del bambino, ne risulta un conflitto tra *accondiscendenza esteriore* e *resistenza interiore*. Il bambino dice: "Va bene, faccio quello che vuoi, però non voglio parteciparvi veramente!" (Se immaginate di fare questa affermazione, potete sentire lo stallo interno). Per avere un qualche senso di autonomia, parte del bambino resiste ad un impegno reale e dunque, nel suo movimento o nella sua attività, non vi è alcun piacere [8]. Purtroppo questa resistenza diventa un approccio standard alla vita e il Tollerante ha dei problemi a misurarsi o a partecipare in qualcosa senza che questi sentimenti ambivalenti sorgano e creino un blocco.

Tuttavia l'accondiscendenza esteriore lo rende affidabile, stabile, buon lavoratore, ansioso di piacere e *capace di tollerare*. I Tolleranti reggono bene le crisi, sono compagni leali e raramente causano problemi. Si attengono agli affari e portano a termine compiti difficili o spiacevoli. Tuttavia, mentre cercano di compiacere all'esterno, esiste allo stesso tempo la tendenza al sabotaggio. L'unica espressione possibile che una volontà handicappata può avere per affrontare questi sentimenti ambivalenti è un atteggiamento passivo-aggressivo nei confronti della vita.

In genere l'ambivalenza si ha tra aggressione e sentimenti di tenerezza. Il Tollerante, come qualunque bambino o adulto, desidera approvazione e affetto, ma l'affetto viene ottenuto a scapito della propria autonomia e ne scaturisce la rabbia. Poiché si sente manipolato e arrabbiato nei confronti della persona da cui desidera l'affetto, prova un senso di bisogno e di rabbia allo stesso tempo e non riesce ad esprimere nessuna delle due sensazioni.

Come dice Lowen: "... il Masochista non nega la realtà come lo Schizofrenico, né respinge le sue necessità come il carattere orale. Accetta la realtà nello stesso momento in cui la combatte, ammette la razionalità delle sue richieste nello stesso momento in cui le combatte. Si trova in un conflitto terribile come nessun altro carattere" [9].

Figura 3-2. Struttura caratteriale masochista (il Tollerante). Il bambino ipermanovrato

1° CHAKRA **In eccesso**	**2° CHAKRA** **Carente**	**3° CHAKRA** **Diviso**	**4° CHAKRA** **Carente**
Tira indietro, "trattiene"	Intorpidimento emotivo (emozioni trattenute, bloccate)	Energia legata alla volontà	Autonomia considerata antitetica all'amore
Nel corpo tende alla densità o all'obesità	Può evitare il piacere o sentirsene colpevole	Manipolazione passivo-aggressiva degli altri	Critico, negativo
Confini eccessivi	Il sesso è un lavoro	Rabbia interna bloccata	Si isola
Fa resistenza, cocciuto	Paura dell'intimità, di lasciarsi andare	Cerca di compiacere, ma resiste interiormente	Sviluppa molto dolore
Si sente bloccato, immobile	Può sentirsi inadeguato emotivamente e sessualmente	Si lamenta invece di agire	Teme di esporsi perché rischia l'autonomia
		Cocciuto	Considera l'amore come condizionale
		Bassa autostima, basata sulla vergogna	Rimane sottomesso per ottenere amore, così allo stesso tempo oppone resistenza all'intimità
		Si sente vittima	
		Forte concentrazione dell'energia	
		Buona disciplina	

5° CHAKRA Carente	6° CHAKRA Diviso	7° CHAKRA Carente
Timidezza eccessiva	Bloccato nell'autoanalisi, spinto dalla vergogna	In genere non fortemente spirituale per timore di perdere l'autonomia
Si lamenta e piagnucola	Ipervigilante	Spesso intelligente e capace
Energia strozzata nella zona della gola	Fantastica più che agire	Scettico
Difficoltà ad esprimere le emozioni con parole		Pragmatico: ama i fatti più che le idee astratte

Nella struttura tollerante, la volontà non è spezzata dalla violenza, ma da un'apparente dolcezza. "Oh, il mio bambino non si comporterebbe mai così, deludendo mammina, vero?" "Cathy è la mia bambina favorita, tanto obbediente e tranquilla." "Oh, sono davvero delusa di quello che hai fatto. Pensavo che fossi migliore di tuo fratello". L'implicazione del non essersi comportati secondo le supposte aspettative è che siamo in qualche modo cattivi o inadeguati, e tutto perché abbiamo deluso qualcuno. Desideriamo essere approvati e sottomettiamo la nostra volontà di conseguenza, mentre allo stesso tempo ci risentiamo da morire.

Quando l'amore condizionato viene usato come premio o punizione per il comportamento, il terzo e il quarto chakra del bambino si trovano in contrasto. Può ottenere l'amore cooperando e rinunciando alla sua volontà, oppure può ottenere l'autonomia rischiando il rifiuto e perdendo l'amore – ma in questa equazione non potrà mai ottenere entrambi. Amore e volontà diventano due cose che si escludono a vicenda. Poiché entrambe sono necessarie, la lotta è senza speranza e il Tollerante si dispera. È importante ricordare che questa equazione è falsa. In realtà possiamo avere soltanto vero amore e volontà quando *entrambi* sono presenti e lavorano di concerto l'uno con l'altro. Per il Tollerante è molto difficile capire questo fatto.

Alla base del conflitto del Tollerante sta il demone della vergogna. Il loro timore più grande è l'umiliazione. Quando vengono puniti o criticati spesso precipitano in una pericolosa autorecriminazione nota come *attacco di vergogna*. Il che indebolisce il loro terzo chakra e rende loro più difficile autoproteggersi. Quando vengono manipolati provano ancora vergogna a causa del loro debole ego. Il Tollerante è prigioniero di un circolo vizioso di vergogna che divide il sé, una divisione che non può non perpetuare la vergogna. È un terribile disastro.

La vergogna è ciò che proviamo quando non siamo in grado di controllare in modo adeguato quello che esce da noi. Se l'abitudine al vasino inizia prima che i muscoli siano sufficientemente maturi, ne risulta un senso di fallimento che ci fa ritenere brutto e cattivo quello che sta dentro di noi, che deve quindi essere trattenuto. Se lo tratteniamo dentro siamo premiati, se lo lasciamo andare ce ne dobbiamo vergognare. Se lo Schizoide *tiene insieme* e l'Orale si *tiene aggrappato*, il Tollerante ha come modello primario quello di *tenere dentro*. Si vergogna di ciò che è all'interno, il che si traduce in vergogna per tutto ciò che è dentro – i suoi sentimenti, i suoi pensieri, le sue necessità ed essenzialmente il suo più vero sé. Dunque, il timore maggiore del Tollerante è quello di *esporsi*, che secondo lui lo condurrà certamente a ulteriore umiliazione e vergogna. Dunque deve trattenersi.

La situazione del trattenere crea numerosi blocchi nell'intero sistema dei chakra. Vi sono quattro punti in cui è più probabile che la tensione venga scaricata e che il Tollerante deve sorvegliare con attenzione – le gambe, le mani, la gola e i genitali. È in grado di assorbire l'energia dalla terra e dalla corona, ma non è in grado di rilasciarla. Spesso l'accumularsi dell'energia all'interno rende il corpo largo e molto denso, molte volte con una spessa imbottitura muscolare tra la gola e le natiche. La postura è quella di chi si vergogna, con la coda fra le gambe, la testa bassa e il terzo chakra infossato. Il primo e il quinto chakra sono bloccati e questo tirare in dentro e rivoltarsi contro il sé crea masochismo. È bloccata anche l'azione di aprirsi verso l'esterno e il Tollerante è intrappolato in un corpo carico di energia che è incapace di rilasciare (fig. 0-5, C).

Guardiamo il modo in cui si forma questa imbottitura. Supponiamo che uno sieda davanti alla finestra in una giornata fredda, leggendo un libro in santa pace. All'improvviso qualcuno scaglia una pietra attraverso la finestra. Il Tollerante si secca, si alza, indossa un cappotto e una sciarpa e torna a leggere il suo libro. Poi un'altra pietra sfascia un'altra finestra. È più freddo. Il Tollerante si mette un altro cappotto e un'altra sciarpa sul primo strato. Piuttosto che dire alla persona di smettere di gettare delle pietre, il Tollerante non fa altro che indossare un'armatura più pesante. Alla terza pietra c'è un terzo strato e alla quarta il Tollerante forse può sentirsi sufficientemente arrabbiato per dire qualcosa, ma quando ci prova, le sue grida sono talmente attutite dai cappotti e dalle sciarpe che nessuno può udirlo. È incapace di far cessare le pietre e incapace di rimuovere l'armatura. Si sente infelice, indegno e vittima. È tipico del Tollerante non percepire nemmeno l'opzione di fermare le pietre e tantomeno quella di arrabbiarsi con chi le lancia. La supposizione sottintesa (basata sulla passata esperienza con l'autorità genitoriale) è che comunque non le si può fermare e allora perché sprecare tempo a tentare? Il fallimento non fa che accrescere la vergogna e dunque è più sicuro non rischiare e invece proteggersi.

Nel Tollerante si sviluppa la rabbia, l'aggressività e l'attività spontanea. Cose che non sono assolutamente prive di emozioni. Ma quando si risvegliano, la loro espressione è soffocata e l'energia si volge verso l'interno, contro il sé (da cui la fonte del masochismo). Il senso di vergogna che è già presente prende la forma di un critico interiore malevolo che punta sempre il dito contro le colpe e le mancanze del Tollerante. Il rapporto padrone/schiavo del genitore verso il bambino viene così ripetuto internamente tra la mente e il corpo o, in termini freudiani, tra il superego e l'Es, dove l'ego è troppo debole per mediare tra i due. Più la rabbia si accumula, più è crudele la punizione interna. Il che provoca le sensazioni di disperazione completa e di essere bloccato – il problema principale nella vita del Tollerante.

La volontà del Tollerante è legata alla sottomissione e alla resistenza e raramente egli vede una via proattiva di azione che allevierebbe la situazione. La supposizione errata è che le situazioni debbano essere tollerate più che cambiate. La sua vergogna di base lo rende convinto di non avere il diritto di chiedere un cambiamento e, se gliene viene data l'opportunità, potrebbe anche non sapere ciò che vuole, avendo abbandonato da un tempo tanto lungo l'idea di avere il diritto di chiedere. I Tolleranti vedono la loro vita come una serie di obblighi inevitabili a cui si sottomettono con rassegnazione e risentimento.

La corrente liberatoria non può penetrare nell'impasse della volontà per accedere ai chakra superiori. L'amore è considerato qualcosa da meritarsi attraverso l'approvazione e da dare per forza di volontà, più che di sentimento. Quello che supera il terzo chakra incontra un altro blocco all'altezza della gola e la voce del Tollerante può suonare come un lamento soppresso. Poiché non viene permessa l'esternazione, lamenti e proteste sono le uniche espressioni di insoddisfazione ammesse. Bloccato alla gola, la maggior parte del mondo interiore è tenuto lontano dal sesto e dal settimo chakra e dunque dalla coscienza. Il mondo interiore, invece, rimane perpetuamente inconscio e il Tollerante fa un'enorme fatica a individuare i propri processi. Nella situazione in cui si trovano, sono un mistero per loro stessi e semplicemente giungono alla conclusione di essere imperfetti e inadeguati e che questa situazione è immutabile.

Per guarire, il Tollerante deve esprimere sia i sentimenti teneri che quelli di rabbia. La tirannia della volontà dev'essere annullata offrendole qualcosa di più produttivo da fare che criticare. La rabbia che viene rivolta contro il sé deve essere esternata, bisogna tener conto dei sentimenti di bisogno e liberarli dal loro mantello di vergogna. Il movimento spezza i modelli statici e la sessualità permette il nutrimento. Il tema centrale è la costruzione dell'autostima, in modo che un ego più forte possa opporsi al critico interno e riemergere nuovamente all'autonomia. Per il Tollerante questo è un processo terrorizzante, ma l'unico che infine ristabilisce la sua autorità interna, rafforza la volontà e dona gioia e spontaneità.

TRAUMI E VIOLENZE

Quando ciò che mi è stato fatto mi è stato fatto per il mio bene, allora ci si aspetta che io accetti questo trattamento come parte essenziale della vita e non lo metta in discussione.

ALICE MILLER

Claude Steiner, analista transazionale e terapista radicale, mi raccontò una volta la storia di un uomo qualunque – che chiameremo Carl – il cui passatempo preferito era quello di andare al parco nelle belle giornate, sedersi su una panchina e crogiolarsi ai raggi del sole. Un giorno, mentre se ne stava seduto su una panchina con indosso il suo completo, arrivò un uomo grande e grosso che indossava un'uniforme e degli stivaloni pesanti e che si mise di fronte a lui oscurando i raggi del sole. Essendo un tipo tranquillo, che non amava causare problemi, Carl non fece altro che spostarsi sulla panchina per potersi nuovamente godere i raggi del sole sul viso.

Non appena si mosse, l'uomo in uniforme si spostò di nuovo per bloccare i raggi del sole. Carl si spostò di nuovo. E così fece l'uomo. A questo punto Carl parlò e chiese gentilmente all'uomo di spostarsi. Cosa che l'uomo non fece. Allora Carl, arrabbiato, cercò di spingerlo da un lato. L'uomo lo spinse nuovamente sulla panchina e con il suo stivale pesante salì sul piede di Carl e lo schiacciò. A questo punto Carl, davvero molto in collera, cominciò a gridare oscenità, agitando le braccia contro l'uomo e chiamando aiuto.

Ma le sue grida furono vane. Nessuno venne in suo aiuto. Quando Carl alzò la testa e si guardò intorno capì perché. Si accorse che ogni persona nel parco aveva un uomo in uniforme che gli stava di fronte. Molti avevano degli stivali che schiacciavano i loro piedi, mentre altri erano incatenati alle loro panchine. Molte persone sulle panchine se ne stavano passivamente sedute immobili, alcune leggevano tranquillamente, mentre altre si erano girate a guardare Carl con disapprovazione, criticando il suo sfogo infantile e poco cooperativo. Nessun altro si lamentava dell'uomo che schiacciava loro il piede – perché avrebbe dovuto farlo Carl? I loro insulti non erano rivolti all'uomo in uniforme, ma a Carl. Egli incarnava il sé che essi avevano da tempo rifiutato.

La storia finisce così, ma possiamo tutti provare ad indovinare delle possibili conclusioni. Carl ha continuato ad urlare e gridare per poi essere incatenato alla sua panchina con una catena di cui qualcun altro possedeva la chiave? Ha rinunciato a ribellarsi, imparando a stare seduto calmo e passivo come i suoi vicini? Ha veramente sostenuto e dato vita ad un'insurrezione nel parco? È riuscito a trasformare il suo carceriere? E voi, che avreste fatto?

Noi siamo tenuti al nostro posto all'interno di una cultura in cui la perdita personale di potere è talmente epidemica che nessuno ode le grida di perdita e di oltraggio. Subiamo invece l'ostracismo, o nei casi migliori, siamo temuti, per atti di individualismo. Per mantenere il nostro potere sugli altri, spesso dobbiamo rinunciare alla nostra libertà e autenticità e conformarci alle aspettative. Questa è una perdita terribile, poiché oscura l'unicità divina che alberga in noi e che contiene i germi della trasformazione e dell'evoluzione. Chi ha compiuto questo sacrificio si aspetta che gli altri facciano lo stesso e si offendono profondamente quando non avviene così. Gli uomini normali, nel loro vestito grigio, possono sentirsi offesi dai gay vestiti in abiti sgargianti. La moglie obbediente si sente offesa dal femminismo militante della figlia. I Veterani di guerra si sentono offesi da un presidente che ha evitato una guerra inutile e non ha fatto il servizio militare.

Nella veglia funebre di questa perdita abbiamo una civiltà talmente ossessionata dal potere che ha perduto, da spendere enormi quantità di denaro e di energia per creare l'ombra del potere con le spese belliche e la tecnologia. Abbiamo obbedito al padrone, abbiamo interiorizzato il controllore e siamo diventati complici in una società polarizzata, il cui scopo principale è quello di controllare il più possibile con il minor sforzo possibile. Sordi a questo dolore, sordi alla nostra stessa impotenza, sordi ai compiti ripetitivi ritenuti necessari per la nostra sopravvvivenza fisica, viviamo col vuoto dentro. Essendo vuoti dentro, il nostro mito culturale ci dice che la potenza sta al di fuori di noi, nell'approvazione degli altri, nei gadgets tecnologici o in un dio lontano e autoritario. E così impoveriamo noi stessi, le nostre risorse e il nostro pianeta, cercando di raggiungere un potere esterno, un potere su qualcuno, un potere che ci renderà solo schiavi.

Che cosa è accaduto alla nostra potenza? Perché la nostra cultura ne è tanto ossessionata? Perché è così importante per il nostro sviluppo e in che modo possiamo recuperarla?

Per poter rispondere a queste domande dobbiamo prima capire in che modo ci è stata tolta. È una naturale conseguenza del crescere usare la nostra energia vitale per progredire. Limitare la nostra espansione non è istintivo. È invece istintivo proteggerci.

Autorità

L'autorità ci solleva dalla responsabilità di un'azione indipendente.

STARHAWK

Gli individui che oggi cercano di guarire, combattono contro un'eredità lasciata loro dalle generazioni precedenti, che credevano nell'autorità di Dio sull'uomo, dell'uomo sulla donna, dei genitori sui figli. I bambini, in fondo alla lista, dovevano essere guardati e non ascoltati. Un bravo bambino era un bambino tranquillo, obbediente, che non rispondeva mai ai suoi genitori. Non usare la bacchetta significava viziare il bambino e si riteneva che spezzarne la volontà significasse usargli una gentilezza in vista del suo bene, nel tentativo di trasformarlo in un membro utile alla società.

Per ottenere questo risultato si possono scegliere strategie elaborate, che vanno dal rifiuto e la freddezza all'aggressione verbale e le botte. Talvolta il bambino riottoso viene reso complice di queste punizioni – come ordinargli di uscire e tagliare il ramo che servirà da frusta, costringerlo a mormorare scuse non volute o insegnargli a dire bugie per proteggersi. In tal modo la nostra volontà viene sottratta e deformata e ci viene poi resa come strumento della nostra propria oppressione.

Le idee sull'educazione infantile che negano la sicurezza e l'individualità del bambino, apparentemente "per il suo bene" sono definite da Alice Miller "*pedagogia velenosa*". C'è gente che rimane in terapia per anni tentando di uscire dalle idee di autonegazione che ritenevano vere – idee sul fatto di essere cattivi, su come meritavano a ragione quel trattamento. Finché tali idee permangono, verranno trasmesse alla generazione successiva. La nostra cultura è costruita sulla negazione degli istinti fondamentali. Per difendere questo comportamento, lo insegniamo ai nostri bambini prima che abbiano la possibilità di imparare qualcosa di diverso e in tal modo vengono divisi da se stessi e crescono in modo da essere divisi l'uno contro l'altro.

L'autorità è un aspetto presente nella vita di ciascuno. Da bambini dobbiamo fronteggiare l'autorità dei nostri genitori, degli educatori, dei fratelli più grandi, delle babysitter e degli insegnanti. Il modo in cui queste persone danno forma a questa autorità influisce molto sul modo in cui noi l'affronteremo ma, ancor più importante, sul modo in cui svilupperemo la nostra autorità *interiore*. È solo attraverso l'autorità interiore che noi organizziamo e focalizziamo la nostra energia personale in una volontà efficace. Possiamo emulare o ribellarci contro i nostri modelli di autorità, ma essi danno forma al nostro concetto di potenza in modi profondi e sottili.

Per dirigere la nostra vita è necessario che questa autorità interiore sia una solida presenza. È necessario che dentro di noi vi sia una parte che ci mandi a letto quando siamo stanchi, ci faccia alzare la mattina in tempo per andare al lavoro e ci allontani con fermezza da tavola quando abbiamo mangiato o bevuto a sufficienza. È necessario possedere una parte che mantenga in modo efficace questa autorità di fronte a una sfida e sappia discernere quando è il caso di opporre resistenza e allontanarsi dagli altri. Abbiamo bisogno di una parte che ci prenda per mano e ci aiuti a creare il nostro futuro. Abbiamo bisogno di un principio organizzatore interiore che tracci, formi e diriga la nostra crescita.

Robert Bly, in *Iron John*, definisce questa autorità un "Re interno":

Quando avevamo uno o due anni il Re interno, probabilmente, era vivo e vigoroso. Sapevamo spesso quello che volevamo e lo facevamo capire a noi stessi e agli altri. Naturalmente ci sono famiglie che non si curano di quello che vogliono i bambini.

Per la maggior parte di noi il nostro Re è stato ucciso assai presto. Quando i guerrieri interni non sono forti abbastanza da proteggere il re – e a due o tre anni come potrebbe essere? – il Re muore[10].

Fino al momento in cui formiamo consciamente questa parte interna della personalità, essa verrà formata da coloro che detengono l'autorità su di noi. Se il nostro genitore era un tiranno, la nostra autorità interna potrà essere tirannica oppure il suo opposto, uno straccio completo. In momenti diversi potrebbe persino oscillare tra le due. Se il nostro genitore era assente o passivo, è probabile che la nostra autorità interna sia altrettanto vacante. Se il nostro genitore operava un controllo criticandoci o suscitando vergogna, la sua voce critica si stamperà nella nostra mente e risuonerà *ad nauseam*, facendo da sottofondo in ogni momento della vita. Se i nostri genitori ci ingannavano ed erano ambigui, saremo dei maestri nello sfuggire e manipolare gli altri e noi stessi. La tipologia di questa persona influenza anche il modo in cui noi incarniamo questo potere e dove lo esercitiamo verso gli altri. Se era nostro padre ad essere autoritario, è possibile che noi proiettiamo la nostra paura sugli altri uomini con cui entriamo in relazione. Le figlie possono modellare se stesse sulle loro madri impotenti e proiettare l'autoritarismo dei loro padri sui loro boyfriend.

Per analizzare l'influenza dell'autorità sulla vostra vita ponetevi le seguenti domande:

Qual era la figura autoritaria più importante durante la vostra infanzia? Quale mezzo usava per affermare la propria autorità? Che sentimenti provavate nei confronti di questa persona? Che sentimenti provavate nei confronti della sua autorità? Obbedivate per rispetto o per paura?

In che modo reagivate a questa autorità? Vi ribellavate oppure obbedivate, o in diversi momenti della vostra vita alternavate questi comportamenti? Se li alternavate, quali circostanze influenzavano quel cambiamento?

Quale forma assume attualmente nella vostra vita l'autorità

interna? A chi si conforma? Cooperate di buon grado con essa o con resistenza e risentimento? Questa autorità interna rispetta il sé senziente, le limitazioni del corpo e la necessità di espandersi e crescere? Da dove trae la sua forza questa autorità e che cosa le conferirebbe maggior forza? In che modo potreste armonizzare meglio questa autorità con la vostra vita?

Punizione

Ora possono farvi uscire dal carcere, perché hanno messo il carcere nella vostra mente.

STARHAWK

Quando l'autorità si guadagna il nostro rispetto si trova all'unisono con la nostra verità interna. Ci invita a partecipare di buon grado perché crediamo nelle ragioni e negli scopi che vi stanno dietro. Io seguo un seminario con un'insegnante che rispetto perché la considero un'autorità su quell'argomento. Posso contestare o mettere in discussione se è necessario. Mi rivolgo a un'autorità non per rinunciare al mio potere, ma per accrescere la mia potenza e la mia capacità personale alla luce della sua esperienza.

L'autorità che ci ordina di andare contro la nostra natura si trova all'unisono con qualcosa di più profondo – la paura. La paura fa regredire la volontà del nostro terzo chakra al livello di sopravvivenza del nostro primo chakra. Il nostro comportamento non è più un atto di autodefinizione, ma di autoconservazione. Piuttosto che avanzare nell'azione, regrediamo nella reazione. La punizione istilla paura.

L'autorità usa la punizione per tenere sotto controllo il comportamento e ci depriva del nostro libero arbitrio. Ci condiziona – come i cani di Pavolv – a reagire in modo automatico, senza pensare o mettere in discussione. La punizione è efficace soltanto quando la perdita o il dolore sono abbastanza feroci da lasciare traccia, abbastanza feroci da minare il nostro senso del sé. Deve togliere qualcosa di più importante di quello che potrebbe essere ottenuto – qualcosa di cui abbiamo un disperato bisogno, come la sicurezza, l'amore, il piacere, la libertà o il rispetto di se stessi. La punizione può suscitare vergogna o operare un controllo, deprivare o invadere. Può essere fisica o emotiva, letterale o simbolica. Quando un fratello, un amico, un membro della nostra razza o genere viene trasformato in esempio, questo è efficacissimo per tenere sotto controllo il nostro stesso comportamento.

Il bambino interpreta come punizione la violenza fisica ed emotiva, sia che sia intesa come punizione vera e propria, sia che si tratti di uno sfogo mal diretto della frustrazione di un adulto. Quando si infligge dolore ad un bambino non è soltanto una violenza sul corpo e sullo spirito che esso racchiude, ma è anche un abuso di autorità. Essendo l'adulto un'autorità in cui si ripone fiducia, egli occupa una posizione di potere incondizionato. Il bambino è costretto ad accettare qualunque cosa gli venga ordinata e sviluppa il suo terzo chakra di conseguenza.

John Bradshaw, nella sua serie televisiva sulla famiglia, paragonava il rapporto proporzionale del genitore col bambino all'esperienza di un adulto che si trovasse davanti un gigante di cinque metri che lo sovrastasse e che gli urlasse quello che deve fare. Quanto ci sentiremmo piccoli di fronte a un tale potere! Se questo vantaggio è stato usato contro di noi, potremmo continuare a sentirci così piccoli per il resto della nostra vita, e riterremmo gli altri sempre più grandi, più forti o più intelligenti. Un mio cliente, la cui memoria era perseguitata da un pestaggio particolarmente violento, era ossessionato da sogni in cui comparivano "il gigante e il piccolino". Questa struttura si rivelava nel modo in cui affrontava le sue situazioni di lavoro e altri aspetti della sua vita.

Starhawk in *Truth or Dare*, elenca quattro atteggiamenti di base in risposta a una punizione: possiamo *obbedire*, *ribellarci*, *retrocedere* o *manipolare*[11]. Ciascuna di queste reazioni può alterare la funzionalità del terzo chakra se esse costituiscono un modello. Obbedire abitualmente o retrocedere abitualmente denota una carenza; ribellarsi o manipolare automaticamente denota un eccesso. Tutte queste risposte sono presenti nel comportamento passivo-aggressivo, che all'inizio si ribella con un'obbedienza inefficace e poi manipola retrocedendo. Ad esempio, se il bambino viene picchiato perché parla in propria difesa (che viene giudicato un "rispondere"), allora l'ego centrale del terzo chakra troverà il suo potere in modi meno diretti, quali il ritardo, l'andar male a scuola, o l'essere aggressivi con i fratelli e gli amici più piccoli. Questi tentativi di equilibrare il terzo chakra, nella vita adulta diventano degli ostacoli ad un agire efficace e responsabile.

La punizione ci costringe a negare noi stessi per proteggerci. Questo crea un gigantesco blocco di forze uguali e contrarie nel terzo chakra, che viene proiettato sugli altri negando anche le loro necessità. "Una vita di obbedienza è una vita di negazione", scrive Starhawk[12]. Il nome di questo chakra, *manipura*, significa cittadella ingioiellata. L'obbedienza è una falsa cittadella del potere. L'autenticità è il gioiello.

Poiché il terzo chakra è collegato all'ego e all'autodefinizione, negare la nostra autenticità è l'antitesi del formarsi di una sana forza dell'ego. Invece l'ego viene costruito sull'obbedienza, sull'uniformarsi alle aspettative, sull'essere buoni, sull'evitare la punizione. Benché da queste esperienze possiamo trarre una temporanea sensazione di forza e di energia, siamo sempre tuttavia sottoposti agli alti e bassi dal fatto che la nostra forza deriva da una fonte esterna a noi, una fonte che non possiamo controllare. Se il nostro capo è di buon umore e si congratula con noi per il nostro lavoro, ci sentiamo pieni di energia e di orgoglio per noi stessi. Se il capo si dimostra arrabbiato e critico, magari a causa di una situazione personale che non ha nulla a che vedere col lavoro, il nostro senso di potere crolla in modo catastrofico. La nostra forza interiore sarà assai poco sviluppata, poiché le uniche sensazioni che abbiamo provato sono state di debolezza, di inefficacia e di inadeguatezza.

Dal momento che il potere personale e la forza dell'ego sono collegati in modo tanto intricato, il senso del nostro potere personale che sviluppiamo diventa il senso che possediamo di noi stessi. Se le dinamiche del potere sono state tali che non ci hanno permesso di superare la dominanza che ci è stata imposta, la conclusione è che siamo noi stessi ad essere inadeguati.

Il bambino genitorializzato

È meglio compiere il proprio dovere, per quanto in modo imperfetto, che assumersi i doveri di un'altra persona, per quanto successo si possa ottenere. Preferisci morire compiendo il tuo dovere: i doveri di un altro ti possono condurre a grandi pericoli spirituali.

BHAGAVAD-GITA

Talvolta la situazione che si crea all'interno di una famiglia fa sì che il bambino cresca troppo rapidamente e si assuma delle responsabilità superiori alla maturità propria della sua età. Un genitore che abusa di sostanze, povertà, malattia, morte o divorzio possono costringere un bambino nel ruolo di genitore o sposo surrogato. Questo fenomeno può assumere molte forme: offrire un sostegno emotivo al genitore superstite, aiutare a crescere i fratelli più piccoli, guadagnare denaro per la famiglia, rinunciare alle libertà proprie dell'infanzia o a una vita sociale con i coetanei o persino avere una relazione sessuale con un genitore. Dal momento che ci si aspetta che il bambino *possa* rivestire questi ruoli, mentre la realtà è che è biologicamente ed emotivamente troppo giovane per rivestirli in modo adeguato, il bambino viene lasciato con una schiacciante sensazione di inadeguatezza. Una simile inadeguatezza non si salderà solamente ad ogni compito che verrà affrontato in futuro, ma anche alla visione vera e propria di se stessi.

Questo senso di inadeguatezza può essere superato solamente riconoscendo quanto queste aspettative fossero inappropriate e lavorando sulle emozioni che ne sono derivate. Come ha detto Alice Miller: "Si è liberi dalla depressione quando l'autostima si basa sull'autenticità dei propri sentimenti e non sul possedere determinate qualità" [13].

Janet, la maggiore di quattro fratelli, era figlia di una madre alcolizzata e di un padre che spesso era in viaggio per lavoro. Sua madre iniziava a bere nel pomeriggio e a ora di cena era andata del tutto. Il che significò che a dodici anni Janet si dovette far carico di sfamare i suoi fratelli e le sue sorelle affamati, poi di metterli a letto, dopo di che poteva iniziare a fare i compiti. In casa c'era di rado qualcosa per preparare un buon pasto, né istruzioni per cucinare e così i pasti non erano né saporiti né nutrienti. Per quanto lei si desse da fare, i suoi fratelli e le sue sorelle si lamentavano in continuazione e mettevano in discussione il suo ruolo di genitore sostitutivo. Naturalmente i suoi fratelli erano pieni di rabbia e difficili da controllare e Janet si sentiva impotente e inadeguata nel suo ruolo. Spesso si addormentava piangendo per lo stress del caos casalingo. Di conseguenza Janet andava male a scuola e dunque non si iscrisse mai all'università, convinta di essere troppo stupida per presentare il suo curriculum. Si portò questa immagine di se stessa e dell'inferiorità che ne derivava, nel corso della vita. Quando poi rimase incinta del suo primo bambino, fu colta da attacchi di panico e credette di non potersi prendere in nessun modo cura di un bambino, anche se aveva un marito devoto e denaro sufficiente per gli anni a venire.

Sensazioni di questo tipo possono svilupparsi anche da situazioni in cui sembra esservi un sostegno sufficiente. Jack, ad esempio, era figlio di un noto chirurgo. Quando aveva tre anni i suoi genitori gli insegnarono a leggere e a fare semplici operazioni di matematica. Lo portavano a concerti di musica classica e durante la sua infanzia gli diedero tutto il meglio che si potesse trovare. A scuola saltò due anni e si diplomò a sedici anni, iscrivendosi poi a un Ivy League college. Ma quando arrivò all'università ebbe un grave esaurimento nervoso e non fu in grado di seguire i corsi. La sua sensazione di inadeguatezza era talmente forte che, benché nel passato avesse ottenuto risultati brillanti, l'unica prospettiva che si vedeva davanti era il fallimento. Dunque questo fallimento avrebbe tradito la fiducia dei suoi genitori e rivelato quello che Jack aveva sempre sospettato – la sua incapacità di apprendimento. Si sentiva così perché la lotta per riuscire era stata sempre talmente dura per lui, anche se i test non avevano rivelato affatto questa incapacità. Invece il senso di inadeguatezza proveniva dall'essere stato continuamente spinto al di là del livello appropriato per la sua età. Emotivamente e fisicamente era sempre più giovane dei suoi compagni di classe, i quali si risentivano della sua posizione – il che accresceva il suo senso di inferiorità e di inadeguatezza.

Iperstimolazione e deprivazione sensoriale

Il terzo chakra, in quanto ricevente, creatore e distributore dell'energia pura all'interno del sistema, deve occuparsi di qualunque energia noi incontriamo. (Ad esempio, provate a sentire l'impatto sul terzo chakra quando vi trovate nel mezzo di una festa vivace o di una lite violenta). Quando un bambino viene iperstimolato, il terzo chakra e l'intero sistema ricevono più energia di quanta ne possano gestire. La violenza fisica e sessuale sovraccaricano il sistema sensorio del bambino con il voltaggio di un sistema adulto. I bambini non sono neurologicamente dotati per gestire una simile intensità e devono trovare dei modi o per difendere se stessi dall'intrusione, o per scaricare l'energia attraverso l'attività o un comportamento aggressivo. Possono crescere diventando ipersensibili ai colori, ai rumori, alle emozioni o alle situazioni che li circondano, del tutto incapaci di gestire qualunque tipo di stimolazione intensa. Oppure possono diventare iperattivi, impegnati in attività costanti per scaricare l'energia in eccesso.

Al polo opposto, altrettanto dannoso, si trova il bambino sottostimolato. Durante la sua infanzia Randy veniva lasciato solo nella culla per giorni interi. I suoi genitori lo nutrivano, lo vestivano e persino lo amavano nel modo che a loro sembrava migliore, ma non gli venivano date le cose basilari del contatto, dei giocattoli e di esperienze variate. Si ricorda che il collo gli diventava rigido a furia di guardare verso l'unica finestra per ore intere, sentendosi terribilmente solo e isolato. Così Randy ritiene di avere troppa poca energia e volontà, con sensazioni interiori di vuoto, timore di essere sessualmente inadeguato e affaticamento. Randy si sente pieno di energie in situazioni in cui gli stimoli sono molto forti, come concerti o grandi feste, ma tende a perdere lo sprint quando passa troppo tempo da solo. Tuttavia tende ad isolarsi, poiché il vuoto dell'isolamento è la cosa che gli è più familiare.

Vergogna

La vergogna è il risultato di quasi ogni tipo di abuso sui

bambini, che sia di autorità, di responsabilità inadatte all'età, trascuratezza, abbandono, violenza sessuale, emotiva e fisica, o criticismo eccessivo. Per il bambino che non è in grado di spiegare questi comportamenti in termini di incapacità genitoriale, l'unica conclusione è che ad essere in colpa è lui. Conclude che in qualche modo è stata la causa della violenza e che la merita, che in qualche modo è cattiva e indegna di vero amore e giusta attenzione. Benché questa conclusione non si verifichi a livello conscio, rimane tuttavia la forza primaria che determina il comportamento quando la mente impara a monitorare ogni impulso dell'istinto ed espressione spontanea. Dunque la persona viene soggiogata dalla vergogna – da una coscienza che analizza e controlla nel tentativo di evitare atti spontanei causando una vergogna maggiore.

Talvolta i genitori si comportano in modo da provocare direttamente vergogna e affermazioni come "dovresti vergognarti!" sono anche troppo diffuse. Una personalità bloccata dalla vergogna nasce dal non lodare i successi del bambino unitamente ad una eccessiva critica dei suoi fallimenti. Quante volte ho sentito di genitori che dicono ai loro figli "stupido", "brutto", "pazzo" o "pigro", per dei comportamenti che erano, di fatto, appropriati per l'età in cui si verificavano? Dei bambini che non riescono a capire qualcosa che non è mai stato loro spiegato, a cui non è stato insegnato a prendersi cura di se stessi dal punto di vista dell'igiene personale o che reagiscono spontaneamente a situazioni assurde, vengono spesso fatti vergognare per reazioni che non è loro possibile evitare. Così ne risulta che la loro reazione naturale diventa una forma di soggezione che deve essere sacrificata per ottenere sicurezza e approvazione. In tal modo l'ego viene scisso contro il nucleo istintuale del sé.

John Bradshaw, nel suo eccellente libro, *Healing the Shame that Binds You* descrive il modo in cui il senso di vergogna non riconosciuto dei genitori viene trasmesso ai figli. Ad esempio, prendiamo la madre la cui unica realizzazione è il modo in cui si comportano i suoi figli. La sua vergogna viene trasferita al bambino ogni volta che questo fallisce il compito di essere all'altezza del suo bisogno di approvazione, e così lei si vergogna se i vestiti di suo figlio sono sporchi oppure se si comporta male a casa della nonna. Oppure il padre che ha abbandonato la scuola potrebbe tentare di redimersi attraverso la carriera universitaria di suo figlio, caricandolo oltremodo di vergogna se quello non ha una buona riuscita.

La vergogna fa collassare il terzo chakra, così che l'intero torso è infossato nel mezzo. Questo restringe la cavità toracica, riduce la respirazione e costringe la gola. A causa di questo collasso la testa si trova fuori allineamento con il resto del corpo spostando dalla colonna centrale del corpo il sesto e il settimo chakra (percezione e comprensione). In tal modo i pensieri e le percezioni sono spesso fuori sintonia con la realtà del corpo. La mente può cercare di dominare il corpo al di là delle sue possibilità, ignorandone i messaggi di richiesta di cibo o di riposo, negando le necessità emotive e mantenendo al minimo l'intero sistema.

Spesso la vergogna viene sperimentata come una spirale di energia che si avvolge verso l'interno nel ventre – una sensazione di affondamento, come se il chakra si avvolgesse a spirale all'indietro verso la colonna vertebrale invece che all'esterno verso la vita. L'ansia provoca effetti simili alla spirale della vergogna – temiamo che non saremo abbastanza bravi, che falliremo sicuramente o che verremo abbandonati.

La vergogna crea un blocco tra la mente e il corpo, che scinde la persona dal centro del sé. Poiché il terzo chakra ha un rapporto così profondo con lo sviluppo dell'ego, il senso di vergogna e il senso del sé si fondono. Il bambino non considera le sue azioni imperfette, ma considera se stesso – il produttore di quelle azioni – fatalmente imperfetto. "Solo una persona imperfetta commetterebbe un errore del genere", dice a se stesso. Qualunque errore successivo (e la vita è sempre piena di errori) non fa che rafforzare questo convincimento di base. Infine il nucleo pieno di vergogna diventa una profezia che si autorealizza. Noi adeguiamo il nostro comportamento al concetto che abbiamo di noi stessi. Nel terrore di compiere degli errori, non osiamo avventurarci all'esterno e ci manteniamo piccoli e limitati, fornendoci giusto la causa per il nostro senso di inferiorità. Privi del convincimento di poter riuscire, fuggiamo senza nemmeno provare e naturalmente, fuggendo, proviamo a noi stessi che non potevamo riuscire.

Volontà spezzata

La volontà è resa inabile innanzitutto dalle emozioni... Quando le emozioni vengono bloccate dalla vergogna, la loro energia è congelata, bloccando la piena interazione della mente e della volontà.

JOHN BRADSHAW

La volontà è il mezzo attraverso cui creiamo il mondo che desideriamo. Purtroppo il bambino volitivo è più difficile da educare di quello docile e obbediente. I bambini volitivi hanno molta energia e vogliono fare molte cose. Quando dissentono rispondono e sfidano i loro genitori. Molti genitori sono troppo affaticati, disimpegnati o dominati dalla vergogna per essere in grado di tollerare la sfida.

L'interazione della volontà del genitore con quella del bambino è una faccenda complessa e delicata. È essenziale che i genitori, possedendo una conoscenza e una maturità maggiori, forniscano i principi orientativi e l'autorità finale su tutto ciò che riguarda la sicurezza e il benessere del bambino. È una sfida costante per lui adattarsi alle direttive dei genitori – essere pronto in tempo per iniziare la giornata, mangiare quello che gli viene messo davanti, affamato o no, smettere di giocare nel bel mezzo del divertimento o interrompere un programma alla TV perché è ora di andare a casa. I genitori che si caricano di ritmi eccessivi spesso non si rendono molto conto dei ritmi naturali del bambino.

Nel tentativo di far funzionare tutto nel modo migliore molti genitori, consciamente o inconsciamente, spezzano la volontà del bambino. Gli viene imposta un'autorità assoluta – non viene incoraggiato a prendere delle decisioni autonome, non gli viene permesso di esprimere sentimenti o obiezioni, e viene ripreso se lo fa. Non si permette a un'identità separata di emergere, non si verifica l'individuazione e il bambino cresce con l'incapacità di dare una direzione alla propria vita.

C'è stato un periodo in cui si riteneva che spezzare la volontà del bambino fosse una cosa giusta e appropriata. Era compito dei genitori e un bambino obbediente era il loro premio. Ma questo crea persone che agiscono senza sentimenti, entusiasmo o un sano senso del proprio potere. Persone del genere vengono facilmente manipolate, controllate e cacciate nel regno oscuro del risentimento che cova, comportamento passivo-aggressivo, o improvvisi scoppi di violenza, poiché cercano di compensare il loro sminuito potere vittimizzando altri. Senza volontà, come è possibile resistere alle tentazioni delle dipendenze? Quando veniamo privati della possibilità di dire di no, veniamo privati della possibilità di avere il controllo della nostra vita e dell'affermazione essenziale del sé.

L'elenco che segue, tratto dalle regole della pedagogia velenosa di Alice Miller, serve a spezzare la volontà del bambino:

1. Gli adulti sono i padroni (non i servitori!) del bambino dipendente.
2. Come dio, stabiliscono cosa è giusto e cosa è sbagliato.
3. Quando i genitori si arrabbiano è colpa del bambino.
4. I genitori devono sempre essere spalleggiati.
5. Le emozioni in cui il bambino afferma se stesso costituiscono una minaccia per il potere dell'adulto.
6. La volontà del bambino deve essere spezzata il più presto possibile.
7. Tutto questo deve verificarsi in un'età molto giovane di modo che il bambino non si renda conto e dunque non sia in grado di smascherare l'adulto[14].

Ognuna di queste regole di abuso mina lo stabilizzarsi di un forte terzo chakra. Colpiscono lo svilupparsi della volontà, dell'autostima, della responsabilità personale e della libertà personale, alterandole efficacemente in forme irriconoscibili attraverso il dominio e la soppressione, il controllo e la violenza, il timore e la sottomissione. Quando questo accade in tenera età (specialmente durante il delicato formarsi del sé individuale), si verifica un collassare del nucleo, a cui gli altri chakra devono fornire protezione e compensazione.

ECCESSO E CARENZA

L'eccesso nel terzo chakra

Un falso sé che debba coprire le necessità del sé autentico, richiede una vita dominata dall'azione e dalla realizzazione.

JOHN BRADSHAW

Gli eccessi nel terzo chakra potrebbero apparire a prima vista come un'abbondanza di potere e di energia. In realtà compensano delle sensazioni di potenza sminuita o non riconosciuta. Per superare le sensazioni di debolezza, abbandono, trascuratezza, negletto e abuso, si verifica un attaccamento eccessivo – persino ossessione – al potere, al controllo e un rinforzo dell'autostima. Poiché il cuore del sé è denutrito, si cerca di tenere in piedi un'immagine di un falso sé che deve essere nutrito dall'approvazione degli altri. Ne risulta che l'eccesso nel terzo chakra può manifestarsi come una costante attività, oppure come ciò a cui John Bradshaw fa riferimento come a un fare umano invece che un essere umano. Questo rinforza l'ego con realizzazioni, doveri e impegni. Una persona del genere sarà sempre in moto, in uno stato di eccitazione e di stress che ne deriva, sentendosi a suo agio in tali condizioni, come un modo di essere vivo. Una simile pressione cronica può infine condurre a fatica cronica – trasformandosi, da uno stato di eccesso, in uno stato di carenza (fig. 3-3).

Una persona che ha un eccesso nel terzo chakra è dominata da una volontà rigida. Una volontà eccessiva non è necessariamente una volontà forte, poiché la sua mancanza di flessibilità può renderla fragile. Quando viene minacciata una volontà eccessiva può esplodere nella rabbia o ritirarsi nella paura. Una volontà eccessiva ha il costante bisogno di avere il controllo di se stessa, degli altri, delle situazioni. Nei casi estremi è il bravaccio – dominatore, aggressivo, iroso, gonfiato. In forme meno estreme è il manager, che tende a tenere sotto controllo le situazioni, ossessionato da ogni dettaglio, cercando di verificare il maggior numero di varianti possibile. Il manager vuole sempre sapere: "Chi ci sarà?" "Cosa mi devo mettere?" "Quanto ci vorrà?" "E se questo? e se quello?"

Talvolta è possibile vedere una volontà eccessiva nel controllo del proprio corpo. Talvolta i ballerini, gli atleti, chi si allena coi pesi, i corridori, quelli ossessionati dalle diete e persino chi fa pratica yoga, trattano il loro corpo come una macchina, facendolo lavorare duramente, stimolandolo con la volontà o costringendolo con la sottomissione al rigoroso regime che hanno scelto. Magari in apparenza scelgono un programma del genere per motivi spirituali, artistici o di salute, ma se andiamo ad esaminare più da vicino, si scoprirà la necessità che l'ego si rafforzi attraverso la bellezza del corpo o il modo in cui lavora. Anche se certamente questo non è sempre vero per tutte queste attività, ciascuno di noi può cadere in questa trappola quando ci impegniamo in un programma di miglioramento di noi stessi. Il corpo non è una "cosa", ma un veicolo vivente. L'integrazione che cerchiamo sta nell'armonizzare l'ascolto dei messaggi del corpo con l'incanalamento di questi impulsi in un'attività produttiva. Mentre chi ha un terzo chakra carente potrebbe *aver bisogno* di sviluppare la volontà con un regime personale, è più possibile che chi ha un terzo chakra in eccesso arrivi a toccare estremi dannosi.

Anche nella vita si può verificare lo stesso autocontrollo della volontà. Anche se non siamo impegnati in forme eccessive di attività, tuttavia affrontiamo per pura forza di volontà le sfide del quotidiano. Diventando degli automi ci svincoliamo dall'esperienza e dai sentimenti. Funzioniamo in modo automatico e raramente pensiamo a quello che stiamo facendo, essendo limitata la parte di noi stessi che vi è coinvolta. Qui la volontà è svincolata dallo spirito e dal corpo e ha assunto la funzione dell'ego, lasciandosi dietro l'esperienza. L'eccessiva volontà può assorbire energia vitale da quasi tutti gli altri chakra, chiudendo il secondo chakra per l'assenza di sentimento, impedendo al quarto una connessione autentica e al quinto l'espressione. Il corpo può anche apparire radicato nell'attività, ma lo spirito non è radicato nel corpo.

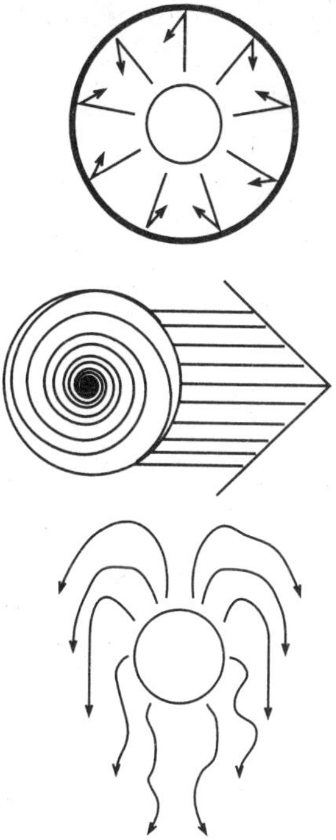

ECCESSO 1: BLOCCATO
L'energia in eccesso si accumula se la sua espressione viene bloccata e può rivolgersi contro il sé.

ECCESSO 2: ATTIVO
Quando il terzo chakra è aperto è focalizzato e possiede una direzione. Se è in eccesso l'espressione può essere dominatrice e ossessiva.

CARENZA
Un terzo chakra carente è svuotato. L'energia che ne defluisce è debole e senza scopo.

Figura 3-3. Eccesso e carenza nel terzo chakra

A livello esterno, un terzo chakra in eccesso ha la tendenza ad abusare del potere, dal momento che deve compensare un ego debole e un basso grado di autostima. Ci si può sentire intossicati dal potere e l'ego può diventare costrittivo, ossessivo e inflessibile. Il bisogno di potere calpesta altri valori, come l'amore per se stessi, la compassione, la pazienza e la comprensione. L'energia vitale viene intrappolata nel terzo chakra e non riesce a viaggiare verso altre zone.

In genere le persone che soffrono di forte ansia (ipertensione) sono in sovraccarico. Anche se questo fatto potrebbe non essere in relazione al terzo chakra come *causa*, lo è nell'effetto. In quanto processore centrale di espressione e distribuzione dell'energia, il terzo chakra fa gli straordinari quando il sistema è sovraccarico, col risultato di iperattività, tensione muscolare, acidità di stomaco e una personalità dominante o una volontà di ferro.

Carenza

Le persone che hanno una carenza del terzo chakra presentano un insieme di caratteristiche che possono comprendere mancanza di fuoco e vitalità, mancanza di autodisciplina, volontà debole e mancanza di spontaneità. Possono essere facilmente manipolati dagli altri e spesso si sentono delle vittime. Spesso è presente la depressione, poiché l'energia del corpo è letteralmente depressa e trattenuta, bloccata spesso da sentimenti di vergogna. In questo caso l'ego debole si difende sottraendosi più che ipercompensando. Queste persone possono essere assai timide e apparire fredde e riservate. Tendono ad evitare il confronto e la sfida, specialmente quando esiste il rischio di esporsi in prima persona, come ad esempio esibirsi di fronte a un pubblico o accettare il rischio emotivo in una relazione. Preferiscono rimanere al sicuro, seguire le regole, lasciare che siano gli altri a condurre il gioco e compiacere il prossimo. Sono persone passive e mantengono il controllo attraverso la loro passività. Lasciando che siano gli altri a prendere in mano la situazione evitano la vulnerabilità e il rischio e tengono in loro potere gli altri che devono assumersi il rischio al posto loro. Nelle relazioni, lasciano che siano gli altri a iniziarle ed essi le seguono tranquillamente, spesso con un segreto risentimento. La loro passività può suscitare nel partner frustrazione e malessere mentre loro, per quanto li riguarda, appaiono calmi, tranquilli e controllati. Facendo i bravi evitano rimproveri e responsabilità. Hanno un terzo chakra carente i bambini isolati nella famiglia, i lavoratori tranquilli nell'organizzazione, oppure la moglie o il marito devoti e altruisti.

John accetta di accompagnare il suo vicino dal dottore anche quando preferirebbe non farlo, ma è troppo passivo per dire di no. Invece arriva in ritardo di 45 minuti all'appuntamento. In tal modo si evita il confronto nell'esprimere rabbia e aggressività con il minimo rischio personale.

Paura, colpa e vergogna (i demoni dei primi tre chakra) sono le influenze dominanti di un terzo chakra carente. La paura contrae l'energia alla base, la colpa limita il fluire del movimento, così è molto poca l'energia che si irradia dal terzo chakra, dal momento che viene limitata prima ancora di arrivarci. L'energia che ci arriva è bloccata dalla vergogna.

Per contrasto i chakra superiori possono presentare un eccesso. Si avverte un forte bisogno di amore, poiché spesso l'amore spinge l'energia verso l'alto dalla base verso una liberazione che accresce letteralmente l'energia del terzo chakra. L'autostima che deriva dal sentirsi amati crea una sensazione di sicurezza, che permette gradualmente al potere di svilupparsi. Ma se il rapporto fallisce (come spesso avviene) allora l'energia ripiomba in uno stato di contrazione e l'ego torna a considerarsi inadeguato.

In un terzo chakra carente è comune la mancanza di aggressività verso l'esterno. Semplicemente non vi è sufficiente energia disponibile, oppure l'energia che c'è è bloccata dal timore e dalla vergogna. Se sentiamo di non valere nulla, che senso ha lottare per ottenere qualcosa? Diciamo a noi stessi che non abbiamo importanza e dunque che ciò che accade non ha importanza. La passività è più sicura. Impegnarsi significa introdurre la paura dove l'isolamento è assai più comodo.

Questo isolamento e questa passività verso gli altri ci taglia fuori dall'energia del mondo attorno a noi. Già scaricati, diventiamo poi un sistema chiuso, che precipita verso lo svuotamento e la monotonia, il che, è naturale, aumenta la mancanza di autostima.

Senza un forte terzo chakra ci manca la volontà di guidare la nostra vita. L'autodisciplina è poca, l'azione è rara e le responsabilità vengono evitate. Non riusciamo a seguire una dieta, a intensificare la nostra energia con l'esercizio fisico, a costringerci a portare a termine i progetti. La corrente liberatoria non ha forza sufficiente per sfuggire al campo gravitazionale dei chakra inferiori e noi semplicemente non ci stacchiamo da terra.

Le persone che soffrono di sindrome da affaticamento cronico presentano uno svuotamento dell'energia del terzo chakra. Il che potrebbe essere dovuto a un'attività eccessiva in cui è venuto a mancare il combustibile, o un trattenere cronico che lega l'energia fino al suo esaurimento, oppure problemi di salute vari, come un'infezione da candida, la sindrome di Epstein Barr, la malattia di Lyme e la mononucleosi. In tutti i casi il corpo viene richiamato al riposo e alla ricarica per contrarre le fonti più profonde di energia che emanano dal nucleo biologico.

Sia un terzo chakra carente che uno in eccesso sono attratti da stimolanti come caffeina, anfetamine o cocaina. Gli stimolanti aiutano il sistema carente a sentirsi normale e quello in eccesso a continuare la sua costante attività. Le personalità molto ansiose possono sentirsi attratte anche da droghe calmanti, come gli oppiacei, i barbiturici e l'alcool.

È possibile avere un chakra che presenta tanto strategie di carenza che di eccesso. Possiamo possedere una volontà debole ma impegnarci in costanti attività, ma col tempo miniamo il sistema. Possiamo sentirci indolenti e pigri e tuttavia essere molto manipolativi. La cosa importante è quella di rendersi conto che tutti questi comportamenti sono volti a compensare delle ferite profonde dell'autonomia e dell'autostima.

RIPRISTINARE IL LOTO

Guarire il terzo chakra

Poiché in ogni atto d'amore e volontà – e alla lunga entrambi sono presenti in ogni azione genuina – noi forgiamo allo stesso tempo noi stessi e il mondo. Questo è ciò che significa abbracciare il futuro.

ROLLO MAY

Principi generali

È essenziale guarire il terzo chakra per mantenere un sano metabolismo, per equilibrare la distribuzione dell'energia all'interno del corpo e determinare il corso della nostra vita con la giusta responsabilità e libertà. Per ottenere tutto questo abbiamo bisogno di lavorare contemporaneamente a due livelli: l'organizzazione interna dell'energia all'interno del corpo e l'espressione esteriore di quella energia nel mondo esterno. Quando ci rivolgiamo ad entrambi i livelli, la nostra volontà si sviluppa fino ad un punto in cui possiamo cominciare a lavorare per provocare dei cambiamenti politici e sociali e per dare una mano nella lotta ininterrotta per la liberazione degli esseri umani.

Come c'è da aspettarsi, il lavoro sulla parte interiore ha la priorità. Non possiamo agire in modo molto efficace nel mondo esterno se la nostra energia personale è immobilizzata da blocchi nel corpo. Per sciogliere questi blocchi bisogna superare l'inerzia esistente – i vecchi modelli di comportamento che ci trascinano verso il basso, le paure che dal passato ci dominano e ci legano, l'autoanalisi paralizzante della nostra vergogna o il trasformare in azioni compulsive i nostri conflitti irrisolti. Il primo passo verso il processo di individuazione è quello di superare questo stato di inerzia.

Guarire la carenza

Se di base il chakra è carente, allora l'energia deve essere accumulata lentamente come se si attizzasse un fuoco. Non possiamo sfuggire al campo gravitazionale del primo e del secondo chakra senza accendere un fuoco bruciante che ci spinga avanti. Senza il fuoco della fiducia e dell'entusiasmo non possiamo affrontare delle nuove sfide o mantenere con successo delle discipline, come una dieta restrittiva o una pratica di meditazione. Ci esporremmo a dei fallimenti, che non farebbero che aumentare la sensazione di vergogna e di impotenza.

Attizzare il fuoco significa aumentare l'energia metabolica. Il primo passo in questo processo è quello di prendere in esame quanto combustibile viene consumato per tenere acceso quel fuoco, facendo attenzione alla dieta. Mangiare dei cibi poveri di grasso, zucchero e additivi, ma ricchi di carboidrati complessi e proteine, oltre a verdure in quantità sufficiente, aiuta a bruciare il fuoco in modo pulito. Mangiare a intervalli regolari aiuta a mantenere stabile il livello degli zuccheri e a far scorrere in modo equilibrato l'energia. Il frequente esercizio aerobico per almeno mezz'ora alla volta aiuta la traspirazione del corpo, aumenta l'efficienza metabolica e sviluppa una sensazione di forza aumentando la tonicità muscolare. Via via che la nostra forma fisica migliora, la nostra energia scorre in modo più fluido e aumenta anche la fiducia in noi stessi.

Un terzo chakra carente ha bisogno di affrontare la vita con strategie che offrano nutrimento e sostegno. Quali sono le attività che vi lasciano pieni di energia? Quali sono le attività che vi fanno sentire prosciugati? A che cosa, in quelle attività, risponde il vostro organismo? Trovate delle attività che vi diano energia e cercate di aumentare il tempo che dedicate loro.

Anche le sfide e le difficoltà possono aumentare la nostra energia, ammesso che non siano totalmente travolgenti e impossibili. Chi tende a sfuggire si sente svuotato e incapace di affrontare le sfide, ma raramente si rende conto che è proprio quella fuga che lo tiene scarico. Prendete nota di ciò che accade nel vostro corpo quando affrontate il vostro capo o vi assumete un rischio che vi spinge su un nuovo territorio. Quella sensazione di tremore può essere l'attivazione della paura o della vergogna, ma è anche uno stato di energia e di vitalità più intense. Quando ci accingiamo ad accettare una sfida, innalziamo anche il voltaggio psichico del sistema in quanto tale. L'inerzia ci immobilizza in modelli già esistenti, ma se ci spostiamo verso nuovi territori siamo costretti a crearci modelli nuovi, a fare esperienza della vita nel suo farsi e a scoprire le nostre riserve segrete di potenza e di forza.

Chi ha un terzo chakra carente deve lavorare per rafforzare la propria volontà, sia accrescendo l'energia fisica, sia prestando un'attenzione cosciente ai propri scopi e desideri. Molti dei miei clienti non hanno il controllo della loro vita, perché non hanno un piano generale che delinei a lungo termine i loro scopi. La struttura carente non è in grado di organizzarsi molto bene e ha bisogno di un piano per tenerli in carreggiata. Se ci atteniamo a un piano o a una routine accresciamo la nostra sensazione di forza e controllo e aumentiamo la fiducia in noi stessi.

Guarire l'eccesso

Un terzo chakra in eccesso ha più energia di quella che il sistema può sopportare e questa energia ha bisogno di essere scaricata o ridistribuita agli altri chakra. Spesso la strategia usata per questo tipo di lavoro è quella di aumentare il funzionamento degli altri chakra, più che stimolare il terzo chakra stesso. Se l'energia in eccesso deve essere ridistribuita, deve avere un posto dove andare. Potrebbe essere necessario aprire dei canali per esprimere le emozioni, ammorbidire il cuore o intensificare il collegamento con la terra. In presenza di un eccesso, lavorare direttamente sul terzo chakra creerebbe soltanto uno scontro di forze che porterebbe a un ulteriore eccesso.

Invece un terzo chakra in eccesso ha bisogno di rilassarsi, di stare tranquillo e di lasciare andare il controllo. Un modo eccellente di cominciare è la meditazione guidata, che porti a un rilassamento profondo. Questo è il momento di lasciarsi andare alla tranquillità, per stabilire un contatto più profondo col corpo e la mente. Lo yoga facilita il rilassamento e la flessibilità, sciogliendo dolcemente i blocchi che intrappolano la tensione. Prescrivere del tempo libero, senza porsi delle richieste o un fine, permette al terzo chakra di disimpegnarsi dalla sua costante spinta in avanti e permette alla persona di sperimentare un più profondo stato dell'essere. I tipi che presentano un eccesso nel terzo chakra troveranno estremamente difficile tollerare di prendersi dei periodi di tempo senza far nulla e potranno accettarlo soltanto se saranno convinti che, di fatto, stanno "facendo" qualcosa per migliorare la propria salute. Il che è particolarmente vero quando si rendono conto che il rilassamento promuove una maggiore produttività.

Altre strategie generali per curare il terzo chakra

Rinunciare alla sicurezza

La prima cosa che dico ai miei clienti o ai membri del gruppo quando desiderano sviluppare il loro terzo chakra, è che devono rinunciare ad essere attaccati alla sicurezza. Il che significa rinunciare a volere che tutto sia assicurato in anticipo e accettare che si possa essere criticati, sfidati, fraintesi, respinti o che si possa fallire. Se la sicurezza può rivelarsi importante per quanto riguarda la sopravvivenza e per sviluppare le emozioni, se tutto ciò che facciamo è privo di qualsiasi rischio reale, questo non costituisce più una sfida alla nostra potenza.

Dobbiamo accettare il fatto che il mondo non è sicuro. Se ci limitiamo a quello che è prevedibilmente comodo, tanto vale che non ci alziamo dal letto la mattina. Nell'attaccarci alla sicurezza e alle certezze rimaniamo dei bambini – impotenti, che vogliono che il mondo sia fatto a loro uso e consumo. La sfida della potenza è quella di maturare, di accettare le responsabilità e di forgiare la forma del nostro futuro usando la proattività. Accresciamo la nostra potenza accettando le sfide e risolvendole con successo. Dobbiamo accettare di correre dei rischi, di avventurarci nell'ignoto e di sfuggire alla forza di gravità di ciò che ci è familiare, per poterci espandere verso l'alto e verso l'esterno nel nostro viaggio lungo il Ponte dell'Arcobaleno.

Lavorare con la rabbia

Mentre in genere le emozioni sono in relazione al secondo chakra, la rabbia è particolarmente rilevante per il terzo, in quanto esprime un'energia assertiva, ardente. La rabbia bloccata può creare tanto delle condizioni di eccesso che di carenza, ma è più probabile che siano di eccesso. Le persone che presentano delle strutture di carenza potrebbero anche non essere consapevoli della propria rabbia, dal momento che non posseggono energia sufficiente per esprimerla. Permettere a una struttura carente di sviluppare un mezzo che dia espressione alla rabbia, gli permette di provare questa emozione in modo energizzante e rafforzante.

Se la rabbia viene percepita ma non espressa, è più probabile che provochi una condizione di eccesso. La rabbia è energia, poiché il corpo fa il tentativo di affrontare una sfida aumentando la propria carica. Se la sensazione che ci provoca la rabbia si verifica di frequente, ci troviamo a vivere in uno stato di sovraccarico. Se quella energia non può essere espressa, la carica nel corpo si accumula e rimane bloccata nei muscoli sotto forma di ipertensione, attività compulsiva o la necessità di operare il controllo.

La rabbia bloccata è spesso uno dei fattori dell'obesità, che può essere considerata un difetto metabolico. Qualcosa impedisce che il materiale consumato come cibo si trasformi in energia. Potremmo dire che i fuochi non bruciano come dovrebbero o che l'energia ignea in qualche modo è bloccata. Poiché il cibo, in teoria, dovrebbe fornirci energia, la persona obesa è frustrata in quanto il cibo che consuma non le fornisce alcuna energia, così cerca dell'altro cibo, il che non fa che peggiorare il problema. Ho scoperto che liberare la rabbia bloccata spesso migliora il metabolismo e aiuta a stabilizzare i problemi di peso, talvolta senza cambiare, o quasi, la dieta. Quando è necessario stare a dieta, spesso recuperare la nostra rabbia aiuta ad aumentare l'energia, mettendola a disposizione della volontà e rendendoci più facile seguire la dieta.

Per tirare fuori la rabbia, bisogna andare a vedere che cosa l'ha provocata, esaminare le situazioni che siamo stati costretti a sopportare e recuperare il diritto di opporsi a quegli abusi di potere che ci hanno ferito o oppresso. Se indirizziamo la nostra rabbia a questi aspetti del passato aiuteremo a liberare l'energia disponibile per le sfide del presente. Essa ci impedisce anche di trovarci con un livello di carica energetica inappropriato per i problemi attuali.

In una situazione terapeutica, liberare la rabbia contro nostro padre ci farà smettere di tormentare il nostro ragazzo o nostro marito. Tener testa a nostra madre ci eviterà di provare del risentimento verso nostra moglie, la nostra ragazza o nostra figlia. Se siamo in grado di esprimere la nostra rabbia man mano che si forma, le impediremo di diventare eccessiva o dannosa e aumenteremo invece la nostra sensazione di accresciuta forza. Nella mia esperienza di terapista, ho notato che spesso i clienti temono che, se si arrabbiano durante la terapia, si trasformeranno in persone orribili, piene di rabbia, nella vita quotidiana. Ma in realtà liberare la rabbia li rende meno rabbiosi e tuttavia permette loro di vivere in modo più efficiente.

Attaccare il demone della vergogna

Tanto nei chakra che presentano carenza, che in quelli che presentano un eccesso, in genere troviamo il demone della vergogna che occhieggia dalle ombre del terzo chakra, pronto ad attaccare la sua povera vittima nel momento in cui si verifichi un qualche errore (o persino successo). In tal modo viene continuamente minato il fondamento di un potere equilibrato – una sana autostima. Ad alcuni questo causa una ritirata e un collasso, ad altri una furiosa attività compensatoria.

In entrambi i casi, bisogna portare alla luce e sradicare dal terreno del nostro essere la radice della vergogna. Possiamo provare vergogna del nostro corpo, delle nostre emozioni e sessualità, delle nostre necessità, perché non siamo "abbastanza buoni" o di qualunque altro motivo. È importante che riconosciate la vocetta critica nella vostra testa e vi chiediate a quale voce assomiglia. Quali forze agivano su quella persona che indirizzava un simile criticismo nella vostra direzione? Che cosa pensava di se stessa?

Spesso, quando la voce alza la sua brutta testa, è un monologo. "Sei uno stupido. Non sai mai fare nulla. Non farai mai niente di te stesso". Dov'è l'altro lato della conversazione? Dov'è la ribellione che dice: "Macché stupido! Non mi hai mai fatto vedere come fare le cose! Non hai mai perso tempo a insegnarmi. Ti aspettavi che mi comportassi in modo impossibile per la mia maturità, che sapessi cose che non potevo assolutamente conoscere. E senza il minimo sostegno o incoraggiamento!" Oppure la voce ribelle potrebbe dire: "Guarda, questa è la prima volta che provo a fare questa cosa. Non sarò certo un esperto la prima volta, ma perlomeno concedimi il credito di averci provato. Sto facendo del mio meglio. *Va all'inferno!*"

Inevitabilmente la vergogna è il risultato della violenza. Se guardate il bambino che eravate nel contesto di quella violenza e mostrate compassione per quel bambino, aiuterete a dissipare la vergogna. I diologhi col bambino interiore fanno sì che la parte adulta del sé dica alla parte bambina del sé che sono perdonati, che non è stata colpa loro, che non avevano commesso nulla di sbagliato o che non si meritavano quella violenza. Questo rimpiazza la programmazione ipercritica, che causa vergogna, che ci lacera e ci toglie ogni gioia dalla vita.

Conclusione

Il lavoro sul terzo chakra, che si tratti di un problema di eccesso o di carenza, deve concentrarsi sul rafforzamento dell'ego. Il che significa sviluppare il contatto col sé più autentico attraverso il corpo e attraverso le sue sensazioni e aspirazioni, innalzare il livello dell'autostima attaccando il demone della vergogna e creando una sensazione di forza, accettando le sfide ed impegnandosi in attività stimolanti. Quando si abbandonano le inibizioni e le paure, si libera l'energia spontanea, giocosa, che rende la vita facile e piacevole. Queste tattiche nutrono la corrente liberatoria che sale dal chakra della base.

Per onorare la coscienza che scende dall'alto è utile compilare una lista di obiettivi e intenzioni e poi pianificare i passi necessari per realizzare quegli obiettivi. La volontà si sviluppa quando applichiamo la nostra energia a questi scopi oppure ad altre routine che aiutano a sviluppare le nostre capacità e la nostra energia fisica. Il risultato dei nostri sforzi rinforza positivamente il processo e radica anche la forza del nostro terzo chakra nella realtà tangibile. Quando il terzo chakra viene guarito, si crea anche un sano senso del potere, ma se ne creano anche i limiti. Questo promuove un approccio proattivo e realistico nei confronti della vita, un approccio fiducioso, caldo, responsabile e perseverante. Lui o lei sono ora in grado di accettare una sfida, di portare a termine dei compiti, di affrontare in modo costruttivo un'opposizione invece che reagire con una vendetta e di assumersi la responsabilità delle loro azioni. La persona che ha un sano terzo chakra, possiede una buona vitalità e la capacità giocosa di ridere di se stessa.

NOTE

[1] Laurence Boldt, *Zen and the Art of Making a Living* (New York, Penguin Arkana, 1993) xlvi.

[2] Ibid., 152.

[3] Ibid., 134.

[4] John Pierrakos, *Core Energetics; Developing the Capacity to Love and Heal* (Mendocino, CA, Life Rhythm Pubblication, 1987), 286.

[5] Rollo May, *Love and Will* (New York, Delta, 1969), 27.

[6] Ibid., 218.

[7] Ibid., 193.

[8] Come la volontà si costruisce sul piacere (muovendosi dal terreno verso l'alto), così il piacere si presenta solo in cooordinamento con la volontà (la corrente discendente infatti si muove verso il basso). La coercizione sessuale ne è un esempio primario, in quanto un'attività normalmente piacevole viene deprivata del piacere perché la volontà non si accorda con l'azione.

[9] Alexander Lowen, *Language of the Body* (New York, Collier Books, 1988), 200.

[10] Robert Bly, *Iron John* (Reading, MA, Addison-Wesley, 1990), 110-111.

[11] Starhawk, *Truth or Dare* (San Francisco, Harper & Row, 1987), 71.

[12] Ibid., 81.

[13] Alice Miller, *Drama of the Gifted Child* (New York, Basic Books, 1981), 39.

[14] Alice Miller, *For Your Own Good* (New York, Basic Books, 1983), 59.

LETTURE CONSIGLIATE

Healing the Shame that Binds You. John Bradshaw. Deerfield Beach, FL, Health Communications, 1988.

Truth or Dare: Encounters with Power, Authority, and Mystery. Starhawk. San Francisco, Harper & Row, 1987.

Love and Will. Rollo May. New York, W.W. Norton, 1969.

The Act of Will. Robert Assagioli. NewYork, Penguin Arkana, 1974.

The Seven Habits of Highly Effective People. Steven R. Covey. New York,: Simon & Schuster, 1989.

The Dance of Anger: A Woman's Guide to Changing the Patterns of Intimate Relationships. Harriet Goldhor Lerner. New York, Harper & Row, 1985.

Anger: The Misunderstood Emotion. Carol Tavris. New York, Simon & Schuster, 1982.

IL QUARTO CHAKRA
Trovare l'equilibrio in amore

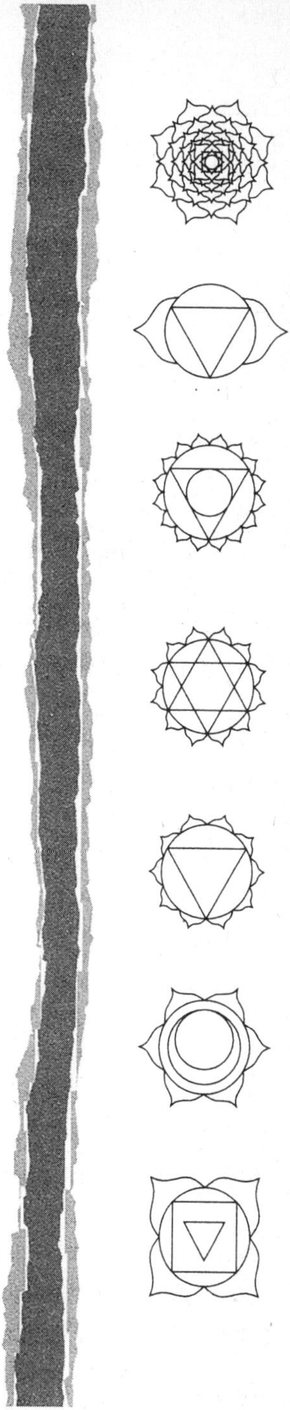

COLPO D'OCCHIO SUL QUARTO CHAKRA

Elemento
Aria

Colore
Verde

Nome
Anahata (non colpito)

Collocazione
Petto, cuore, plesso cardiaco

Scopo
Amore ed equilibrio

Identità
Sociale

Caratteristiche
Amore
Equilibrio
Amore per se stessi
Relazione
Intimità
Anima/animus
Devozione
Aprirsi e accogliere

Orientamento
Autoaccettazione
Accettazione degli altri

Demone
Dolore

Stadio evolutivo
Da 4 a 7 anni

Scopi evolutivi
Formazione delle relazioni familiari e tra i pari, sviluppo della personalità

Diritti fondamentali
Amare ed essere amati

Caratteristiche equilibrate
Compassionevole
Capace di amare
Empatia
Amore per sé
Altruismo
Pacificato, equilibrato
Sistema immunitario efficiente

Traumi e violenze
Rifiuto, abbandono, perdita
Vergogna, criticismo costante
Violenza a qualsiasi altro chakra, in particolare ai chakra inferiori
Dolore inconsapevole, compreso il dolore dei genitori
Divorzio, morte della persona amata

COLPO D'OCCHIO SUL QUARTO CHAKRA

Ambiente freddo, privo d'amore
Amore condizionato
Violenza fisica o sessuale
Tradimento

CARENZA

Antisociale, isolato, freddo
Critico, portato a dare giudizi, intollerante di sé e degli altri
Solitudine, isolamento
Depressione
Paura dell'intimità, delle relazioni
Mancanza di empatia
Narcisismo

ECCESSO

Codipendenza
Confini deboli
Esigente
Tende ad attaccarsi
Geloso
Si sacrifica eccessivamente

DISFUNZIONI FISICHE

Disturbi cardiaci, polmonari, del timo, del seno, delle braccia
Mancanza di respiro
Petto infossato
Problemi circolatori
Asma
Carenze del sistema immunitario
Tensione tra le scapole
Dolori al petto

STRATEGIE DI CURA

Esercizi di respirazione, pranayama
Esercizi con le braccia, compiendo il gesto di prendere e di ricevere
Tenere un diario, scoperta di se stessi
Psicoterapia: analizzare le convinzioni sulle relazioni, liberazione emotiva del dolore, perdono quando è appropriato, lavoro sul bambino interiore, lavoro sulla codipendenza, accettazione di sé, integrazione anima/animus

AFFERMAZIONI

Sono degno di essere amato
Amo me stesso e gli altri
Vi è una riserva infinita d'amore
Vivo in equilibrio con gli altri

SFUMATURE DI VERDE

Guidati dalle forze dell'amore, i frammenti del mondo si cercano, così che il mondo venga in essere.

PIERRE TEILHARD DE CHARDIN

Anche se viviamo in una cultura ossessionata dal potere, siamo tuttavia guidati dal bisogno di amore. Il diritto fondamentale del chakra del cuore – *amare ed essere amati* – è semplice, profondo, diretto. Purtroppo è facile che questo chakra sia danneggiato, sminuito, ferito. Queste ferite hanno un profondo effetto, in quanto feriscono sia lo spirito che l'anima, influenzano tanto la mente che il corpo e lasciano un'impronta sul nucleo più profondo del sé.

Perché l'amore è così elusivo se è tanto semplice? La letteratura abbonda di storie d'amore e della sua perdita, storie che conosciamo anche troppo bene per esperienza personale. Nulla è così elettrizzante come il fiorire dell'amore, nulla così devastante come la sua perdita. Profonda esperienza archetipica, l'amore è la forza che guida la nostra vita. Non possiamo vivere senza e tuttavia il mondo ne piange la mancanza.

Tutte le forme di abuso infantile sono, di fatto, travestimenti dell'amore. Sono travestimenti perché non sono una totale mancanza d'amore, ma una mancanza di amore sano. Quanti bambini sono stati maltrattati e abusati, molestati sessualmente, puniti severamente oppure soffocati e dominati, sentendosi dire "lo faccio perché ti voglio bene"? I travestimenti dell'amore si verificano quando l'elemento più necessario della vita è deformato e strappato, sottratto e usato come mezzo di controllo. Senza sapere qual è l'aspetto sano dell'amore, ci è difficile crearlo nella nostra vita. Ci attacchiamo a semplici parvenze d'amore, sacrificandoci sul suo altare e fuggendo terrorizzati quando lo troviamo.

Invece ci volgiamo all'opposto dell'amore: guerra e violenza.

La violenza in televisione modella il comportamento dei nostri bambini e le bande offrono a molti dei nostri giovani l'unico senso di appartenenza. Nel mio lavoro gli adolescenti mi dicono che "crudele è bello", e che per essere un uomo bisogna essere un duro. Ogni giorno in America 270.000 bambini portano a scuola delle pistole e ora i morti per ferite da arma da fuoco superano quelli per incidenti automobilistici[1]. Non è questo un travestimento dell'amore?

Oggi l'orientamento della politica corrente è quello di tagliare i fondi per i poveri e i senzatetto, per gli immigranti e i bambini, mentre il budget del ministero della Difesa rimane intangibile e raramente se ne fa menzione nelle discussioni di bilancio. È piuttosto allarmante pensare che i nostri leader politici rispecchino questo sistema di valori – più allarmante ancora vedere il numero di persone che devono sostenere questo sistema di valori. *Quale tipo di miti culturali genera questi valori?*

I miti sono le storie culturali sulla nostra origine e sui nostri obiettivi. Inconsciamente queste storie influenzano e possono persino dominare la nostra vita. Definiscono ciò che è possibile, ci forgiano quali siamo e ci conducono a quello che può essere. I miti sono la dichiarazione delle relazioni primarie che esistono tra gli elementi archetipici dell'universo e dei loro corrispondenti nella nostra psiche.

Nei miti prevalenti siamo figli di un divorzio. La Grande Madre, un archetipo fondamentale della psiche, è stata venerata come una divinità vivente nel corso di almeno 25.000 anni della storia umana durante il Paleolitico e il Neolitico[2]. È l'archetipo ancestrale di noi tutti e il suo ricordo è sepolto profondamente nell'inconscio collettivo. Essa rispecchia l'esperienza che ciascuno di noi ha avuto della propria madre nella prima infanzia e incarna l'impronta archetipica della fonte della maternità – accudimento, nutrimento, contenimento e connessione.

La mente collettiva della civiltà occidentale l'ha, da lungo tempo, dimenticata. Cancellata dalla mitologia predominante, brilla per la sua assenza. Ora sta iniziando a risalire alla superficie grazie al crescente movimento della Dea Madre, alla più recente ricerca archeologica e alla popolarità della psicologia junghiana degli archetipi. È la madre che abbiamo perso e che solo ora iniziamo a ritrovare. È l'archetipo femminino dell'origine più arcaica della nostra storia culturale.

In sua assenza, nella nostra mitologia predominante, l'unico protagonista è diventato il Grande Padre. Egli è forte e potente, ma distante ed etereo. Non ha una moglie né una figlia e tutto ciò che l'archetipo femminile rappresenta gli è estraneo. Il suo figlio più diretto è stato crocefisso, apparentemente per i peccati dei suoi figli. Nella definizione del divorzio, noi siamo i figli bastardi che sono stati affidati al Padre[3]. Nella nostra nuova casa non si poteva parlare della Madre e così è stata dimenticata.

Abbiamo ereditato il mito di una famiglia distrutta. Siamo i figli senza madre nella casa distante del padre, che cercano di trovare l'unità in un mondo che agogna alla magia e al mistero dell'amore. Questa è la nostra storia. Questi sono i nostri genitori. Noi siamo i figli di un matrimonio non riconosciuto.

Non c'è da meravigliarsi che siamo tanto assetati di amore romantico. Non c'è da meravigliarsi che il mito dell'uomo-incontrò-la-donna-e-vissero-felici-e-contenti-per-tutta-la-vita pervada le nostre fantasie collettive, rendendo irriconoscibili altre forme d'amore. Se fossimo stati i figli di una mitica famiglia unita e piena d'amore, *una mitologia associativa*, potremmo ricercare l'unione da un'esperienza di cooperazione, invece che attraverso la necessità compulsiva di completare i nostri sé incompleti attraverso l'altro.

Il nostro mito predominante è un mito di separazione. Ci vediamo come esseri separati dalla Natura, separati l'uno dall'altro e separati dal divino. Le separazioni sono create dalla razza, dalla classe sociale, dal sesso e dall'età. Gli individui sono imbevuti del diritto morale, persino l'incoraggiamento, a fare tutto ciò che è necessario per proseguire la loro esistenza individuale. L'ambiente e i suoi abitanti vengono distrutti, mentre noi continuiamo a portare avanti le nostre necessità individuali. La ricchezza e la classe sociale creano ulteriori separazioni, ulteriore privatezza e ulteriore individualismo.

Abbiamo creato un'enorme separazione e alienazione tra uomini e donne e ancora separazione tra donne e donne e tra uomini e uomini. L'amore, collante dell'universo che tutto pervade, è limitato dalla cultura alla diade ristretta del legame eterosessuale e ai suoi spesso soli germogli. Il modello è chiaramente difettoso, dal momento che i nostri bambini subiscono abusi e nei nostri matrimoni si ripete il modello dei nostri genitori mitici – con un'epidemia di divorzi.

Per quanto riguarda la collettività, sembra che l'amore per il mondo stia scomparendo. Tutti sappiamo quanto è profondo il dolore della perdita dell'amore. Sfonda il centro del nostro essere, scava un buco profondo nell'anima e ferisce e invalida lo spirito vitale.

Scollegati come siamo, possiamo difficilmente prestare attenzione alle tragedie che avvengono nel mondo. Forse perché l'arte di prestare attenzione è un'arte che si è persa? Forse perché il tempo che ci vuole per mettersi in relazione profonda, per sentire con pienezza e comunicare e comprendere non è più considerato tempo ben speso? Siamo diventati alienati, ostili, sempre sulla difensiva, centrati su noi stessi e ossessivamente consumisti. Ciò che ne risulta è l'isolamento, la costrizione e la limitazione. Il terreno che ci sostiene diventa malsicuro e l'energia che ci fa evolvere viene ristretta a modelli tradizionali, che sostengono il mito della separazione. Nel nostro isolamento ci siamo allontanati dalla nostra fonte spirituale, dal nostro cuore.

Quando si attraversa il Ponte dell'Arcobaleno, che collega il Cielo alla Terra, la coscienza ricollega le parti separate del mondo. Si àncora il mito dell'individualismo al collegamento con la terra necessario al sé, mentre, allo stesso tempo, quel sé si espande in un'unità cosciente col mondo che ci circonda – socialmente, ecologicamente e miticamente. Per accedere al divino e diventare Dei, dobbiamo riconoscere la nostra natura divina quale parte del più grande mistero della rivelazione. Quando il cuore guarisce, la mente e il corpo, il mistico e il mondano, il sé e l'altro vengono riunificati in un'unità integrata.

Questo è il nostro compito nel chakra del cuore ed è il compito di chiunque di noi che voglia guarire questo mondo e assicurarsi un futuro. Senza amore non esiste forza legante che tenga insieme il mondo. Senza amore non vi è integrazione, ma *dis*-integrazione. Senza amore il nostro Ponte dell'Arcobaleno collassa nel mezzo e noi precipitiamo nel baratro della separazione che vi sta sotto.

I PETALI SI SCHIUDONO

Caratteristiche essenziali del quarto chakra

Il mistero dell'amore

Per un essere umano amare un altro essere umano: questo è forse il compito più difficile che ci è stato affidato, il compito ultimo, il test e l'esame finale, l'opera per cui tutte le altre opere non sono che una preparazione.

REINER MARIA RILKE

Cavalcando l'oro fiammeggiante del nostro centro del potere, siamo ora giunti al cuore del sistema dei chakra. Qui, in una fascia di verde, giace il centro del Ponte dell'Arcobaleno, il punto centrale del nostro viaggio. Come le piante che crescono, verdi, spingendosi verso il cielo dalle loro radici affondate nella terra, anche noi ci spingiamo fuori in due direzioni – ancorando la corrente della manifestazione nel profondo dei nostri corpi ed espandendo la corrente liberatoria man mano che ci apriamo oltre noi stessi. Nel chakra del cuore queste correnti giungono al perfetto equilibrio nel centro del nostro essere. È da quel sacro centro – il cuore del sistema – che entriamo nel mistero dell'amore.

Gli aspetti fondamentali che incontriamo nel chakra del cuore riguardano *equilibrio*, *amore* e *relazione*. Attraverso l'equilibrio troviamo un centro da cui possiamo amare, attraverso l'amore creiamo delle relazioni e attraverso le relazioni abbiamo l'opportunità di risvegliare l'ego centrato su se stesso dei chakra inferiori alla consapevolezza del regno più vasto in cui siamo racchiusi.

L'incantesimo dell'amore apre la via a una coscienza più ampia. Quando ci innamoriamo siamo improvvisamente spogliati delle nostre difese, strappati dalle abitudini egoiste e proiettati verso una visione allargata del mondo. L'amore scioglie le nostre rigide attitudini e trasforma la nostra struttura psichica. Quando ci innamoriamo vediamo le cose come se fossero nuove – i colori sono più intensi, i luoghi assumono un nuovo senso, gli interessi dell'amato diventano i nostri interessi.

Allo stesso tempo quell'amore allarga il nostro orizzonte e ci porta anche ad un rapporto più profondo con noi stessi. Quando ci innamoriamo entriamo nel nostro corpo; il desiderio ci mette in contatto con la nostra parte fisica attraverso le nostre voglie e le nostre necessità. Con l'altro celebriamo il tempio del corpo e onoriamo la nostra fisicità. Immergendoci all'interno di noi stessi per spartire i nostri doni con la persona amata, siamo costretti a confrontarci e a sviluppare la nostra natura più profonda.

L'intimità dell'amore rivela e integra l'ombra. L'accettazione amorevole di un altro fa sì che le parti rifiutate della nostra psiche emergano senza pericolo. Non soltanto le relazioni forniscono un contesto in cui l'ombra deve emergere, ma l'intimità ci invita a condividere queste parti più profonde e nascoste di noi stessi. Tra le braccia accoglienti di chi ci ama, queste parti possono affiorare alla coscienza. Questa accettazione costituisce il terreno per l'espressione di sé del quinto chakra, poiché soltanto attraverso l'autoaccettazione possiamo rivelare la nostra verità in piena luce e avere il coraggio di esprimerla.

Essere amati da un altro accresce la nostra esperienza del sé, poiché siamo riflessi negli occhi, nelle parole e nel comportamento di chi ci ama. Come d'incanto afferriamo una scintilla della nostra divinità, di ciò che ci rende speciali, e iniziamo in modo nuovo a prenderci davvero cura di noi stessi e a sentirci orgogliosi e con uno scopo. Ci prendiamo più cura del nostro corpo, la nostra casa è più pulita e osiamo spingerci più oltre di quanto abbiamo mai fatto prima. L'amore porta un risveglio spirituale e la sua perdita produce una profonda disperazione. Talvolta quella perdita ci separa dal nostro senso del divino — una condizione che può essere intollerabile dopo l'espansione e l'intensa consapevolezza che l'amore ci aveva portato.

Quando l'amore svanisce, siamo riproiettati nel nostro passato. La perdita ci riporta ad uno stato infantile di vulnerabilità, in cui tornano nuovamente alla luce le nostre necessità e i nostri aspetti, i modelli e i processi. Siamo costretti ad affrontare e a curare il nostro dolore per poter andare avanti, ad affondare nella nostra infanzia e struttura psichica per dipanare quel mistero che è il Sé. Come dice Jung, "l'amore è il dinamismo che infallibilmente porta alla luce l'inconscio" [4]. Tanto la sua presenza che la sua assenza ci spingono a esaminare noi stessi sotto una nuova luce.

Equilibrio

L'equilibrio è il sostrato della longevità di tutte le cose. Gli antichi diagrammi tantrici raffigurano il chakra del cuore come un loto con dodici petali contenente una stella a sei punte, formata da due triangoli intersecantesi (fig. 4-1). Esso rappresenta il movimento discendente dello spirito nella materia e la liberazione ascendente della materia nello spirito, che si incontrano in perfetto equilibrio nel cuore. Questo, più che un semplice incontro, è una compenetrazione il cui scopo finale è di integrare la mente e lo spirito con il corpo e l'anima.

Poiché il chakra del cuore è il punto centrale di un sistema di sette centri, a questo livello di integrazione l'equilibrio è una parte essenziale. Il che significa tanto l'equilibrio interno tra i vari aspetti di noi stessi (mente e corpo, persona e ombra, maschile e femminile), quanto l'equilibrio tra noi stessi e il mondo che ci circonda (lavoro e gioco, dare e ricevere, socializzare e star da soli). Trovare questo equilibrio significa sostenere gli aspetti fondamentali dell'amore e delle relazioni, poiché se all'interno di noi stessi non c'è equilibrio, è difficile, se non impossibile, creare delle relazioni amorose sane e durature.

Ci occuperemo del concetto di equilibrio nelle relazioni prendendo in esame le dinamiche esistenti in due tipi fondamentali di relazioni: quelle che creiamo con noi stessi e quelle che abbiamo con gli altri.

Figura 4-1. Quarto chakra. I triangoli compenetrantesi

Intimità

Amare se stessi significa iniziare una storia d'amore
che dura tutta la vita.

OSCAR WILDE

L'intimità, come indica con tanta precisione Thomas Moore, consiste nel portare alla luce aspetti profondamente sepolti di noi stessi[5]. Per poter raggiungere l'intimità dobbiamo innanzitutto possedere un senso del sé. Dobbiamo trovarci in intimo contatto con la nostra parte interna, conoscere le nostre necessità, le nostre paure, i nostri limiti e le nostre speranze. Se conosciamo il sé che sta dentro di noi possiamo onorare il sé che vive in un altro. Dobbiamo amare abbastanza il nostro sé da poterlo apertamente offrire a qualcun altro. Se manca l'amore per sé tutto ciò non può accadere.

Il blocco più diffuso nel chakra del cuore è l'assenza di amore per se stessi. Come possiamo entrare in intimità con gli altri se siamo lontani dal nostro stesso sé? Come possiamo tendere verso gli altri quando affoghiamo nella vergogna e nel criticismo? Come possiamo mantenere l'equilibrio tra noi stessi e gli altri se ci manca l'equilibrio interno? Come possiamo trattare un altro con rispetto, se abusiamo di noi stessi?

Idealmente il demone della vergogna ha subito una trasformazione nel terzo chakra, permettendoci di essere pronti ad entrare nel cuore con un onesto rispetto per la sacralità del nostro essere. Quando amiamo noi stessi, le azioni che compiamo nei nostri confronti sono piene di rispetto e di responsabilità, traiamo piacere dall'essere in compagnia di noi stessi quando siamo soli, rispettiamo i nostri limiti e diciamo la verità. Più in generale, l'amore per se stessi è l'atto di trattare noi stessi nel modo in cui tratteremmo tutti quelli che amiamo – con rispetto, con onestà, con compassione, con sentimento e comprensione, con orgoglio e pazienza.

I rapporti che abbiamo con gli altri riflettono il rapporto che abbiamo con noi stessi. Troveremo degli altri che ci trattano nel modo in cui desideriamo essere trattati, degli altri che rispondono al programma relazionale che portiamo nel chakra del nostro cuore. L'amore per se stessi è il fondamento dell'amore per gli altri.

Autoriflessione cosciente

Essere amici di se stessi non è una semplice metafora o un'idea puramente sentimentale, ma è la base di ogni relazione, perché è un essenziale riconoscimento dell'anima.

THOMAS MOORE

Mi meraviglio continuamente del numero dei miei clienti che non hanno ancora scoperto la persona che vive dentro di loro. Vengono da me perché soffrono, perché la loro vita non va bene, o persino perché non si piacciono. Il che sembrerebbe indicare una coscienza di se stessi, vero? Ma quando faccio stare in piedi una mia cliente, le faccio fare qualche semplice esercizio di collegamento con la terra, le dico di guardarmi e dire "io"; troppo spesso quella parola sembra essere circondata da un anello di vuoto. Talvolta ha quasi l'intonazione di una domanda. Talvolta meccanica, talvolta non è che un sussurro. Talvolta non riesce a guardarmi negli occhi e dire "io" allo stesso tempo. Quando a queste clienti chiedo di allargare l'affermazione in "io sono qui" (facendo riferimento al corpo), diventa spesso evidente che l'affermazione non è vera. O l'"io" non è stato realmente stabilito, oppure non vive pienamente nel corpo.

Tuttavia una tale persona può raccontarmi a lungo dettagli sul modo in cui si sente, che cosa sta facendo della sua vita o quali sono i problemi che l'affliggono. L'identità dell'ego è certamente operativa. Che cosa manca?

Manca la *contemplazione* del sé. La contemplazione stabilisce una relazione sacra. Quando una figlia adolescente scende le scale per il suo primo appuntamento, vestita per la prima volta come una donna, noi la contempliamo. C'è quel momento della consapevolezza in cui semplicemente si incontra ciò che è. È un abbraccio, ma non è fisico. Contemplare non è fissare, cambiare, giudicare o volere. È semplicemente essere testimoni – abbracciare con la nostra consapevolezza. Quando contempliamo il sé, noi assistiamo a una manifestazione dell'energia divina che vive dentro di noi, con tutte le sue speranze e i suoi timori, gioie e lacrime. Questo assistere "è il cuore del cuore". Ci avvicina al sacro. È la consapevolezza fondamentale che deve essere presente perché si verifichi una vera guarigione. Come dico ai miei clienti: "Se il sé non è presente quando lavoriamo, allora che senso ha?".

Entrare nel cuore significa entrare nell'autoriflessione cosciente. In questa riflessione non solo definiamo noi stessi (come nel terzo chakra), ma entriamo in *relazione* con noi stessi. L'autoriflessione cosciente è un processo di contemplazione. La guarigione è un viaggio nella consapevolezza riflessiva. Durante la terapia, ci fermiamo e osserviamo noi stessi – le nostre motivazioni, azioni, obiettivi, speranze e paure. Anche se molti sono cinici per quanto riguarda questo processo, è essenziale avere un qualche tipo di autoesame sistematico se dobbiamo evolverci e se dobbiamo sollevarci dall'ossessione assetata di potere di un terzo chakra danneggiato, per giungere a uno stato di integrazione e pace caratteristico del quarto. L'autoriflessione cosciente ci permette di integrare le nostre parti psichiche, di farle entrare in relazione e di vedere in che modo si pongono in relazione l'una con l'altra per diventare un'unità.

È stato detto che una vita che non venga sottoposta ad esame non sia degna di essere vissuta. Per cambiare i modelli è necessaria un'attenzione cosciente, e per creare qualcosa di nuovo, in breve, per evolversi. Senza analizzare ciò che è avvenuto, siamo destinati a ripeterlo. Senza coltivare la coscienza, la nostra corrente ascendente deve tornare su se stessa per tornare alla base prima di aver raggiunto la sua piena espansione. Così facendo, siamo catturati in anelli ripetitivi, modelli nevrotici che ripetiamo senza sosta.

L'autoanalisi genera un nuovo sé integrato. Questo sé non è più legato al passato, ma viene colmato di energia dalla volontà che vi sta sotto e guidato verso il futuro. L'autoanalisi è essenziale per stabilire l'equilibrio, che è il principio centrale del chakra del cuore.

Attraverso l'autoanalisi portiamo alla luce l'essere cosciente.

Mente e corpo

L'amore è una verità incarnata, una realtà somatica.

STANLEY KELEMAN

Una delle zone primarie dell'equilibrio nel chakra del cuore è quella tra la mente e il corpo, che si verifica quando si imparano a decifrare i messaggi del corpo. Dunque è necessario un preciso ascolto interiore, da parte della mente, delle sottili comunicazioni del corpo, che spesso portano a recuperare ricordi passati e permettono di lavorare coi traumi, di rilasciare tensioni accumulate e di portare a completamento problemi emotivi irrisolti. Attraverso questo processo vengono ricollegate varie parti della nostra esperienza. Le emozioni vengono ricollegate a immagini mentali. Gli impulsi vengono integrati in sistemi di pensiero. La sensazione viene collegata con il significato. Questo è il compito dell'autoriflessione – quello di permettere alla mente di contemplare la nostra esperienza nel corpo.

Se il lavoro sui nostri chakra inferiori ci ha portato ad essere pienamente nel nostro corpo, siamo ora pronti ad integrare la consapevolezza a più alti livelli di complessità e di comprensione.

Animus e anima

Il mistero di due personalità è come il contatto di due sostanze chimiche. Se si verifica una reazione entrambe ne escono trasformate.

C.G. JUNG

Nel lavoro di guarigione del nostro secondo chakra abbiamo incontrato (e si spera integrato) la nostra *ombra*, che contiene gli aspetti inconsci, rifiutati, della nostra personalità. Quando l'ombra è integrata, liberiamo l'energia che in precedenza veniva usata per respingere l'ombra e questa ritrovata energia ci ha aiutato a muoverci verso il terzo chakra, dove abbiamo iniziato il processo di individuazione. Nel chakra del cuore continuiamo la nostra individuazione sviluppando un altro equilibrio essenziale – quello delle parti interiori maschile e femminile o, per dirlo in termini junghiani, *animus* e *anima*.

L'anima è l'energia archetipica del femminino interiore e l'animus del mascolino. Si ritiene che l'anima si presenti preminentemente negli uomini, mentre l'animus ne è la controparte nelle donne. Tuttavia entrambi i sessi portano i due archetipi.

Questi archetipi esistono anche all'esterno, come simboli nella coscienza collettiva, dove spesso diventano degli stereotipi. Uno stereotipo è una versione contemporanea di un archetipo, come quello della donna docile o del maschio forte e silenzioso. Gli stereotipi sono versioni determinate dalla cultura degli archetipi originali – spesso immagini mutile che enfatizzano solamente una parte dell'archetipo sottostante.

Il nostro primo imprinting di questi archetipi ci è giunto da nostra madre e da nostro padre e tuttavia il loro comportamento è stato influenzato dagli stereotipi della loro epoca. Altri stereotipi ci vengono forniti dal cinema e dai romanzi d'amore, dalla pubblicità e dalla televisione e poi rafforzati dalla pressione sociale del gruppo dei pari.

È importante rendersi conto che le immagini della mascolinità e della femminilità che ascriviamo all'animus e all'anima sono di origine culturale più che innate. Se le nostre immagini del mascolino e del femminino diventano fortemente polarizzate – nel senso che il mascolino è definito dall'assenza del femminino e viceversa – allora è probabile che la nostra anima e il nostro animus interni verranno repressi. Non permettiamo all'opposto che è in noi di emergere.

Charles, ad esempio, ha accettato il concetto culturale prevalente di quello che un uomo dovrebbe essere. Ritiene che un uomo debba essere forte, razionale, duro, indipendente, vincente, controllato e non emotivo. Per Charles, qualunque dimostrazione di vulnerabilità, di emozione, di incertezza o di tenerezza minaccia l'immagine che ha di se stesso. Dal momento che la sua immagine è così polarizzata, la sua parte femminile interna non può manifestarsi affatto. La sua anima può rivelarsi come immagini terrificanti nei sogni, come depressione o malumore. Rimane repressa e viene proiettata inconsciamente sulla sua ragazza. A lei viene dato il compito di portare l'anima per lui, accollandosi tutta la parte sentimentale e di sostegno e mantenendo l'equilibrio emotivo nella relazione.

Come l'ombra, l'anima o l'animus inconsci vengono proiettati sugli altri, spesso in modalità idealizzate, devastando le nostre relazioni intime. Se un uomo ha rifiutato la sua natura femminile, aborrirà la parte femminile negli altri uomini, aspettandosi dalla sua partner di sostenere totalmente il suo concetto di femminilità. Criticherà ogni comportamento indipendente e assertivo da lei dimostrato. Analogamente, una donna che non ha sviluppato la sua parte maschile, si aspetterà che il suo uomo sia totalmente potente, realizzato ed eroico, sopprimendo allo stesso tempo in se stessa queste qualità. Le donne che dichiarano di volere un uomo gentile e poi lo rifiutano quando quello dimostra i suoi sentimenti o la sua tenerezza, stanno proiettando il loro animus. Se permettessero alla loro parte maschile di crescere, permetterebbero ai loro uomini di essere più gentili. Se nelle nostre relazioni scopriamo che *ciò che prima ci attraeva poi ci respinge*, faremmo bene a prestare attenzione alle proiezioni dell'anima o dell'animus.

Sia nelle relazioni eterosessuali che in quelle gay gli archetipi possono essere rovesciati. Una donna, gay o normale, può vivere perfettamente la sua vita maschile e reprimere quella femminile. Un uomo può portare il femminile nella sua relazione, che sia con una donna o con un uomo. L'anima e l'animus sono più in rapporto con il concetto degli opposti nel sé evoluto che con il sesso reale. Il problema è riconoscere e portare alla luce il lato non sviluppato. La donna in carriera, determinata, potrebbe aver bisogno di sviluppare il suo lato più morbido, mentre l'uomo introverso, servizievole, potrebbe aver bisogno di sviluppare il suo lato maschile, attivo.

La risoluzione dell'anima e dell'animus costituisce il matrimonio sacro interiore, la *ierogamia*, l'equilibrio delle energie maschili e femminili interne. Queste nozze alchemiche, come Jung le definisce, sono un altro passo verso il processo di individuazione che conduce all'unità. Soltanto quando questo processo accade all'interno, possiamo sperare di essere liberi dalla dipendenza e dalla proiezione e di entrare in modo nitido e libero in relazione con un altro.

In genere lo stadio ierogamico nel processo di individuazione si verifica a metà della vita. Negli stadi evolutivi precedenti della nostra personalità, spesso favoriamo una parte piuttosto che un'altra. Lo scienziato può aver realizzato una brillante carriera sacrificando la sua vita familiare. Può aderire a una logica e a una precisione che domina le emozioni e l'immaginazione, oppure avere una personalità estroversa, continuamente in rapporto con gli altri nel corso del suo lavoro. Quando arriva alla mezza età può trovarsi in una crisi che chiama in causa il suo lato femminile represso. È lasciato dalla moglie, che ha portato per lui l'archetipo femminile e si trova incapace di provvedere a se stesso nella semplice arte culinaria o creando un ambiente piacevole in cui vivere. Può scoprire di non essere in grado di decifrare i suoi sentimenti, prosciugato dalla sua creatività, esaurito per troppo *yang* e troppo poco *yin*, o incapace di rimanere da solo.

La donna che s'è dedicata anima e corpo alla sua famiglia e al suo matrimonio può scoprire, a metà della vita, di non aver mai vissuto per se stessa. Ha sempre seguito i passi di qualcun altro e si è tenuta dentro le emozioni, fondendosi armoniosamente con i bisogni degli altri intorno a lei, senza alcuna considerazione per il proprio destino. Essa ha portato l'archetipo femminile senza alcun riguardo per se stessa, ma può sentirsi smarrita e persa quando si tratta di cavarsela da sola, una volta che i figli se ne vanno da casa e lei perde il suo ruolo di madre. Suo marito, che ha lavorato sodo nel mondo esterno per provvedere a tutte le sue necessità, può provare uno shock quando lei vuole lasciarlo, ma la necessità che lei prova di sviluppare il proprio animus può rivelarsi incompatibile con il rigido contesto del matrimonio. Ora dovrà imparare a portare dentro di sé entrambi gli archetipi.

Benché vorremmo che fosse possibile, nessuno può vivere al posto nostro la vita che non abbiamo vissuta. I nostri partner non ne fanno mai una giusta e ben presto ci ritroviamo a criticarli e a lamentarci. "Se avessi fatto questo; se non avessi fatto quest'altro". Se gli archetipi maschili e femminili sono repressi dentro di noi, le loro qualità appariranno molto misteriose e persino indesiderabili. L'impresa è quella di recuperarli, piuttosto che cercare ancora qualcuno che li viva per noi mentre noi rimaniamo incompleti. Quando l'anima e l'animus vengono sviluppati in modo armonioso, le nostre relazioni saranno stabili, libere e vi sarà rispetto reciproco.

Relazioni con gli altri

Solo l'amore è in grado di unire gli esseri umani in modo da completarli e soddisfarli, poiché esso solo li prende e li unisce attraverso la parte più profonda di se stessi... E se questo è ciò che si può ottenere quotidianamente su piccola scala, perché non potrebbe verificarsi un giorno su scala mondiale?

PIERRE TEILHARD DE CHARDIN

Non vi è situazione in cui il concetto di equilibrio sia più importante di quella che prevede il successo delle nostre relazioni personali. Se esiste un lamento ricorrente tra le coppie che lottano nel labirinto di una relazione conflittuale, è proprio la mancanza di equilibrio con il loro partner. Uno è troppo distante, mentre un altro si sente soffocato. Un partner fa troppi lavori di casa, mentre l'altro prova risentimento perché c'è differenza nei guadagni. Un partner vuole fare sesso più dell'altro, inizia tutte le comunicazioni o si accolla tutta la parte emotiva. Sono sicura che potete allungare questa lista secondo la vostra esperienza relazionale.

La natura cerca l'equilibrio. La mancanza di equilibrio provoca pressione, frustrazione e stress, generando risentimento ed erodendo la disponibilità e la buona volontà. Se infine la relazione non riesce a trovare un equilibrio accettabile, è destinata a fallire, o perché viene portata a termine o rassegnandosi alla sofferenza.

Quelli che seguono sono alcuni essenziali suggerimenti energetici, in cui è difficile fare un compromesso e che si rivelano essenziali per mantenere il nostro personale equilibrio e la nostra capacità di non tenere saldo un rapporto duraturo con gli altri. Tuttavia c'è da aggiungere che l'equilibrio non è statico. È un'omeostasi continuamente fluttuante, una dinamica flessibile di dare e avere, che si stabilizza nel tempo e in molti modi diversi.

Protendersi e accogliere

La situazione ideale per comprendere veramente un altro non è tanto quella di vedere come una persona reagisce a una pressione estrema, ma piuttosto in quale modo sopporta la vulnerabilità dell'innamorarsi.

ALDO CAROTENUTO

Mentre il terzo chakra richiedeva di imparare i principi energetici del *trattenere e lasciare andare*, nel quarto chakra si lavora con il *protendersi e accogliere.* Si può osservare che i movimenti fisici che esprimono queste qualità sono bloccati o fluidi.

La paura e il dolore bloccano una o entrambe queste risposte e alla fine possono bloccare lo stesso chakra del cuore. Nel protendersi e accogliere sono implicate le braccia, che si muovono verso l'esterno dall'area del petto. È attraverso le braccia che ci protendiamo e tocchiamo, e attraverso le braccia attiriamo a noi quello che ci è necessario, sia fisicamente che emotivamente.

Se il chakra del cuore è bloccato, anche le braccia saranno bloccate. Sono abitualmente ripiegate sul petto, o attaccate ai fianchi, o si muovono in modo maldestro e autocosciente. Se il petto è pieno o rigonfio, ciò potrebbe significare un rifiuto di protendersi, il timore di arrendersi, forse persino un po' di narcisismo, caratteristica propria del trattenere della struttura Sfidante/Difensore (fig. 0-5, F). Se le braccia sono deboli e si muovono senza scopo e il petto è infossato (come nella struttura orale), ciò sta allora ad indicare l'incapacità di accogliere e nutrire se stessi. Il protendersi può aver subito un blocco perché nel passato si è rivelato infruttuoso.

Per il bambino è più facile smettere del tutto di protendersi, che protendersi e trovare il vuoto. Tuttavia, in questo scenario, la struttura psichica del chakra si modella attorno al vuoto – come un armadio senza porte, dove non vi è posto per mettere nulla, nemmeno se potesse aprirsi. Si protendono per dare, ma non possono ricevere. Il chakra è carente.

Più spesso un movimento prevale sull'altro. Chiedo spesso alle coppie di chiudere gli occhi ed esprimere col linguaggio del corpo il processo energetico predominante nella loro relazione. Dopo che hanno preso posizione, chiedo loro di aprire gli occhi e guardare quello che fa l'altro. Spesso uno è proteso in avanti, con le braccia tese, mentre l'altro è piegato leggermente all'indietro con le braccia conserte o le palme rivolte verso il partner, come a respingerlo. Questa è la muta conoscenza che rivela le dinamiche della relazione.

Quando David e Julie fecero questo esercizio, fu chiaro che Julie era quella che si protendeva, mentre David si ritraeva. Con le braccia incrociate strettamente sul petto, se ne stava fermo e fiero sul suo terreno, mentre Julie lo invitava apertamente. La madre di David era stata ambiguamente affettuosa, asfissiandolo con un amore che mascherava i propri bisogni. Così nel suo chakra del cuore egli aveva sviluppato sfiducia e difese. Era incapace di accettare l'amore che Julie gli offriva, non avendo fiducia nelle sue intenzioni. Gli chiesi di aprire le braccia e chiesi a Julie di lasciar cadere le sue lungo i fianchi, in modo che potessero provare la possibilità di una dinamica diversa con emozioni differenti. David si sentì sollevato dal fardello di doversi protendere e fu in grado di avvertire la sensazione di volerlo fare. Julie sentì che era possibile ricevere senza domandare. Questa è la vecchia danza del cacciatore e della preda. Quando il cacciatore smette di cacciare, la preda può farsi avanti.

Il problema di Kathy era quello di cambiare dei vecchi modelli di comportamento. Kathy aveva curato un cuore spezzato da una precedente relazione con mesi di profondo dolore. Quando si avvicinò la primavera, cominciò una nuova relazione con un'altra donna in cui trovava una profonda dolcezza. Ma, insieme all'eccitazione di innamorarsi di nuovo, provava anche il morso della paura, "le mie due ultime relazioni sono finite in modo orribile. Come faccio a sapere che non accadrà di nuovo? Sono terrorizzata!".

Le chiesi di concentrarsi sulla dolcezza che mi aveva descritto in questa nuova relazione e di sentire che cosa accadeva nel suo corpo mentre lo faceva. "Mi sento svenire. Mi sento leggera e stordita. È l'innamoramento degli innamoramenti". Le chiesi di stare in piedi e lasciare che il suo corpo esprimesse questa sensazione di mancamento e mostrasse com'era, mentre un altro membro del gruppo stava di fronte a lei nella parte dell'amante. Improvvisamente non si trovò più sul suo terreno, ma stava cadendo verso l'altra donna, priva di equilibrio e di controllo. Aveva abbandonato il suo centro. Non c'è da meravigliarsi che fosse terrorizzata!

Per lei l'amore significava muoversi verso l'altra persona e si concentrava sull'arrenderlesi e sul protendersi. Anche se questo è un elemento essenziale in ogni relazione, quello che a lei chiaramente mancava era *il concetto che la sua amante si muovesse verso di lei*. Cercava di assicurarsi che l'altra persona fosse degna di fiducia (qualcosa su cui non possiamo mai contare del tutto) in modo da potersi arrendere a lei. Ma proprio questo atto di resa significava l'abbandono di se stessa e la sicura ricetta per un futuro disastro. Le feci fare l'esercizio di attirare a sé la sua amante mentre rimaneva ben radicata sul suo terreno. Solo allora potemmo muoverci verso un protenderci reciproco, in cui entrambe le persone erano stabili sul centro e aperte l'una all'altra.

Attaccamento e libertà

Attaccamento e libertà sono i modi in cui sperimentiamo le forze universali nel loro trattenere e lasciar andare. Thomas Moore, nel suo libro *Soul Mates* parla della lotta tra il bisogno che l'anima ha di attaccamento e quello che ha lo spirito di libertà. La lotta è uno dei punti principali in molte relazioni, lotta scatenata dal contemporaneo desiderio e timore del coinvolgimento.

Nel chakra del cuore cerchiamo di armonizzare la spinta verso la sicurezza dei chakra inferiori con la spinta verso il nuovo dei chakra superiori. Quando il nostro partner ci fa sentire in uno stato di costrizione, diventiamo irrequieti e vogliamo fuggire. Lo spirito odia le limitazioni e le costrizioni, odia essere schiacciato.

Tuttavia l'anima trova sicurezza nel corpo, nella familiarità e nella permanenza. L'anima ama un contenitore che permetta all'energia di accumularsi, anche se lo spirito può risentirsene. Quando il nostro partner si ritrae, l'anima diventa insicura e vuole rimanere attaccata. Quando il nostro partner si attacca, lo spirito si sente irrequieto e costretto. Una relazione sana ha bisogno di rispettare tanto il movimento d'energia ascendente che quello discendente e di creare un equilibrio tra anima e spirito, tra espansione e costrizione, tra libertà e impegno.

Moore lo spiega con parole semplici: "Molte persone sembrano vivere con pena lo stare insieme e sognano le gioie dell'essere separati; altre, viceversa, vivono una vita di solitudine e si riempiono la testa di immagini fascinose di intimità. Rimbalzare da un estremo all'altro di questi due giusti desideri del cuore può essere una lotta frustrante e senza fine, che non darà mai frutti e non si placherà mai"[6].

Se si sceglie l'una a scapito dell'altra non si fa che perpetuare il divorzio tra la trascendenza del Padre e l'immanenza della Madre. Essendo figli del divorzio, cerchiamo rifugio nell'uno o nell'altro, ignari dell'equilibrio dinamico necessario sia alla liberazione che alla manifestazione.

Maggiore è lo spazio che lasciamo all'un tipo di energia, maggiore è lo spazio che ha l'altra di farsi strada. Una volta che ci si è assunti un impegno, è più facile lasciare al partner la sua solitudine e libertà. Quando sappiamo che la nostra libertà viene rispettata, possiamo impegnarci più volentieri. Al contrario, più un partner insiste su un aspetto, più il suo innamorato desidererà l'opposto. L'equilibrio dinamico è una danza tra attaccamento e libertà.

Eros e Thanatos

Amare significa aprirci sia al positivo che al negativo – provare dolore, sofferenza e disappunto, quanto gioia, soddisfazione e un'intensità di coscienza che prima non sapevamo fosse possibile.

ROLLO MAY

Una delle dinamiche più dure da accettare nel campo dell'amore e delle relazioni è la danza tra Eros, la forza vitale che attrae e unisce, e Thanatos, la forza della morte che unisce e distrugge. Eros è il figlio di Afrodite, la luminosa dea dell'amore e della bellezza, mentre Thanatos, nata dalla dea Notte, occhieggia dalle tenebre della nostra mancanza di consapevolezza.

Quando iniziamo una relazione, siamo sollevati nelle gioiose ali di Eros. Siamo chiamati, invitati all'unione, a fonderci e a dissolverci. Spingendoci oltre noi stessi, oltre il nostro piccolo ego, entriamo in contatto con qualcosa di più grande, di più vasto, di più profondo. Siamo elettrizzati e ci espandiamo. È questo ciò che desideriamo, cui agognamo, a cui aspiriamo, che rende la vita degna di essere vissuta.

È ciò che si nasconde nella tenebra dell'inconscio che porta alla morte l'amore. I nostri modelli inconsci sabotano le relazioni, scatenano le liti, ci allontanano dall'amato e spingono il nostro comportamento in direzioni che la mente cosciente deplora. La mancanza di consapevolezza del nostro partner ci ferisce e ci fa desiderare di allontanarci. La nostra stessa errata coscienza non ha trovato gli indizi delle necessità del nostro partner e una mattina, svegliandoci, troviamo il nostro amato che, con le valige in mano ci dice: “È finita”. È in quel momento che ci troviamo faccia a faccia con Thanatos. Come Eros, Thanatos è una forza che non possiamo controllare, che ci lascia impotenti.

È impossibile avere Eros senza Thanatos. Il che non significa che tutte le relazioni devono finire in tragedia, ma che l’unione e la separazione sono due passi inseparabili di una stessa danza. Per coloro che vogliono soltanto l’unione, Thanatos diventa terribile nella sua insistenza. Per coloro che rispettano la separazione, il prendere le distanze, i fraintendimenti e gli estraneamenti come parte del fluire e crescere delle relazioni, la danza di Eros può rinnovarsi continuamente.

Coloro che più idealizzano l’amore spesso provano le più grandi pene. Cadono ad occhi aperti, dando tutto all’amato. Grande è il loro disappunto quando, avendo dato tutto quello che potevano e pregiando il loro amore sopra ogni cosa, vedono il loro amato maltrattare con noncuranza quel che essi avevano considerato sacro. Non è tanto l’idealismo che è sbagliato, quanto la negazione di Thanatos, che occhieggia sempre nell’ombra. La sua negazione invita a far apparire le sue forme meno piacevoli.

Talvolta abbiamo bisogno di erigere un altare alle nostre divinità più terribili[7]. Erigere un altare significa ricordarci di un’esistenza che avremmo altrimenti ignorato a nostro rischio e pericolo. Possiamo evitare il lato doloroso di Thanatos *se* ci ricordiamo di onorarne la presenza. Dobbiamo essere coscienti di ciò che occhieggia nell’oscurità, dell’ombra della nostra coscienza, che non abbiamo riconosciuto. Dobbiamo volere, non negare, il nostro bisogno per una certa quantità di separatezza, del nostro timore di rimanere incastrati e comprendere che lo stesso timore del nostro partner non riguarda noi, ma il bisogno di Thanatos di creare equilibrio nella relazione, di modo che Eros possa continuare la danza dell’amore e dell’attrazione.

Il dolore: demone del cuore

Dai parole al dolore; la pena che non parla sussurra
il cuore sovraccarico e lo spinge a spezzarsi.

WILLIAM SHAKESPEARE

Quando Thanatos colpisce, ecco che proviamo il dolore. Quale demone che risiede nel cuore, il dolore pesa sul chakra come un macigno. Quando il nostro cuore è pesante di dolore, si apre con difficoltà, persino respirare è difficile. Quando neghiamo il dolore, diventiamo sordi ai nostri sentimenti e alla nostra vitalità. Diventiamo duri e freddi, rigidi e distanti. Dentro possiamo sentirci morti. Tuttavia, quando riconosciamo ed esprimiamo il dolore, troviamo una chiave vitale per aprire il cuore. Si spargono lacrime, si dicono verità e il cuore si alleggerisce. Il respiro si fa più profondo. Ne emerge una sensazione di spazialità, che lascia spazio maggiore al nostro spirito. Rinasce la speranza. Quando veniamo a patti col nostro dolore troviamo anche la compassione per gli altri.

Quando ci innamoriamo ci spogliamo di ogni difesa. Ci apriamo ad un altro e al mondo. Ci espandiamo e cresciamo. Quando veniamo feriti nel campo dell'amore, veniamo feriti nei nostri aspetti più vulnerabili e fiduciosi. Viene colpita la forma più pura del sé. Essere autentici non ci appare più sicuro. Il nostro sistema – ferito veramente nel cuore – si chiude e noi perdiamo non solo il nostro amato, ma anche noi stessi. Questa è la perdita più profonda.

Una delle mie clienti mi telefonò mentre stavo lavorando a questo capitolo. La sua voce al telefono era rotta e piena di lacrime. "So che è finita. Lo so e basta. Sta per lasciarmi". Mi ricordai che aveva detto queste stesse parole due settimane prima, l'ultima volta che l'avevo vista e ancora due settimane prima.

"Vuoi dire che la storia continua ancora?" chiesi.

"Sì, e vuole persino venire in terapia con me, ma so che è finita. È solo che non sa come dirlo. Perché mi succede sempre così? Mi sento talmente persa, come mi odio. Voglio solo sparire".

"Allora stai abbandonando te stessa" dico. "Non è che lui ha abbandonato necessariamente te, ma che tu hai abbandonato te stessa a questo pensiero. Così, naturalmente, credi che anche lui ti abbandonerà". Ci fu un'improvviso silenzio dall'altra parte del telefono. "Oh", disse: "Ho capito. Sai che oggi non ho ancora mangiato, o fatto la doccia? Non ho fatto che pensare ossessivamente a lui. Che devo fare?"

"Rientra in quella parte di te stessa che ora è spaventata. Promettile che rimarrai sempre lì. Preparale un bel pranzetto. Vai a farti una doccia. Non puoi tenere sotto controllo il tuo ragazzo, ma puoi promettere di essere lì per te stessa. Il che ti porterà lontano".

Quando la vidi la volta successiva infatti, era col suo ragazzo. Non l'aveva lasciata, né pensava di farlo. Invece cercava di rassicurarla sull'amicizia che continuava a provare. Lei sembrava essere meno dipendente e fummo in grado di stabilire una preziosa comunicazione.

È facile capire il dolore che subentra alla fine di una relazione. Ci riporta indietro al nostro primo abbandono e ci fa sentire impotenti. Se viene registrato ed espresso infine passa, ma talvolta ci portiamo dietro il dolore di situazioni che non sono così ovvie, come nel caso di Susan.

Susan aveva una madre che l'amava troppo. Era figlia unica e sua madre aveva ben poco con cui riempire la vita oltre al fatto di essere sua madre. Susan si sentiva speciale e non era mai sola. Non le mancava nulla in termini di attenzione, vestiti o giocattoli. Tuttavia non aveva alcuna indipendenza. Sua madre si sentiva sottilmente minacciata quando andava a giocare a casa di qualche amica e in seguito quando iniziò ad avere degli appuntamenti. L'immagine che Susan aveva dell'amore si era formata su quella di sua madre. Quando, nel corso della sua vita, iniziò a crearsi delle relazioni, divenne asfissiante e possessiva come era stata sua madre. Quando il suo partner non le elargiva la stessa quantità di attenzione, si sentiva non amata. Benché si potrebbe pensare che Susan avrebbe dovuto crescere sicura e piena di fiducia in se stessa, di fatto temeva di non essere all'altezza e divenne codipendente. Non avrebbe mai potuto sostituire la vera necessità di sua madre per una vita autentica e dunque si era sempre sentita inadeguata.

Susan credeva di aver avuto un'infanzia felice, ma il suo

petto era compresso e soffriva spesso di depressione. Quando imparò a respirare più profondamente, entrò in contatto con una grande riserva di dolore. All'inizio non capiva perché ci fosse, ma continuando il processo di elaborazione del dolore, riconobbe, attraverso la parte più profonda di se stessa che il dolore che provava era un lutto per la perdita della propria autenticità.

Se consideriamo che l'amore è, di fatto, l'elemento più importante del benessere e della crescita spirituale, allora ogni squilibrio nella nostra capacità di trovare amore si traduce in una profonda ferita. Qualora si consideri inoltre che questo squilibrio influenza il modo in cui ci trattiamo l'un l'altro nella sfera sociale, ci troviamo non solo di fronte a un problema personale, ma anche di fronte a una seria situazione collettiva. Dove la ferita è il dolore, la compassione è il guaritore.

Compassione

La grande compassione penetra fin nel midollo delle ossa. È il sostegno di tutti gli esseri viventi. Come l'amore di un genitore per il suo unico figlio, la tenerezza del compassionevole pervade ogni cosa.

NAGARJUNA

Compassione significa *provare passione con*. Nel secondo chakra abbiamo incontrato la passione nell'ambito delle emozioni, attraverso i desideri dell'anima che si spinge all'esterno per soddisfare le sue necessità. Ora, nel chakra del cuore, andiamo al di là di noi stessi ed ampliamo quella passione fino a includere la comprensione delle necessità di un altro. Quando l'ego si sente sicuro nella propria autonomia e potenza, può poi arrendersi volontariamente all'altruismo. Se i nostri bisogni sono stati accolti e soddisfatti, possiamo infine spartire la nostra pienezza con un altro.

La capacità di provare compassione per altri dipende innanzitutto dalla nostra personale capacità di essere in contatto con i nostri struggimenti e il nostro dolore. L'espansione dello spirito è uno dei doni aggiuntivi della difficoltà. Il dolore ci apre a una più profonda comprensione degli altri ed espande il nostro essere limitato. Soltanto attraversando difficoltà e tribolazioni possiamo condividere la saggezza e la comprensione dal livello dolente delle emozioni. Dunque la compassione è lo squisito equilibrio dell'espressione dei chakra inferiori e superiori. La compassione ne rimane il centro e tuttavia è aperta e mantiene serenamente lo spazio per il cambiamento, offrendo tanto la stabilità di un contenitore che la libertà della liberazione.

Siamo portati a considerare la compassione un atto di altruismo. Questo atto di altruismo, nella sua luce brillante, crea spesso un'ombra più scura di dipendenza, risentimento e richieste, se non di estenuazione. La vera compassione è un atto che si muove *con* il sé, è ancorato *dal* sé ed è in grado di rispondere al sé di un *altro*.

Compassione non significa che dobbiamo risolvere le cose. Spesso non ci riusciamo, ma piuttosto che allontanarci, possiamo offrire ad altri la nostra compassione. Quando lavoro con le coppie, spesso vedo che un partner vorrebbe della compassione, mentre l'altro la prende come una richiesta per comportarsi diversamente.

"Voglio soltanto che tu capisca quanto sia difficile per me rimanere tutto il giorno da sola con i bambini", dice lei.

"Che cosa vuoi che faccia, che lasci il lavoro?" risponde lui impaziente.

Lei ha l'aria offesa e frustrata, perché non è questo che intendeva. Ciò che desiderava era empatia e comprensione, non necessariamente delle soluzioni. Avrebbe voluto sentirsi dire: "So che per te è difficile. Apprezzo la fatica che fai". Quando non possiamo risolvere qualcosa è ancora più importante offrire compassione.

Devozione

Se tutti fossero perfetti non ci sarebbe bisogno dell'amore. La devozione è un atto di amore altruistico e una resa cosciente a una forza che va oltre noi stessi. Nei molti rami dello yoga, è il sentiero del Bhakti Yoga, che viene praticato attraverso il servizio devozionale a una divinità – o a un maestro e in tal modo viene sperimentata la gioia trascendente della fusione con il divino. La devozione si prova anche verso l'amato, all'interno di una famiglia o per una causa o un progetto. La devozione fa sì che l'energia che si trova all'interno del sé fluisca oltre il sé. Questo trascende le limitazioni che noi capiamo. Quando diventiamo genitori proviamo la devozione altruista verso il bambino appena nato, poiché trascendiamo i limiti di quello che avevamo pensato fosse possibile in termini di amore e dono.

La devozione è un atto spirituale di resa, in cui l'ego viene dimenticato. Quando il sé lega troppo strettamente lo spirito, la devozione allenta il legame innalzandoci oltre noi stessi. Impariamo la grandiosa lezione che il sé può sopravvivere anche senza costante attenzione.

La devozione può anche tenerci lontani da un contatto cosciente con il sé, specialmente se non è stato ancora raggiunto lo stadio della coscienza riflessiva la cui base è l'ego. Ci può sembrare più facile essere diretti dalla volontà di un altro, piuttosto che farci strada nel labirinto delle nostre aspirazioni interiori. In questo caso la devozione svuota il terzo chakra, concentrato sull'ego, con l'effetto di un eccessivo traboccamento nel quarto. Se l'oggetto della nostra venerazione dovesse lasciarci, se non gli piacessimo più o ci rifiutasse, ne saremmo devastati. Per guarire, allora, dobbiamo riprendere il contatto con il sé che è in noi, considerandolo a buon diritto un aspetto del divino, con un grande bisogno di amore e comprensione. Quando è equilibrato, il lavoro sulla devozione diviene ancora più profondo.

IL LOTO CRESCE

Colpo d'occhio sulla formazione evolutiva del chakra del cuore

Età	Necessità e caratteristiche
Dai 4 ai 7 anni	Iniziativa vs. colpa Amore vs. rifiuto Accettazione sociale Autoaccettazione
Compiti	
Formazione dell'identità sociale e dei ruoli sessuali Sviluppo dell'altruismo Formazione delle relazioni tra pari	

Quando Alex aveva circa cinque anni, si prese un'influenza intestinale che lo costrinse a letto per alcuni giorni. Poiché aveva mal di stomaco, non volevo costringerlo a mangiare, ma desideravo che si nutrisse se ne aveva voglia. Così gli preparai del pane tostato, lo lasciai su un piatto vicino al suo letto e gli rimboccai le coperte insieme al suo orsacchiotto. Presto guarì e l'incidente fu dimenticato. Qualche settimana più tardi, mentre schiacciavo un sonnellino pomeridiano, mi svegliai e trovai un piatto con un toast malamente imburrato sul mio comodino e un orsacchiotto sul cuscino accanto a me. Questo è un vero e proprio segnale che si trovava nello stadio del chakra del cuore.

Lo stadio evolutivo del quarto chakra inizia quando il bambino si allontana dal suo forte egocentrismo e determinazione del terzo chakra alla fase in cui è pronto a incontrare gli altri e a cooperare con loro. Questa fase inizia generalmente tra i tre e i quattro anni, dopo che si sono stabilizzati l'autonomia e il controllo degli impulsi fondamentali. Può accadere all'improvviso, quando il bambino, apparentemente impossibile, fa qualcosa di dolce e gentile per sua madre. È anche possibile che un bambino ricada nella cocciuta caparbietà a tre anni e mezzo, prima di progredire, a quattro anni circa, verso lo stadio più amorevole e armonioso del chakra del cuore. Nell'incertezza di un nuovo comportamento, spesso il bambino si rivolge per sicurezza ai precedenti modelli che gli sono familiari. Lo sviluppo non è sempre liscio.

Via via che saliamo verso i chakra superiori, il tempismo preciso degli stadi evolutivi diventa meno specifico. Ciò dipende in parte dalla felice risoluzione degli stadi precedenti, che varia da caso a caso e le variazioni diventano più ampie man mano che si sale. Purtroppo alcune persone non raggiungono affatto le fasi dei chakra superiori, oppure lo fanno solamente tardi nel corso della vita. Dunque, ora inizieremo ad esaminare lo sviluppo tanto nell'adulto che nel bambino.

Durante l'infanzia lo sviluppo del quarto chakra segna la formazione della nostra *identità sociale*, nota anche come "persona". Questo è l'aspetto del sé che creiamo per ottenere amore, approvazione sociale e muoverci nel mondo. Nel quarto chakra non vediamo più il mondo esclusivamente secondo i termini delle nostre necessità e così le nostre relazioni si ampliano, passando dal rapporto uno-a-uno (cioè madre e figlio, padre e figlio) fino a includere la famiglia allargata e le strutture sociali. Ora il bambino scopre di far parte della relazione tra mamma e papà e che ha fratelli e sorelle, compagni di classe, vicini e amici personali.

I messaggi verbali interiorizzati durante la fase del terzo chakra si incentravano attorno all'azione e al comportamento. Ora, nella fase del quarto chakra, è la stessa relazione genitore-figlio che viene interiorizzata. Non sono soltanto i messaggi che papà ci manda continuamente di non far rumore in casa, ma anche il contesto del rapporto che papà ha con noi che diventa importante. Se il messaggio viene inviato nel contesto della paura, proviamo paura insieme al messaggio interiorizzato. Il modo in cui ci comportiamo e chi diventiamo sono aspetti forgiati dal modo in cui interiorizziamo le nostre relazioni familiari fondamentali.

Eric Berne ha delineato queste relazioni interne nella sua teoria dell'Analisi Transazionale, che descrive il modo in cui operiamo in base alle parti interiorizzate di genitore, di adulto, di bambino. Se ci ribelliamo al messaggio di papà, stiamo recitando il ruolo del bambino cattivo nei riguardi di un genitore critico e alcuni aspetti di questo diventano parte del nostro dialogo interiore. Nel corso della vita potremmo scoprire che entrambi i ruoli gridano simultaneamente per condurre il gioco, poiché talvolta saremo guidati dalla spinta alla ribellione, mentre altre volte saremo trattenuti dalla nostra critica interiore. Anche con gli altri riprodurremo queste relazioni. Se un amico ci critica, può trasformarsi all'improvviso nel genitore critico. E allora vi troverete a reagire come un bambino cattivo, invece di ascoltare quello che ha da dire.

I bambini interiorizzano le relazioni per *imitazione*. Un bambino che viene sgridato spesso verrà udito sgridare la sua bambola o il suo migliore amico. Alex stava imitando sua madre quando mi ha portato il toast. Questa imitazione viene definita *identificazione* e costituisce il centro del programma relazionale. L'identificazione avviene quando il bambino adotta le idee, le attitudini, i valori e i comportamenti di altri e poi trasferisce queste attitudini all'interno delle sue relazioni.

Quando i ruoli sessuali vengono interiorizzati, sviluppiamo la nostra identificazione sessuale. Desumiamo i primi modelli di come essere dei ragazzi o delle ragazze osservando il modo in cui si comportano i genitori, i fratelli o le sorelle. Quando osserviamo la sorella maggiore giocare con le bambole o truccarsi, nostro fratello giocare col trenino o con le lucertole, la mamma dedicarsi alle necessità della famiglia e il papà che mette tutta la sua energia nel far carriera, noi stiamo sviluppando, bene o male, i nostri programmi comportamentali relativi all'identità sessuale.

È a questo punto che l'anima e l'animus tendono a separarsi. Alle ragazze si insegna a reprimere i loro comportamenti maschili e ai ragazzi quelli femminili. Questa è l'età in cui ai ragazzi viene detto che non bisogna piangere e alle ragazze che bisogna essere carine. Questa separazione del maschile o del femminile ritorna a galla a metà della vita, quando il nostro sviluppo unilaterale ci porta a un qualche tipo di crisi personale. Come abbiamo già dichiarato, il lavoro sul quarto chakra comprende la reintegrazione dell'animus e dell'anima.

Il bambino non interiorizza solamente la relazione che ha

con i suoi genitori, ma anche con l'intero sistema familiare. Può diventare il figlio maggiore, con fratelli più piccoli, rimosso dal centro dell'attenzione che una volta deteneva. Può rendersi conto di essere il più piccolo di molti fratelli e apprendere la sua identità sociale dal modo in cui i suoi fratelli e le sue sorelle lo trattano. Oppure può ritrovarsi ad essere il figlio mediano, che deve competere per ottenere l'attenzione. Queste dinamiche erano passate nelle retrovie durante la fase "tutto mi riguarda" del terzo chakra, ma nel quarto chakra emergono come parte della personalità. In seguito reciteremo questa dinamica familiare sui palcoscenici sociali della scuola, del lavoro, dei club e delle famiglie che ci formeremo da adulti. Quando il bambino che cresce si unisce alla dinamica familiare, assume dei ruoli che possono essere quello del bravo bambino, del capro espiatorio, dell'eroe, del clown o del bambino sperduto, per non citarne che alcuni. Questi ruoli sono come dei passi di una danza, modelli inconsci che formano la nostra identità sociale. Quello che può iniziare come la coltivazione cosciente di un certo comportamento ("alla mamma piace quando la faccio ridere") può trasformarsi in un ruolo che dura tutta la vita (il ruolo del clown).

Lo sviluppo dell'identità sociale prepara il bambino a un'interazione più complessa col vasto mondo. Il che richiede un delicato equilibrio tra il mantenere e il rinunciare all'autonomia, che dovrebbe essersi sviluppata nel terzo chakra. Il bambino la cui autonomia è debole, tende ad essere trascinato dagli altri, definito da loro o a vivere nel terrore di perdere se stesso. Un bambino che va all'asilo può rubare i biscotti di qualcun altro semplicemente perché glielo hanno detto i suoi amici, senza rendersi conto che non era un suo desiderio finché la cosa non lo mette nei guai. Allora dice "me lo ha detto Billy!" Un bambino a cui le sono state sempre date tutte vinte, può essere troppo centrato su se stesso ed essere rifiutato dagli altri, come il prepotente che a scuola domina i bambini più piccoli o il compagno di scuola egocentrico che ruba sempre l'attenzione.

In questa fase, anche lo sviluppo intellettuale compie un grande salto. Abbiamo nominato il *periodo preoperativo* di Piaget, durante il quale "lo sviluppo intellettuale procede secondo modelli concettuali-simbolici, più che secondo quelli precedenti sensorio-motori" [8]. Avendo appreso i principi fondamentali del linguaggio, ora il bambino inizia il compito di assemblare i molti pezzi della sua esperienza. Si interessa non solo alle relazioni esistenti tra le persone, ma tra tutte le componenti del mondo che lo circonda. Sta imparando a comporre le informazioni pure in concetti più ampi che dettano il comportamento. Invece di usare la disponibilità come mezzo per ottenere un biscotto, si rende conto che la disponibilità è un buon concetto. Egli poi desidera che le sue intenzioni siano riconosciute come opposte alla sua azione. Questo è lo stadio del *bravo bambino/brava bambina* dello sviluppo della morale descritto da Lawrence Kohlberg. Il bambino crea se stesso incorporando nella sua personalità in crescita dei nuovi concetti.

Le routine sono degli insiemi di relazioni. In questo stadio spesso i bambini si arrabbiano quando vengono alterate le routine standardizzate – quando qualcuno a tavola si siede al posto che è loro, quando bisogna fare il bagno prima di cena invece che dopo, oppure quando va in frantumi la stabilità familiare. Desiderano che le relazioni tra le cose rimangano stabili, in modo che il loro posto sia chiaro. L'arrivo di un genitore acquisito, di altri fratelli, di una nuova casa o dei cambiamenti nella routine scolastica o nella cura quotidiana possono essere particolarmente distruttivi a questo stadio. La sicurezza e l'identità derivano da relazioni stabili. Quando quelle relazioni finiscono o sono minacciate, come avviene per un divorzio, una morte o una separazione, allora vengono minacciati il senso di sicurezza e lo sviluppo dell'identità sociale. Ne viene affetta anche la relazione interiorizzata con noi stessi. Se, ad esempio, perdiamo uno dei nostri genitori, non possiamo vedere in che modo i due sessi interagiscono l'uno con l'altro e dunque quell'equilibrio potrebbe mancarci. (Per alcuni matrimoni, tuttavia, questa potrebbe essere una benedizione).

Infine questa è l'età in cui cominciano a svilupparsi le relazioni tra i pari. Il bambino inizia la scuola, si sceglie degli amici e mette alla prova questi programmi comportamentali nel mondo esterno alla famiglia. Impara a capire se è bene accetto o rifiutato e dunque la sua identità sociale si somma alla sua identità dell'ego come nuova base per l'autostima. È interessante notare che il momento più diffuso in cui compare l'amico immaginario si verifica tra i quattro e i sei anni, come se questo fosse un banco di prova per le relazioni reali.

Poiché le relazioni sono il terreno di formazione dello sviluppo del quarto chakra, è importante porsi delle domande essenziali. Le relazioni all'interno della famiglia si basano sullo scontro aggressivo per affermare i propri diritti? Si basano sulla rinuncia a se stessi per evitare punizioni e rifiuto? Coinvolgono l'espressione delle emozioni e dell'affetto oppure i genitori nascondono questi aspetti della loro relazione? La comunicazione è modulata in modo che il bambino si renda conto in che modo vengono affrontati i problemi o la regola è che non si parla mai delle difficoltà? C'è un genitore dominante sull'altro, oppure esiste un senso di unione cooperativa? Ai fratelli e alle sorelle viene prestata uguale attenzione, oppure vi sono dei favoritismi e, se così avviene, su cosa si basano? E soprattutto – le relazioni sono coerenti? Il papà è buono e generoso in alcuni giorni e crudelmente violento in altri? Questi sono gli elementi che insegnano al bambino come comportarsi nel mondo.

La socializzazione è l'ambito in cui un individuo acquisisce i suoi modelli comportamentali, le motivazioni, le attitudini e i valori che la cultura ritiene importanti. Nella nostra attuale cultura sociale questo processo ci richiede di negare molti degli aspetti dei chakra inferiori. Per socializzare in modo corretto il bambino deve imparare ad esercitare un controllo o a superare le sue spontanee spinte aggressive, dipendenze e paure. Per i maschi questo include anche il campo emotivo in generale. Dunque spesso l'identità sociale si sviluppa a scapito delle identità precedenti. Ad esempio, per la bambina la cui identità sociale significa compiacere gli altri, il prezzo potrebbe essere quello di negare i propri bisogni. Il bambino sperduto che si nasconde nello sfondo nega la propria necessità di attenzione. La perdita di contatto con il terreno originale crea un tipo di vuoto esistenziale che viene proiettato nelle relazioni. Finiamo col cercare degli altri che ci diano sicurezza, che ci soddisfino emotivamente o che accrescano il nostro ego, perché noi ci siamo negati dentro tutto questo.

Spesso si osserva che lo sviluppo di un chakra si verifica a spese di quello sottostante. Dobbiamo rinunciare a parte della stabilità e della sicurezza del primo chakra per poterci arrendere al mutamento nel secondo chakra. Dobbiamo domare la continua spinta del desiderio nel secondo chakra per incanalare la nostra energia in attività produttiva nel terzo chakra. Dobbiamo spingerci oltre i nostri bisogni egoistici per poter veramente provare amore per qualcuno. Anche se durante i cambiamenti delle fasi evolutive c'è sempre una certa ridistribuzione dell'energia, ciò non significa che la progressione dei chakra sia un fenomeno di esclusione basato sulla repressione, è invece una trasmutazione inclusiva di energia. Le emozioni e i sentimenti diventano travolgenti se non vi è sufficiente terreno per sentirsi sicuri. Senza desiderio, la volontà manca di energia. L'amore è una fusione disperata di proiezioni dove l'ego possiede poca forza. Una volta che abbiamo soddisfatto le richieste iniziali possiamo soltanto trascendere. Questo è un punto essenziale da ricordare nel corso della nostra ascesa lungo i chakra.

Tra il terzo e il quarto chakra al bambino può giungere il messaggio che l'autonomia e l'amore si escludano a vicenda. Il che è particolarmente vero quando i genitori usano l'amore condizionato per formare il comportamento. Johnny impara presto qual è il comportamento che piace a mamma e quali dei suoi aspetti lei rifiuta. "La mamma mi ignora quando piango. Quando sto tranquillo mi abbraccia". Il desiderio d'amore in genere predomina sulla necessità di autonomia e così creiamo un falso sé. Cresciamo pensando che, o siamo noi stessi o siamo amati, e crediamo che sia impossibile avere entrambe le cose. Questa è la premessa per la codipendenza, per il comportamento passivo/aggressivo o per l'isolamento, anche se, di fatto, non possiamo avere delle relazioni durature, oneste, senza essere veramente noi stessi.

La giusta realizzazione della nostra identità sociale risulta dalla trascendenza dell'ego senza un inutile sacrificio dell'autonomia. Il bambino può identificarsi con altri altrettanto importanti quanto lui stesso e possiede la capacità di cooperare con la famiglia, con gli amici e con un più vasto ambiente sociale.

Ogni adulto funzionante ha raggiunto perlomeno un livello di base dello sviluppo dell'ego, per quanto malamente si possa essere formato. Tuttavia vi sono molti adulti che non hanno compiuto ancora una piena transazione allo stadio del quarto chakra. Una mancanza di completezza nei chakra inferiori non ha prodotto la stabilità e l'abbondanza necessarie per aprire e riempire il chakra del cuore. Essi rimangono bloccati nella gratificazione egoica narcisistica del terzo chakra persino nelle loro relazioni più strette e trovano difficoltà a provare vera empatia e altruismo. Le crisi che compaiono a metà della vita (in genere legate al dolore di relazioni fallite) spesso rivelano ferite che risalgono alla prima infanzia. Queste ferite dei chakra inferiori possono essere guarite, il che permette al chakra del cuore di aprirsi. In casi del genere può avvenire che lo sviluppo del quarto chakra si verifichi durante la mezza età, quando entriamo nella fase integrativa del nostro processo di individuazione come adulti.

Le parti di noi che vengono ignorate o rifiutate regrediscono nella sfera dell'inconscio. Entrano a far parte dell'ombra, separate dalla "persona". La persona è costituita dagli aspetti che ci portano amore, mentre l'ombra da quelli che appaiono inaccettabili. Da adulti, parte del nostro quarto chakra opera per riunire la persona con l'ombra rifiutata, per giungere infine all'equilibrio e all'unità.

Lo sviluppo adulto del chakra del cuore porta a trascendere l'ego, a integrare i chakra inferiori e superiori, a creare la sacra unione del maschile e del femminile e a sviluppare l'empatia sociale e l'altruismo. Significa il pervenire all'equilibrio interiore, man mano che integriamo le nostre molte subpersonalità e l'espressione di quell'equilibrio nelle relazioni che abbiamo con gli altri. E veramente il quarto chakra è l'ingresso alla pienezza spirituale e al dominio personale. Il premio che offre è l'autoaccettazione e l'amore per se stessi.

TRAUMI E VIOLENZE

Così i bambini si trovano davanti un torturatore che amano, non uno che odiano e questa tragica complicazione avrà un effetto devastante su tutta la loro vita futura.

ALICE MILLER

Non esiste nulla di più devastante della mancanza d'amore. L'amore è il collante primario dell'universo, la forza di coesione per eccellenza. In quanto camera centrale dell'integrazione, il quarto chakra è colui che sana, che unifica. L'amore integra e la mancanza d'amore disintegra. Senza l'amore che ci tenga uniti insieme noi ci separiamo dalle parti di noi stessi che allontanano l'amore. Rifiutiamo le parti bisognose, le parti arrabbiate, le parti brutte. E così non siamo più interi.

Tutti gli abusi traumatizzano il chakra del cuore perché tradiscono l'amore. La maggior parte di questi abusi si verifica nel contesto delle relazioni familiari. Già è terribile che succedano, ma più terribile ancora che succedano per mano delle persone che amiamo, delle persone con cui viviamo, delle persone in cui abbiamo bisogno di aver fiducia. Così, non solo subiamo l'abuso, ma anche una distorsione della relazione in cui esso si verifica. Chiudiamo il collegamento, chiudiamo il cuore e ci ritiriamo in noi stessi.

Quando le nostre relazioni primarie vengono distorte, diminuisce la nostra capacità di amare ed entrare in contatto – di diventare *relazionali*. Essere relazionali significa semplicemente essere in grado di porsi in relazione o di adeguare le nostre esperienze a un più ampio contesto esterno. Ponendoci in relazione, ci colleghiamo alle cose e vediamo in che modo esse sono connesse l'una all'altra. Tanti miei clienti, donne in particolare, si lamentano della mancanza di energia che i loro partner mettono nella relazione. I loro compagni, dicono, si comportano come se vivessero in un mondo tutto loro, in cui la relazione è un pensiero in secondo piano o come se la dessero per scontata. Questi uomini (e accade anche alle donne) considerano le relazioni come cose, piuttosto che come processi vitali. La loro capacità di essere persone relazionali non è pienamente sviluppata.

Quando le relazioni sono distorte, distorto è anche il nostro senso di come le cose sono collegate. Viene danneggiata una visione più ampia delle cose – il contesto in cui è immersa la vita. Il che ci impedisce di elevarci a un livello più alto del nostro essere.

Un bambino piccolo è un essere aperto, privo di armature, totalmente dipendente dalle persone che si prendono cura di lui. A questo stadio il bambino è un canale d'amore privo di inibizioni per coloro che lo accudiscono. La sua prima comprensione dell'amore proviene dal soddisfacimento delle sue necessità di sopravvivenza e di dipendenza – che ci si prenda cura di lui, che venga sorvegliato e che sia al sicuro. Quando può rispecchiarsi e viene accudito e quando la sua autonomia viene supportata, significa che è anche amato. Se tutto è andato bene, quando il bambino ha raggiunto lo stadio del quarto chakra, sono state gettate delle nuove fondamenta per l'amore dipendente. Per il bambino i genitori sono coloro a cui ci si rivolge per le proprie necessità personali e che lo aiutano a comprendere il complesso mondo che lo circonda.

È una cosa che spezza letteralmente il cuore quando la fiducia e l'amore che un bambino prova per chi lo accudisce vengono usati contro di lui. Nelle relazioni adulte esiste la scelta (percepita o no) di alzarci e andarcene quando qualcuno ci maltratta; un bambino non ha questa scelta. A un bambino non è data nemmeno la scelta di non amare.

L'effetto di questo maltrattamento si verifica contemporaneamente a tre livelli:

1) l'*esperienza* dell'abuso, che può creare dei traumi che alterano il naturale sviluppo del corpo e della psiche in uno dei chakra.

2) l'*interpretazione* dell'abuso, che in genere viene attribuita alla nostra incapacità, in quanto opposta a quella dei nostri genitori.

3) la *fusione* dell'abuso con l'amore, in cui le due cose ven-

gono messe in relazione l'una con l'altra, collegate inseparabilmente. Questo collegamento perpetua l'abuso nelle relazioni adulte.

Se di un bambino ci si prende cura in superficie, ma non viene toccato o non gli viene prestata particolare attenzione, anche il suo amore per gli altri sarà superficiale. La sofferenza per la mancanza di contatto, è fisica, soffre emotivamente per un senso di vergogna e psicologicamente per un concetto distorto dell'amore. Se un padre abusa sessualmente di una figlia, che lo ama e ha fiducia in lui, egli le insegna una forma distorta di porsi in relazione, in cui manca il rispetto per i confini. Gli adulti che hanno subito l'esperienza di tale abuso spesso si sentono staccati dal corpo, nelle relazioni amorose hanno confini deboli e definiscono il proprio valore in termini sessuali. Se un bambino viene ignorato o fatto vergognare proprio dalle persone che sono più importanti nella sua vita, egli interiorizzerà quella distorsione nella sua relazione con se stesso. La sua voce interna farà da critico e lo terrà in uno stato di ulteriore svalutazione, perpetuando il circolo vizioso.

Qualunque forma di abuso avrà un impatto a questi tre livelli: il processo evolutivo, l'autostima e le relazioni con gli altri. Ciascuno di questi livelli sarà analizzato in seguito in modo più dettagliato.

La violenza in sé

Ho lavorato con una donna che era stata adottata da una zia dopo che i suoi genitori erano stati improvvisamente uccisi durante la Seconda guerra mondiale. Sua zia la paragonava continuamente ai propri figli naturali. "Perché a scuola non vai bene come tua sorella? Devi proprio essere stupida! Perché sei tanto pigra a paragone dei tuoi fratelli? Ma che cos'hai che non va?" Anche se, in superficie, veniva accudita, non veniva mai fatta parola del trauma originale di aver perso i suoi genitori, mettendola così in una situazione di svantaggio. Non vi era tempo per guarire o riparare i vuoti evolutivi prima di passare agli stadi successivi. È chiaro che non poteva competere con i fratelli, che non avevano subito tali traumi.

L'abuso è l'antitesi dell'amore. Se non riceviamo l'amore di cui abbiamo bisogno, ci manca la fondamentale componente di base per mettere insieme noi stessi. Qualunque sia il tipo di violenza, essa mina il naturale processo evolutivo, in quanto interferisce con la struttura interna del sistema fisico, emotivo e psichico. Se una cosa del genere accadesse al nostro stereo, il controllo del volume non funzionerebbe, la qualità del suono risulterebbe alterata o vi sarebbero delle interferenze statiche. Quando accade alla psiche, ci sentiamo come un prodotto difettoso – la nostra perfetta sintonia è fuori fase.

La violenza altera il nostro amore per la vita. Se la vita è dolorosa, o solitaria, o ci rifiuta, o è vuota, ostile, o piena di sofferenza, non vogliamo averci nulla a che fare. La vita diventa un'esperienza sofferta, un processo che dev'essere sopportato. Non amiamo più la vita; non le andiamo più incontro con speranza ed entusiasmo. Ci ritraiamo, ci deprimiamo, ci blocchiamo. Il naturale flusso d'energia non può più procedere.

La perdita dell'amore di sé

Dal momento che in genere ci identifichiamo con le persone che si prendono cura di noi e con i loro valori, il modo in cui ci trattano ci insegna che valore abbiamo come esseri umani. Assumiamo gli atteggiamenti che essi hanno verso di noi. L'abuso ci fa sentire indegni d'amore e il sentirci carenti non fa che accrescere la nostra vergogna. Ci consideriamo degli oggetti, persino degli oggetti di disprezzo. Non amabili, non siamo più in contatto con la nostra parte divina, con la nostra unicità, con la nostra validità di esseri umani. Convinti che la colpa stia in qualche pecca intrinseca, che non vediamo e di fronte alla quale nulla possiamo fare, abbandoniamo noi stessi.

Quando non esiste relazione con il sé, diventa impossibile la riflessione cosciente. Ci troviamo tagliati fuori, scollegati dal nostro terreno, persi e soli, e finiamo per cercare presso un altro il nostro terreno. Quello diventa la nostra realtà e il peso che gli imponiamo – il peso della stessa negazione di noi stessi – in genere lo fa fuggire. Allora perdiamo tutta l'energia che avevamo investito in lui, incluse parti di noi stessi. "Le ho dato tutto!

Come ha potuto lasciarmi?" Quando diamo tutto ci sbanchiamo. Ci manca un centro da cui gli altri possono essere attratti perché, molto semplicemente, a casa non c'è nessuno. Dentro di noi non c'è nessuno da amare, perché ci siamo buttati via.

Relazioni interiorizzate

Tutti gli atti di abuso si verificano nel contesto di una relazione. Dunque la relazione diventa il campo in cui tutti gli eventi vengono interpretati e il terreno sul quale in seguito saranno interiorizzati. Le relazioni interiorizzate formano le componenti archetipiche della nostra psiche. La relazione con nostra madre rappresenterà ben di più di quello che proviamo per la mamma, influenzerà il modo in cui intenderemo il simbolo archetipico della Madre, ma anche la femminilità in generale. Se nostra madre ci ha maltrattato, ne verrà guastato il nostro rapporto interiore con il femminile e con tutto quello che esso rappresenta. Se ha negato queste qualità, ci aspetteremo che siano negate ovunque, persino dagli uomini. Se le ha usate come mezzo per controllare gli altri, avremo paura di essere controllati dal bisogno che avremo di esse. Quando proiettiamo questo guasto sulle donne che incontriamo nella vita, scopriremo che ci stiamo mettendo in relazione più con la nostra immagine interiore danneggiata del femminile che con le donne reali che incontriamo. La nostra rabbia, le nostre aspettative, le nostre difese e necessità, tutto verrà intessuto nella relazione e potrà aggrovigliarsi con la struttura interna della nostra partner, che potrebbe essere altrettanto danneggiata. E queste sono le premesse di un bel pasticcio davvero! Allora abbiamo due persone che si mettono in relazione partendo dalle loro ferite e difese invece che con la loro totalità. Quello che vedono sono le loro proiezioni piuttosto che l'un l'altro. Purtroppo questa è la norma.

Il modo in cui nostro padre ci ha trattate influenza tutte le nostre relazioni con gli uomini, oltre alla nostra parte maschile interna. Il modo in cui ci poniamo in relazione con le qualità maschili dell'aggressività, dell'autorità, della logica e dell'iniziativa e il modo in cui proiettiamo queste qualità sugli uomini hanno delle conseguenze fondamentali per le nostre relazioni[9].

Spesso scegliamo lo stesso tipo di persona del nostro genitore, ma ci aspettiamo risultati diversi.

Larinda aveva sempre ammirato suo padre per la sua brillante carriera e per l'atteggiamento generoso e impegnato nei confronti della famiglia. Lo difendeva quando sua madre si lamentava del fatto che non era mai a casa o che non passava molto tempo con i figli. Larinda aveva sposato un uomo che ammirava proprio per queste qualità e presto si ritrovò vedova di un dipendente dal lavoro, sola con i suoi figli e con nessuno a cui parlare. Poiché aveva rifiutato i sentimenti di sua madre, negò anche i propri. Come compensazione di quella negazione si diede all'alcool. Quando infine si trovò a dover fare i conti con il proprio alcolismo, fu costretta ad affrontare sia i suoi bisogni infantili trascurati, che il modo in cui l'immagine di suo padre aveva mascherato il suo senso di abbandono.

Harville Hendrix, nel suo best-seller *Getting the Love You Want*, definisce *imago* la relazione interiorizzata con nostro padre e con nostra madre. L'imago è una "immagine composita delle persone che ci hanno più profondamente influenzato nelle fasi iniziali della nostra vita" [10]. Questa immagine non viene formata dalla mente conscia, ma come una sagoma tracciata nel nostro sistema nervoso da anni di costante interazione con la nostra famiglia. Programma le nostre reazioni, difese, comportamenti e interpretazione degli eventi. Diventa parte della nostra armatura caratteriale, parte della nostra personalità.

Il nostro rapporto con le forze archetipiche interiorizzate definisce il nostro rapporto col mondo. Che noi affrontiamo il mondo con un atteggiamento responsabile o ribelle, con un'accettazione colma di aspettative o con rifiuto, tutto questo rimane a far parte del nostro programma relazionale. L'imprinting iniziale di questo programma è la famiglia. Soltanto dipanando queste relazioni primarie possiamo sperare di trovare l'autoriflessione cosciente necessaria a spezzare i modelli abituali e a creare nuovi tipi produttivi di relazione.

Le nostre relazioni attuali forniscono sempre il terreno formativo di questo processo. È la prova del nove della nostra crescita, perché chi meglio del nostro partner intimo conosce le nostre speranze e le nostre paure, i punti di forza e le debolezze? Chi meglio del nostro partner sostiene l'urto delle nostre aspettative e rabbie, delle nostre proiezioni e manipolazioni? Quale specchio migliore del nostro partner per la nostra crescita?

Il chakra del cuore è collegato ai legami. Parti non integrate di noi stessi che non sono legate nel cuore dall'amore, cercheranno altrove dei legami. Il nostro piccolo bambino vergognoso cercherà qualcuno di irascibile, offrendoci grandi opportunità di recuperare questa parte perduta di noi stessi. Le nostre varie parti cercano legami permanenti.

Sfortunatamente i modelli di tali legami non sono sempre piacevoli. Possiamo venirne intrappolati e oppressi. Perdiamo la freschezza di vedere il nostro partner come veramente è, e invece vediamo solamente il genitore critico, il bambino bisognoso o gli aspetti della sua personalità che ci rifiutano. Il solo modo di spezzare questi modelli è quello di acquistare coscienza di queste relazioni all'interno di noi – di ascoltare, scoprire e onorare i molti aspetti della nostra interiore complessità.

Concetti distorti dell'amore

L'amore che un bambino prova per i suoi genitori assicura che i loro atti consci o inconsci di crudeltà mentale non vengano rivelati.

ALICE MILLER

Le relazioni conflittuali deviano il nostro concetto dell'amore. Dal momento che il bambino è così dipendente, non vi è spazio nella sua mente per la contraddizione esistente tra amore e abuso. Per far sì che il loro mondo rimanga coerente, i bambini negano gli effetti dell'abuso, oppure si convincono di meritarlo. Persino gli atti di crudeltà sono visti come atti d'amore. Quando un bambino viene picchiato e gli viene detto: "Questo fa male tanto a me che a te; lo faccio solo perché ti amo", al bambino viene inviato un messaggio davvero strano su quello che è l'amore. Identifica l'amore con la sofferenza e i maltrattamenti. In quanto destinatari di quell'amore, essi si fanno un dovere di sopportare quell'amore e di non metterlo in discussione. Alice Miller, nel suo libro tanto giustamente intitolato *For Your Own Good*, descrive acutamente: "Quando quello che mi è stato fatto mi è stato fatto per il mio bene, ci si aspetta che io accetti questo trattamento come una parte essenziale della vita e che non lo metta in discussione"[11]. Questa accettazione ha un impatto sul chakra del cuore e sugli altri tre chakra superiori, influenzando la nostra capacità di dire la nostra verità, di capire quello che sta succedendo e di mettere in discussione le cose in generale.

In seguito, nelle relazioni adulte, è possibile che si rimanga ciechi agli abusi che il nostro partner opera su di noi. Non crediamo veramente di venire maltrattati e ci portiamo nel cuore l'illusione di essere amati. Bradshaw l'ha definito il *legame fantasticato*. È un'illusione che ci continua a far credere che il nostro partner (padre, madre, amico, persona amata) ci ami davvero – forse oggi è solo una brutta giornata, abbiamo fatto qualcosa che non andava oppure domani andrà meglio. Sappiamo che potrebbe cambiare, basta che facciamo questo o non facciamo quest'altro. Scusiamo il loro comportamento e continuiamo ad accettare quello che normalmente non sarebbe accettabile. Poiché il bambino ha un incessante bisogno di essere amato a tutti i costi, fantastica un amore che non esiste.

Rifiuto

Nel momento del tradimento si apre una ferita nella parte più vulnerabile: la mia "fiducia primaria", che è quella di un bambino assolutamente indifeso, che può muoversi nel mondo soltanto nelle braccia di qualcuno.

ALDO CAROTENUTO

Nessuna sezione sui traumi del chakra del cuore sarebbe completa senza una discussione sul rifiuto. Un'esperienza universale che ci ferisce tutti, il rifiuto è una paura che alberga nel centro del cuore umano. Fa precipitare le persone nella disperazione più nera, nei terrori più profondi e nel dolore più angoscioso. Il timore del rifiuto è il motivo principale che ci fa recedere dall'amore e chiudere il chakra del cuore.

Quando veniamo rifiutati, siamo spesso incapaci di cambiare

la situazione, che così fa scattare sentimenti infantili di impotenza. La nostra autostima crolla, i nostri sentimenti sprofondano in una depressione insondabile e il nostro corpo duole di desiderio. Pensiamo di non poter vivere e infatti la spinta al suicidio per la perdita dell'amore è un tema universale che ha afflitto le persone da quando la forza dell'amore domina i nostri cuori.

Il rifiuto ci dice che siamo indegni e amplifica la nostra vergogna di base, qualunque sia il grado di cui ne soffriamo. Ci si rivolta contro, creando forse quella che è la ferita più profonda di tutte. Perché il rifiuto da parte di un altro influenza così profondamente il nostro stato interiore?

Per un bambino piccolo il rifiuto equivale alla morte. Senza l'amore dei genitori, quale garanzia esiste che qualcuno si prenderà cura di lui? Per molti l'esperienza di perdere l'amore innesca la situazione infantile di un bambino abbandonato, uno stato di intollerabile impotenza che è totalmente incongruente con la personalità adulta.

Un bambino si identifica con i suoi genitori, imitando il loro comportamento e adottando i loro valori man mano che impara dalla vita. Da adulti, quando amiamo profondamente qualcuno, ci identifichiamo anche con lui fino a un certo punto. Ci identifichiamo con i suoi dolori e con le sue sofferenze, con i suoi trionfi e con le sue gioie. Spesso condividiamo i suoi sentimenti come se fossero i nostri. Quando la persona amata soffre, nel nostro condividere soffriamo con lei. Più profondo è l'amore, più cadono le barriere che ci separano e più intensa è l'identificazione con l'altro.

Allora, che cosa succede quando veniamo rifiutati? Se ci identifichiamo ancora con chi ci sta rifiutando, adottiamo lo stesso comportamento e rifiutiamo noi stessi. Infatti, il bambino che si identifica con i suoi genitori, impara a svalutarsi, persino a odiarsi. L'adulto che perde la persona che ama, è lasciato non solo con la sua perdita, ma anche con un messaggio negativo da qualcuno che rispetta e apprezza e che gli dice che è imperfetto, indegno e non voluto! Se la relazione è stata profonda, egli ha probabilmente condiviso molti valori ed è facile che interpreti il rifiuto dell'amato come l'affermazione di una verità su se stesso. Così noi ci identifichiamo con chi ci abbandona e ci disidentifichiamo con noi stessi. Combattiamo la naturale autoaccettazione di questo chakra e ci muoviamo invece verso il rifiuto di noi stessi e il dolore.

Alcuni, quando vengono rifiutati, invece di rattristarsi sono pieni di rabbia. Questo spesso è un mezzo di autoconservazione, poiché infrange il legame negativo e l'eccessiva identificazione. Quando diciamo: "Maledetto figlio di puttana, come hai potuto? Non lo meritavo!" cessiamo di identificarci con la causa del nostro dolore e abbiamo una migliore possibilità di tornare a identificarci con noi stessi.

Talvolta, tuttavia, il rifiuto porta alla luce delle verità che è necessario affrontare. Non c'è sveglia più potente della perdita reale o potenziale della persona che amiamo. È una delle più forti spinte al cambiamento, ma è anche una delle più dure. Troppa rabbia può obnubilare le grandi lezioni che si presentano.

È importante operare una distinzione tra un'eccessiva identificazione con l'amato e le verità che dobbiamo imparare. Se ci sono delle lezioni importanti che dobbiamo imparare, dobbiamo affrontarle con un atteggiamento di compassione nei confronti di noi stessi, poiché mai la compassione è più necessaria di quando la sofferenza è tanto profonda. Solo la compassione ci permette di collegarci nuovamente con noi stessi e interrompere l'identificazione con il genitore, l'amato o l'amico che ci hanno traditi, rifiutati o svalutati. Bisogna liberarsi della sofferenza e, in quella sofferenza, ci si può ricollegare al centro del sé.

STRUTTURA CARATTERIALE

Il carattere rigido e quello isterico

Rigido

Henry era il tipo caratteriale meno incline ad entrare in terapia. Era un manager di successo in una grande compagnia, avvenente, di bella presenza. Il suo corpo sprizzava vitalità e prontezza, i muscoli ben tonificati e la postura eretta. Se non conoscessi bene le strutture caratteriali mi sarei chiesta che ci facesse lì.

Dopo pochi minuti che lo ascoltavo divenne evidente che la sua energia, benché notevolmente carica, era trattenuta nella parte posteriore del corpo. Osservandolo muoversi vidi che la schiena era leggermente incurvata e che le braccia non venivano mai estese molto davanti a sé mentre parlava. La sua energia impressionante era priva di spessore, come se fosse presa al laccio. Ammise di essere un mistero per se stesso. Aveva avuto una lunga serie di relazioni, poiché molte donne si erano innamorate di lui, ma in qualche modo se ne stufava sempre e le lasciava. Henry era intrappolato in un sistema carico d'energia che non riusciva ad aprirsi a sentimenti più profondi. Il cuore di Henry era bloccato.

Il blocco dei suoi sentimenti, che influenzava sia il secondo che il quarto chakra, era ampiamente dovuto al rifiuto genitoriale, iniziato durante il periodo dello sviluppo del quarto chakra. Benché all'inizio amorevoli e presenti, i suoi genitori all'improvviso pretesero che fosse cresciuto e lo rimproveravano per il suo immaturo bisogno di amore e di sicurezza. Non gli fu più permesso di sedersi sulle loro ginocchia, di chiedere di essere abbracciato o di piangere quando si sentiva triste. La nascita di una sorellina gli aveva sottratto la speciale attenzione a cui era abituato ed ora, alla tenera età di cinque anni, gli si chiedeva di comportarsi come un uomo. Henry si ricorda che il primo giorno d'asilo aveva paura di salire sullo scuolabus. Pianse e si attaccò a sua madre e in seguito, quella sera, fu preso in giro per il suo comportamento infantile. Gli venne detto che era troppo grande per quel genere di cose e che ciò non sarebbe stato tollerato. Per fermare la piena di questi sentimenti, aveva irrigidito il proprio corpo e limitato il respiro. Con una posa tipicamente militare, spingeva il petto in fuori dando un'impressione di grande fiducia in se stesso. Tuttavia, il suo petto non si espandeva e contraeva col respiro, ma si era invece trasformato in un rigido contenitore per l'energia emotiva che non poteva affluire al cuore (fig. 0-5, D).

Suo padre, che era pure un ambizioso uomo in carriera, aveva delle aspettative talmente alte nei suoi confronti, che Henry non si sentiva mai abbastanza all'altezza. Nella scuola superiore era stato un campione di football e aveva fatto onore al corpo studentesco. Fantasticava di diventare un grande scienziato e di ottenere così l'approvazione di suo padre. Ma suo padre era ancora distante, concentrato sul suo lavoro e prestava attenzione a Henry solo quel tanto che bastava per dirgli che avrebbe potuto far meglio. La madre se ne stava in silenzio e sosteneva suo marito in questo comportamento, rovesciando però tutta la sua tenerezza sulla sorella più piccola.

Qualunque cosa Henry facesse, il suo più profondo sé veniva rifiutato. Ogni volta che cercava di ottenere approvazione il suo cuore veniva spezzato. Costretto a sorvolare sul proprio bisogno d'amore, convogliava la sua energia aggressiva nella realizzazione, sperando inconsciamente che questo gli avrebbe procurato l'amore e il riconoscimento a cui agognava. Ma il suo cuore era stato costretto a chiudersi molto tempo prima e anche quando l'amore arrivava, come spesso succedeva con le donne, era incapace di provare la soddisfazione di essere accettato come era. Infatti, l'amore che scaturisce dall'ammirazione, accresce la sensazione che non vi sia amore per il sé più autentico e vulnerabile. Questo non offre vera soddisfazione o guarigione e così il carattere rigido continua senza posa.

Nel momento evolutivo in cui il cuore di Henry si trovava nello stato più aperto e inquisitore, si sentì dire di mettere a tacere le proprie emozioni e di eseguire. Questo rifiuto del vero sé in favore del sé realizzatore è quello che dà a questa struttura caratteriale il suo nome, più positivo, di *Realizzatore*. Dal punto di vista energetico Henry aveva chiuso tanto il secondo che il quarto chakra e aveva fortemente compresso la sua forza vitale nel centro dell'attività dell'ego del terzo chakra. Da lì si proiettava in un'attività affaristica di successo, alimentata dalla spinta dell'ambizione (fig. 4-2).

La tipologia caratteriale rigida trattiene l'energia. Essi sono disuniti dalla loro ombra e dunque temono di arrendersi ai propri sentimenti. Manca loro il contatto col proprio bambino interiore, dal momento che non è stato loro permesso di essere bambini molto a lungo. Per quanto grandi siano i risultati che raggiungono, non hanno mai la sensazione di averne abbastanza e non riescono mai a raggiungere il punto in cui poter lasciare che le cose vadano come devono andare. Tendono ad agire senza soddisfazione, il che li lascia in un continuo stato di frustrazione. La loro energia viene incanalata verso sempre maggiori realizzazioni, finché infine essi diventano dipendenti da sostanze stupefacenti (la cocaina è particolarmente amata da questi tipi caratteriali) o semplicemente si bruciano per combustione. A questo punto, la vita impone una vulnerabilità che non può essere più negata e può iniziare la guarigione.

Guarire il Realizzatore significa scontrarsi con il bambino vulnerabile sul suo stesso terreno e fargli capire che viene accettato così com'è. Incoraggiando i sentimenti più teneri con un rispecchiarsi positivo si aiuta il tipo rigido a scoprire le sue emozioni interne e se ne accresce il flusso. Aiutandolo ad allentare la stretta nel petto e ad esprimere i sentimenti con le braccia, si sblocca il chakra del cuore e si aiuta l'energia a scendere verso la terra. Le tecniche generali verranno discusse nella sezione sulla guarigione.

L'Isterico

Poiché gli uomini sono spesso privati delle loro lacrime e della loro vulnerabilità, il modello caratteriale Rigido tende a manifestarsi più spesso negli uomini. Poiché la cultura permette maggiormente alle donne di esprimere i loro sentimenti, esse possono ricadere nella forma di rigidità isterica o espressiva. La ferita originale è simile – rifiuto da parte del padre durante la crescita del bambino, mancanza di empatia e alte aspettative di comportamento. Per la tipologia emotivo/espressiva questo rifiuto scatena emozioni che vengono portate alla luce, talvolta con esagerazione melodrammatica, come mezzo per ottenere l'attenzione di cui è assetata. Poiché l'Isterica ha ricevuto attenzione solamente in situazioni estreme, la tendenza ad esprimere le emozioni con modalità isteriche diviene abituale ed è possibile che ella non si renda nemmeno conto che le sue reazioni sono estreme per gli standard degli altri. Poiché ha fame d'amore, si concentra pesantemente sulla famiglia e sulle relazioni con un desiderio di intimità che diventa esigente e possessivo, più che di accettazione e di invito. L'Isterica è mutevole e carica di energia, ma la sua espressione è incostante e sporadica, variando da esplosioni di rabbia a ritirate imbronciate.

Il corpo dell'Isterica è fatto a pera – minuto e quasi infantile al di sopra della vita, con fianchi e cosce più ampi (fig. 0-5 E). Il colpo ricevuto dal chakra del cuore è evidente nella rigidità del petto. Il tentativo di innalzarsi al di sopra delle emozioni crea un eccesso nel secondo chakra, dove le emozioni si innalzano periodicamente alla coscienza e vengono rilasciate in esplosioni isteriche. È probabile che abbia problemi respiratori quando scattano le emozioni, il che crea solo panico ed emozioni ancora più violente. Come il tipo Rigido, quello Isterico vive solo nella sua persona, senza rendersi conto che sta tradendo la propria autenticità. Si sente autentica soprattutto quando esprime emozioni forti, poiché questo è il modo che ha la sua psiche di riequilibrare l'abituale inibizione del centro del sé. Dunque essa si identifica soprattutto con le sue identità sociale ed emotiva, creando un eccesso nel secondo chakra.

In senso positivo, le Isteriche possono essere molto creative e teatrali, buone realizzatrici, in profondo contatto con le loro necessità, che sanno esprimere molto bene. Quando le loro necessità vengono soddisfatte, possono essere molto attente e capaci di offrire sostegno e sono affascinanti nelle situazioni sociali. Come il tipo Rigido, esse possiedono una grande carica energetica e appaiono molto vive. Alcuni trovano eccitante la loro natura imprevedibile (fig. 4-3).

Tanto l'Isterico che il Rigido/Conquistatore hanno sviluppato la capacità di chiudere a piacere e rapidamente il loro chakra del cuore. Anzi, il cuore si apre solo di quando in quando per

Figura 4-2. Struttura caratteriale rigida (il Realizzatore). Il bambino cresciuto troppo in fretta

1° CHAKRA Solido, equilibrato	2° CHAKRA Carente	3° CHAKRA In eccesso	4° CHAKRA Carente
In genere corpo tonico, peso equilibrato	Paura di arrendersi alle emozioni	Da bambino gli sono state date responsabilità premature, aspettative eccessive	Non si sente accettato
Buon contatto con la realtà	Non si rende conto dei suoi bisogni	Tende alla perfezione	Ha bisogno di realizzazione per sentirsi degno d'amore
Buon lavoratore	Teme l'intimità	Competitivo	Ha sete di tenerezza, ma stenta ad ammetterlo
Spesso benestante	Trattiene l'impulso a chiedere	Aggressivo, si arrabbia facilmente	Ha bisogno dell'approvazione del padre
	Difficoltà a rilassarsi	Controllato, disciplinato, orgoglioso	Identifica l'approvazione con l'amore
	Desiderio inesaudito da bambino	Si rifugia nel lavoro	Il cuore si apre e si chiude rapidamente
		Forti necessità dell'ego	Teme il coinvolgimento, l'impegno
		In guardia, sulla difensiva	
		Si sente ostacolato e sfidato	

5° CHAKRA Equilibrato	6° CHAKRA Può essere l'uno o l'altro	7° CHAKRA Equilibrato in genere
Verbalmente forte	Il sesto chakra spesso è irrilevante, l'interesse punta sulle realizzazioni pragmatiche	Più pragmatico che spiritualmente orientato ma assetato di connessioni
Voce sottile o controllata	Si diletta di astrazioni logiche, simboli, sogni, ma non li pensa per loro conto	Intelligente
Verbalmente sulla difensiva		Razionale
Espressivo, ma non delle emozioni interiori		Logico

Figura 4-3. Struttura caratteriale isterica (Espressivo). Il bambino cresciuto troppo in fretta

1° CHAKRA Solido, equilibrato	2° CHAKRA Carente	3° CHAKRA In eccesso	4° CHAKRA Carente
In genere corpo tonico e peso equilibrato	Dominato dalle emozioni	Da bambino ha ricevuto premature responsabilità, alte aspettative	Non si sente accettato
Infantile, vuole essere accudito	Forti esplosioni emotive	Lotta per la perfezione	Ha bisogno di realizzare per sentirsi degno d'amore
	Ignora i bisogni finché diventano enormi	Competitivo	Ha sete di tenerezza, ma stenta ad ammetterlo
	Teme l'intimità	Aggressivo, si arrabbia facilmente	Ha bisogno dell'approvazione paterna
	Difficoltà a rilassarsi	Forti bisogni egoici	Identifica l'approvazione con l'amore
	Desiderio inesaudito da bambino	Sulla difensiva, in guardia	Il cuore si apre e si chiude rapidamente
		Si sente ostacolato, sfidato	Teme il coinvolgimento, l'impegno

5° CHAKRA **Equilibrato**	**6° CHAKRA** **Può essere entrambi**	**7° CHAKRA** **Equilibrato nell'insieme**
Verbalmente forte	Il sesto chakra spesso è irrilevante, l'interesse punta sulle realizzazioni pragmatiche	Più pragmatico che spiritualmente orientato, ma assetato di connessioni spirituali
Voce sottile o controllata	Si diletta di astrazioni logiche, simboli, sogni, ma non li pensa per conto loro	Intelligente
Verbalmente sulla difensiva		Razionale
Espressivo		Logico

brevi, intensi periodi, come eccezione alla loro sfiducia di base. Sono assetati di intimità ma, sentendosi inadeguati, temono che l'intimità potrà rivelare le loro incapacità. In genere sono affascinanti e seducenti e bene amati dagli altri, ma raramente credono che le loro relazioni profonde siano autentiche, dal momento che essi stessi sono raramente autentici.

Può essere frustrante avere una relazione con queste tipologie. La loro difficoltà nel ricambiare la tenerezza potrebbe portare a pensare che vengono spesso rifiutati, ma di fatto possiedono delle difese talmente forti contro il rifiuto, che è più probabile che siano loro a uscire da una relazione. Inconsciamente fanno agli altri quello che più di tutto temono per se stessi, mantenendo così vuoto il loro chakra del cuore e perpetuando i modelli originari.

In realtà sono affamati d'amore, un amore vero, che sia diretto alla loro parte emotiva, la parte non realizzatrice, la parte semplice, vulnerabile, autentica, collegata al bambino non amato.

ECCESSO E CARENZA

Per sviluppare l'amore – amore universale, amore cosmico, comunque vi piaccia chiamarlo – bisogna accettare l'intera situazione della vita così com'è, le luci e le ombre, il bene e il male.

CHOGYAM TRUNGPA

È sempre abbastanza sconcertante pensare che un eccesso nel chakra del cuore possa costituire un problema e nei miei seminari mi vengono spesso poste domande a questo proposito. Come è possibile amare troppo? Come può il cuore essere troppo aperto? Dobbiamo veramente porci dei limiti nell'aprire il nostro cuore? Esiste un giusto grado per farlo?

Eccesso

Un eccesso nel chakra del cuore non significa un eccesso di amore vero e proprio, bensì un uso eccessivo dell'amore per le nostre personali necessità. Un eccesso si verifica quando cerchiamo di ipercompensare le nostre ferite. Poiché l'amore, per sua natura, coinvolge altre persone, allora gli altri diventano vittime trascinate nel dramma della nostra ipercompensazione. L'amore eccessivo è disperato, perché ha bisogno di costante rassicurazione e non concede all'altro la libertà di essere ciò che è. È un amore usato come fosse una droga, che serve a farci toccare il cielo e a liberarci dalle nostre responsabilità e dalle nostre sofferenze non risolte. Abbiamo un eccesso quando usiamo l'amore per compensare la nostra incompletezza oppure quando usiamo qualcun altro per arrivare dove noi stessi non possiamo o non vogliamo andare (fig. 4-4).

Connie si lamentava di essere aumentata due chili durante la recente visita di sua madre. "Che è successo?" le chiesi. "Mamma continuava a volersi occupare di me, prepararmi da mangiare, fare tutto per me, se facevo qualche obiezione se ne aveva terribilmente a male, dicendo che rifiutavo il suo amore. E così mangiavo anche se non avevo fame. Non sono riuscita a svolgere il mio solito lavoro. Non ho risposto alle telefonate d'affari. Mi sono presa indietro con tutto".

Quello che la madre di Connie riteneva fosse un comportamento amorevole, in realtà era asfissiare sua figlia. Che sua madre si risentisse perché i suoi nobili sforzi venivano rifiutati dimostrava che i suoi doni non venivano elargiti per il benessere di Connie, ma per il proprio. La madre di Connie è una codipendente, ma ascoltando la storia, ci rendiamo conto che anche Connie è codipendente. Piuttosto che rischiare di ferire sua madre, ha negato le proprie necessità. Non è stata felice della visita e non bruciava certo dalla voglia di averne un'altra.

Per sua definizione il chakra del cuore è volto a spingersi oltre il sé e a creare un collegamento con gli altri. La codipendenza indica un eccesso nel chakra del cuore, quando l'enfasi sull'*altro* è esagerata. Il bisogno compulsivo di fissarsi sugli altri, occupandosene e interessandosene all'eccesso è un comportamento dettato dalla negazione delle stesse nostre necessità. Allontanandoci dai nostri bisogni, ci sintonizziamo esageratamente con i bisogni degli altri, nella speranza di guadagnarci il diritto di essere amati in cambio. Così facendo, neghiamo agli altri il diritto di contare su se stessi, di compiere i loro sbagli e imparare da essi e dunque di evolversi al loro ritmo. La codipendenza non è un atto d'amore, ma un'ossessione travestita da amore.

Un quarto chakra in eccesso può essere esigente e possessivo. È collegato in modo appassionato, ma spesso ciecamente. L'amore diventa un'ossessione in cui l'essere amato è più un'estensione di noi stessi che un essere separato. La gelosia è una proiezione dell'insicurezza, prodotta dal cuore affamato. Eros e Thanatos sono impari. Siamo assetati di connessione e non tolleriamo la separazione. Una persona gelosa ha bisogno di costante rassicurazione e attenzione e il suo costante stato di bisogno tende a provocare un rifiuto, il che non fa che approfondire la ferita interiore e crea un'insicurezza ancora maggiore.

Poiché in un quarto chakra in eccesso il bisogno d'amore è così forte, è possibile che i confini siano fragili e vi sia poca

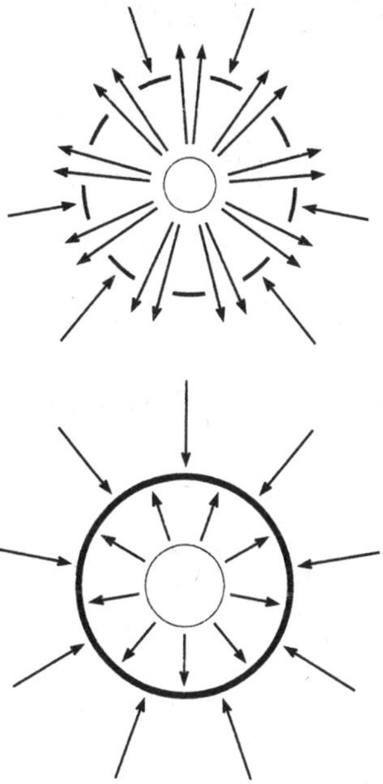

ECCESSO

Un eccesso nel quarto chakra provoca un movimento verso l'esterno talmente forte che può entrarvi ben poca energia. Questo alla lunga svuota il centro, che tenta di riempirsi collegandosi agli altri con le stesse modalità eccessive che ne hanno causato lo svuotamento.

CARENZA

Dei confini rigidi impediscono all'interno di uscir fuori e all'esterno di entrare, provocando isolamento, il che perpetua la carenza.

Figura 4-4. Eccesso e carenza nel quarto chakra

discriminazione. Non siamo in grado di distinguere quando una relazione diventa offensiva e viviamo un legame di fantasia in cui tutto è perfetto. Magari si pensa idealisticamente che la perfezione dell'amore venga continuamente tradita dalla dura, fredda realtà. Forse dal nostro amato ci aspettiamo la luna – disposti a darla noi stessi – e non riusciamo a capire come mai le nostre aspettative non vengano ricambiate. L'attenzione eccessiva che viene prestata all'amore è come una droga, che mina la chiarezza di giudizio.

Carenza

Alan stava affrontando un divorzio. "Non mi innamorerò mai più", diceva. "Non ne vale la pena. È troppo doloroso". Tutti gli amici gli dicevano che presto ne avrebbe trovata un'altra. "Non voglio nessun'altra!" esclamava. "Questa era perfetta.

Se non posso averla non mi impegnerò mai più con nessuna".

Alan reagiva alla sua ferita con una risposta di fuga. Chiudeva bottega – non più affari, non più rischi. Io sapevo che invece Alan era una persona capace di molto amore e dunque sapevo che questa reazione non era definitiva. Poiché il suo cuore si era aperto e si era poi spezzato, era naturale che lo richiudesse per un po'. Purtroppo alcuni adottano questo comportamento come un modo di essere durante l'infanzia e per loro la chiusura diventa uno stato ben più grave.

Un chakra del cuore carente risponde alle ferite d'amore ritirandosi. Essendo stato ferito in precedenza il cuore diventa un sistema chiuso e l'amore diventa condizionato. Dice: "Se non mi tratti meglio non ti darò più amore." "Se non sei puntuale nel chiamarmi, non ti farò sapere che ti voglio bene." Il cuore gioca un gioco freddo, come se il rifiutare l'amore possa manipolare qualcuno costringendolo ad amarci di più. Poiché si sente svuotato fin dall'inizio, un cuore carente vuole che siano gli altri a fare la prima mossa. Che contrasto con il codipendente, che dà ossessivamente, che gli sia richiesto o no!

Un quarto chakra carente in genere aspetta un cavaliere dall'armatura lucente o una fata madrina che vengano a salvarlo. Lui o lei desiderano che qualcuno veda quanto soffrono e che gli risolvano il problema. Vogliono che venga riversata dell'energia nel sistema senza correre alcun rischio personale, poiché nel passato i rischi si sono rivelati dolorosi (fig. 4-4). Poiché di base il cuore è svuotato, si ritiene di non potersi aprire e donare. Senza donare l'economia interna precipita e si instaura la depressione. Come una batteria scarica, aspettiamo il colpo che la faccia partire. Ma se non ricarichiamo mai la batteria avremo bisogno di quel colpo in continuazione.

Quando il chakra del cuore è carente, si tende a rimanere bloccati nel passato, legati a relazioni che sono finite molto tempo prima, perché quello era un momento in cui ci si è sentiti amati. Si tende a rimanere bloccati dalla rabbia e dal tradimento senza mai perdonare. Se il cuore non è stato riempito, se ne attribuisce la causa all'altra persona invece che assumersene la responsabilità. La volontà di non perdonare mantiene il cuore chiuso.

Una carenza nel chakra del cuore è una difesa contro la

mancanza d'amore. Poiché nell'esperienza del bambino non amato vi è stata una mancanza di empatia, egli trova difficile dimostrare empatia sia a se stesso che agli altri. A queste persone manca la compassione, tendono ad essere critiche e a giudicare, ferendo le persone che amano e chiudendo i canali di espressione e di ricezione.

Le sofferenze passate possono provocare amarezza e cinismo, una sorta di intolleranza generalizzata. Giudicare è un modo di giustificare la distanza dagli altri e di difendersi dall'intimità e dal rischio di venir nuovamente feriti. Se gli altri non sono abbastanza buoni, invece di sentirci rifiutati ci sentiamo legittimati. La perdita dell'amore sminuisce l'autostima e se ci sentiamo dalla parte della ragione proviamo un falso senso d'orgoglio. Noi siamo migliori degli altri, che non sono degni del nostro amore. Ma questa è una proiezione del nostro senso di vuoto e di indegnità. È probabile che giudicheremo noi stessi con la stessa mancanza di compassione.

David dedicò numerose sessioni a lamentarsi che non poteva dire a nessuno di amarlo. Era capace di amare, ma temeva di esprimerlo. Il suo chakra del cuore era talmente ferito che non se la sentiva di poter accettare il rischio di essere rifiutato. Ma se non apriva quei canali non poteva nemmeno ricevere l'amore che i suoi amici nutrivano per lui e rimaneva isolato e solo. Se ci si lamenta di una totale solitudine è probabile che il chakra del cuore sia carente. Ci sono talmente tante persone a questo mondo che hanno bisogno d'amore – non è che, se non ne troviamo nemmeno una è perché siamo un po' troppo selettivi?

Un chakra del cuore carente di base si sente indegno d'amore nel fondo. Quando è impegnato in una relazione, teme l'intimità, perché questa intimità potrebbe rivelare questo fondo inaccettabile. Se non vi è sufficiente amore per se stessi da farci sentire orgogliosi dentro di noi, tutto ciò rimane nascosto e non svelato. Senza intimità il cuore non si riempie e così il ciclo viene perpetuato.

Combinazioni

E venne il giorno in cui il bisogno di rimanere chiusi divenne più doloroso del rischio di aprirsi.

ANONIMO

Leggendo queste due sezioni forse vi sarete trovati a identificarvi con entrambe. Succede spesso di passare dall'una all'altra durante diverse fasi della vita. Io personalmente tendo alla codipendenza, finché vengo ferita e a questo punto mi ritraggo e mi chiudo. Quando sono innamorata, trabocco e ne ho abbastanza per tutti. Quando mi sento rifiutata, allontano tutti, anche se, in segreto, vorrei che qualcuno si prendesse cura di me.

Quando un cuore si è aperto troppo, è poi naturale che si chiuda. Quando il cuore ha sperimentato la solitudine a sufficienza, può essere pronto ad aprirsi di nuovo. Un giorno possiamo sentirci pieni d'amore e il giorno dopo pieni di rabbia e di risentimento. Possiamo possedere alcune caratteristiche carenti e alcune eccessive, ma non tutte. Ciò che è importante è analizzare qual è la posizione di fondo che assumiamo nella vita e rendere equilibrata quella posizione ogni volta che ci è possibile.

RIPRISTINARE IL LOTO

Guarire il chakra del cuore

L'amore ristora come il sole dopo la pioggia.

WILLIAM SHAKESPEARE

L'amore è l'essenza che cura. Pazienza, abilità, preparazione e talento, tutto serve, ma senza amore queste non sono che delle tecniche. Tutte le ferite gridano il bisogno della medicina universale dell'amore. Collante cosmico di tutto l'universo, l'amore è la forza che unisce i vuoti che ci fanno a pezzi. Nello iato tra il Cielo e la Terra l'amore è la forza legante che salda i gradini multicolori del Ponte dell'Arcobaleno.

Purtroppo, a causa dei danni che abbiamo subito nella nostra vita, non siamo sempre sicuri di come applicare l'amore alle ferite che sono dentro di noi e degli altri. Non sappiamo che aspetto abbia il vero amore, né come crearlo.

I suggerimenti che seguono sono soltanto dei piccoli assaggi di un argomento tanto vasto. Alla fine del capitolo troverete un elenco di libri per approfondire l'argomento.

Il compito dell'autoaccettazione

Per poter amare, bisogna che dentro casa ci sia qualcuno. Man mano che ci apriamo agli aspetti più universali dell'amore è facile dimenticare di onorare le reciproche individualità. L'amore ricco di sentimento, come Thomas Moore ha tanto bene definito, non è né astratto, né vuoto, ma venera l'aspetto particolare, unico, individuato del sé.

Quando rispettiamo la nostra individualità, rispettiamo le sottili relazioni che si trovano all'interno di noi. Onoriamo l'individualità di ciascuna parte composita: la parte che cerca il successo, la parte che lo teme, la parte che anela al coinvolgimento, la parte che desidera la libertà, il bambino interiore, l'adolescente ribelle, l'arrendevole, il genitore amorevole e tutte le altre parti di noi stessi che osserviamo nel corso della vita. Probabilmente desiderano cose diverse in momenti diversi, o persino cose diverse nello stesso momento.

Compito interiore dell'amore per se stessi è quello di imparare a coordinare queste relazioni interne. Le nostre emozioni vengono messe in contatto col nostro modo di pensare; il nostro bambino vulnerabile crea un'alleanza col nostro adulto responsabile; la nostra parte maschile fa l'amore con la nostra parte femminile. Il nostro critico interno, invece che permeare ogni pensiero, si collega realisticamente al nostro senso di autoprotezione. Le parti sono molte e le combinazioni infinite. Soltanto attraverso questo processo relazionale riusciamo a formarci un senso di unità.

Non è sufficiente riconoscere semplicemente le parti di noi stessi, dobbiamo rigenerarle con quel legante che chiamiamo amore. Quando riconosciamo che ciascuna parte è un elemento essenziale dell'intero, le nostre parti disperse tornano a casa, nella stanza integrativa del cuore. La naturale inclinazione del cuore è quella di creare dei legami. Come le cellule cardiache, osservate a un microscopio, battono sempre all'unisono, così anche le nostre varie subpersonalità formeranno un'unità armonica una volta condotte all'amorevole consapevolezza del chakra del cuore. Quello che non viene messo in relazione con l'essenza più profonda del cuore, rimane al di fuori dell'unità, come parte ignorata. Ad esempio, nel secondo chakra, abbiamo parlato di queste parti come di aspetti rifiutati di sé, l'ombra.

Man mano che riflettiamo su noi stessi, integriamo parti sempre più numerose di noi stessi. Il nostro senso di unità diventa più ampio e più forte. Come un ecosistema la cui stabilità e manificenza aumenta con la diversità, l'unità di una persona acquista in bellezza e stabilità con l'integrazione di un numero sempre maggiore di parti. Diventiamo individui più complessi, più maturi e capaci di possibilità sempre maggiori. Tutto questo prepara il terreno per la creatività nel quinto chakra e per la capacità introspettiva e la comprensione nel sesto e nel settimo. Questa integrazione ci viene permessa dalla riflessione conscia ed è il compito in genere affrontato attraverso la psicoterapia.

Più integrati diventiamo, più diventiamo capaci di porci in relazione. La nostra capacità di comprendere e di lavorare con relazioni esterne viene intensificata dalla complessità di quelle interne. Invece di creare la relazione con una singola parte di noi stessi, il che ci rende inflessibili, possediamo una base più ampia dalla quale partire per creare delle relazioni. Semplicemente, c'è molto di più da cui un altro può essere attratto e molte più parti di noi che possono accoglierlo. Se abbiamo accettato il nostro bambino interiore, ci è più facile accettare quell'aspetto in un altro.

L'autoaccettazione è la base per la nostra identità sociale. Ci permette di comprendere le complesse interdipendenze sociali e il senso dell'identità collettiva necessaria per lo sviluppo di noi tutti in questo periodo storico. Parte essenziale di questo processo è la capacità di percepire, comprendere e formare delle relazioni. Allora potremo scorgere il nostro ruolo all'interno del complesso tessuto di relazioni che ci circonda, aggiungendo equilibrio alle numerose componenti della nostra cultura.

La famiglia interiore

Fate un elenco del maggior numero di parti di voi stessi che siete in grado di riconoscere. Ad esempio, il bambino interiore, il critico, l'amante, il clown, il genitore, il realizzatore, il tipo tranquillo ecc. – le possibilità sono infinite. Accanto a ciascun nome dell'elenco scrivete qualche parola che descriva in che modo percepite questa parte di voi stessi. Il bambino interiore potrebbe venire descritto come giocherellone o ferito, bisognoso o irato, spaventato, furbo o impacciato. Il realizzatore potrebbe essere trascinante, spietato, esaurito o entusiasta.

Dopo la descrizione, scrivete quello che pensate ogni parte voglia. Il clown potrebbe desiderare di piacere, il bambino interiore vorrebbe potersi divertire, il critico assicurarsi che tutto sia perfetto. Quanto spesso queste parti riescono a ottenere ciò che vogliono? Quanto sono realistici i loro desideri? Che cosa si può fare per condurle all'unità?

Se desiderate fare qualcosa di più elaborato, potreste cominciare a osservare chi entra in relazione con chi. L'adulto gran lavoratore si pone in rapporto con il bambino interiore? Il critico inibisce l'artista? Il clown intrattiene il bambino interiore quando è triste? L'eroe cerca di salvare tutti? Se vi accorgete che vi sono delle parti che hanno chiaramente bisogno di migliorare la loro relazione, scrivete un dialogo fra loro, come se steste scrivendo una commedia, e vedete come si sviluppano le dinamiche. Lasciate che il dialogo continui finché si presenti qualche tipo di soluzione.

L'amore si apre con i sentimenti

I sentimenti sono le antenne dell'anima. Ogni volta che i nostri sentimenti vengono feriti (soprattutto da bambini), reagiamo in senso protettivo e li geliamo. Abbiamo descritto il mondo dei sentimenti nel secondo chakra, come uno scorrere interno di energia che si muove all'interno del corpo. Nel chakra del cuore abbiamo accesso ai sentimenti attraverso l'uso del respiro. Quando tratteniamo i sentimenti tratteniamo il respiro. Quando tratteniamo il respiro, facciamo arrivare in modo più limitato il nutrimento vitale dell'aria alle nostre cellule e ai nostri muscoli e, di fatto, facciamo morire noi stessi. Se respiriamo in modo più profondo, permettiamo ai sentimenti repressi di salire alla superficie, li mobilitiamo, liberando il cuore dal peso del dolore e permettiamo che il naturale equilibrio dell'accogliere e lasciar andare venga ristabilito.

È consigliabile lavorare sul respiro con un amico fidato o un terapista, che possa agire da contenitore, catalizzatore, o àncora per le vostre emozioni man mano che emergono. Se non avete nessuno con cui lavorare, potete praticare degli esercizi di respirazione yoga (pranayama), che aiuteranno ad aprire il petto e a caricare il corpo con l'energia vitale del prana che si trova nell'elemento aria. Ho descritto nei miei libri precedenti alcuni di questi esercizi, ma li potete trovare anche in molti manuali di yoga.

Osservare il respiro

Molti di noi non si rendono conto del modo in cui respirano.

Non sentiamo il modo in cui tratteniamo il respiro o costringiamo le varie parti del ventre e del petto. Il nostro modo di respirare per noi è normale.

Il primo passo in questo campo è quello di ascoltare la vostra respirazione e di avere qualcun altro che vi osservi respirare. Fatevi dire se, in qualche momento del ciclo respiratorio, trattenete il respiro in qualche parte. Alcuni lo trattengono per alcuni secondi prima di espirare, mentre altri trattengono brevemente il respiro prima di inalare nuovamente. Cercate di rendere la respirazione uniforme e bilanciata nel corso del ciclo. Osservate se respirate col petto o col ventre e state ad osservare quando espandete consciamente quelle parti che normalmente sono costrette. Prendete nota di quali emozioni, impulsi e desideri affiorino. Cercate di non bloccare queste emozioni.

Protendersi e prendere con il respiro

Un esercizio semplice ma profondo per aprire il cuore è quello di coordinare il movimento delle braccia del *protendersi e prendere* con l'espirazione e l'inspirazione. Le istruzioni che seguono sono per il terapeuta.

Prima fase. Fate stendere il vostro amico su una stuoia con le ginocchia piegate, di modo che i piedi siano in contatto con il suolo. Prendete nota di come avviene la respirazione e cercate di essere consapevoli dei suoi ritmi. Incoraggiate dolcemente la consapevolezza delle parti che vengono tenute ferme e quelle che non sembrano espandersi o contrarsi con il respiro. Se il vostro partner si sente a suo agio ad essere toccato, potreste mettere in rilievo le parti bloccate toccandole con delicatezza. È utile anche massaggiare leggermente le spalle e le braccia, i muscoli pettorali che uniscono le spalle al petto e la zona dorsale dietro il chakra del cuore. Se la zona del cuore è contratta fino al punto da far curvare la schiena verso l'esterno, io metto talvolta un cuscino sotto il cuore, in modo da incoraggiare la schiena a inarcarsi nella direzione opposta. Quando il respiro ha raggiunto la massima pienezza possibile e il vostro amico si sente rilassato, siete pronti per la fase successiva.

Seconda fase. Incoraggiate il vostro partner a protendere le braccia con ogni espirazione e a ripiegarle verso il chakra del cuore con ogni inspirazione. Questi movimenti devono essere lenti e consapevoli. Quando inspiriamo può essere d'aiuto immaginare esattamente che cosa cerchiamo di raggiungere in termini d'amore. Quando espiriamo, immaginiamo o di lasciarci andare oppure che cosa stiamo offrendo al mondo. Ad esempio qualcuno potrebbe suggerire: "Pensa alle cose che ti fanno sentire amato e attirale verso di te." "Immagina di lasciar andare la paura del rifiuto." "Offri l'amore che sgorga dal tuo cuore mentre spingi in avanti".

Dopo un po' vi sarà possibile notare quale di questi movimenti è più facile per il vostro partner; possono esservi delle esitazioni o dei blocchi in una direzione piuttosto che in un'altra. Fate semplicemente queste osservazioni e state a vedere se il vostro partner ne è consapevole.

Terza fase. Mettetevi in piedi sopra il vostro partner e prendetene le mani. Quando attira le braccia verso il suo cuore opponete un po' di resistenza e opponete ancora resistenza quando le spinge in fuori. La vostra resistenza aumenta il flusso energetico lungo le braccia e spesso apre la via ad emozioni che sono state bloccate. Ancora, osservate semplicemente ciò che accade e offrite *feedback* su quanto avete osservato.

Lavorare sul dolore

Il dolore non esternato costringe il respiro e se si respira più profondamente spesso si libera il dolore. Il dolore è come quelle nuvole pesanti nell'aria, che oscurano il cielo, ma una volta che la pioggia è caduta il cielo si apre e il sole splende ancora.

Quasi sempre il dolore è ascrivibile a una perdita, specialmente di cose per le quali ci sentiamo impotenti. È importante recuperare quella parte di noi che era attaccata a quello che abbiamo perso. La donna adulta che ha perso suo padre quando era piccola, può aver contemporaneamente perso il suo bambino interiore. Il marito amoroso che ha perso sua moglie, può aver perso quella parte tenera e aperta di se stesso. Quella parte di sé giocosa, sensuale, creativa o entusiasta della vita può andar persa quando l'essere amato che aveva portato alla luce queste qualità se ne va. Possiamo tollerare la perdita di un oggetto d'amore, ma non la perdita di parti vitali di noi stessi.

È importante ricordare che lo scopo di lavorare sul dolore è quello di ristabilire il rapporto con il sé interiore e non di intensificare il nostro attaccamento a quello che abbiamo perso. Dobbiamo ricordare di chiederci: "Perché questa persona in particolare era così speciale per me?" "Che cosa mi ha portato che a me manca?" "Quale parte di me era particolarmente legata a questa persona e di cosa ha bisogno quella parte?" "Con che cosa ho perso il contatto dentro di me in seguito a questa fine e come posso nutrire e recuperare ancora quella parte di me stesso?"

Noi soffriamo perché in noi è stata risvegliata un'essenza sacra e poi è stata compromessa. Piangere quell'essenza significa recuperarla e darle l'importanza che merita. Talvolta una situazione dolorosa riapre delle ferite inferte in precedenza e che non sono mai guarite e infatti è come se sperimentassimo nuovamente ogni dolore che abbiamo subito. Quando si lavora sul dolore si aiuta a pulire le ferite così che ci è possibile recuperare la nostra interezza.

Mentre spargiamo le lacrime apparentemente infinite di dolore, dobbiamo ricordarci della speranza del ragazzo nella stalla: "Con tutto questo letame, ci dev'essere un pony da qualche parte!" Il lavoro sul dolore ci conduce dal pony.

Il perdono

Quando il nostro cuore è ferito, lo proteggiamo da colui che riteniamo abbia causato la sofferenza. Spesso diamo a lui o a lei la colpa del dolore, dimenticandoci della parte che noi stessi possiamo avervi avuto. Delle barricate ci proteggono dall'aprirci ancora a quella persona evitandoci il rischio di esserne feriti di nuovo. Purtroppo, quando barrichiamo il cuore contro il dolore, lo barrichiamo anche contro tutto il resto. Quando ci chiudiamo a qualcuno che ci ha ferito, simultaneamente ci chiudiamo fuori dalla possibilità di guarire. Rimaniamo gelati nel passato, incapaci di muoverci verso il futuro.

Così, quando incolpiamo noi stessi per qualcosa di cui ci rammarichiamo, rimaniamo chiusi in quell'evento passato. Rimaniamo bloccati allo stato del bambino impotente, dell'adulto che ha perso il controllo, dell'amante ritroso, immobilizzati all'interno di un modello di vergogna che ci impedisce di essere del tutto presenti.

Si dice che il perdono sia il passo definitivo verso la guarigione. Il perdono si avvale della compassione del cuore per comprendere le situazioni, considerando le forze che agivano su noi stessi e sugli altri. Probabilmente rimarremo ancora in totale disaccordo con le azioni intraprese. Diremo, e a ragione, che noi non avremmo mai fatto una cosa del genere. Avremo anche bisogno di qualcosa da parte dell'altra persona, per poter concedere il nostro perdono – delle scuse, una qualche forma di restituzione, un riconoscimento del male compiuto. Ma, alla fine, il perdono permette al cuore di alleggerirsi e di procedere; è un atto di redenzione del cuore.

Il primo passo è quello di perdonare se stessi. Naturalmente ciò non significa rimettere ciecamente ogni azione irresponsabile da noi compiuta. Abbiamo bisogno di guardare a noi stessi con compassione, di vedere i desideri dell'anima e che cosa tentava di realizzare, di vedere gli ostacoli che ci sbarravano la strada e le forze che ostacolavano il nostro viaggio a quel tempo. Significa capire perché abbiamo fatto quello che abbiamo fatto e separare la nostra essenza profonda dall'errore compiuto.

È possibile che, per perdonare se stessi, si debba fare ammenda di azioni passate. Questo è un passo importante quando si esce da una dipendenza, poiché ristabilisce l'equilibrio e ci riporta a una posizione di responsabilità cosciente.

Prendete in esame la vostra vita e fate un elenco delle cose che non vi siete perdonati. Tornate indietro a ciascuna di esse e ricostruite lo scenario che vi ha condotto a quelle azioni. Cercate di capire se vi riesce di identificare quale parte di voi era attivata in quel momento – il bambino affamato, l'adulto schiacciato dal lavoro, la moglie rifiutata, l'adolescente disperato. Cercate di comprendere quello che avete fatto e cercate di mettervi in contatto con i sentimenti che forse in quel momento non siete stati in grado di riconoscere. Cercate di immaginare in che modo potreste reagire se vedeste un altro bambino (moglie, marito, figlia, ecc.) fare lo stesso e conoscendo ogni aspetto della situazione. Giudichereste in modo più o meno rigido? Che cosa vi aspettavate all'epoca da voi stessi? Che cosa si aspettavano gli altri da voi stessi? Queste aspettative erano realistiche?

Trattate con compassione quella parte di voi che, agli occhi della vostra mente, era stata attivata. Cercate di capire di che cosa aveva bisogno, che cosa stava cercando. Cercate di capire se le potete offrire il perdono. Cercate di rivolgere a voi stessi queste parole: “Ti perdono. Stavi soltanto cercando di... Forse adesso possiamo aiutarti ad ottenerlo in un modo più produttivo”.

Spesso è più difficile perdonare gli altri per il male che hanno causato. Alcuni cercano di perdonare subito, prima di affrontare il lavoro sul dolore e sulla rabbia che ne sono loro derivati. Dicono: “Oh, non importa. Mio padre era così. Non riusciva ad evitare di arrabbiarsi tanto”. Questo può essere vero, ma minimizza l’impatto che queste azioni hanno avuto sull’anima e lo sforzo necessario per interrompere i modelli comportamentali che hanno creato nella nostra vita.

Una volta elaborati i nostri sentimenti riguardo a una situazione e recuperati i pezzi che erano andati perduti, poi il perdono ci permette di procedere oltre. Il perdono è un processo organico e non può essere forzato anzitempo, benché possa essere incoraggiato.

Nel perdonare qualcun altro seguiamo gli stessi passi compiuti per perdonare noi stessi. Dobbiamo chiederci quali fossero le forze che agivano sulla persona in quel momento. Che cosa tentava di ottenere. Che cosa la spingeva. Che cosa non era disponibile, di quanto aveva bisogno. Che cosa gli impediva di essere in grado di comportarsi diversamente. Quali sarebbero state le sue vere intenzioni se fosse stata più consapevole. Di che cosa ho bisogno da parte di questa persona, per agevolare il processo del perdono (se è possibile)? Di che cosa ho bisogno da me stesso per poterla perdonare e andare oltre?

Il perdono ammorbidisce il cuore indurito e in tal modo rinnova la capacità di aprirsi. Non va inteso come un processo che permetta il verificarsi nuovamente della stessa cosa, ma permetterà una maggiore consapevolezza evolutiva in situazioni che sono andate storte. Ci permette di sbloccare l’energia da un passato negativo e liberarla per un futuro più positivo.

L'amore deve essere voluto e creato, oltre che provato

Tendiamo a credere che l'amore sia un sentimento di cui siamo dei recipienti passivi. Quando l'amore decade e scorre via, come certo avverrà, crediamo di non poter fare nulla al riguardo. Stephen R. Covey, autore di *Seven Habits of Highly Effective People*, riporta il consiglio che egli diede a un uomo che sentiva di non amare più sua moglie e di non esserne amato.

"Amala", disse all'uomo.

"Ma te l'ho detto. Il sentimento non c'è più", rispose l'uomo.

"Amala", rispose Covey.

"Non capisci. Quello che manca è il sentimento dell'amore", ripetè l'uomo.

"E allora amala. Se il sentimento non c'è, questo è un buon motivo per amarla".

"Ma come puoi amare, quando non c'è l'amore? " chiese l'uomo.

Covey rispose: "Amico mio, amare è un verbo. L'amore – il sentimento – è un frutto dell'amare, il verbo. E allora amala. Servila. Sacrificati. Ascoltala. Enfatizza. Apprezzala. Confermala. Vuoi fare tutto questo?" [12]

L'amore è un sentimento, certo. Ma è un sentimento che nasce dall'agire. Il quarto chakra è collocato ben al di sopra della volontà del terzo chakra. L'amore è un impegno consapevole quotidiano, persino ora per ora, a comportarsi secondo modalità amorevoli e soccorrevoli verso noi stessi e gli altri. Quando il sentimento si appanna, è nostra responsabilità cercare dei modi di ricreare l'amore. Come un giardino che viene curato con attenzione, la ricompensa vale lo sforzo.

Per coloro di noi che non sanno bene nemmeno come si presenti l'amore, suggerisco di usare la fantasia. Con la fantasia possiamo immaginare la nostra mamma e il nostro papà ideali o il nostro amante ideale. Possiamo immaginarci il modo in cui ci parlano, che cosa farebbero per noi. Nella fantasia è importante immaginare che i sentimenti permeino completamente il corpo. Come dico ai miei pazienti: "Immergete le vostre cellule in questo sentimento. Riprogrammate il corpo con questo nutrimento". Spesso è utile iniziare questa fantasia immaginandoci in giovane età e crescendo gradualmente con questo sentimento presente. Come ci saremmo sentiti a tre anni con questo tipo di amore e di sostegno? Come sarebbe stato andare a scuola se foste stati amati in questo modo? E durante la pubertà? Camminereste, parlereste o vi protendereste in modo diverso? Come sarebbe stato il periodo universitario? Il vostro matrimonio o il rapporto con i vostri figli sarebbe differente? La fantasia aiuta a riprogrammare il chakra attraverso la successione degli stadi evolutivi.

L'amore deve andare al di là del sé

Lo scopo del quarto chakra nell'insieme del sistema è quello di far sì che ci sia possibile espanderci al di là del nostro ego limitato per creare una connessione più vasta con la vita. Questo è il movimento della corrente liberatoria. Anche se è importante non negare o trascurare il nostro essere limitato, certo è un'esperienza liberatoria elevarsi oltre i confini delle nostre necessità personali e trovare gioia nel servire con altruismo.

Nei miei seminari, assegnamo agli studenti un compito nel chakra del cuore, di fare qualcosa di inaspettato, perfino di inaudito, per un'altra persona. Potrebbe essere un favore a un vicino a cui raramente rivolgete la parola, o di pulire la casa per vostra moglie nel cuore della notte. Potrebbe essere di regalare 300.000 lire a un accattone o di prendersi due giorni di vacanza da trascorrere esclusivamente con i vostri figli.

La gioia che quest'azione comunica è contagiosa. Non soltanto vi fa star bene, ma toccherete il cuore della persona che riceve la vostra generosità e la ispirerete a donarne ad altri. Come tratteranno gli altri, dopo che li avrete resi così felici?

Per quegli studenti che si considerano codipendenti senza speranza, questo altruista servire non potrà che rafforzare quello che stanno già facendo. Dunque a loro daremo un compito ancora più difficile: fate qualcosa di inaudito per voi stessi!

L'amore deve mantenere le energie in equilibrio

Pensiamo che il chakra del cuore dovrebbe essere totalmente aperto, ma in realtà poche persone riescono a tollerare uno stato del genere in un ambiente sociale affollato e traumatizzato come il nostro. Se non siamo in grado di monitorare i nostri confini, il cuore inconsciamente si chiuderà. Il nostro sé interiore non si sentirà protetto e non farà altro che ritrarsi.

Molte sono le persone che hanno difficoltà a trovare, in una relazione, il giusto equilibrio tra intimità e autonomia. Cercano di favorire un aspetto a scapito dell'altro e non riescono a capire che hanno bisogno di entrambi. L'esercizio che segue è simile a quello del protendersi e prendere, ma risveglia gli aspetti attivi, più che quelli passivi dell'amore.

Avvicinati, vai via

Sedetevi di fronte al vostro partner, o a gambe incrociate o su una sedia. Stendete le mani in modo che si incontrino al livello del cuore. Fate in modo che il vostro partner attiri le vostre mani verso il proprio cuore, dicendo a voce alta: "Avvicinati". Opponete una certa resistenza – non tanta da bloccare il movimento, ma sufficiente da far sì che richieda un certo sforzo. Quando le mani raggiungono il cuore, il vostro partner dovrà respingere le vostre mani lontano da sé, dicendo a voce alta: "Vai via". Anche in questo caso, opponete una certa resistenza alla spinta.

Andate avanti e indietro secondo queste due modalità, lasciando affiorare qualunque sentimento o resistenza. Spesso uno dei due movimenti sarà dominante e le persone si renderanno conto di desiderare di fatto maggiore distanza o intimità. Allora potrete sostenerle in quel sentimento concentrandovi sul movimento.

Ora scambiatevi di posto. È il vostro turno di spingere e tirare e quello del vostro partner di offrire resistenza e reciprocità.

Se questo esercizio lo fate con qualcuno con cui avete una relazione, chiedetegli in che modo tutto questo rispecchia ciò che avviene tra voi due. Chi spinge, chi tira e chi oppone resistenza? Che effetto ha? È equilibrato?

Conclusione

Il chakra del cuore ci conduce all'accettazione e all'apertura, che permettono allo spirito che dentro alberga di essere sereno e di trovare pace e stabilità senza costrizioni. Se il terzo chakra, al di sotto, ha svolto bene il suo compito, abbiamo creato una condizione in cui ora il quarto chakra può lasciarsi andare ed essere. La differenza qualitativa tra il terzo e il quarto chakra consiste nella condizione del fare in quanto opposta alla condizione dell'essere.

Per guarire il cuore, bisogna prestare grande attenzione agli aspetti più vulnerabili e sacri che ci portiamo dentro. Solamente prestando attenzione alla loro verità ci sarà possibile lasciar cadere l'armatura protettiva che ci tiene ancorati all'ego, ancorati alle parti minori di noi stessi. La manipolazione, la derisione, la critica o gli ordini sono tutte cose inutili. L'armatura si scioglie soltanto unendo insieme il sentire e il comprendere che cos'è l'amore.

L'amore ci permette di esporre il nostro nucleo istintivo e di evolverci verso lo stadio successivo, che è quello di esprimere la nostra verità. L'amore ci permette di abbracciare e sanare il più vasto mondo intorno a noi. La relazione approfondisce l'evoluzione delle anime individuali e dell'anima collettiva del nostro pianeta.

NOTE

[1] *San Francisco Chronicle*, 11 Maggio 1994, A8. Altre statistiche riportate nello stesso articolo attestano che in America ogni giorno vengono assassinati 9 bambini, 13 muoiono per ferite di arma da fuoco, 30 vengono feriti da armi da fuoco e 1.200.000 con le chiavi di casa al collo rientrano in una casa in cui c'è una pistola.

[2] Sarebbe troppo lungo nell'economia di questa analisi, riportare i dettagli delle ricerche archeologiche che attestano l'esistenza di un culto esteso dell'archetipo della Divinità Femminile. Per maggiori informazioni, si vedano *The Once and Future Goddess*, Elinor Gadon (New York, Harper & Row, 1989) e *The Chalice and the Blade*, Riane Eisler, (San Francisco, Harper Collins, 1991). Questi sono solo due tra i tanti libri sull'argomento.

[3] *Bastardo* è riferito a un bambino senza padre. Non esiste un termine che

indichi un bambino senza madre, dal momento che è biologicamente impossibile, e tuttavia questo è esattamente quello che crea il nostro mito attuale. Il concetto è talmente assurdo che non esiste nemmeno una parola per indicarlo.

[4] C.G. Jung "Simbolismo della trasformazione nella messa", da *Struttura e Dinamiche nella Psiche*, nella citazione di Aldo Carotenuto in *Eros e Pathos* Milano, Bompiani, 1993.

[5] Thomas Moore, *Soul Mates; Honoring the Mysteries of Love and Relationship* (New York, Harper Collins, 1994), 23.

[6] Ibid., 19.

[7] Ho ascoltato quest'espressione per la prima volta dall'astrologa Carolyn Casey in una conferenza intitolata "Memorie del nostro futuro".

[8] Jean Piaget, dalla citazione in *Psychological Development: A Life-Span Approach* (New York, Harper&Row, 1979), 173.

[9] Anche se le caratteristiche maschile/femminile qui elencate potrebbero apparire terribilmente sessiste, tuttavia riflettono la visione collettiva che dev'essere integrata prima di poter sfuggire a questo sessismo e che ci sia possibile incorporare nella nostra psiche entrambi gli insiemi di qualità, senza tener conto del sesso.

[10] Harville Hendrix, *Getting the Love You Want* (New York, Harper&Row, 1988), 38.

[11] Alice Miller, *For Your Own Good* (New York, Basic Books, 1981), 115.

[12] Steven. R. Covey, *The Seven Habit of Highly Effective People* (New York, Simon and Schuster, 1989), 79-80.

LETTURE CONSIGLIATE

Conscious Loving: The Journey of Co-Commitment. Gay and Kathlyn Hendricks. New York, Bantam, 1990.

Getting the Love You Want. Harville Hendrix. New York, Harper Perennial, 1988.

Soul Mates: Honoring the Mysteries of Love and Relationship. Thomas Moore. New York, Harper Perennial, 1994.

Embracing Each Other: Relationship as Teacher, Healer & Guide. Hal Stone & Sidra Winkelman. Novato, CA, Nataraj Publishing, 1989.

Facing Codependence. Pia Mellody. San Francisco, Harper & Row, 1989.

Codependent No More: How to Stop Controlling Others and Start Caring for Yourself. Melody Beattie. New York, Harper Hazelden, 1987.

Creating Love: the Next Great Stage of Growth. John Bradshaw. New York, Bantam, 1992.

Crossing the Bridge: Creating Ceremonies for Grieving and Healing from Life's Losses. Sydney Barbara Metrick. Berkeley, CA, Celestial Arts, 1964.

IL QUINTO CHAKRA

Vibrando verso l'espressione

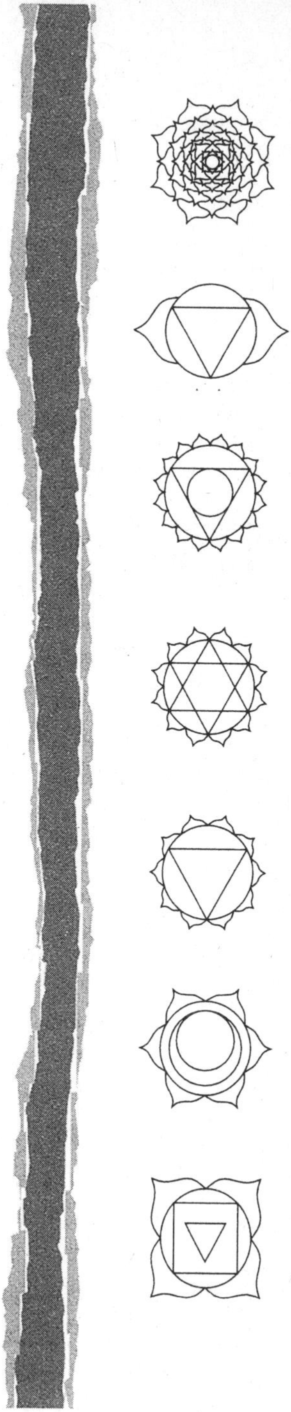

COLPO D'OCCHIO SUL QUINTO CHAKRA

ELEMENTO
Suono

COLORE
Azzurro intenso

NOME
Vissudha (Purificazione)

COLLOCAZIONE
Gola, plesso faringeo

SCOPO
Comunicazione, creatività

IDENTITÀ
Creativa

CARATTERISTICHE
Comunicazione
Creatività
Ascolto
Risonanza
Trovare la propria voce

ORIENTAMENTO
Autoespressione

DEMONE
Bugie

STADIO EVOLUTIVO
Dai 7 ai 12 anni

COMPITO EVOLUTIVO
Espressione creativa
Abilità comunicativa
Pensiero simbolico

DIRITTI FONDAMENTALI
Dire e ascoltare la verità

CARATTERISTICHE EQUILIBRATE
Voce risonante
Buon ascoltatore
Buon senso del tempismo e del ritmo
Comunicazione chiara
Vive in modo creativo

TRAUMI E VIOLENZE
Bugie, messaggi contraddittori
Violenza verbale, grida continue
Criticismo eccessivo (blocca la creatività)
Segreti (minacce in caso di rivelazione)
Genitori autoritari (non rispondere)
Famiglia dipendente da alcool o sostanze chimiche (non parlare, non aver fiducia, non provare sentimenti)

COLPO D'OCCHIO SUL QUINTO CHAKRA

CARENZA

Timore di parlare

Voce sottile, debole

Difficoltà a trasporre in parole i sentimenti

Introversione, timidezza

Privo di orecchio musicale

Mancanza di ritmo

ECCESSO

Parlare eccessivo, parlare come difesa

Incapacità di ascoltare, scarsa comprensione uditiva

Spettegolare

Voce dominante, interruzioni

DISFUNZIONI FISICHE

Disturbi della gola, delle orecchie, della voce, del collo

Tensione mascellare

Tossicità, intossicazioni (dovuto al nome del chakra, che significa purificazione)

TECNICHE DI CURA

Sciogliere il collo e le spalle

Emissione di voce

Cantare, cantilenare, intonare

Raccontare storie

Tenere un diario

Scrittura automatica

Praticare il silenzio (per l'eccesso)

Creatività libera da scopi precisi

Psicoterapia

Apprendere capacità comunicative

Completamento di comunicazioni

Scrivere lettere

Comunicazione col bambino interiore

Dialogo a voce alta

AFFERMAZIONI

Io ascolto e dico la verità

Mi esprimo con chiaro intento

La creatività scorre in me e attraverso di me

La mia voce è necessaria

SFUMATURE DI AZZURRO

Se è vero che sei quello che mangi, si può dire con altrettanta accuratezza che sei quello che ascolti.

STEVEN HALPERN

Ricordo un incredibile film che ci venne mostrato all'università durante una lezione di fisica. Vi si vedeva il Tacoma Narrows Suspencion Bridge (il ponte sospeso di Tacoma), costruito nel 1940 e soprannominato "la galoppante Gertie".

Appena quattro mesi dopo essere stato terminato, si verificò un incredibile e sfortunato evento. In un pomeriggio qualunque, mentre un'unica macchina stava innocentemente attraversando il ponte, si levò un forte vento a circa quaranta miglia all'ora. Il vento, soffiando, provocò delle sottili vibrazioni nella struttura del ponte, che si intensificarono fino a diventare sempre più ampie, finché l'intero ponte iniziò a ondulare come un serpente. In pochi minuti l'intero ponte precipitò in un'enorme spirale oscillante, afflosciandosi nelle acque sottostanti.

Se una tale enorme struttura, come un ponte sospeso di acciaio e cemento, può essere distrutto da vibrazioni di vento, qual è l'impatto delle infinite vibrazioni che incontriamo ogni giorno? Il mondo moderno ci bombarda di dissonanze – vibrazioni che eliminiamo dalla nostra mente conscia, ma che il nostro corpo e il nostro sistema nervoso continuano a sopportare. Ne risulta una serie di piccoli stress, che possono accumularsi fino a formare uno stress più ampio, che possiede il potenziale di far saltare il nostro intero sistema. Cosa sono alcune di queste vibrazioni e che impatto hanno su di noi?

Tre anni fa mi sono trasferita da una grande città in una tranquilla zona rurale. Ricordo ancora i molti insulti uditivi che ero abituata a sopportare quotidianamente, suoni che fanno parte di una normale vita cittadina. C'era il ronzio di sottofondo della vicina autostrada, un costante brusio interrotto dall'esplosione dei clacson. La nostra casa era vicina alla strada. Le automobili acceleravano, lasciando spesso tracce di copertone con un caratteristico stridio o mettendo a tutto volume i loro stereo che tutti potessero sentirli. Di ora in ora si sentivano sirene a suono spiegato e spesso la sera risvegliavano tutti i cani del vicinato che iniziavano ad abbaiare. Come in molte città, il rumore degli spari risuonava nell'aria notturna e mi faceva ricordare della mancanza di sicurezza che era all'esterno. L'allarme delle automobili rimaste incustodite spesso forava la notte, proprio mentre stavo per scivolare nel sonno. Anche la mattina il sonno era disturbato, perché l'edificio di appartamenti vicino a casa nostra aveva un parcheggio. Tutte le mattine, e precisamente dalle 5,40 alle 5,50 uno degli uomini scaldava il motore della sua vecchia automobile che non aveva marmitta. Quello stesso condominio aveva corridoi esterni e balconi da cui si sentivano urla di liti violente, bambini che litigavano, che piangevano oppure, se la giornata era una di quelle buone, i gusti musicali di qualcun altro.

Come se ciò non fosse abbastanza, a casa avevamo tre attive adolescenti e il mio figlio più piccolo, Alex. Il telefono suonava in continuazione, su e giù per le scale risuonavano continuamente dei passi ed erano rari i momenti in cui la radio e la televisione erano spente. Questi rumori casalinghi erano spesso intervallati dalle urla arrabbiate della rivalità fraterna e, all'occasione, dal rumore di qualcosa che si sfasciava.

Purtroppo la mia storia non è unica.

Tutti coloro che vivono in un ambiente urbano sono assaliti in continuazione dal rumore. Solo di recente, nella storia dell'evoluzione umana, siamo tanto inquinati da rumori maleaccetti. A Vienna, duecento anni fa, l'allarme di un incendio poteva essere diffuso verbalmente da qualcuno che gridava dal campanile di una cattedrale. Nel 1964 era necessario che una sirena raggiungesse gli 88 decibel per essere udita (1 decibel, o dBA, è l'unità minima di suono udibile da orecchio umano). Oggi una sirena è 122 dBA, ben oltre la soglia del dolore. Parliamo di inquinamento dell'aria, dell'acqua, della terra, ma prestiamo poca attenzione all'inquinamento acustico. Non potendo chiudere le orecchie, questo è un tipo di inquinamento contro il quale abbiamo ben poche difese.

L'OSHA stima che più della metà dei lavoratori americani sono esposti a un livello di rumore continuo di 80 dBA, o anche più alto, mentre l'intensità massima sopportabile nel tempo senza che vi sia perdita d'udito è di 75 dBA. Quando le scimmie Rhesus vengono esposte alla registrazione di rumori industriali, la loro pressione si alza del 27% e tale pressione rimane alta per *quattro mesi* dopo che i rumori sono cessati. I bambini che vivono vicino a un aeroporto sono i più esposti a presentare difficoltà di apprendimento. I bambini che vivono in case rumorose maturano più lentamente dal punto di vista sensorio e motorio e tendono a mantenere le loro abitudini infantili più a lungo dei bambini che vivono in un ambiente tranquillo [1].

Ma non siamo bombardati solamente dal puro suono – siamo anche esposti alle dissonanze delle comunicazioni di massa. Assetati di verità, ci troviamo circondati dalla spazzatura sonora dei mantra pubblicitari, che "cocacolano" i nostri pensieri, notiziari che ci ossessionano con violenza e morte e storie sensazionalistiche, volte a riempire la mente già agitata. Sopprimendo il bisogno di esprimerci secondo verità, ci limitiamo alle carinerie che non spaventano nessuno e diciamo la "vera" verità solo dietro le spalle degli altri. Il chakra della gola degli uomini è legato da cravatte che strozzano la loro individualità, mentre le donne stanno appena iniziando a spezzare secoli di pubblico silenzio.

Come ha messo in rilievo la mia amica Wendy Hunter Roberts, i nostri notiziari ci offrono informazioni senza l'esperienza. Gli speaker dei notiziari cianciano di fatti terribili mostrando ben poche emozioni. Siamo informati sulla distruzione dell'ambiente in termini di chilometri quadrati di foresta pluviale, centimetri di humus, numero di specie in estinzione, ma tutte queste statistiche non ci dicono che cosa si prova a stare in una foresta pluviale e sentire gli alberi cadere al suolo o assistere alla morte di una forma di vita che non esisterà mai più. Veniamo a sapere di calamità in paesi stranieri con tanti morti, tanti feriti e tanti dollari di danni. Registriamo freddamente i dati senza avere né il tempo né il contesto in cui inserire veramente il senso dell'impatto. *Riceviamo comunicazioni prive di spessore reale.*

Intanto prolifera la comunicazione di massa. Le moderne tecnologie di comunicazione ci offrono un rapido accesso a un numero di informazioni mai immaginato prima. Film, video, radio, libri, riviste, giornali, Internet, telefoni cellulari, adesivi e persino T-shirts – il culturale quinto chakra è onnipresente. Influenza senza sosta la nostra coscienza. Come ci è possibile ascoltare le nostre vibrazioni individuali in un mondo assordato dai boati della civiltà? Come possiamo esprimere la nostra verità quando si oppone al conformismo istituzionalizzato della conversazione educata? Nel regno sottile del quinto chakra, come potremo trovare la pace necessaria per ascoltare la verità che ci portiamo dentro?

Questi sono gli aspetti da esplorare nel quinto chakra. La comunicazione ci collega culturalmente come mezzo primario per condividere informazioni, valori, relazioni e comportamenti. È attraverso la comunicazione che forgiamo il nostro futuro.

I PETALI SI SCHIUDONO

LE CARATTERISTICHE ESSENZIALI DEL QUINTO CHAKRA

Il mondo sottile delle vibrazioni

Tutti i suoni dell'alfabeto sanscrito sono identificati con i vocaboli sorti dal tamburo cosmico di Shiva, cioè della creazione stessa. Il suono è il paradigma della creazione e la sua dissoluzione lo porta a riassorbirsi nella fonte.

AJIT MOOKERJEE

Quando ci addentriamo nel livello eterico del chakra della gola, entriamo in un regno paradossale di grande sottigliezza, ma dalla potente influenza. Ci lasciamo alle spalle l'equilibrato regno di mezzo del raggio verde e ci allunghiamo verso il campo eterico del turchese e dell'azzurro che risuonano con il chakra della gola. L'elemento avviluppante dell'aria è ancora attorno a noi, ma lo oltrepassiamo per spingerci nell'etere sconosciuto –

il regno delle vibrazioni, del suono, della comunicazione e della creatività.

Abbiamo superato il punto centrale del nostro arcobaleno. Nella danza tra liberazione e manifestazione, stiamo ora per abbandonare l'equilibrio yin del cuore per concentrarci più intensamente sui chakra superiori. La gravità non ci trattiene più, siamo liberi dal modo in cui le cose sono sempre state e dalla struttura e restrizione della forma manifestata. Diventiamo più astratti e tuttavia la nostra libertà si amplia. Nei primi quattro chakra ci siamo occupati di forma, movimento, attività e relazione – cose che si possono facilmente osservare. Nel quinto chakra poniamo la nostra attenzione sulle vibrazioni, che sono le pulsazioni ritmiche e sottili che attraversano tutte le cose.

L'ingresso nel simbolico

Il simbolo affonda le radici nelle profondità più segrete dell'anima;
il linguaggio aleggia sulla superficie della comprensione
come una brezza sottile... Le parole rendono finito l'infinito;
i simboli conducono la mente al di là del mondo finito del divenire
nel regno infinito dell'essere.

J.J. BACHOFEN

Entrando nella triade dei chakra superiori ci addentriamo nel mondo simbolico della mente. I simboli sono i mattoni della coscienza, ciò che collega l'eterno al transeunte. Parole, immagini e pensieri (chakra quinto, sesto e settimo) sono tutti riflessi simbolici del piano della manifestazione. Ogni parola che usiamo è il simbolo di una cosa, di un concetto, di un sentimento, di un processo o di una relazione. Ogni immagine della nostra mente è un simbolo mentale di qualcosa di reale e ogni pensiero è una combinazione di questi simboli. I simboli ci permettono di fare di più con meno. Posso parlare di un camion anche se non posso sollevarlo. Posso descrivere una galassia a spirale anche se non posso viaggiare verso di essa. Mi è più facile mostrare il ritratto di un uomo, che descriverlo.

Possiamo considerare i simboli come l'essenza vibrazionale

di quello che essi rappresentano. Sono i mattoni della comunicazione e della coscienza. Quando un simbolo davvero ci parla – quando è ricco di significato – allora si dice che ragioniamo con esso.

Risonanza

Tutta la vita è ritmica. Dal sorgere e tramontare del sole, al sollevarsi e abbassarsi del nostro respiro, dal battito del nostro cuore, alle infinite vibrazioni delle particelle atomiche all'interno delle nostre cellule, siamo una massa di vibrazioni che risuonano insieme come un unico sistema. Di fatto, la nostra capacità di funzionare come un'unità unificata, dipende dalla risonanza coerente delle nostre molte sottili vibrazioni. *Il compito del quinto chakra è di accrescere questa risonanza.*

La risonanza è la sincronizzazione degli schemi vibrazionali. Possiamo pensare che tutte le vibrazioni siano dei movimenti ondulatori attraverso lo spazio e il tempo. Ogni forma ondulatoria possiede un ritmo caratteristico (noto come frequenza), che descrive la frequenza dell'innalzarsi e dell'abbassarsi delle onde. In musica il tono di una nota può essere espresso da una certa frequenza – note più alte vibrano più rapidamente, mentre note più basse sono più lente.

Quando due o più suoni provenienti da fonti differenti vibrano alla stessa frequenza, si dice che sono in assonanza. Ciò significa che le loro forme ondulatorie oscillano avanti e indietro allo stesso ritmo. (Si vedano le linee A e B nella figura 5-1). Quando ciò accade, l'altezza delle onde si somma (espandendone l'ampiezza, linea C) e le onde si sintonizzano insieme. Una volta che siano in fase, tendono a rimanere tali. Le onde oscillatorie tendono a stabilizzarsi quando entrano in risonanza (esattamente come i membri di un movimento politico rinforzano reciprocamente la propria visione politica), perché sono sulla stessa lunghezza d'onda. Ad esempio, è più facile cantare la stessa nota di un altro che non una diversa, come scopriamo rapidamente quando tentiamo di cantare in armonia. Dunque le frequenze in risonanza tendono a legarsi insieme. Questo fenomeno è noto anche come *allineamento ritmico* o *vibrazione simpatetica*.

È cosa molto comune osservare delle onde risonanti. Quando ascoltiamo un coro di voci o un gruppo di suonatori di tamburo, siamo immersi in un campo di risonanza che fa vibrare ogni cellula del nostro corpo. Questo campo influenza le più sottili vibrazioni della coscienza e proviamo piacere, un senso di espansione e di unione ritmica con il polso della vita stessa. Entriamo in risonanza ancora più profonda quando danziamo o ci muoviamo ritmicamente al suono della musica. I movimenti ritmici del corpo sono in fase con la musica e infatti diventa persino difficile muoversi fuori fase.

L'allineamento ritmico delle varie frequenze all'interno del nostro corpo e della nostra coscienza, forma una vibrazione coerente e centrale che, quando ci capita una buona giornata, sperimentiamo come una sorta di "ronzio" risonante. In giorni come quelli, ci sembra di essere in armonia con ogni cosa, come se non perdessimo neanche un battito. Siamo in sincronia con il ritmo dell'universo (è interessante notare quanto contribuisca a quest'esperienza lo stato di innamoramento del quarto chakra). In altri giorni ci sentiamo come fuori fase, o come se non ci riuscisse di fare nulla di buono. Allora ci sentiamo fuori sintonia, non stiamo bene nella nostra pelle e gli altri si possono trovare a disagio in nostra compagnia. Se comprendiamo i principi della vibrazione e della risonanza, potremo accrescere la coerenza della nostra esperienza vibrazionale di base e riassestare il nostro ritmo essenziale.

La risonanza richiede una certa uniformità di flessibilità e di tensione. Bisogna che una corda sia tanto tesa che flessibile per poter emettere una nota. Nei nostri corpi è necessario che vi sia sufficiente flessibilità per risonare a frequenze differenti e mantenere tuttavia sufficiente tensione per creare uno schema ripetitivo.

Lo stato di risonanza all'interno del corpo/mente è garanzia della nostra salute e vitalità. Quando non siamo in grado di risonare con il mondo che ci circonda, non possiamo collegarci ad esso. Siamo incapaci di espanderci, rispondere o ricevere. Ci isoliamo e ci ammaliamo. Per aprirsi alla risonanza bisogna essere collegati alla terra per la stabilizzazione della forma e aperti al respiro che procura morbidezza e flessibilità. Questo equilibrio è una combinazione meravigliosa di rilassamento e volon-

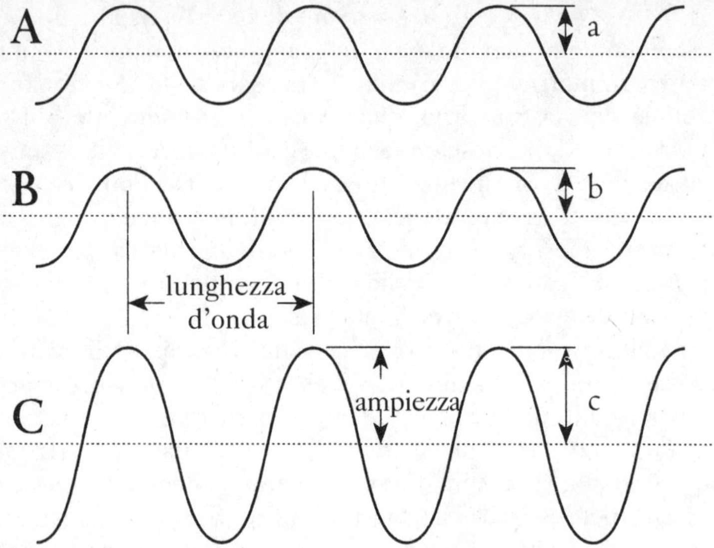

Le onde sonore A e B vibrano alla stessa frequenza. Quando vengono sovrapposte, la frequenza rimane la stessa, mentre l'ampiezza si raddoppia. Questo mantiene la stessa altezza di suono ma ne aumenta il volume.

Figura 5-1. Esempi di sinusoidi in risonanza

tà, che ci permette di ascoltare e rispondere allo stesso tempo.

Io sono convinta che il sonno ci riporti all'armonia con la nostra personale risonanza. Quando dormiamo, il nostro battito cardiaco, il respiro e le onde cerebrali si sintonizzano tutti in un profondo allineamento ritmico. Un suono o una sensazione discontinua ci risveglieranno – il suono di una sveglia, qualcuno che ci scuote, un rumore sulla strada – e ci spingono fuori da una condizione di profonda risonanza. Alla fine di una giornata, dopo aver ricevuto molte vibrazioni dissonanti, ci sentiamo stanchi. Vogliamo tornare a dormire.

Quando siamo malati, il corpo desidera naturalmente dormire. Il riposo ci aiuta a ristabilire la naturale risonanza del corpo, in modo che il suo campo possa diventare ancora una volta coerente. Quando siamo stanchi, ogni vibrazione è una nuova richiesta che ci rende ulteriormente frammentati. Dopo aver riposato siamo maggiormente in grado di affrontare la giornata.

Il corpo eterico

Al livello del quinto chakra espandiamo la nostra attenzione dal piano fisico ai più sottili livelli eterici. Comunemente noto come aura, questo campo eterico è generato dalla totalità dei processi interni – dagli scambi energetici delle particelle subatomiche alla digestione del cibo nelle nostre cellule, dalle scariche di neuroni al nostro stato emotivo del momento, fino ai più ampi ritmi delle nostre attività esteriori.

La nostra stessa energia vitale può essere vista come una corrente di energia pulsante. Quando la corrente non è spezzata da blocchi nell'armatura corporea, la pulsazione si muove liberamente attraverso il corpo per uscire nel mondo. Questo fluire crea un campo eterico risonante attorno al corpo – un'aura di interezza. Un campo risonante rende coerenti le connessioni con il mondo esterno. Un campo frammentato rende frammentarie le connessioni.

Il nostro campo eterico è anche una registrazione vivente della nostra esperienza nel tempo. I vecchi traumi lasciano la loro traccia nell'aura, come le ferite non sanate, le comunicazioni interrotte e (alcuni credono) le vite passate e l'avvicinarsi di eventi futuri. Normalmente siamo bombardati da vibrazioni più intense e più violente per poterci sintonizzare con questo sottile campo e percepirne le informazioni che ci offre. Man mano che la nostra energia viene raffinata attraverso il movimento ascendente dei chakra, aumenta la nostra consapevolezza di questo livello sottile.

Interagendo con gli altri i nostri campi eterici si intrecciano. Le connessioni più soddisfacenti si verificano quando vi è una risonanza tra campi vibrazionali. Come una nota che trova la sua armonia, questa esperienza ci rafforza. Come le persone che parlano lo stesso linguaggio risuonano attraverso simboli parlati, la sottile risonanza attraverso i nostri campi eterici e quelli degli altri rende più profondo il nostro senso di connessione. Maggiore è la nostra risonanza interna, più profondamente può risuonare con coloro che ci circondano.

La fotografia Kirlian, che ci permette di vedere l'attività del campo eterico, ha rivelato cose straordinarie sul corpo eterico. Ad esempio, le fotografie Kirlian di una foglia tagliata attestano che il corpo eterico della foglia rimane quasi lo stesso anche quando sono state asportate parti della foglia fisica[2]. Tuttavia, quando una coppia umana semplicemente cambia idea sul reciproco atteggiamento, successive fotografie Kirlian rivelano che le loro aure cambiano in modo sensazionale. Quando i pensieri di una coppia si sono trasformati da ostili che erano ad amorevoli, il campo attorno alla punta delle loro dita (che sulla pellicola non si toccavano) si trovano fusi insieme, mentre prima erano rimasti separati[3]. Questo ci dice che il corpo eterico può essere più sensibile alle sottili vibrazioni del nostro pensiero di quanto lo sia alle più gravi alterazioni del corpo fisico!

Il nostro corpo eterico è fortemente sensibile alle emanazioni intorno a noi, anche se non ne siamo consapevoli. Nel quinto chakra lavoriamo per raffinare le nostre sensazioni, in modo da poterle sintonizzare con questa condizione di sottigliezza. Il nome di questo chakra è *Vissudha*, che significa purificazione. La purificazione è un raffinamento vibrazionale, che si verifica quando liberiamo il corpo dalle tossine, quando parliamo con onestà e autenticità e quando lavoriamo sugli aspetti dei chakra inferiori. La purificazione ci prepara a entrare nelle energie ancor più raffinate dei chakra superiori.

Comunicazione

La comunicazione è uno scambio di informazioni ed energia. Mentre la risonanza è il principio sottostante al quinto chakra, la comunicazione ne è l'essenza e la funzione. In quanto *autoespressione*, è il punto d'ingresso tra il mondo interno e quello esterno. Soltanto l'espressione di sé permette al mondo esterno di conoscere quello che è dentro di noi. Soltanto attraverso l'autoespressione mettiamo fuori quello che in precedenza abbiamo preso dentro.

L'autoespressione nel quinto chakra è la controparte della ricezione sensibile che giunge dal secondo chakra. Nel secondo chakra abbiamo aperto una porta che permetteva al mondo di *entrare* attraverso i nostri sensi. Nel quinto chakra apriamo una porta che permette al nostro sé interiore di *uscire* nel mondo.

Questi due chakra spesso sono collegati, al punto che i problemi dell'uno si riflettono spesso nell'altro.

Il chakra della gola è anche la porta interna tra mente e corpo. Passaggio più stretto nell'intero sistema dei chakra, la gola è letteralmente un collo di bottiglia per il passaggio dell'energia. Possiamo considerarlo una sorta di relay che vaglia i messaggi che giungono dal corpo e li collega alle informazioni conservate nel cervello. Solo quando mente e corpo sono collegati, si ha una vera comunicazione. Solo allora l'informazione lascia il regno dell'astrazione e diviene esperienza, permettendo all'esperienza fisica di assumere un significato. Non desideriamo forse condividere con gli altri le esperienze significative?

È anche attraverso questa porta interna che l'inconscio diventa conscio. Se la gola è bloccata, lo è anche il movimento ascendente dell'energia, che non può così passare alla mente cosciente. Possiamo avere consapevolezza senza comprensione. Abbiamo gli impulsi, ma non la strategia, spinte senza volontà. Non siamo in grado di raggiungere il nostro sé superiore. Se invece viviamo tutti nella nostra testa con un blocco nel chakra della gola, non possiamo esprimere quello che sappiamo. Non possiamo tradurre la conoscenza in emozione o azione e così non siamo in grado di tradurre in azione quello che sappiamo dovremmo fare.

Se ciò che è nella testa non è congruente con l'esperienza del corpo, allora la testa sarà fuori asse rispetto al corpo. È possibile che la testa si spinga in avanti, formando un angolo con il collo, o potrebbe esserci la tendenza a subire incidenti al collo o ad accumulare tensione muscolare per lo stress.

Questo era il caso di Sarah, che si lamentava di problemi al collo. Sarah era cresciuta in una famiglia violenta di alcolizzati e quindi era necessario che non perdesse la testa per poter sopravvivere a situazioni spaventevoli e pazzesche. Così la sua testa era dolorosamente fuori allineamento con il torso e aveva la sensazione di aver perso il contatto con il corpo. In una delle nostre sessioni lasciammo che ogni parte del suo corpo raccontasse la sua esperienza e tutte le parti al di sotto del collo dissero di essere tese o doloranti. D'altro canto la sua testa e il suo viso dissero di stare benissimo! Quando le chiesi di parlare immaginando di essere il collo disse: "Sono ingobbito e indurito. Sono piegato. Trasmetto le cose nel corpo. Sono triste. Non mi sento nemmeno a mio agio. Non sono consapevole, se non di una protuberanza di fronte a me". La protuberanza nella gola era il punto in cui si interrompeva la comunicazione tra la mente e il corpo. Se la sua testa si fosse ricollegata e avesse avuto accesso a questa conoscenza, si sarebbe resa conto del dolore nel suo corpo. Questa consapevolezza si potè verificare solo quando fu possibile fare veramente qualcosa per il dolore e la situazione che l'aveva causato. Quando era piccola non c'era nulla che lei potesse fare. Per minimizzare le esperienze negative, aveva messo la testa fuori allineamento con il corpo, distorcendo la comunicazione tra le due parti.

Il collo è un punto cruciale nella comunicazione mente-corpo. Il corpo funziona soprattutto per abitudine, inconsciamente. La mente vuole capire e trascendere. Solo attraverso una piena, solida connessione tra mente e corpo che si incontrano nel collo, siamo in grado di spezzare le abitudini, di comprendere le nostre esperienze fisiche e portare quella combinazione vitale nel mondo intorno a noi.

La voce

La voce è l'espressione vivente della propria vibrazione di fondo. Poiché il quinto chakra è associato all'elemento *suono* ed è situato nella gola, la voce è la pietra di paragone per giudicare la salute di questo chakra. Se il chakra è strozzato, anche la voce sarà strozzata e avrà un suono flebile, come un sussurro o un mormorio. Se il chakra è in eccesso, la voce può essere alta, acuta, oppure la persona è abituata a interrompere o a dominare la conversazione.

Il segno di un quinto chakra in buona salute – cioè collegato sia alla mente che al corpo – è una voce risonante e ritmica, che parla onestamente, chiaramente e concisamente. La conversazione con gli altri è equilibrata e vi è una capacità reale di ascoltare e rispondere.

La voce non rivela solamente la salute del quinto chakra, ma anche degli altri. Una contrazione nel corpo (primo chakra), assottiglia la voce. La mancanza di sentimento (secondo chakra) rende la voce meccanica. Troppo poca volontà (terzo chakra) rende la voce stentata e flebile, mentre un eccesso nel terzo chakra la rende dominante. La voce richiede anche il respiro (quarto chakra). Se il respiro è costretto o irregolare, la voce non avrà pienezza. Se la nostra coscienza non è aperta (chakra sesto e settimo), la voce si fa ripetitiva e piatta. Quando ascoltiamo una simile voce abbiamo la sensazione di aver già sentito tutto questo. Quando una persona è congelata nel passato, è come se la sua voce in qualche modo non fosse presente.

Inoltre dentro di noi abbiamo molte voci. C'è la voce che ci dice che non siamo buoni, la voce che vuole essere ascoltata ad ogni costo, la voce che sussurra silenziosa solo nei momenti in cui siamo soli. Il dialogo interiore tra le varie parti di noi stessi ci permette di integrarci maggiormente. L'integrazione crea la risonanza. Il processo di individuazione rispetta e integra ciascuna delle nostre voci e le avvicina in un'unità.

Solo in presenza di una libertà di espressione possiamo compiere pienamente il nostro processo di individuazione. Se il quinto chakra è bloccato, diventiamo eccessivamente introversi e non possiamo né esprimere, né incamerare informazioni. Se il blocco è piuttosto grave, diventiamo un sistema chiuso.

Verità e bugie

La minima deviazione iniziale dalla verità
viene poi moltiplicata per mille.

ARISTOTELE

Quando diciamo la verità esprimiamo completamente la nostra individualità. Una persona non individuata dirà solo quello che la gente vuole sentire. Una persona spaventata avrà paura di dire la sua verità. Una persona dall'ego fragile avrà paura di quello che gli altri pensano e rinuncerà alla propria autenticità.

Le persone i cui chakra inferiori sono in buone condizioni – che vivono nella verità del loro corpo e dei loro sentimenti, con un ego forte e aperto all'amore – possono esprimere senza paura la loro verità personale. Non sottolineerò mai abbastanza l'importanza che ciascuno dei chakra inferiori ha in questo processo.

Se il quarto chakra ci ha conferito la capacità di accettare noi stessi, non c'è più bisogno di negare la verità. Questa accettazione è il recipiente che ci permette di fiorire. Se viviamo nell'accettazione, con amore disinteressato e mente aperta, allora la nostra individualità e le nostre verità possono emergere. Non dobbiamo negare i nostri sentimenti o pretendere di essere diversi.

Se l'ego e la volontà sono forti, possiamo esprimere la nostra verità anche di fronte a un'opposizione. Abbiamo il coraggio di essere diversi, lo spirito guerriero per difendere la nostra verità, anche se ciò che ci circonda vi si oppone.

Se neghiamo i sentimenti potremo scoprire che dentro di noi vi sono varie verità in conflitto. Vogliamo procedere e vogliamo resistere. Ci sentiamo attratti da persone in cui non abbiamo fiducia. Vivere secondo verità significa essere capaci di vivere accettando queste contraddizioni – accettare che ogni parte può essere vera, senza per questo negare le altre. Se costringiamo noi stessi a scegliere una parte invece di un'altra, potrebbe significare negare una verità. Il conflitto interiore sarà risolvibile solamente essendo consapevoli anche di verità conflittuali.

La verità può essere considerata un campo di risonanza. Le esperienze negative ci insegnano a negare e a ritrarci dalla nostra verità. Veniamo puniti se non diamo ragione ai nostri genitori. Veniamo presi in giro se ammettiamo di avere paura. Veniamo male interpretati quando tentiamo di esprimerci. Se le nostre idee non sono in accordo con quelle della maggioranza, veniamo messi al bando. A volte succede che la nostra sicurezza e la nostra sopravvivenza psichica dipendono dal nascondere la verità. Il bambino che viene picchiato perché apre la bocca, impara presto a tenerla chiusa. Purtroppo questo richiede un prezzo. Reprimendo parte della verità, reprimiamo anche la naturale risonanza del campo eterico e il completamento della corrente orizzontale che si muove dall'interno all'esterno. Inciampiamo, diventiamo scoordinati e cessiamo di essere in risonanza con gli altri. Quando siamo fuori dalla nostra verità viviamo una bugia. Le bugie sono il demone del quinto chakra.

Le bugie possono essere espresse con le parole, ma anche con le azioni o rivelate dal corpo. Quando ho paura di mostrare a qualcuno la mia eccitazione, irrigidisco i muscoli della faccia o tengo le braccia conserte. Il mio corpo allora sta mentendo e si trova fuori risonanza col mio campo. I miei processi naturali si congelano. Finché siamo congelati in questo modo, siamo prigionieri del tempo. Non possiamo partecipare pienamente al fluire dell'universo. Non siamo nemmeno in risonanza con il nostro stesso essere.

Quando viviamo secondo la nostra verità c'è una continuità di risonanza tra noi stessi e gli altri. Quando questa risonanza si interrompe viviamo una discontinuità. Una perpetua discontinuità ci rovina la salute. Come un motore, che ha bisogno che tutte le sue parti vibranti siano coordinate armoniosamente, così avviene anche per la nostra risonanza fondamentale. Il che permette al sé di progredire in modo armonioso.

Creatività

Per vivere pienamente la nostra verità come esseri individuati, bisogna vivere la vita come un atto creativo. Ora che siamo più lontani dalle forme stabilizzate e dagli schemi dei chakra inferiori, non solo siamo più liberi di essere creativi, ma ci è anche assai più necessario. Una volta liberatici dagli schemi radicati, dobbiamo vivere creativamente.

La comunicazione è l'espressione creativa di tutto ciò che è dentro di noi. Situata a mezza via tra il terzo chakra della volontà e il settimo chakra della coscienza astratta, la creatività unisce volontà e coscienza e ci fa avanzare verso il futuro. Quando creiamo, facciamo qualcosa che prima non esisteva.

Alcuni ritengono che il centro della creatività sia il secondo chakra, poiché questo è il centro attraverso cui creiamo una nuova vita, ma la creatività al livello del secondo chakra è inconscia. La creazione di un bambino all'interno del mio utero è qualcosa che avviene giorno per giorno senza che io possa esercitare un controllo cosciente. Non sono io che decido di creare le dita delle mani e quelle dei piedi, gli occhi castani o azzurri. Avviene da sé. La creatività nel quinto chakra è un processo voluto consciamente dalla volontà. Noi letteralmente *creiamo il nostro mondo* in ogni istante attraverso le nostre azioni, espressioni, e comunicazioni. Se dico a qualcuno che desidero che si avvicini, sto creando intimità nella mia vita. Se dico a qualcuno di andarsene, sto creando solitudine, o forse alienazione. Che io ti chieda di comprare uova e latte al negozio o di condividere un'idea che mi sta frullando nel cervello, sono impegnata in un processo creativo che disegna in continuazione la mia realtà.

La creatività è un'espressione pura dello spirito che è dentro di noi, il naturale processo del sé nel corso della sua individuazione. Permette al sé di restituire al mondo in forma assimilata quello che ha preso dal mondo. La creatività è una porta tra il passato e il futuro.

IL LOTO CRESCE

Colpo d'occhio sulla formazione evolutiva del quinto chakra

Età	Aspetti e necessità
Da 7 a 12 anni	Operosità vs. inferiorità
Compiti	Creatività
Autoespressione	Accesso agli strumenti di apprendimento e creatività
Ragionamento simbolico	
Capacità comunicative	Esposizione al vasto mondo

Nei chakra superiori gli stadi evolutivi sono definiti con minore precisione. Questo avviene in particolare per quanto riguarda lo sviluppo della comunicazione. Già nell'utero iniziamo a ricevere da nostra madre una comunicazione che è vibrazionale e chimica. Da piccoli veniamo immersi in un campo di linguaggi e reagiamo ai rumori, all'intonazione della voce e alle espressioni del viso. A nove mesi ci accorgiamo che i suoni rappresentano delle cose reali e iniziamo a imitare i suoni intorno a noi. All'età di dodici mesi siamo in grado di pronunciare alcune parole, rispondere a termini semplici come "no" o riconoscere il nostro nome. All'età di due anni siamo in grado di esprimerci con frasi semplici, usando un vocabolario di circa trecento termini. A quattro o cinque anni vi è una vera e propria esplosione del linguaggio e il bambino parla in continuazione a chiunque voglia stare a sentirlo!

A sei anni il bambino possiede un generale controllo del suo linguaggio. È in grado di capire termini che indicano concetti astratti e frasi che descrivono relazioni tra le cose. Nel terzo chakra avevamo visto come lo sviluppo del linguaggio ci aveva permesso di sperimentare per la prima volta il tempo come una sequenza di causa e effetto. Tuttavia il bambino non comprende veramente prima dei sette anni il tempo in senso più lato, come ad esempio quante settimane o mesi mancano a Natale o al suo compleanno. Un bambino di sette anni può guardare avanti *o* indietro nel tempo, un processo che Piaget ha definito *reversibilità*. Questo stadio segna il punto in cui l'intelletto è in grado di separare se stesso dall'esperienza immediata abbastanza a lungo per prendere in considerazione delle realtà alternative. La *creatività* cosciente è veramente possibile solo quando ci si rende conto di questo.

Qui sta anche il seme della coscienza. Il bambino può concettualizzare ciò che potrebbe accadere se tutti dicessero le bugie o si derubassero a vicenda. Allo stadio del terzo chakra questo non era possibile, poiché il livello del pensiero concettuale non era sviluppato a sufficienza per poter vedere al di là dell'immediata causa e effetto. Nello stadio del quarto chakra un bambino desidera rendersi utile, perché questo appare un tratto positivo. Durante la fase del quinto chakra il comportamento morale ha conseguenze morali e personali.

Il quinto chakra fiorisce tra i sette e i dodici anni (il periodo che Piaget definisce delle *Operazioni Concrete*). Questo stadio è segnato da un ragionamento simbolico più sofisticato – la capacità di creare la rappresentazione mentale di una serie di azioni. Un bambino di cinque anni può imparare a camminare lungo un semplice percorso da casa a scuola, ma sarebbe incapace di disegnarlo su carta. Un bambino concretamente operativo può compiere questa transizione alla rappresentazione simbolica e compiere un ragionamento con la testa. Mi capitava spesso di compiere in macchina un percorso di tre ore, che mio figlio trovava lungo e noioso. Quando aveva quattro anni mi diceva: "Mamma, se ci vuole tanto per arrivarci, perché non prendiamo una strada diversa che ci porti diritti là?" Quando ebbe otto anni gli ricordai quel commento e lui rise, pensando a quanto era stato stupido.

Nella coscienza del bambino si verifica un passaggio che lo allontana dal quarto chakra, in cui domina la relazione, e lo porta in un punto in cui la sua identità sociale è ben strutturata e inizia a sperimentare con la propria espressione creativa. Erikson identifica questo stadio con la lotta tra *operosità* e *inferiorità*, in cui il bambino "ora impara a ottenere un riconoscimento producendo delle cose"[4]. L'ambiente scolastico inizia a sostituire la famiglia come centro di attività, poiché offre un panorama maggiore e maggiori opportunità di espressione creativa. A scuola troviamo ogni sorta di strumenti, come forniture scolastiche, libri, attrezzi sportivi, audiovisivi e computers. Gli strumenti ci offrono la possibilità di agire nel mondo, permettendoci di fare di più con meno. Ogni strumento che scopriamo ci offre una possibilità più vasta di espressione creativa.

Se il bambino si sente sicuro delle sue relazioni, è più probabile che si senta sufficientemente sicuro di dire la propria verità e sperimentare in modo creativo. Può mettere alla prova le sue idee col ragionamento e l'immaginazione. Può dire che gli piacerebbe fare qualcosa prima di farlo veramente. Una bambina potrebbe annunciare all'improvviso che sposerà da grande il ragazzino della porta accanto. Quando le si chiede come fa a saperlo, potrebbe descrivere qualche ragionamento deduttivo piuttosto creativo.

Fino a questo momento il bambino si è trovato coinvolto più nel ricevere e nel reagire, che non contribuendo in modo veramente creativo. Il sistema sta maturando – la crescita fisica rallenta considerevolmente e lo sviluppo motorio di base è completato. Freud definisce questo il *periodo di latenza*, un momento di relativa tranquillità e armonia, in cui le spinte sessuali sono minime. L'enorme input di energia di cui il bambino ha avuto bisogno e si spera abbia ricevuto, prima di questo momento, inizia ora a muoversi verso l'esterno, verso l'espressione creativa. Susie porta a casa i suoi disegni o le sue sculturine di creta e le offre orgogliosamente a mamma e a papà. È importante che il suo contributo venga riconosciuto, perché la forza dell'ego si accresce quando abbiamo qualcosa che vale la pena di offrire.

Con i mattoni del linguaggio e delle relazioni al loro posto, ora la capacità mentale si espande in modo esponenziale. Impariamo a usare i simboli per superare la nostra esperienza immediata. Attraverso la scuola, i libri, la televisione, le conversazioni e l'esperienza, il bambino assorbe avidamente informazioni sul mondo. Le strutture concettuali che organizzano questa informazione sono già formate e l'apprendimento procede in modo rapido. Potendo disporre di maggiore conoscenza, aumentano le possibilità creative.

È il risveglio dell'*identità creativa*, il cui obiettivo è l'*autoespressione*. È un risveglio che nasce dalla realizzazione di noi stessi come esseri separati, dal sentirci sicuri nel nostro ambiente sociale e dal nostro desiderio di contribuire personalmente al mondo intorno a noi. Il che richiede una certa pienezza sistemica, guadagnata, si spera, nei precedenti stadi dei chakra inferiori. Senza quella pienezza il bambino sarà ancora incline a prendere, più che a riversarsi verso l'esterno. Dobbiamo definire prima la nostra forma e poi potremo definire quella del mondo. Una volta che questi stadi siano stati appropriatamente compiuti, oppure quando i chakra inferiori sono stati relativamente guariti ed equilibrati, si verificherà naturalmente questo movimento verso l'esterno di comunicazione e di creatività.

TRAUMI E VIOLENZE

Ciò che ci fa ammalare emotivamente non sono i traumi che subiamo durante l'infanzia, ma l'incapacità di esporre quei traumi.

ALICE MILLER

Se pizzico la corda tesa di una chitarra, questa produce un suono. Se la pizzico in modo più deciso, il suono è più forte. Se la tocco leggermente – un suono delicato. Ogni principiante sa che se la corda non viene pigiata con forza contro la stanghetta trasversale, il suono è sordo invece che risonante. Quando limito i movimenti della corda ne limito anche l'espressione.

Quando un avvenimento ci colpisce, ci colpisce con una vibrazione. Come la corda della chitarra, è nella nostra natura esprimere ciò che ci colpisce. Quando quell'espressione viene limitata (da qualunque inibizione siamo stati costretti ad accettare), perdiamo la nostra risonanza e non vibriamo più all'unisono con la creazione. La nostra vitalità diminuisce, siamo fuori fase e dissonanti.

Se non emettiamo un suono, la vibrazione del colpo viene archiviata nel corpo come stress. Il naturale flusso della vibrazione attraverso il corpo viene interrotta e l'energia entra ma non ritorna fuori. Bisogna compiere uno sforzo per arginare quel flusso e il mantenere quella restrizione causa maggiore stress.

Quando il chakra della gola è bloccato, siamo separati dal coro della vita. Non possiamo bloccare le orecchie, gli occhi o le terminazioni nervose della pelle quanto possiamo bloccare la gola, così è più facile bloccare l'espressione che la sua recezione, è più facile bloccare ciò che esce da noi che non quello che entra. Dunque è molto probabile che un blocco nel chakra della gola sia un blocco nello *scarico* dell'energia, che crea una situazione in cui l'ingresso eccede l'egresso. Questa differenza viene avvertita come stress.

Se vengo colpito dal ronzio del macchinario, dal suono del

telefono o dalle urla di qualcuno che è arrabbiato, dalla miriade di vibrazioni che si scaricano tutto il giorno su di me e non posso rilasciare questa energia, questo mi stressa. Se ho dovuto sopportare un impatto fortemente negativo o una situazione intollerabile e non posso parlarne, le vibrazioni si congelano nel centro del mio corpo. Gelato nel nucleo, il mio intero essere viene limitato nel suo naturale ritmo di pulsazioni.

Allora, che cosa ci impedisce di esprimere la nostra verità, il nostro oltraggio, la nostra creatività o i nostri bisogni? Che cosa ci fa chiudere la gola, imbottigliando le emozioni o annichilando le nostre idee prima che possano uscire dalla bocca? Che cosa ci costringe a nasconderci dietro il silenzio?

È la vergogna che affonda nel nucleo, la paura per la propria sicurezza o semplicemente il fatto di avere perso il contatto con il centro dell'essere ci rendono incapaci di esprimere quello che abbiamo dentro per andare incontro al mondo. Per impedire che questo accada, blocchiamo la porta fondamentale che collega l'interno all'esterno e chiudiamo il cancello contro la possibile fuga dei nostri veri sentimenti. Proteggiamo la parte interiore e vulnerabile di noi stessi perché non venga esposta a un possibile danno o al ridicolo. Ci chiudiamo dentro a chiave, mettendo a guardia della porta un censore.

Lo otteniamo irrigidendo il collo e le spalle, spostando la testa fuori allineamento con il resto del corpo, parlando incessantemente di tutto, tranne di quello che veramente ci preoccupa. Alcuni lo fanno cacciando del cibo giù per la gola, come se, riempiendo la bocca si potesse bloccare il passaggio e impedire che le emozioni ne trabocchino.

In ciascuno di questi metodi vi è un bisogno di nascondersi. Nascondendoci ci isoliamo, ci teniamo lontani dall'intimità e dall'evolverci. In sostanza, ci teniamo lontani dall'incontro con la verità e in tal modo diventiamo un sistema chiuso, che infine rimane a corto di energia e si assesta nell'inerzia. Quando il nostro blocco ha raggiunto proporzioni tali da rinchiuderci nell'inerzia, diventa ancora più difficile far aprire la gola. Proprio come è difficile scrivere una lettera a qualcuno con cui non si è in contatto da molto tempo, è difficile anche spezzare il silenzio su argomenti che sono stati a lungo taciuti, parlare quando abbiamo l'abitudine di rimanercene nascosti, oppure rischiare di diventare all'improvviso visibili in mezzo alla folla. Molto di tutto questo è tenuto immobile dai demoni dei chakra inferiori.

Paura

Il nostro istinto biologico ci fa rimanere immobili quando siamo in pericolo. Oltre alla reazione di congelamento che immobilizza il corpo, istintivamente tratteniamo il respiro, come se volessimo rimanere il più tranquilli possibile. In questo immobilismo, anche la voce si congela, poiché senza respiro la voce non esce. Si pensi a quanto comunemente accade di avere un incubo e trovarsi a cercare di gridare senza riuscire a emettere alcun suono!

Quando si vive in uno stato di paura cronica il chakra della gola si chiude. Non solo temiamo ciò che potrebbe accadere se ci aprissimo, ma la stessa esperienza fisiologica della paura crea un blocco. È come se fossimo strozzati; non possiamo parlare nemmeno se lo volessimo. Non possiamo respirare profondamente, la mente corre all'impazzata, non riusciamo a pensare.

Una comunicazione vera rivela il nostro stato interiore. Se da bambini siamo stati il bersaglio dell'ira, di un abuso fisico o sessuale, di critiche eccessive o di umiliazioni, abbiamo imparato a vivere nel terrore di esporci. Ci chiudiamo in prigione per poterci mantenere al sicuro e le sbarre della prigione sono il nostro schema abituale di irrigidimento muscolare. Il secondino vigila in particolare sul chakra della gola, poiché la voce interiore segretamente vorrebbe uscire. Il silenzio è intimato da una voce che grida più forte della nostra, la quale si fa un sussurro stampato nella mente in eterno.

Senso di colpa e vergogna

Il senso di colpa e la vergogna ci spingono a nasconderci. Il senso di colpa e la vergogna ci dicono che quello che abbiamo dentro in qualche modo è imperfetto e che, se ci esponiamo, queste imperfezioni saranno talmente evidenti che tutti le vedranno. Dal momento che la comunicazione dell'espressione verso l'esterno è bloccata, le energie investite nel senso di colpa e di vergogna si trasformano in voci interne che si comportano come guardiani feroci delle sacre porte tra il mondo esterno e quello interno. Quando dentro di noi ci ripetiamo le parole, subito si sveglia la vergogna, che, come un critico instancabile, ci dice perché nessuno vuole ascoltare ciò che abbiamo da dire, che non sappiamo quello che stiamo dicendo, o che faremo la figura degli stupidi. Subito la gola si chiude e le parole ci strozzano, mentre i pensieri si affastellano sempre più velocemente e solo una piccola parte riesce a trovare espressione.

In origine abbiamo creato questo critico per salvarci da una vera umiliazione. All'inizio il suo lavoro era quello di proteggere quel sé nudo e vulnerabile dalle minacce esterne. In molti casi tuttavia, il critico è imbevuto di tutta l'energia intrappolata che non può uscire dalla gola – energia che ci viene poi rigettata indietro in modo negativo. Questi critici sono sovrazelanti e poco realistici nella severità delle loro critiche. Le loro parole diventano profezie che si autorealizzano, creando una tale paura e incapacità quando tentiamo di esprimerci, che ci vengono ricacciate in gola e dicono: "Vedi? Avevo ragione. Sei proprio uno scemo e adesso lo sanno tutti".

La voce del critico in genere è un monologo. Ogni volta che faccio emergere il critico in uno dei miei clienti, scopro che la conversazione è unidirezionale. In genere il cliente cade dalle nuvole anche solo a immaginare che potrebbe esserci una seconda opinione. Se riesco a trasformare il monologo in un dialogo, allora emerge un'altra voce a combattere il critico. Per facilitare questo dialogo io assumo il ruolo del critico.

"Non ne sai abbastanza del giardinaggio per insegnarlo in un corso", dico provocatoriamente.

"Sì che ne so abbastanza! Ho lavorato nel giardinaggio per più di vent'anni e ne ho moltissima conoscenza pratica. I miei giardini sono belli".

"E se commetti un errore? Come la mettiamo se non riesci a fare qualcosa?" Chiedo, conoscendo anche troppo bene quello che direbbe il critico.

"Forse non saprò tutto, ma so dove guardare. E poi tu che ne sai? Sei proprio come mio padre! Credi che non riuscirò mai a fare niente come si deve!"

È sempre utile ascoltare una seconda opinione per sfidare il critico. Spesso è la voce del bambino che non ha mai risposto al genitore critico originale e permettere a questa voce di emergere può essere molto liberatorio.

Segreti

Ogni azione è una comunicazione. Quando manteniamo un segreto, non solo dobbiamo stare attenti a ciò che ci esce dalla bocca, ma anche a quello che potremmo dire col corpo, con gli occhi o con la mimica facciale. Dobbiamo vigilare sul nostro stesso essere – separarcene, piuttosto che esserne parte. In tal modo ci separiamo dalla vibrazione spontanea, fluente, che designa la nostra più vera vitalità.

A molti bambini viene dato il fardello di mantenere un segreto. La bambina che ha subito violenza sessuale e che viene costretta minacciosamente al silenzio su questo abuso, deve vivere con un lucchetto sul quinto chakra. "Ti ammazzo se mai dirai a qualcuno quello che è successo" è una frase che troppe persone che hanno subito un abuso si portano stampata nell'anima. Questo ordine diventa talmente interiorizzato che, quando finalmente, anche dopo decine d'anni, esse riescono a parlarne, possono emergere sentimenti di terrore e persino una spinta al suicidio.

Il bambino a cui viene ordinato di non parlare mai del fatto che papà beve, è costretto a mantenere un segreto di famiglia. Non può vivere pienamente la sua verità. Qualcosa di vergognoso in famiglia, che si conosce al suo interno, ma non può essere rivelato all'esterno – che riguardi il denaro, una malattia fisica, mentale, una dipendenza o un crimine – crea una regola sottaciuta di non parlare mai di questa realtà al di fuori della famiglia. Egli si deve allora guardare dal permettere al suo quinto chakra di esprimersi spontaneamente, deve stare attento a non parlare di cose che potrebbero creargli problemi maggiori. Tutto questo può creare uno schema che durerà tutta la vita e che sarà particolarmente dannoso per le relazioni intime.

Ma ci sono anche cose che vengono tenute segrete *ai* bambini. Conoscevo una persona la cui madre era morta quando lui aveva otto anni, ma non gli era stato mai permesso di parlare dei motivi della sua morte o di analizzare i propri sentimenti al riguardo. Semplicemente non se ne parlò più. Un altro cliente aveva un fratello che si era suicidato e ai membri della famiglia fu proibito di farne il nome.

Quando i problemi familiari sono evidenti ma non se ne parla apertamente, il bambino impara la regola sottaciuta di mantenere i segreti. Il che gli rende impossibile porre delle domande sul problema e poi, nel corso della vita, difficile parlare di altri dilemmi. Benché il linguaggio parlato venga programmato molto presto nella vita, l'uso della comunicazione per risolvere i problemi viene modellato nel corso dell'infanzia, soprattutto durante gli stadi evolutivi dei chakra superiori.

Un altro argomento spesso proibito è la sessualità. In una famiglia in cui non si parla di sesso, il bambino che sta maturando sa che le sue emozioni sessuali devono essere nascoste totalmente. Poiché la sessualità e la masturbazione sono naturali nella vita di un bambino in crescita, per mantenere questo segreto vengono innalzati dei muri di sensi di colpa e di vergogna. E così la sessualità viene respinta nel regno dell'ombra. Se una persona non si trova a suo agio a parlare di argomenti che riguardano il sesso, questo aumenta il rischio di gravidanze indesiderate, eccessiva timidezza, senso di vergogna e comportamento aggressivo.

I segreti favoriscono l'ignoranza. Non permettono che un argomento raggiunga la luce della coscienza, dove si potrebbero trovare delle nuove informazioni. I segreti bloccano il flusso di energia che passa attraverso il quinto chakra diretto verso gli spazi superiori della coscienza, perpetuando schemi comportamentali ripetitivi e compulsivi.

Bugie e messaggi contradditori

L'esperienza della propria verità... rende possibile tornare al proprio mondo e a un livello adulto – senza paradiso, ma con la capacità di piangere il lutto.

ALICE MILLER

Le bugie sono il demone del quinto chakra. Ne abbiamo già trattato brevemente tra gli aspetti di base, ma qui desidero parlare delle bugie con cui viviamo crescendo, bugie che scardinano la programmazione del nostro quinto chakra.

Se ci viene detto che non abbiamo il diritto di sentirci in un certo modo, quando di fatto quello è ciò che proviamo, questo trasforma la nostra esperienza profonda in una bugia. Sentirsi dire "ti voglio bene" mentre subiamo un abuso, veniamo trascurati o fatti vergognare, trasforma l'amore in una bugia. Se ci viene detto di chiedere scusa per qualcosa di cui non ci sentiamo dispiaciuti, di essere gentili con qualcuno che chiaramente non ci piace o di essere grati per qualcosa che non volevamo, sono tutte esperienze che ci insegnano a mentire. Ci insegnano a mentire a noi stessi, agli altri e al nostro corpo. Creano una dissonanza nella vibrazione di fondo del sé.

Daniel era vittima dell'ira di suo padre, che gli veniva inflitta sotto forma di punizioni crudeli. Per dimostrare di essere un uomo, Daniel era costretto a sopportare queste punizioni senza alcuna reazione. Se si arrabbiava, gridava o piangeva, la punizione era ancora più dura. Non soltanto subiva un abuso, ma gli veniva negata ogni onesta reazione a questo abuso. Veniva costretto a vivere una bugia. C'è forse da meravigliarsi che ora dentro di lui vi sia un crudele critico che sorveglia l'ingresso del chakra della gola e regola tutto quello che potrebbe uscirgli dalla bocca?

Grida e urla

I bambini imparano per imitazione. Un'atmosfera ostile, espressa attraverso continui litigi, grida o urla, è un abuso nei confronti del quinto chakra. Quello che sentiamo intorno a noi programma il nostro uso del linguaggio e ci insegna il modo in cui comunicare.

Quando in casa l'atmosfera è spiacevole da vedere o da sentire, noi chiudiamo il più possibile le funzioni visive e uditive. Poiché è più difficile chiudere le orecchie degli occhi, spesso nella testa affiora un controdialogo, che ci permette di bloccare l'ascolto in modo efficace, creando invece qualcos'altro. Quando la mamma ci sgrida ancora una volta per il disordine della nostra stanza, la chiudiamo fuori facendo scorrere in testa tutta una serie di altre parole.

In seguito, nel corso della vita, potrà esserci difficile ascoltare gli altri, accettare nuove idee, essere veramente capace di ascoltare qualcuno nella sua verità. Decidiamo che sappiamo già quello che stanno per dire gli altri, che lo abbiamo già sentito in precedenza. Abbiamo pronti i nostri argomenti e le nostre difese prima ancora che quelli aprano la bocca. Invece di ascoltarli quando parlano, siamo tutti intenti a prepararci la risposta. Dunque l'ascolto, che è cosa assolutamente essenziale per una chiara comunicazione, diventa una funzione impari.

Autoritarismo: "Non rispondere!"

Quando i genitori stabiliscono delle regole che non possono essere discusse, non lasciano spazio per il dialogo. Senza discussione il bambino non ha alcun terreno di prova per imparare le abilità comunicative. Non vi è alcuno spazio, perché la verità del bambino venga rispettata e non vi è alcuno spazio per imparare a ragionare. Egli si sente subito svalutato, perché nessuno vuole ascoltarlo e di conseguenza è separato dalla propria verità.

Se non veniamo ascoltati, chiudiamo il nostro quinto chakra. Ci viene lanciato il messaggio che la nostra verità interna non conta o, in effetti, che *noi* non contiamo. Ci si deve poi meravigliare se la voce interna in seguito viene soffocata dai compagni che ci vogliono far fare qualcosa di pericoloso? Che non siamo in grado di sentire la voce dei nostri limiti quando il capo ci chiede di fare gli straordinari o che siamo vittime della voce lamentosa della moglie, che critica il nostro comportamento?

Bisogna cercare la voce interna del bambino e bisogna tirarla fuori. Deve avere un luogo sicuro, in cui potersi permettere di essere incerta o di sbagliare senza essere messa in ridicolo. La voce di un bambino ha bisogno di trovare un ambiente di esplorazione compassionevole per potersi far sentire. Senza questo è possibile che egli non oda nemmeno se stesso.

Trascuratezza

Ho lavorato con una donna di quarant'anni circa, che diceva di non aver mai avuto una vera e propria conversazione con suo padre, anche se durante la sua infanzia egli viveva con lei e, nella vita adulta, la vedeva periodicamente. In tutto questo tempo aveva parlato *a lei*, ma mai *con lei*. Non le aveva mai chiesto nulla della sua vita, che cosa pensava, né aveva mai aspettato una risposta quando le parlava. Non era strano che lei possedesse scarse capacità di comunicazione e nascondesse molte cose a suo marito o che fosse tranquilla in modo eccessivo.

I bambini hanno bisogno di comunicare ad un adulto che li ascolta domande, sentimenti e idee. Hanno bisogno che le cose vengano loro spiegate e di ampliare il loro orizzonte attraverso la conversazione. I bambini imparano a comunicare quando gli si parla – imparano a ragionare, argomentare, pensare autonomamente, avere fiducia e condividere. La comunicazione li radica nella realtà, è una cassa di risonanza per le loro idee, uno strumento che permette loro di aprirsi a qualcosa di più ampio. È questo il modo in cui acquisiscono nuove informazioni, imparano e crescono.

Impariamo a comunicare usando il linguaggio, vedendolo modellato intorno a noi e vedendo come il suo uso può risolvere i problemi. Come quando si impara a usare un martello, il linguaggio diventa uno strumento impagabile per costruire la nostra vita e per sentirci collegati, capaci e fiduciosi. Offrire ai bambini il dono di una comunicazione chiara vuol dire dar loro una chiave che aprirà la maggioranza degli intoppi e delle difficoltà che si troveranno a fronteggiare in futuro.

STRUTTURA CARATTERIALE

Lo Sfidante/Difensore

Era impressionante guardare Stella. Era quel tipo di donna che faceva girare la testa per strada – scura e piena di passione, con un sorriso seducente, capace di farvi spuntare il sole nel cuore. Occhi irresistibili, corpo sinuoso e aggraziato, con spalle ampie, braccia rotonde, vita e fianchi sottili. Sembrava giusto che lavorasse come modella, cantasse nei nightclub e sperasse infine di diventare attrice.

È superfluo dire che l'attenzione maschile non le mancava mai, ma le sue relazioni erano frustranti e di breve durata. Era facile all'ira, dopo di che permetteva al partner di avvicinarla, ma non riusciva mai a stabilire un rapporto di fiducia. All'intimità seguiva il nervosismo e diventava critica e distante. Alla fine i suoi partner si stancavano di essere sballottati tra intimità e distanza e le si opponevano. Quando questo accadeva, lei trovava il modo di farli passare dalla parte del torto, di farli apparire aggressivi e di vittimizzarla e poi li piantava. Tendeva all'esagerazione e si sarebbe detto che la sua maniera di comportarsi rivelava l'amore per il melodramma. Lo faceva bene, sia sul palcoscenico che fuori.

Stella era eccezionale nel modo in cui organizzava il suo lavoro e chi la conosceva l'ammirava. Pochi, forse nessuno si rendeva conto di quanto fragile e sola fosse nel profondo. A dire il vero lei stessa se ne rendeva a malapena conto e metteva tutta la sua energia nella carriera e in altre cose che le procuravano ammirazione. Aveva creato una persona esteriore bellissima e forte, ma sotto sotto occhieggiava un'autoimmagine carente, vulnerabile e spaventata. Aveva un forte quinto chakra, una volontà eccessiva nel terzo chakra e un debole senso del proprio terreno. Il suo cuore si apriva e si chiudeva secondo la situazione – poteva essere assai amorevole, oppure fredda e irata e spesso passava dall'uno all'altro stato con incredibile rapidità.

Stella era un esempio della struttura caratteriale nota come *Sfidante/Difensore* (fig. 5-2).

Quando un bambino arriva all'età scolare, la maggior parte della sua struttura caratteriale si è radicata nella mente/corpo. Poiché il quinto chakra fiorisce dopo questa età, non possiamo più mettere in relazione gli stadi evolutivi del chakra superiore in modo tanto preciso con la formazione della struttura caratteriale. Anche se la struttura sfidante/difensore è il frutto di una deprivazione verificatasi tra i due e mezzo e i quattro anni (in seguito terzo chakra), ne tratto qui, nel quinto chakra, per la sua tendenza a spingere l'energia nel corpo verso l'alto. Questo crea una forte concentrazione di energia nei chakra superiori, specialmente nel quinto. Gli Sfidanti/Difensori sono grandi attori, cantanti, avvocati, professori e comunque persone che si esibiscono in vari modi, in quanto sono molto creativi e comunicatori brillanti, che raggiungono posizioni di potere e spesso le gestiscono bene. Quello che costituisce un problema di questa struttura è la vulnerabilità e molti dei loro sforzi sono tesi ad evitarla.

Un forte quinto chakra è uno degli aspetti involontariamente seducenti di questa struttura. Vi possono intrappolare con la loro dolcezza, impressionare con la loro eloquenza, convincervi con la chiarezza delle loro argomentazioni e sorprendervi col loro candore. La loro natura carismatica fa sì che gli altri si diano da fare per compiacerli ed essi si trovano a loro agio e sono efficienti quando occupano delle posizioni di potere.

L'energia incanalata verso l'alto spesso crea spalle larghe e anche strette e la loro presenza fisica ispira allo stesso tempo forza e grazia. Non sono rigidi, come il tipo realizzatore e infatti i loro chakra inferiori (specialmente le pelvi) possono apparire eccessivamente sciolti e fluidi (fig. 0-5, E). Possono essere dotati di una forte carica sessuale, ma sono incostanti e incapaci di un impegno emotivo duraturo. Tendono ad essere energeticamente esuberanti, poiché l'energia dei chakra inferiori viene spinta in alto attraverso la corrente liberatoria, ma possiedono uno scarso radicamento nella terra, poiché troppo scarsa è la parte di corrente manifestante incanalata verso la concentrazione e la forma. In genere sono attraenti, irresistibili e sicuri di sé.

La loro forza e la capacità comunicativa ben sviluppata mascherano un più profondo senso di sfiducia e insicurezza. Sotto

Figura 5-2. Struttura psicopatica (Sfidante/Difensore). Il bambino tradito

1° CHAKRA Entrambi	2° CHAKRA In eccesso	3° CHAKRA In eccesso	4° CHAKRA Carente
In genere non interessato al corpo, lo dà per scontato. Alcuni praticano il body building per sentirsi forti	Pelvi molto sciolte	Molto orientato sul potere, dominante, ma si sente impotente e vittimizzato	Teme troppo la sottomissione per fidarsi dell'intimità
Inaffidabile	Seduttivo	Iperattivo seguito da collasso	Considera debolezza l'intimità
Paranoico	Bisognoso sotto le difese	Prono all'ira	Non sa costruire relazioni paritarie, deve dominare e controllare
Centrato su se stesso	Emotivo, instabile	Teme la sottomissione, così è pronto alla lotta, deve vincere	Si avvicina se si sente necessario, è sulle difensive se sfidato
	Bisogno di sfruttare l'infanzia	Pensa che ogni difficoltà sia questione di volontà	Paladino dei deboli
		Deve avere ragione	Dolce e amabile se si sente al sicuro

5° CHAKRA In eccesso	6° CHAKRA Carente	7° CHAKRA Da equilibrato a eccessivo
Affascinante, divertente, carismatico	Può sembrare insensibile alle necessità degli altri	Molto intelligente
Forza verbale e argomentativa	Si fissa sulle immagini invece che sulla realtà	Perspicace
Tende all'esagerazione	Può essere monopolarizzato (la via giusta è una sola)	Difficoltà ad arrendersi a un potere superiore
Scarica la tensione parlando	Particolarmente incline alla negazione	L'energia è nella parte superiore del corpo, testa e spalle ampie e forti
Domina attraverso la parola	Non riesce a vedere alternative	
Può essere menzognero o reticente		

la maschera lo Sfidante/Difensore somiglia più all'Orale – bisognoso, affamato e debole. Questi sentimenti sono talmente intollerabili che lo Sfidante/Difensore fa qualunque cosa pur di evitare qualunque situazione che possa rivelarne la natura segreta vulnerabile. Sono ben difesi contro ogni possibile sfida, ma questa difesa perpetua anche la loro solitudine.

Come implica il nome dell'aspetto difensore, le persone che hanno questa struttura sono straordinariamente compassionevoli e capaci di offrire supporto quando difendono i derelitti, con cui inconsciamente si mettono in relazione. Possono diventare dei campioni di eroismo, che corrono in vostra difesa, lottano per cause importanti e si spendono generosamente per accudire e comprendere i deboli e i bisognosi. Si trovano spesso ad avere relazioni con persone più giovani, più tranquille e emotivamente dipendenti, scegliendo situazioni in cui è poco probabile che essi vengano messi in pericolo.

Ma quando l'arrendevole diventa forte e decide di mettere in qualche modo sulla corda questo tipo, l'aspetto supportivo del difensore si tramuta improvvisamente in uno sfidante aggressivo. Usando una difensiva verbale al calor bianco, possono lanciarsi in improvvise esplosioni di ira e attaccare chiunque osi minacciarli. Se questo non ristabilisce il loro senso di forza, possono rifiutare e diventare inaccessibili. Riescono a tollerare l'intimità solo se si trovano in una posizione di sicurezza e di vantaggio. Devono essere sempre i vincitori e non possono tollerare una sfida realistica. Faranno l'impossibile per mantenere la loro posizione di forza. Per loro è di vitale importanza avere ragione.

Da bambino lo Sfidante/Difensore ha subito un'irrevocabile distruzione della fiducia, in genere attraverso una manipolazione seduttiva. Nel momento in cui stava sviluppando la propria autonomia (terzo chakra) ma era ancora dipendente e bisognoso della connessione del chakra del cuore, il genitore ha usato la vulnerabilità del bambino per manipolarlo. In questo senso il bambino è stato sedotto dal genitore, molto spesso il genitore del sesso opposto. Questa seduzione può essere o non essere stata sessuale, ma ha convinto il bambino a sacrificare la sua parte vulnerabile di autenticità a favore di una più invincibile persona di copertura.

Il bambino impara che la vulnerabilità è un pericolo e che la seduzione e la manipolazione sono dei modi per ovviare a quella vulnerabilità. Così la decezione può diventare una strategia primaria di sopravvivenza e lo Sfidante/Difensore può sentirsi perfettamente giustificato nell'ignorare l'etica e la correttezza usuali per poter vivere secondo le proprie regole. Per questo motivo e per la loro ossessione di potere a tutti i costi, Alexander Lowen ha definito questa struttura lo *psicopatico.*

Dal punto di vista autoritario, in genere i genitori erano inconsistenti – a volte amorevoli e lassisti, ma altre volte crudelmente punitivi. Il risultato profondo è una mancanza di fiducia e certezza, che rende debole il primo chakra. C'è una certa apertura ma pericolo nel centro emozionale del secondo chakra, un forte senso di potere nel terzo chakra, un amore molto condizionale nel quarto chakra e un quinto chakra apparentemente capace ma non sempre onesto. Il sesto e il settimo chakra in genere riflettono la loro grande intelligenza e l'acuta percettività.

Gli Sfidanti/Difensori, come tutti noi, hanno bisogno di amore, sicurezza e riparo. Hanno bisogno di trovare un posto in cui le loro necessità più vulnerabili possano essere riconosciute e soddisfatte, dove siano amati per la loro imperfezione, più che per la loro immagine di potenza. Hanno bisogno di poter vedere in che modo sono stati dominati da bambini e di dirigere la loro rabbia contro chi ha commesso quei fatti più che contro i loro cari. Va meglio quando chi li ama riesce ad accettare le loro imperfezioni, non viene ingannato dalla loro falsa persona e non li lasciano quando sono in fase di attacco – un duro compito davvero e che raramente essi ricambieranno. Nella lotta della relazione essi ottengono talvolta un senso di vero trionfo, ancorato nelle emozioni e nel corpo, in cui possono dire la verità e vengono accolti senza essere giudicati. Solo allora riescono a soddisfare le necessità che li spingono, equilibrando lo squilibrio dei chakra superiori e procedendo verso la salute psicologica.

ECCESSO E CARENZA

Coloro a cui non è stato permesso di rendersi conto di che cosa è stato fatto loro non hanno altro modo di parlarne se non ripetendolo.

ALICE MILLER

È facile riconoscere gli eccessi e le carenze nel chakra della gola. Poiché questo è il passaggio tra il mondo esterno e quello interno, è sufficiente ascoltare per poter dire quanto è aperto questo passaggio. Qualcuno chiacchiera incessantemente o se ne sta perpetuamente in silenzio? La voce possiede risonanza, oppure è stentata e debole? I grandi parlatori scaricano energia attraverso il chakra della gola, mentre le persone silenziose sono bloccate all'interno, mancando di sufficiente energia per liberarsi.

Carenza

Chi ha un quinto chakra carente non riesce a mettere insieme le parole. La voce può essere debole, sottile, stentata, ritmicamente ineguale. Vi è un'eccessiva autoconsapevolezza e timidezza, bisogno di nascondersi, timore dell'umiliazione. Talvolta all'interno la comunicazione è buona, ma non trova mai l'uscita attraverso la porte. Talvolta la comunicazione interna è limitata e mente e corpo sono fortemente separati.

In genere, più un argomento si avvicina ai reali sentimenti che si provano dentro, più difficile è comunicare. Qualcuno può avere un'ottima comunicazione nell'ambiente di lavoro, durante gli incontri d'affari, quando scrive dei resoconti o parla al telefono, ma trova un'estrema difficoltà a parlare a sua moglie e alla sua famiglia di quello che vuole e delle sue necessità. Dal momento che questo chakra è collegato all'espressione personale della propria verità, ne giudichiamo l'apertura da come siamo in grado di parlare delle cose che ci stanno più a cuore.

Spesso una persona che ha un quinto chakra carente può non

accorgersi di non comunicare affatto. Può dimenticarsi di dirvi che va fuori città la settimana prossima fino all'ultimo momento, dimenticarsi di chiedervi come è andata la vostra giornata o vivere in un mondo di conversazioni esterne in cui è convinto di aver detto tutto questo. A una persona del genere non accadrà di iniziare una conversazione su situazioni spinose o di usare le parole come un mezzo per ottenere maggiori informazioni. Può non rendersi conto di avere anche solo il diritto di porre domande. Una persona del genere può aver subito dei duri interrogatori da bambino e aver imparato a tenersi questo chakra tutto per sé come difesa (fig. 5-3).

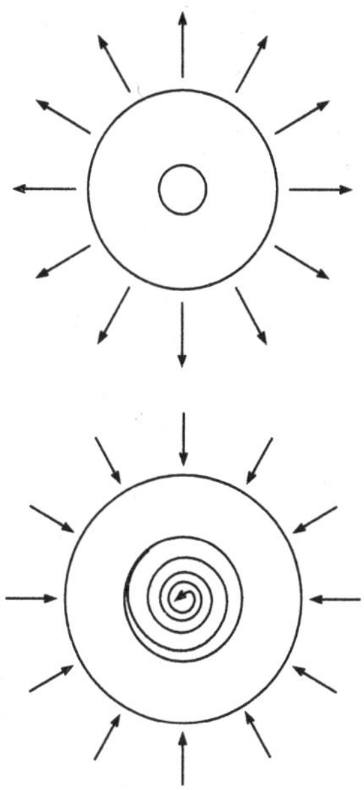

ECCESSO
Separato dal nucleo e dall'influenza radicante dei chakra inferiori, un eccesso nel quinto chakra si esprime in modo casuale dalla personalità esteriore.

CARENZA
I tentativi di muoversi verso l'esterno attraverso la comunicazione ritornano indietro, verso il nucleo. Il giungere della comunicazione esterna bombarda il chakra, che si ritrae impaurito.

Figura 5-3. Eccesso e carenza nel quinto chakra

Eccesso

Con un quinto chakra in eccesso, il parlare è una difesa che viene usata come mezzo per mantenere il controllo. Un quinto chakra in eccesso tiene il controllo della conversazione, dell'argomento e del ritmo, in modo da porre la persona che parla al centro della conversazione.

Poiché il quinto chakra è una delle aperture attraverso cui è possibile scaricare lo stress, una verbosità eccessiva può essere un mezzo di liberarsi dell'energia. Questo fu evidente con una cliente che si lanciava in un torrente di parole ogni volta che facevamo degli esercizi bioenergetici di carica. Le parole occupavano la sua coscienza e le impedivano di sentire pienamente il proprio corpo oltre, allo stesso tempo, permetterle di scaricare l'energia in eccesso. L'ira non riconosciuta spesso viene espressa anche attraverso una parlata rapida.

Con un quinto chakra in eccesso si parla molto ma il contenuto è poco. I clienti possono lanciarsi in una lunga descrizione di una situazione che si è verificata nel corso delle settimana, ricca di innumerevoli dettagli e tuttavia evitare di dire una qualsiasi cosa sul modo in cui veramente si sentono. Di nuovo, questo è un tentativo di scaricare l'energia, di evitare i sentimenti e di avere una sensazione di potere sulla situazione (fig. 5-3).

Combinazioni

La mancanza di un collegamento con la terra può produrre nel quinto chakra tanto un eccesso che una carenza. In alcuni la mancanza di collegamento può produrre un parlare eccessivo, ma vuoto di contenuto reale. In altri questo crea una tale paura che sono appena in grado di far uscire le parole. Quando queste persone tentano di parlare possono avvertire un'energia vorticosa, quasi una sorta di vertigine, che inibisce la loro capacità di pensare con chiarezza. Il che chiude il chakra della gola e crea una condizione di carenza.

È piuttosto comune che il chakra della gola presenti aspetti di carenza e di eccesso allo stesso tempo, permettendoci di comunicare bene in alcuni casi e male in altri. Una persona può essere in grado di comunicare i suoi sentimenti con grazia e dignità e tuttavia non sentirsi abbastanza fiducioso da spingersi avanti nel lavoro e nella carriera. Altri riescono a parlare bene con gli estranei ma con i partner più intimi si bloccano.

Poiché questo chakra è una porta, si apre e si chiude rapidamente. È molto sensibile alle situazioni più vicine. Coordina molte voci interiori, comprese quelle che provengono dal passato e dalle diverse parti di noi stessi. Allora il chakra della gola deve integrarle in un'unica voce solida, che possa uscire per comunicare.

Equilibrio

La salute del chakra della gola non sta in nessuno dei due estremi, ma nella sua capacità di comunicare con accuratezza la verità della propria esperienza, di riconoscere e accogliere la verità di un altro e di affrontare la vita in modo creativo ed efficace. Delle caratteristiche equilibrate rivelano una persona con buone capacità comunicative, sia nell'esprimersi che nell'ascoltare veramente. Un buon ascoltatore può porre delle domande che richiedono informazioni, far uso di quelle informazioni e far sapere all'altro che è stato ascoltato e compreso. Quando il quinto chakra è sano la voce è squillante e piacevole da ascoltare, possiede un suo ritmo naturale e giusta tonalità e volume. Possono progettare o parlare tranquillamente quando è necessario. Nella conversazione parlare e ascoltare sono in armonia. Poiché il chakra è correlato al ritmo, vi è un senso di tempismo e di armonia tanto nelle proprie attività che nei movimenti del corpo. Dal punto di vista energetico le pulsazioni della vita fluiscono liberamente e in modo vibrante, senza movimenti scoordinati, controllo o agitazione.

Infine, una persona che possiede un quinto chakra forte vive in modo creativo. Queste persone sono molto ben individuate e non sono legate, per paura, a modi tradizionali di fare le cose. Via via che l'energia dei chakra inferiori si eleva verso quelli superiori, la forma diviene di scarsa importanza, mentre aumenta l'importanza dell'intelligenza, della consapevolezza e della capacità di pensare. Vivere creativamente non significa solamente in modo artistico, ma è un atteggiamento che prende in considerazione il possibile. Non è possibile stabilire la qualità del chakra della gola in base al fatto che uno dipinga, danzi o suoni. È possibile fare tutte queste cose come routine, senza metterci alcuna creatività.

Invece questo chakra è il passaggio attraverso cui funziona il pensiero che si spinge in avanti insieme alla corrente vitale del corpo per creare nuove modalità di affrontare la vita. Il che può essere rivelato dal modo in cui vestiamo, parliamo o variamo il percorso per andare al lavoro. Osiamo essere creativi? Ci vediamo davanti una vita piena di infinite possibilità. Siamo figli dell'abitudine o partecipiamo in ogni momento come se tutto fosse nuovo? Questo è il marchio della vera creatività.

RIPRISTINARE IL LOTO

Guarire il quinto chakra

La capacità che una sostanza possiede di risonare in modo simpatetico è il risultato della sua elasticità.

RANDALL MCCLELLAN

Molti anni fa un'amica si offrì di darmi alcune lezioni di canto in cambio di terapia corporea. Poiché ho sempre amato la musica, ma non ho mai avuto una gran voce per cantare, ne fui felice. Ma ben presto scoprii che, ogni volta che cercavo di respirare profondamente ed emettere pienamente la voce, cominciavo a piangere. Quando cercavo di controllarmi e di fermare le lacrime, la voce e il respiro perdevano la loro pienezza.

La mia insegnante era molto paziente con me e mi disse che questa era cosa piuttosto comune. Disse che le emozioni sono collegate alla voce e che non possiamo toccare l'una senza toccare le altre. Era vero. Quel giorno non riuscivo ad aprire la bocca e contemporaneamente nascondere quello che provavo, più di quanto potessi rivelare ciò che provavo senza aprire la bocca. Questo non si verifica solo quando tentiamo di cantare, ma anche quando emettiamo in generale la voce. Quando soffochiamo le nostre emozioni, contemporaneamente soffochiamo anche la nostra espressione.

Parte della mia guarigione durante quel periodo si compì facendo semplicemente uscire il *suono* del mio dolore e della mia rabbia. In altri momenti avevo bisogno di parlare di quello che stava accadendo dentro di me – inserirlo in un contesto intellettuale e farne partecipe qualcuno capace di comprendere. A volte era un insieme di comunicazione astratta e specifica. Infine fui in grado di arrivare in un luogo pieno di gioia, in cui il suono mi poteva uscire dalla gola in tutta la sua pienezza, da un luogo di sicurezza in me stessa invece che di paura. Non continuai abbastanza a lungo da poter diventare una grande cantante, ma l'esperienza mi offrì la possibilità di collegare in modo nuovo corpo, respiro e voce.

Ho riferito questa storia per spiegare il fatto che la guarigione del quinto chakra coinvolge una varietà di livelli contemporaneamente, da quello fisico a quello mentale. Comprende l'eliminazione dell'inquinamento acustico, il prestare attenzione al nostro corpo, aprire la voce con l'intonazione, il cantilenare e il canto, imparare a comunicare in modo chiaro e tranquillizzarci abbastanza da poter ascoltare le vibrazioni più sottili e i messaggi interiori.

Il corpo vibrante

Poiché il nostro corpo è la cassa di risonanza del suono che emettiamo, è essenziale lavorare con le tensioni corporee. Quando si rilascia la tensione e si tengono le emozioni si ristabilisce la naturale natura riflessiva e vibratoria del corpo. Senza un lavoro di questo genere è difficile che il chakra della gola riesca a liberarsi dalle costrizioni o che si sia capaci di vivere profondamente la nostra verità. Recuperare il corpo significa ristabilire la nostra vibrazione individuale.

Stanley Keleman in *Your Body Speaks its Mind*, illustra un semplice procedimento per mettersi in contatto con la nostra vibrazione pulsante di base:

> Se trattenete il respiro e prestate attenzione al torace e all'addome, percepirete l'andare e venire dell'eccitazione. Se stringete il pugno o irrigidite i muscoli delle cosce e mantenete la contrazione, sentirete una vibrazione sottile percorrere tutto il vostro organismo. Se la vibrazione si intensifica, inizierete a percepirla come pulsazione. Mantenete la contrazione finché la pulsazione si intensifica, poi lasciate andare e avvertirete un flusso: un flusso interno, difficile da vedere ma che potete sentire [5].

Questo flusso è la firma della nostra vitalità e individualità. Ogni volta che impediamo a una spinta potente di muoversi in avanti, possiamo sentire il fluire dell'energia pulsare attraverso il corpo. Possiamo avvertirla anche dopo un esercizio fisico o un'espressione emotiva, come una buona corsa, un buon pianto o una forte esperienza sessuale. Questo ci conduce a un'esperienza vitale di *connessione-con-il-sé*, in cui siamo aperti alla nostra propria risonanza vibratoria.

Molte persone hanno paura di contenere tutta questa carica. Per alcuni (specialmente quelli appartenenti alle tipologie sovraccaricate) avere energia significa avere qualcosa da utilizzare immediatamente. Se ci esprimiamo prima che la nostra verità sia maturata pienamente, allora le nostre azioni saranno fuori sintonia con la nostra potenziale pienezza. Questa condizione in genere viene sperimentata come *mancanza di tempismo*.

Anni fa avevo l'abitudine di buttarmi nel lavoro invece di aspettare che la mia pienezza organica mi motivasse. Finivo per gettarmi in una specie di bancarotta creativa, assenza di idee e mancanza di energia. Quando forzavo il mio ritmo naturale mi sentivo impreparata, stressata, ansiosa, e mi mancava persino un po' il respiro. Forziamo il nostro tempismo per necessità finanziarie, insicurezza emotiva, paura, sete di potere, e l'eccessivo ruolo della mente che domina il nostro corpo con un fuoco di fila di "dovresti". Man mano che i chakra inferiori si rafforzano, la sicurezza che proviene dal primo chakra crea il giusto tempismo, la stabilità emotiva del secondo chakra permette ai nostri sentimenti di maturare ed essere pieni, il senso del nostro potere dal terzo chakra non ha bisogno di essere messo alla prova e il quarto chakra armonizza la mente e il corpo. A questo punto possiamo danzare al ritmo della nostra vibrazione personale, che risuona in armonia con l'ambiente e le persone che ci circondano.

Esercizio

Muovetevi liberamente nella stanza ad occhi chiusi. Cercate di muovervi seguendo le naturali inclinazioni del vostro corpo, più che le decisioni della vostra testa. Quando il vostro corpo comincia a sciogliersi, accompagnate ogni movimento con un suono astratto che emana dal movimento. Lasciatevi andare a un'esperienza di "movimento che crea il suono" e cercate un punto in cui movimento e suono si fondano in una vibrazione coordinata che scorre attraverso tutto il vostro essere. Godetevi l'esperienza e vedete dove vi porta.

Ripulire il campo

Oltre a metterci in sintonia con la nostra vibrazione, abbiamo bisogno di prestare molta attenzione alle vibrazioni esterne che avvertiamo ogni giorno. A quale livello di suono e di inquinamento dei media siamo esposti? Che tipo di ritmi esperimenta il vostro corpo in termini di mangiare, dormire, di sessualità, di attività, di riposo? Che tipo di vibrazioni trovate incompatibili con la risonanza della vostra coscienza? Come potete ridurre o eliminare i rumori tossici e le persone tossiche dal vostro ambiente?

Pareti e finestre a prova di rumore, usare tappi per le orecchie vicino a macchinari rumorosi, abbreviare le telefonate spiacevoli e regolare i ritmi personali secondo schemi più dolci e regolari, sono tutti mezzi che ci aiutano a proteggere il nostro campo vibrazionale. È una forma di medicina preventiva. Se usciamo da questi schemi, siamo in grado di ascoltare senza distrazioni quello che vogliamo udire e percepire noi stessi e gli altri a un livello più sottile e profondo.

In questa epoca e oggigiorno, tuttavia, è difficile eliminare l'inquinamento acustico e vivere in un ambiente urbano. Dal momento che non possiamo schermarci totalmente dai rumori molesti, diventa essenziale prendersi ogni giorno del tempo per stare perfettamente tranquilli. Ci è necessario trovare dei momenti in cui non rispondiamo al telefono, non veniamo interrotti e possiamo meditare in silenzio indossando tappi per le orecchie o ascoltando una musica rasserenante con le cuffie. Possiamo aiutare il nostro campo vibrazionale a ritrovare il proprio ritmo con periodici week-end in campagna, dove il rumore di sottofondo ha ritmi del tutto diversi, proprio come si regola nuovamente un termostato. Senza tutto questo, ci troveremo infine fuori sintonia in base a suoni non voluti e allo stesso tempo saremo anche fuori sintonia con ampie parti della nostra coscienza.

Ascolto profondo

Nel silenzio, l'ascolto interiore costituisce il collante tra cuore e mente. L'ascolto è una parte essenziale della comunicazione. Se ci prendiamo del tempo per stare tranquilli, saremo in grado di ascoltare veramente noi stessi. Il chiacchiericcio della mente infine si spegne e sgorga il canto del cuore. In questo aprirsi al silenzio, i chakra inferiori e superiori possono entrare in risonanza gli uni con gli altri, unendo mente e corpo.

Esercizio

Sedetevi da soli in un luogo tranquillo e rasserenate la mente. Cercate ora di individuare quanti livelli di suoni riuscite a percepire intorno a voi. Ascoltate il rumore del vostro respiro, il ritmo del vostro battito cardiaco e il pulsare del sangue nelle orecchie. Ascoltate gli uccelli, il traffico lontano, il rumore del vento. Poi lasciate che tutti questi suoni si fondano in un unico suono, in cui il ritmo del vostro respiro e i minimi movimenti del vostro corpo divengono parte del suono che vi circonda.

Mentre il vostro corpo si fonde con questo suono, lasciatelo muovere leggermente a questo ritmo. Cercate di vedere dove vi porta il movimento, facendo attenzione a rimanere all'interno del suono generale che sentite.

Intonazione

L'intonazione incoraggia la vibrazione di fondo che è dentro di voi a uscire attraverso la gola sotto forma di suono. L'intonazione non forza la voce in parole, melodie o suoni specifici, ma lavora insieme al corpo e al respiro alla creazione dell'espressione pura, vuota di significato intellettuale o fascino estetico.

Quando ci muoviamo fisicamente o siamo mossi dalle emozioni, è naturale emettere dei suoni. Gridiamo di piacere quando siamo eccitati, o ci lamentiamo quando soffriamo. Quando compiamo uno sforzo, ci sembra di avere più forza se emettiamo un suono. Purtroppo questi suoni ci imbarazzano e impariamo a reprimerli, chiudendo così il chakra della gola.

Esercizio

L'intonazione riesce meglio dopo un breve riscaldamento del corpo. Stando in piedi, allungatevi verso l'alto, come a raggiungere il cielo. Allungatevi verso destra e verso sinistra, in avanti e indietro, sciogliendo il torso. Scuotetevi e saltellate, lasciando uscire qualunque suono voglia emergere. Scuotete le gambe, oscillate le braccia. Sciogliete e fate vibrare il vostro corpo.

Quando il riscaldamento vi sembra sufficiente, state diritti con i piedi saldamente piantati per terra e riportate le braccia indietro lungo i fianchi oppure sollevatele sopra la testa. Chiudete gli occhi e mettevi in ascolto dei suoni dentro di voi.

Fate un profondo respiro e aprite la bocca, lasciando che il respiro esca producendo tutto il suono possibile. Potrebbe uscire sotto forma di lamento, di grido o di violenta risata, o in una qualunque maniera o strano suono. Oppure potranno aversi una varietà di suoni che cambiano da un momento all'altro. Fateli semplicemente emergere senza giudicare, aprendovi quanto è più possibile alla spontaneità d'espressione.

Dopo un po' scoprirete che il tono si stabilizza su una nota che sentite particolarmente adatta a voi – una nota che potete sostenere. È possibile che, prima di trovare questo tono, dobbiate sperimentarne parecchi. Cantate questa nota con tutta la pienezza che vi è possibile, fino a raggiungere la risonanza, rilassando il diaframma, la gola e il petto. Cercate di capire da quale parte del vostro corpo ha origine il suono. Proviene dalla gola? Dal petto? Dal ventre? Dalla testa? Cercate di farlo uscire da tutto il vostro corpo insieme, muovendo qualunque parte che sembri scollegata, finché anche questa venga integrata nel suono.

Infine l'emissione del suono si stabilizzerà naturalmente in una situazione di pace. Prendete nota di come si sente il vostro corpo, di che cosa riuscite a udire. Cercate di avvertire quanto vi sentite presenti. Scrivete o disegnate nel vostro diario e sentite il flusso della creatività che spesso viene liberata da questo esercizio.

Il canto e l'uso dei mantra

Il mantra non è semplicemente una tecnica di risveglio; è di fatto e di per se stesso uno stato dell'essere, che segna la presenza del divino.

AJIT MOOKERJEE

Il canto è una forma di intonazione più sofisticata, meno primordiale. Culla le vibrazioni del nostro corpo e della coscienza portandole alla risonanza, attraverso la ripetizione ritmica di una semplice frase o suono. Questo ritmo raffina la nostra consapevolezza. I suoni usati nel canto possono avere dei significati specifici che desideriamo instillare nella nostra coscienza – come quando ripetiamo delle affermazioni su cose che vorremmo cambiare, oppure potrebbe non avere alcun significato e quindi oltrepassare totalmente la mente cosciente. In ogni modo, in entrambi i casi, si tratta di esperienze ritmiche in cui la mente cosciente non deve pensare molto. Il che ci permette di lasciarci andare a una risonanza più profonda o di entrare in uno stato di trance. Qui la nostra coscienza individuale si espande per fondersi con la coscienza più ampia e il ritmo della vita.

I mantra sono dei canti emessi in silenzio nella mente. Sostituiscono il ritmo incessante dell'affastellarsi dei nostri pensieri e dunque puliscono, semplificano, ordinano la mente. Letteralmente il termine mantra significa *strumento della mente.* La Meditazione Trascendentale (MT) è una tecnica di mediazione in cui si ripete mentalmente un certo suono dato individualmente da un maestro o guru. La ricerca ha dimostrato che cantare silenziosamente il proprio mantra crea uno stato meditativo sincronizzando le varie onde cerebrali tra i vari lobi del cervello[6].

In un mondo in cui siamo costantemente bombardati dalle dissonanze, intonare un mantra può essere un altro modo di ricalibrare la nostra essenza vibrazionale di base. Attraverso la meditazione dei mantra entriamo infine in uno stato ritmico di pace, ripulito dalla spazzatura mentale disorganizzata che collezioniamo durante il giorno e riempito invece di un'attenzione ben sintonizzata, che porta una maggiore vigilanza e sensibilità.

Alcuni yogi ritengono che cantare i mantra produca un "nettare liquido" nella ghiandola pineale che contribuisce all'alterazione della coscienza. Forse questo è dovuto al gioco ritmico della lingua contro il palato, che si crede rilasci il "nettare"[7].

Ogni chakra ha un suo specifico suono mantrico. La lista che segue elenca sia i suoni radicali degli antichi testi tantrici – considerati l'accesso alle qualità elementari dei chakra – che i suoni vocalici che risuonano nel corpo stesso. Per noi occidentali i suoni vocalici producono un'esperienza più forte, ma io vi incoraggio a sperimentare entrambi e a scoprire quale funziona meglio per voi.

- Primo Chakra: suono radicale **Lam**, suono vocalico **Ohh**
- Secondo Chakra: suono radicale **Vam**, suono vocalico **Uuuu**
- Terzo Chakra: suono radicale **Ram**, suono vocalico **Ahh**
- Quarto Chakra: suono radicale **Yam**, suono vocalico **Ayy**
- Quinto Chakra: suono radicale **Ham**, suono vocalico **Iiii**
- Sesto Chakra: suono radicale **Om**, suono risonante **Mmm**
- Settimo Chakra: (nessun suono radicale viene fornito), suono risonante **Nngg**.

Leah Garfield, autrice di *Sound Medicine*, suggerisce di cantare i suoni radicali secondo un ritmo specifico nove volte ciascuno, intervallando ogni chakra con un buon minuto di silenzio[8].

Per cantare i suoni vocalici, iniziare con qualche semplice esercizio di stretching, dopodiché sedetevi o state in piedi comodamente, di modo che il respiro sia pieno e profondo. Mentre cantate le vocali ricordate di aprirvi alla risonanza della voce e alla vibrazione della parte del corpo in cui risiede il chakra. Lasciate che il suono esca il più pienamente possibile per un minimo di un minuto quando siete da soli. In gruppo, scaglionate i respiri e continuate ancora più a lungo.

Createvi il vostro mantra

Dopo aver cantato i suoni vocalici e aver sperimentato il modo in cui risuonano all'interno di ciascuno dei vostri chakra, potreste voler tentare di creare un mantra silenzioso da usare durante la meditazione. La seguente tecnica è volta a creare un mantra che risuoni con i chakra che volete migliorare di più.

Scegliete i suoni che appartengono a uno, due, al massimo tre dei chakra che sentite richiedono la maggiore attenzione. Unite insieme i suoni in un modo che vi piace. Ad esempio, se volete lavorare sul primo e quarto chakra, sceglierete i suoni *Ohh* e *Ayy*. Allora il vostro mantra potrebbe suonare qualcosa come *Ayoh*, *Ayoh*, *Ayoh*.

Sedetevi poi in meditazione silenziosa intonando mentalmente il suono che avete creato. Ascoltatelo risuonare all'interno dei chakra che avete scelto. Immaginate che si espandano o si liberino. (Questo esercizio è maggiormente efficace se usato in modo costante per un certo periodo di tempo).

Comunicazione

Se volete essere compresi, cercate prima di comprendere.

STEVEN R. COVEY

Finora abbiamo illustrato delle tecniche per tonificare il chakra in generale, il che permette al suono di penetrare più facilmente nel nostro corpo. Ora ci occuperemo dell'aspetto più specifico del chakra della gola: la comunicazione stessa. Se vi rendete conto di avere dei problemi nel fare accettare il vostro punto di vista, è possibile che voi stessi non abbiate compreso questa persona. Spesso una persona non può veramente ascoltare se non sente di essere ascoltata. Prima abbiamo applicato l'arte dell'ascolto ai suoni intorno e dentro di noi. Applichiamo ora quell'ascolto profondo alla comunicazione con gli altri.

La necessità di essere ascoltati

Finché non mi dici quello che odi, non posso essere certo
di quello che sto veramente dicendo.

ROBERT MAIDMENT

Una delle necessità umane più profonde è quella di essere ascoltati. Quando questa semplice necessità viene soddisfatta da un ascolto attento, empatetico, ci sentiamo completi e pronti ad andare avanti. È incredibile quanto avanti possa andare la guarigione quando la nostra storia, i nostri sentimenti o le nostre opinioni vengono anche solo ascoltati, anche se non vi è alcun cambiamento nella situazione. La necessità di essere ascoltati convalida la nostra verità, la nostra individualità e la nostra stessa esistenza. Se non possiamo essere ascoltati, cessiamo di esistere in tutto tranne che nella nostra mente. Ci sentiamo impazzire, dubitiamo della nostra stessa voce interiore e della nostra realtà. Quando non possiamo credere nella nostra esperienza, siamo separati dal corpo e, di conseguenza, dalla realtà.

Spesso la necessità di essere ascoltati è più importante del trovare soluzioni. Questa, nelle coppie, è una dinamica frequente. Se un partner non riesce a fare nulla per il problema che la compagna può avere, non vuole ascoltare. Spesso, ciò che è assai più importante del risolvere il problema è riconoscere i sentimenti dell'altra persona. Questa semplice pratica può fare moltissimo per sanare delle situazioni e facilitare una buona comunicazione.

Karen e George erano chiaramente immersi in questa dinamica. George era spesso via per affari; Karen mandava avanti la casa mentre lui era lontano, badava ai bambini e cercava di costruirsi la propria carriera come coordinatrice di seminari nel suo abbondante tempo libero. Inutile dire che era più difficile per Karen svolgere il suo lavoro quando George era via, ma poiché George guadagnava lo stipendio maggiore per la famiglia, non si vedeva alcun modo per evitare le sue frequenti assenze. Karen aveva bisogno di lamentarsi della sua situazione con George, ma poiché lui non vedeva alcuna possibilità di cambiarla, si rifiutava di ascoltare. Ma lei aveva semplicemente bisogno di metterlo al corrente della difficoltà che a lei ne derivava, anche se lui non poteva cambiarla. Allora avrebbe smesso di girarci intorno tutto il tempo e di farlo sentire inutile per il lavoro che faceva.

In cambio George voleva che Karen comprendesse che lui non si divertiva affatto nei suoi viaggi di lavoro. Non gli piaceva andarsene da casa e si sentiva pressato e poco apprezzato per il suo lavoro. Poiché lei innanzitutto non voleva che lui se ne andasse, a sua volta non voleva ascoltare la sua esperienza. E così si chiudevano l'uno all'altro persino durante i brevi periodi che passavano insieme e nessuno dei due era capace di esprimere i propri problemi primari, né di sentirsi ascoltato. Il risultato era che il loro rapporto ne usciva gravemente danneggiato. Benché non potessero cambiare le loro circostanze immediate, indurli semplicemente ad ascoltare e a prendere in considerazione le reciproche realtà aiutò enormemente a migliorare il loro rapporto di base e la reciproca cooperazione.

Ascolto attivo

L'ascolto attivo offre agli altri l'esperienza di essere uditi. Nell'ascolto attivo ci acquietiamo e rivolgiamo la nostra intera concentrazione di energia verso l'altra persona. Mentre l'altra parla, possiamo annuire o dire "mmhm", per farle capire che siamo ancora con lei, ma non dobbiamo interrompere o fare alcun commento. Quando ha finito di parlare, le chiediamo se c'è dell'altro. Allora potremmo volerle fare delle domande o chiarire qualcosa che non abbiamo capito, ma ci tratterremo ancora dal fare commenti, suggerimenti, dall'argomentare o dal giudicare.

Quando sentiamo di aver capito ciò che la persona ha detto, allora le rispondiamo spiegando quello che abbiamo udito, ma con le nostre parole. Potremmo rispondere dicendo ad esempio: "Quello che ti ho sentito dire è che sei stanca di essere sempre quella che inizia a parlare della nostra relazione e che hai la sensazione che io non ti voglia veramente bene se non ti faccio mai partecipe delle cose che provo". In questa risposta avete ripetuto semplicemente quello che avete ascoltato, al di là del fatto che siate d'accordo o meno o che abbiate un altro punto di vista da offrire. Ripetendo quello che avete udito, è anche importante non ripetere parola per parola ciò che è stato detto, ma formulare la vostra risposta in un modo tale da far capire che avete capito quello che è stato detto.

La persona che comunica con voi ha allora la possibilità di farvi sapere se l'avete ascoltata o no nel modo giusto. Potrebbe dire: "Ci sei andato vicino, ma non proprio completamente. Non è che pensi che tu non mi voglia affatto bene ma che non *so* se è così – che non so qual è la mia posizione. Quando non mi fai sapere quello che provi, io immagino il peggio". Se viene fatta una correzione, è importante riprovare a vedere se a questo punto avete veramente capito.

"Così, quando non ti comunico quello che provo, tu non ti senti sicura della tua posizione nei miei confronti e questo ti fa credere di immaginare che io potrei non volerti bene".

"Sì, è questo quello che sto cercando di dire."

Solo quando la persona che ha parlato per prima è convinta di essere stata ascoltata veramente è arrivato il momento per l'altro di comunicare la sua verità.

"Se sei convinta che ti ho ascoltato nel modo giusto, allora vorrei farti sapere cosa penso io. Va bene?"

"Sì, vai avanti".

"Io sono fatto in modo che mi è più difficile comunicare quando sono maggiormente coinvolto. È come se, volendoti bene, avessi paura di farti sapere quante cose sono importanti per me. Lo so che sembra ridicolo, ma nella situazione in cui mi trovo ora, quando il mio chakra del cuore si sente esposto e vulnerabile, mi ritiro nel silenzio finché so che posso uscire al sicuro".

"Così mi dici che per te è difficile comunicare quando sei veramente coinvolto emotivamente e il tuo cuore è aperto. Il silenzio ti fa sentire più al sicuro".

Dopo che entrambe le persone sono convinte di essere state udite pienamente (e questo può richiedere più sforzi prima che si verifichi) possono iniziare a cercare una soluzione che tenga conto delle reciproche esigenze.

"Quando non sei sicura di quello che provo per te, vorrei che tu mi dicessi: 'non so in questo momento qual è la mia posizione'. Questo chiarificherebbe la situazione".

"E quando ti chiudi nel silenzio perché hai paura, voglio incoraggiarti a dirmi che hai bisogno di stare tranquillo, invece di ritirarti per conto tuo, perché questo mi fa sentire esclusa. Se mi dici che hai bisogno di spazio, posso capirti e non interpretarlo come un rifiuto".

Altrettanto importante è ascoltare voi stessi mentre parlate. Se troviamo delle difficoltà nella comunicazione, può essere di aiuto registrare le nostre conversazioni con gli altri, oppure le conversazioni con noi stessi, per sentire le sfumature. Come ci si può sentire se si viene apostrofati con le parole che dite? Che cosa sentite tra le righe mentre ascoltate la vostra voce? Come rendere la vostra comunicazione più diretta ed efficace?

Scrivere

La scrittura è una forma di comunicazione che trascende il tempo. Con una penna in mano (o con il computer), possiamo sedere in silenzio finché arrivano le parole giuste, scriverle, cambiarle, o dire esattamente quello che ci pare e buttarlo via prima che ferisca i sentimenti di qualcuno. Per coloro che trovano difficoltà a comunicare lì per lì, è d'aiuto prendersi del tempo per scrivere i vostri sentimenti quando ve la sentite.

David si trovava sempre senza parole quando sua moglie si arrabbiava. Lei era un tipo Sfidante/Difensore, con la parola facile e maestra nell'argomentare. Lui era un tipo Masochista/Tollerante, un tipo silenzioso che, senza argomenti per difendersi, in sua presenza annuiva tranquillamente, stringeva le spalle e faceva finta di essere d'accordo con lei. Dopo alcune ore, ripassava nella sua testa la conversazione e pensava a tutte le risposte pepate che avrebbe potuto darle, sentendosi perso e impotente. La sua unica reazione era quella di essere passivo/aggressivo e emotivamente distaccato, il che naturalmente non faceva che perpetuare la dinamica disfunzionale.

Incoraggiai David a sedersi e a scrivere gli aspetti inespressi e non risolti che aveva con lei, usando varie forme di comunicazione. La prima forma aveva lo scopo di fargli scoprire la propria voce. Doveva scrivere quello che avrebbe voluto dirle senza censura. Poteva usare tutte le parole che voleva, fare uscire la sua rabbia senza trattenerla e continuare senza interruzioni per tutto il tempo che gli era necessario. Non era necessario che fosse un'argomentazione coerente – serviva solo a dare spazio ai suoi sentimenti. Questa forma non le doveva essere data, ma veniva usata solo per caricare la pompa e sciogliere il chakra della gola dalla costrizione che gli era abituale.

In secondo luogo gli chiesi di leggermi ad alta voce quello che aveva scritto in modo che io potessi essere un ascoltatore attivo e fargli sentire cosa significava essere ascoltato. Essendo ascoltato, poteva imparare a usare il potere della sua voce, per trovare risonanza e completezza. Poteva imparare ad avere maggior fiducia nella propria vece.

Allora fu in grado di prendere quello che aveva scritto e trovare delle vie per comunicare i punti salienti senza il fuoco delle emozioni, di modo che le parole potessero colpire meglio il bersaglio. Con questa chiarezza, iniziammo a dialogare in un gioco di ruolo tra lui e la sua ex moglie, di modo che potesse far pratica di sbatterle in faccia la propria verità, mentre io gli davo il tipo di risposte che in genere riceveva da lei. A quel punto era pronto a mettere in pratica il dialogo nella vita reale. Con sua grande sorpresa scoprì che sua moglie era molto più capace di ascoltarlo ora che egli parlava chiaramente e lo diceva in modo fermo e diretto, senza la pressione dei sentimenti che prima lo legavano.

La scrittura è anche utile quando comunichiamo con persone che sono veramente incapaci di ascoltare quello che abbiamo bisogno di dire. Potrebbero non essere più in vita, potrebbero essere geograficamente irraggiungibili, o potrebbero non voler essere in contatto con noi per motivi loro. Questi motivi non devono necessariamente tenerci in uno stato di sospensione e ripercorrere tutti, tranne gli ultimi passi del processo illustrato, possono aiutarci a completare il nostro processo e farci sentire di aver risolto in qualche modo la situazione. Se la persona è ancora viva, potrebbe essere utile mandarle una lettera riveduta e corretta, anche se sappiamo che non ci risponderà.

Le conversazioni non finite tendono a continuare nella nostra mente, distraendoci dall'essere pienamente presenti. Questo esercizio libera il chakra della gola dalle conversazioni interrotte, liberando il dischetto che, in tal modo, avrà spazio per contenere nuove informazioni. Allora potremo ascoltare con una mente aperta.

Musica

La musica è il grido dell'anima. È una rivelazione. Qualcosa da onorare. L'esecuzione di grande opere musicali per noi è quello che i riti e le feste religiose erano per gli antichi – un'iniziazione ai misteri dell'animo umano.

FREDERICK DELIUS

Se il canto, l'intonazione e la meditazione sui mantra hanno la capacità di influenzare il nostro essere più riposto, la musica ha certamente un profondo effetto sull'intero sistema mente/corpo. La musica ci può commuovere fino alle lacrime, riempirci di gioia, ispirare il nostro corpo al movimento e alla danza, oppure calmarci o eccitarci. La musica di sottofondo nei film e alla televisione suona le nostre emozioni come uno strumento. La musica vende i prodotti nella pubblicità, diverte, stimola, ispira e unisce. Le canzoni sono la registrazione spirituale dell'umanità e ne registrano le lotte e i trionfi, sono il filo unificatore delle comunità, delle religioni e dei movimenti politici. Un modo per distruggere una cultura è quello di distruggerne la musica.

La musica unisce in modo meraviglioso le esperienze dei chakra inferiori e superiori. Immerge il corpo nel ritmo e nella risonanza, mentre intrattiene la mente con la sua complessità di metro, di melodia, di strumentazione, e di messaggi. La musica unisce l'anima del corpo con la mente e con lo spirito.

La medicina sciamanica funziona in parte secondo il principio della risonanza attraverso la musica e il suono del tamburo. La musica ci può mandare in trance, dove il corpo si abbandona ed entra in un diverso stato di coscienza. In trance siamo in grado di trascendere l'ego e trovare una condizione spirituale più vasta e più diretta per la guarigione.

Tecnicamente parlando, la musica viaggia verso il talamo attraverso le terminazioni nervose uditive e dunque influenza le nostre emozioni. Allora il talamo stimola la corteccia, che risponde inviando impulsi al talamo e all'ipotalamo. Questo circuito, noto come riflesso talamico, induce i piedi a battere il ritmo e il corpo a ondulare quando la musica si intensifica. Il talamo è circondato dal sistema limbico. Questa è la parte del cervello più collegata alle emozioni e al sistema endocrino, che influenza i chakra e i processi involontari del respiro, del battito cardiaco, della circolazione e delle secrezioni ghiandolari.

Hal A. Lingerman in *The Healing Energies of Music*, suggerisce di usare vari tipi di musica per evocare o guarire specifici stati emotivi[9]. Fornisce un elenco di pezzi particolari per esprimere calma o rabbia, per curare la depressione o la noia, per riequilibrare l'iperattività, ma anche musica per gli elementi di base e per armonizzare la casa ed altri ambienti. Anche se le sue informazioni sono troppo estese per poterle riportare in questa sede, suggerisco di provare alcuni dei suoi suggerimenti.

Conclusione

Tutte le tragedie del mondo, sia individuali che collettive, provengono dalla mancanza di armonia. E l'armonia si ottiene nel modo migliore creando l'armonia nella propria vita.

HAZRAT INAYAT KHAN

Nelle filosofie indiane il suono è considerato l'elemento primordiale della creazione. Il suono, prodotto dal tamburo cosmico di Shiva nel regno celeste, fu donato da Brahma a Saraswati, la coppia di dei che sovrintendono alla creazione e agli inizi. L'ordine divino dell'universo, l'essenza dello spirito e l'elemento del suono si intersecano in modo complesso. Senza suono l'universo precipiterebbe nuovamente nel nulla, rubato dalla Madre Kali nel suo atto finale di distruzione. Il suono ci conferisce il potere di creare dall'interno di noi stessi, usando quelle stesse energie primordiali che creano il mondo attorno a noi e anzitutto noi stessi. Il suono ci offre lo strumento per evitare la distruzione.

Il quinto chakra dischiude un profondo passaggio tra l'informazione astratta di concezioni, immagini e idee e il regno manifestato del mondo materiale. Ci conduce attraverso il cuore, dove comunichiamo e ci mettiamo in collegamento l'uno con l'altro; attraverso il nostro potere, dove comandiamo e conteniamo; attraverso le nostre emozioni e in profondità, nel coordinamento delle cellule all'interno del nostro corpo. Sul piano spirituale, il suono ci solleva, attraverso i chakra inferiori (usando il corpo, il movimento, la volontà e il respiro), nel regno della risonanza e dell'armonia, dell'informazione e della comprensione. È il principale trasmettitore della coscienza stessa. Anche se il suono è l'ingrediente primordiale dell'esistenza, è la coscienza – creata dal suo impatto vibrazionale – che forma e mantiene il tessuto stesso della vita.

NOTE

[1] Queste e altre statistiche sono attinte dal testo di Steve Halpern, *Sound Health* (San Francisco, Harper & Row, 1985), 11-12.

[2] Mikol Davis, Earle Lane, *Rainbows of Life: The Promise of Kirlian Photography* (New York, Harper Colophon, 1978), 47. Quando la coppia si rivolse a pensieri piacevoli, le aure fluirono l'una nell'altra, anche se non si stavano toccando fisicamente. Nel corso di pensieri spiacevoli le aure rimasero distinte.

[3] Ibid. 58-61.

[4] Erik Erikson, *Chilhood and Society* (New York, W.W. Norton, 1964), 259.

[5] Stanley Keleman, *Your Body Speaks Its Mind* (Berkeley, CA, Center Press, 1975), 36.

[6] Bloomfield et al., *Trascendental Meditation: Discovering Inner Awareness and Overcoming Stress* (New York, Delacorte Press, 1975).

[7] Randall McClellan, *The Healing Forces of Music* (New York, Amity House, 1988), 61.

[8] Leah Garfield, *Sound Medicine* (Berkeley, CA, Celestial Arts, 1987), 73-77.

[9] Hal A. Lingermann, *The Healing Energy of Music* (Wheaton, IL, Quest Books, 1983).

LETTURE CONSIGLIATE

Sounding the Inner Landscape: Music as Medicine. Kay Gardner. Stonington, ME, Caduceus Publications, 1990.

Sound Medicine Healing witb Music, Voice, and Song. Laeh Maggie Garfield. Berkeley, CA, Celestial Arts, 1987.

Vibrational Medicine. Richard Gerber, M.D. Santa Fe, Bear & Co., 1988.

Sound Health The Music and Sounds that Make Us Whole. Steven Halpern with Louis Savary. San Francisco, Harper & Row, 1985.

Tuning the Human Instrument: An Owner's Manual. Steven Halpern, Ph.D. Palo Alto, CA, Spectrum Research Institute, 1978.

Through Music to the Self. Peter Michael Hamel. Boston, Shambhala, 1979.

Toning: The Creative Power of the Voice. Laurel Elizabeth Keyes. Marina del Rey, CA, DeVorss & Co., 1973.

The Silent Pulse. George Leonard. New York, E.P. Dutton, 1978.

The Healing Energies of Music. Hal A. Lingerman. Wheaton, IL, Quest Books, 1983.

The Healing Forces of Music History, Theory, and Practice. Randall Mc-Clellan, Ph.D. NewYork, Amity House, 1988.

IL SESTO CHAKRA

Individuare il percorso

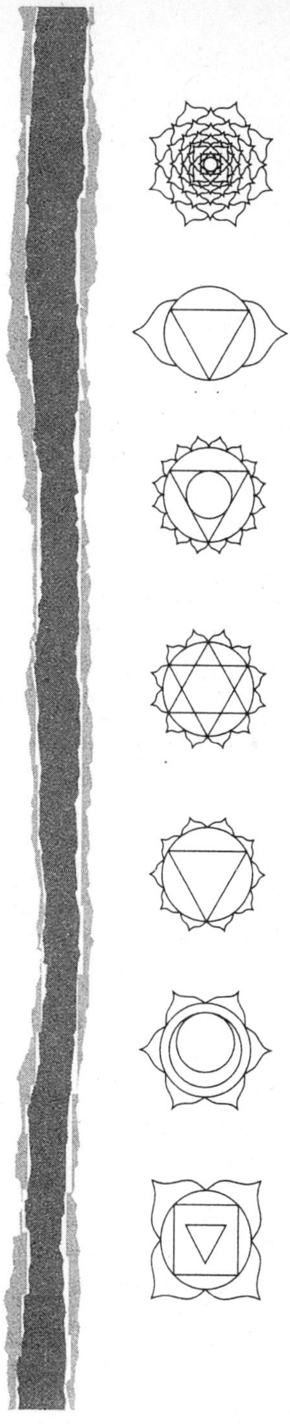

COLPO D'OCCHIO SUL SESTO CHAKRA

ELEMENTO
Luce

COLORE
Indaco

NOME
Ajna (percepire e comandare)

COLLOCAZIONE
Fronte, sopracciglia,
plesso carotideo, terzo occhio

SCOPO
Riconoscere gli schemi

IDENTITÀ
Archetipica

CARATTERISTICHE
Immagine
Intuizione
Immaginazione
Visualizzazione
Introspezione
Sogni
Visione

ORIENTAMENTO
Riflessione sul sé

DEMONE
Illusione

STADIO EVOLUTIVO
Adolescenza

COMPITO EVOLUTIVO
Stabilire l'identità personale
Capacità di percepire i modelli

DIRITTI DI BASE
Il diritto di vedere

CARATTERISTICHE EQUILIBRATE
Intuitivo
Percettivo
Immaginativo
Buona memoria
Capace di accedere ai sogni e ricordarli
Capace di pensare per simboli
Capace di visualizzare

TRAUMI E VIOLENZE
Quello che vedi non si collega a quello che ti viene detto
Invalidamento dell'intuizione e degli avvenimenti psichici
Ambiente brutto o spaventoso (zona di guerra, ambiente violento)

COLPO D'OCCHIO SUL SESTO CHAKRA

CARENZA

Mancanza di sensibilità

Cattiva vista

Poca memoria

Difficoltà di vedere un futuro o di immaginare delle alternative

Mancanza di immaginazione

Difficoltà di visualizzazione

Non riuscire a ricordare i sogni

Negazione (non vede quello che accade)

Monopolarizzazione (esiste un'unica e sola via giusta)

ECCESSO

Allucinazioni

Illusioni

Ossessioni

Difficoltà di concentrazione

Incubi

DISFUNZIONI FISICHE

Mal di testa

Problemi visivi

TECNICHE DI CURA

Creazioni di arte visiva

Stimolazione visiva

Meditazione

Psicoterapia

Terapia artistica-colore e disegno

Lavoro sulla memoria

Collegamento dell'immagine con l'emozione

Lavoro sui sogni

Ipnosi

Visualizzazione guidata

Regressione nelle vite passate

AFFERMAZIONI

Vedo ogni cosa con chiarezza

Sono aperto alla saggezza interiore

So manifestare la mia visione

SFUMATURE DI INDACO

Se la coscienza viene a mancare, le immagini riprecipitano nel buio, nel nulla e tutto rimane come se non fosse mai accaduto. Ma se riesce ad afferrare il significato delle immagini, si verifica una trasformazione e non solamente della coscienza, ma stranamente anche dell'inconscio; si ha un'attivazione del "nulla".

ANIELA JAFFE

L'immagine che Monica aveva di se stessa contrastava in modo impressionante con la persona che avevo di fronte a me. Una donna di bellezza straordinaria, era aggraziata, loquace e dinamica. Mi piacque subito e dunque fui sorpresa che si sentisse sola e isolata, incapace di trovare un partner o delle amicizie profonde.

Contrariamente alla mia impressione l'immagine che aveva di se stessa era abominevole. Evitava le riunioni sociali perché, a sua detta, era "così oscenamente grassa" da sentirsi imbarazzata ad apparire in pubblico. Naturalmente questo la bloccava a casa da sola nei week-end, ironicamente a "mangiarsi il fegato" per riempire la propria solitudine. Monica aveva soltanto una decina di chili in più del peso generalmente accettato per il corpo femminile e tuttavia, secondo lei, le sue rotondità pesavano ben più di quello. Per quanto provasse a uniformarsi all'immagine che la cultura popolare aveva programmato nella sua coscienza, non ci riusciva. Il semplice *tentativo* di farlo la allontanava dalla sua natura, in quanto ignorava i messaggi fondamentali del suo corpo. Ogni sabato sera il suo corpo instaurava una ribellione contro il cibo, sabotando i suoi tentativi di costringerlo alla sottomissione. Nonostante i suoi sforzi per stare a dieta e dimagrire, il suo corpo si adattava all'immagine che lei aveva di se stessa, di quella ragazza grassa che rapidamente stava diventando una profezia autorealizzantesi. Era convinta che nessuno avrebbe dimostrato il minimo interesse per una donna sovrappeso e il suo isolamento divenne la falsa prova che la sua teoria era corretta. Il circolo vizioso di rinunciare alla propria natura per adattarsi a un'immagine esteriore che non poteva ottenere, la gettava in uno stato di vergogna, rafforzando l'immagine negativa che perpetuava l'intero ciclo. Era una vittima della sindrome dell'immagine.

Anche Stuart si lamentava della solitudine. Diversamente da Monica, l'immagine che aveva di se stesso non era particolarmente negativa, ma l'immagine che aveva di una fidanzata accettabile lasciava poco spazio alla possibilità. Era incapace di vedere la bellezza in donne di varia età, aspetto e costituzione e, se avesse mai incontrato Monica, avrebbe confermato totalmente il suo modo di pensare. Così, le donne che si sentivano attratte da Stuart venivano rifiutate fin dall'inizio come inadatte. E di fatto, sentendolo parlare, era come se nemmeno esistessero, poiché piangeva continuamente dicendo "nessuno mi ama!" Quando gli feci notare che molte donne si interessavano a lui, Stuart rispose che "quelle non contavano". Le donne che Stuart idealizzava nella sua immaginazione, erano più reali per lui di chiunque avesse mai potuto incontrare.

William era capace di creare una realtà che si sovrapponeva all'immagine di cui era portatore. Aveva un lavoro prestigioso e ben pagato, una bella moglie e una bella casa, manteneva il suo corpo in buona forma e viveva secondo l'immagine che aveva scelto per se stesso in ogni modo possibile. E tuttavia era infelice. Andando avanti con l'età, c'erano delle tempeste emotive che continuavano a sabotare la sua immagine perfetta. Il suo matrimonio mostrava segni di tensione, aveva cominciato a bere troppo e viveva quotidianamente con un'angoscia che non riusciva né a superare né a cui poteva dare un nome. William viveva secondo la sua immagine invece che secondo il vero se stesso, facendo guidare la sua vita da direttive esteriori invece che dalle emozioni interiori. Avendo perseguito con successo la sua illusione di realizzazione, ora, a metà della sua vita, stava sperimentando un violento risveglio. Se guardava sotto la superficie, scopriva di aver completamente mistificato chi veramente lui fosse. Aveva bisogno di imparare un modo completamente nuovo di vedere, per poter riconoscere la persona che gli abitava dentro.

Ciascuna di queste storie riguarda ciò che accade quando la coscienza si avvolge attorno a un'immagine. Anche se gli esempi descritti contengono contemporaneamente dinamiche di altri chakra, ciascuna di queste persone aveva bisogno di confrontarsi con la discrepanza tra immagine e realtà e di imparare a vedere ad un livello più profondo.

Quando le nostre immagini illusorie vengono rafforzate dalla cultura nel suo insieme, questa è una cosa piuttosto difficile da fare. Siamo quotidianamente bombardati da immagini che ci dicono come dobbiamo apparire, come dobbiamo sentirci, come dobbiamo comportarci, che cosa dobbiamo comprare, dove dobbiamo andare e persino che cosa dobbiamo vedere. Guidiamo lungo l'autostrada senza notare i cartelloni in cui donne magre e uomini muscolosi tengono in mano dei pacchetti di sigarette, anche se la nostra mente viene inconsciamente programmata per queste immagini. Mentre sto scrivendo, mio figlio è incollato alla televisione. È stato programmato secondo i valori inerenti agli spettacoli che guarda, che competono con i nostri tentativi di influenzare la sua mente cosciente in modi diversi.

Si ritiene che il nostro processo di pensiero sia al 90% visivo. Le immagini intorno a noi filtrano nelle nostre fantasie e nei sogni, attraverso la nostra mente cosciente e il nostro comportamento inconscio, influenzando tutto ciò che vediamo e facciamo. Distorcono la natura di quello che vediamo, creando delle illusioni che poi prendiamo per realtà. Quale luce possiamo proiettare attraverso il sesto chakra per illuminare questo problema?

Mi piace pensare al sesto chakra come a una vetrata dipinta metaforica, attraverso cui brilla la luce della coscienza nel suo percorso verso la manifestazione. Quando il sole brilla attraverso il vetro colorato, proietta l'immagine dipinta sul vetro su qualunque superficie solida colpisca. La luce della coscienza brilla attraverso le immagini che la nostra mente contiene, dando forma a ciò che creiamo. Queste immagini filtrano anche attraverso il modo in cui vediamo le cose, distorcendo talvolta le nostre percezioni.

Stuart proiettava la sua incapacità di amare sulle donne che incontrava. Monica aveva creato un'immagine di se stessa in base al suo fondamentale senso di vergogna. William stava crescendo oltre i confini del suo falso sé e la sua immagine stava andando in frantumi come se fosse stata di vetro. Il risveglio della coscienza richiede che il terzo occhio venga liberato dall'illusione, in modo da poter vedere quello che è dentro e attorno a noi senza distorsioni.

Il nome sanscrito di questo chakra è *Ajna*, che significa tanto percepire che dominare. Con i nostri occhi fisici vediamo le immagini, ma il centro del terzo occhio memorizza quelle immagini che possono distorcere la nostra percezione. È da queste percezioni che dominiamo la nostra realtà.

I PETALI SI SCHIUDONO

CARATTERISTICHE ESSENZIALI DEL SESTO CHAKRA

Riconoscimento degli schemi

Archetipi

Simboli

Immagini

Sogni

Intuizione

Trascendenza

Visione

Chiaroveggenza

Illusione

Aprire il terzo occhio

L'evoluzione della psiche non si può ottenere solamente per forza dell'intenzione e della volontà; vi è bisogno dell'attrazione del simbolo.

C.G. JUNG

Quando entriamo nel chakra della fronte, ci volgiamo a guardare i passi dietro di noi in modo nuovo. Avendo aggiunto l'indaco al nostro ponte in continua espansione, abbiamo ora sufficienti colori per renderci conto che stiamo, di fatto, costruendo un arcobaleno. Una volta che abbiamo visto che cosa sta diventando lo schema, possiamo intuire i passi necessari per completarlo. La vista ci fa da guida. Siamo in grado di vedere dove siamo stati, dove siamo ora e prevedere dove stiamo andando.

Questa consapevolezza ci mette in condizione di sapere che cosa fare, il che spiega perché classicamente il senso della vista è collegato al terzo chakra, benché il sesto chakra si incentri sul *vedere* [1]. Senza la visione, le nostre azioni sono dei semplici impulsi ma, grazie alla visione, diventano atti creativi della volontà al servizio della trasformazione.

L'elemento di questo chakra è la *luce*, una vibrazione più alta e più veloce di quella del suono del chakra sottostante. La luce ci grazia della capacità di vedere, di percepire a distanza il profilo e la forma delle cose che ci circondano. Questo atto miracoloso del vedere è la funzione fondamentale di questo chakra, ma ciò significa ben di più che vedere con i nostri occhi fisici. La percezione fisica ci dice *che qualcosa esiste*, ma solo la vista interiore ci può dire *che cos'è*.

Mentre i nostri occhi fisici sono gli organi della nostra percezione esterna, il sesto chakra è in relazione con il mistico *terzo occhio* – l'organo della percezione interiore. Il terzo occhio può vedere lo schermo interiore su cui si intrecciano in uno spettacolo senza fine memoria e fantasia, immagini e archetipi, intuizione e immaginazione. Guardando i contenuti di questo schermo, creiamo un significato e lo portiamo alla coscienza. Scopo del sesto chakra è quello di vedere la via e portare la luce della coscienza a tutto ciò che esiste dentro e attorno a noi.

Riconoscere gli schemi

Gli occhi sono la porta dell'anima.

WILLIAM SHAKESPEARE

Vediamo la via imparando a riconoscere gli schemi. Gli schemi rivelano l'identità di una cosa – che cos'è, a cosa serve, in quale rapporto mettersi con essa. Troppo spesso guardiamo qualcosa solo fino a riconoscerne lo schema e poi ci fermiamo. Vediamo qualcuno che ci viene incontro dall'altra parte della strada. Ne guardiamo i capelli, il corpo, la camminata cercando di riconoscere lo schema, finché ci rendiamo conto di chi è. Diciamo: "Oh! quello è Kevin" e a questo punto spesso smettiamo di prendere informazioni. Se apriamo il terzo occhio possiamo continuare a guardare; vediamo al di là e percepiamo significati e modelli ancora più profondi.

Riconoscere uno schema equivale a giocare un gioco in cui si collegano dei puntini. All'inizio, sulla pagina, vediamo solo una congerie di puntini e di numeri, ma via via che li uniamo tra loro si forma un'immagine. Persino prima di aver collegato tutti i puntini siamo in grado di indovinare l'immagine, perché la riconosciamo.

Il modello incompleto rivela l'intero a un punto critico dell'assemblaggio dell'informazione. Anche se ciascuno dei nostri chakra ci porta delle informazioni, è compito del sesto chakra combinare quelle informazioni secondo modelli significativi. Questa riflessione su di sé conduce alla conoscenza di sé e alla totalità.

Per poter riconoscere gli schemi è necessario vedere simultaneamente passato, presente e futuro. Quando un vostro amico si lancia in una tirata anche troppo familiare su quanto odia il suo lavoro, voi potete prevedere quello che probabilmente dirà in seguito, perché l'avete già sentito tutto in precedenza. Quindi potete smettere di ascoltarlo e potreste non notare nemmeno se dice qualcosa di nuovo. Prendiamo dal passato e lo proiettiamo nel futuro.

Il riconoscimento può tagliar fuori la possibilità di assumere nuove informazioni, oppure ci può risparmiare un'esperienza che preferiremmo evitare. L'interpretazione che daremo allo schema deciderà quale sceglieremo. Se mi trovo all'interno di una relazione che rivela una dinamica che ho già visto prima, non ho bisogno di continuare tutta la relazione per scoprire che cosa potrà accadere. Posso scegliere di allontanarmi dall'amante distante e traditore non appena il modello si rivela chiaro. Non appena riconosciamo uno schema, possiamo intuire ciò che diverrà e possiamo indirizzare le nostre azioni di conseguenza. Questo è l'inizio della saggezza.

Quando riconosciamo gli schemi, troviamo la strada per l'*introspezione*. L'introspezione è la capacità di vedere all'interno, lo scoprire uno schema, il vedere come si lega al disegno più ampio, il vedere che cosa significa. L'informazione proveniente dalle nostre esperienze è stata attinta dall'interno del sé ed è conservata dalla nostra memoria. È solo con la vista interiore che possiamo fare riferimento a quell'informazione e riconoscere degli schemi che abbiano un significato.

Ogniqualvolta riconosciamo uno schema ci muoviamo verso la totalità. Questa totalità possiede un'identità, che ci dà significato e scopo. Quando il terzo occhio si apre, ci permette di vedere la figura d'insieme, di trascendere il nostro egocentrismo e di trovare il più profondo significato inerente ad ogni cosa. Via via che la vista interiore si sviluppa, le illusioni svaniscono, i sogni vengono integrati, inizia la chiarezza e la coscienza si estende di un altro passo al di là di quello che era disponibile solo attraverso i cinque chakra inferiori. Ora abbiamo accesso all'ampia visione che ci permette di vedere la via verso il nostro completamento.

Illusione

Noi non vediamo le cose come sono. Vediamo le cose come siamo noi.

ANAÏS NIN

Nel percepire gli schemi spesso incorriamo nell'*illusione* – il demone del sesto chakra. L'illusione devia la nostra coscienza dalla visione a mente aperta, fissandola su un'immagine congelata. Un'illusione è un'immagine statica, collocata nella corrente del tempo e per questo motivo è irreale. L'illusione che io ho di come qualcosa *dovrebbe* essere, in genere è un'immagine di quello che di fatto *non* è. Il mio esservi attaccato mi sospinge fuori dal tempo presente, dove potrei vedere in modo realistico. La mia fissazione sul mio corpo più magro di cinque chili mi impedisce di apprezzare il corpo che ho nel modo in cui è ora. La mia illusione su come dovrebbe essere una relazione, mi porta a criticare tutti i punti in cui la mia relazione non si attiene a quell'immagine e non riesco a vedere il significato che questi aspetti potrebbero avere per me. Le tre persone descritte all'inizio di questo capitolo soffrivano tutte di illusioni, fissate su un'immagine che le teneva lontane da una vita chiara e autentica.

Le illusioni sono tenute ferme al loro posto da un investimento di energia psichica. Quando ci fissiamo su un'immagine, tutto diventa nutrimento per abbellirla. Se pensiamo di essere antipatici a qualcuno, ci attacchiamo alla minima disarmonia come prova. Un ipocondriaco interpreta il minimo dolore come prova dell'essere malato. Quando investiamo in un'illusione, questo lega la nostra energia e perpetua l'attaccamento. Più è forte l'attaccamento, naturalmente, maggiore è la quantità di energia che dobbiamo investire. È a questo punto che si corre il rischio dell'ossessione. Poiché l'illusione non ritorna l'energia investita, non porta soddisfazione o completamento e, come una droga, continua ad attirarci verso la sua falsa promessa.

Quando Anya crebbe, fuggiva dagli spiacevoli drammi della sua famiglia leggendo romanzi d'amore. Senza esserne cosciente, aveva adottato l'illusione della storia d'amore che conduce al modello di matrimonio del "vissero sempre felici e contenti". Da adulta, investiva tutto il tempo e l'energia in suo marito e nella sua famiglia, senza mai prendere in considerazione il fatto che il matrimonio avrebbe potuto non durare. Poiché era così immersa in questa immagine, non poteva permettersi di guardare alle gravi lacune del suo matrimonio. Negava gli abusi perpetrati dal marito su lei stessa e sui figli e questa negazione la spingeva ad investire ancora più energia nel cercare di compiacerlo, nascondendo l'abuso ai suoi amici e mantenendo l'immagine esteriore della famigliola felice. Poiché questo investimento la allontanava da una vita sociale e dal benessere finanziario, divenne ancora più importante tenere in piedi il matrimonio e la sua negazione si rafforzò. Era costantemente ossessionata da suo marito e pensava in continuazione alle sue necessità invece che alle proprie.

Maria era stata abbandonata da suo padre e lasciata con una madre arrabbiata. A peggiorare le cose, il padre era tornato e se ne era andato parecchie volte prima di sparire per sempre. Maria si ricorda tutte le volte che, da bambina, scrutava fuori dalla finestra, aspettando la sua macchina e chiedendosi se sarebbe mai tornato. Alla fine individuò lo schema e si rese conto che, anche se ogni tanto faceva la sua comparsa, se n'era andato per sempre. Ora, da adulta, Maria era ossessionata che il suo ragazzo l'abbandonasse. Per quanto egli potesse rassicurarla sulle proprie intenzioni, lei interpretava il minimo problema come un segno che "era finita", sovrapponendo un modello del passato alla situazione presente. Talvolta si sente spinta a recarsi fino al posto in cui lui lavora solo per vedere la sua macchina, come se la presenza della macchina la rassicurasse. Tanto la macchina che l'abbandono, sono illusioni attraverso cui tenta di trovare un qualche equilibrio.

Quando un'illusione è alimentata da un eccesso nel quinto chakra, si trasforma in ossessione o idea fissa. Le ossessioni concentrano una quantità inusuale di energia su un aspetto particolare; le idee fisse raccolgono illusioni elaborate attorno a un tema centrale. Staccati dal rapporto radicante con il primo chakra, i chakra superiori girano vorticosamente, come un motore a frizione pigiata – molta attività senza movimento. Più investiamo su un'illusione, più difficile è abbandonarla. L'investimento sigilla l'energia nell'illusione, conferendole proporzioni di archetipo. Bloccati dentro, siamo intrappolati in cicli ripetitivi che ci impediscono di comprendere in modo autentico.

Archetipi

Dal punto di vista psicologico... l'archetipo, come immagine dell'istinto, è un obiettivo spirituale verso cui tende l'intera natura dell'uomo.

C.G. JUNG

Via via che i vari pezzi d'informazione vengono assemblati e iniziano a rivelare l'identità dell'intero, entriamo nel mondo degli archetipi. Se, quando uniamo i puntini, vediamo un gatto, lo riconosciamo perché abbiamo visto dei gatti in precedenza. Può essere un gatto nero o una tigre, un gattino magrolino o un manx senza coda, ma tutti rientrano nella stessa categoria archetipica di *gatto.*

L'archetipo è una composizione di immagini ed esperienze unite insieme da un tema comune. Gli archetipi sono come dei campi morfogenetici che modellano la nostra comprensione. Come gli strani attrattori della teoria del caos, non è possibile vederli direttamente, ma si manifestano negli eventi della nostra vita. Chi è cronicamente spinto ad autosacrificarsi per benevolenza, potrebbe essere eccessivamente influenzato dagli aspetti positivi dell'archetipo della Grande Madre. Chi vive nel perpetuo timore di essere divorato dalle donne, potrebbe soffrire degli aspetti negativi di questo archetipo, la Madre Terribile. Stuart era talmente sedotto dall'archetipo della sua anima interiore, da aver donato il suo cuore alla donna fantasticata, con cui nessuna donna reale poteva competere.

Gli archetipi possono essere rappresentati simbolicamente da quella che viene chiamata l'*immagine archetipica*. Quando un'immagine archetipica non è integrata pienamente nell'ego, saremo preda di un'illusione. Ad esempio, l'archetipo dell'Eroe, rappresenta la ricerca che porta a realizzare un'impresa straordinaria. La spinta di William verso il successo era un riflesso parziale della ricerca dell'eroe, ma il suo ego era talmente fuso con un'immagine conformista, da negare la possibilità di qualcosa di straordinario. Così il suo successo gli dava un senso di vuoto e gli lasciava l'anima assetata di un significato più profondo. Quando William comprese questa differenza, potè accedere alla più profonda energia archetipica dell'Eroe in modo conscio e orientare la sua vita verso realizzazioni più soddisfacenti dal punto di vista spirituale.

Come mostra la figura 6-1, ciascuno dei chakra può essere messo in relazione a un archetipo. Inoltre, ogni chakra possiede l'energia archetipica dell'elemento che gli è associato (*terra*, *acqua*, *fuoco*, *aria*, *suono*, *luce*, *pensiero*). Lo stesso sistema dei chakra è un sistema archetipico ancora più ampio, simile all'archetipo junghiano della totalità, il Sé. Jung vide la totalità del Sé come archetipo centrale di ordinamento della psiche, il principio formativo del processo di individuazione.

Anche la stessa individuazione è un processo archetipico e benché differisca da persona a persona, vi sono elementi comuni che costituiscono lo schema archetipico. Il processo di individuazione rispecchia lo schiudersi dei chakra, durante il quale ci riappropriamo dell'ombra, stabiliamo la nostra autonomia, integriamo la nostra anima e il nostro animus, esprimiamo la nostra individualità, riconosciamo quali archetipi ci influenzano e integriamo tutti questi elementi in un'unità più ampia. Quando riconosciamo un'energia archetipica, ne riconosciamo lo schema e il significato e poi ci regoliamo di conseguenza. Riconoscere lo schema dell'individuazione (cioè lo schiudersi dei chakra) come si verifica nella nostra vita, ci permette di capire dove siamo, dove stiamo andando, e che cosa ci è necessario per arrivarci. Dunque l'introspezione dirige l'azione.

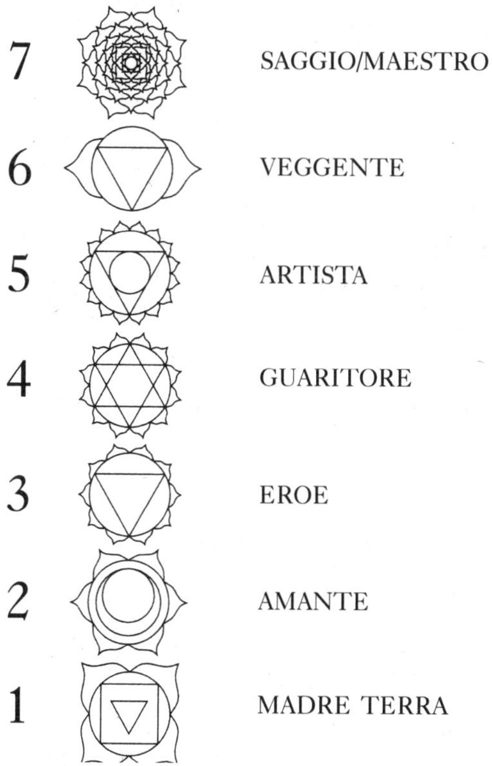

Figura 6-1. Archetipi dei chakra

Nel sesto chakra ci muoviamo verso la nostra *identità archetipica*. Questa identità viene ottenuta riconoscendo le immagini e i simboli che appaiono nella nostra vita attraverso sogni, immaginazione, arte, relazioni o situazioni. Riconoscere il significato archetipico di questi simboli ci conduce in un contesto spirituale più ampio. Acquistiamo una capacità di comprensione più ampia e siamo in grado di riconoscere con maggiore precisione chi siamo e qual è il nostro compito. Questo è il lavoro fondamentale dello sviluppo della nostra identità archetipica.

Alexandra aveva delle difficoltà per via della perdita della vitalità e della libido che talvolta accompagnano la menopausa. Aveva continuamente la sensazione di "morire" e gradualmente si era ritirata dalla vita esterna. Quando paragonai il suo processo all'esperienza archetipica del viaggio nell'Altro Mondo – la mitica terra della morte e della rinascita, come appare nel mito greco di Persefone o in quello sumero di Inanna – per lei fu più facile accettarlo. Era in grado di dare un significato alla sua esperienza, al di là delle sofferenze immediate. Era in grado di accettarlo come un viaggio interiore che aveva un inizio, una fine e uno scopo sacro, in quanto faceva parte della ricerca di una totalità più profonda e della riappropriazione del Sé.

Poiché gli archetipi sono inseriti in un campo più ampio, essi sono portatori di un'energia luminosa. Quando li incontriamo, possiamo avvertire una forte carica psichica e in tal modo imbeviamo tutto ciò che ci circonda di un significato più profondo. Sono anche portatori di un senso e di uno scopo che ispirano all'interno dettagli minori. Se intravvediamo in noi stessi l'archetipo di un Insegnante, Guaritore, Madre, Padre o Artista, insieme a questo riconoscimento guadagnamo il relativo insieme di istruzioni e di energia. Benché alcune di queste istruzioni ci possano spingere a ottenere maggiori informazioni, è l'archetipo in sé che ci dirige. Una donna incinta, sapendo che sta per diventare madre, legge dei libri sull'allevamento dei bambini, oppure segue dei corsi di preparazione al parto. Inoltre, dentro di se' possiede delle reazioni istintive alla maternità che si manifestano da se' quando partorisce. Un guaritore si forma nelle sue discipline, cerca altre persone nel suo campo e individua le persone che hanno bisogno di aiuto. Ma il guaritore possiede anche un certo senso innato della salute e della malattia e si sente attratto da quell'arte in modo riconoscibile nel corso della sua vita. Le istruzioni contenute all'interno dell'energia archetipica non ci forniscono solamente un significato, ma anche una direzione.

L'identità archetipica che acquistiamo a questo livello diviene, nel bene e nel male, la nostra modalità di percezione. Il guaritore e l'artista cercano diversi dettagli nella stessa situazione. Allora potremmo chiederci se l'archetipo non sia che un'altra illusione o distorsione della nostra capacità di vedere veramente. Potrebbe essere, ma riconoscendo l'archetipo, diventa possibile riconoscere anche il filtro e correggere le nostre percezioni di conseguenza. Sapendo che mi identifico eccessivamente con gli aspetti positivi dell'archetipo della Madre, sono in grado di vedere la negazione della mia ombra; posso riconoscere il programma che mi dice che devo stare lì tutto il tempo, pronta a qualunque richiesta. Posso dargli un nome, ho dei mezzi per individuarlo, per comprenderlo. Posso rintracciarne il significato nel mio passato, rispetto a mia madre, alla madre di mia madre e indietro nel tempo. Riconoscendo quali archetipi mi influenzano, sono più libera di creare nuovi comportamenti; se non li riconosco, non mi rendo nemmeno conto che sto facendo delle scelte – il mio comportamento attuale mi sembra l'unica opzione.

Sapere quali archetipi ci influenzano, ci aiuta a rendere chiaro il modo in cui percepiamo. Rende chiaro lo scopo che abbiamo nella vita e attrae le cose che ci sono necessarie per poter realizzare quello scopo. Ci protegge anche dal dominio inconscio dell'archetipo e ci rende disponibile la sua energia per la nostra crescita. Allora l'archetipo diventa un alleato, piuttosto che un dittatore invisibile.

Le subroutine inconsce nel nostro comportamento e nel nostro modo di pensare sono alimentate dalle energie archetipiche. Jung ha definito queste subroutine *complessi*. Sono le cose che pensiamo o facciamo abitualmente, anche se sappiamo che potremmo fare meglio, come ad esempio interrompere la dieta di continuo e in modo compulsivo, criticare i nostri figli in modo da ferirli, sabotare le nostre relazioni quando vanno bene, oppure evitare il successo proprio quando è dietro l'angolo. I complessi si formano sempre attorno a una matrice archetipica e diventare coscienti di questa matrice ci aiuta a spezzare il circolo.

William scoprì che, anche dopo essersi reso conto di aver seguito un'immagine, non riusciva ad abbandonare il suo perfezionismo. Con la mente capiva che non era necessario per mantenere l'immagine, ma emotivamente era terrorizzato di abbandonarlo. Essendo un Rigido/Realizzatore, aveva in sé la profonda necessità di fare impressione su suo padre. Anche se suo padre non era più in vita, l'energia archetipica del Padre all'interno della sua psiche guidava ancora le sue emozioni e il suo comportamento. Quando cominciò a compiere il processo di individuazione dal suo padre reale e conquistò la propria espressione dell'archetipo del Padre, potè allentare la rigida influenza di suo padre sul proprio comportamento.

Il livello dell'archetipo è allo stesso tempo immanente e trascendente. È immanente quando lo sperimentiamo come qualcosa dentro di noi che portiamo fuori di noi stessi. Anche se non riconosciamo un archetipo, esso può sempre essere una forza che determina il nostro comportamento. Una moglie che inconsciamente vibra con l'archetipo dell'Amante, può ripetutamente vivere delle relazioni parallele. L'archetipo dell'Artista spesso è infelice in un lavoro strutturato. Una donna senza figli, posseduta dall'archetipo della Madre si prenderà continuamente cura degli altri anche a suo detrimento. Quando diventiamo coscienti del nostro archetipo possiamo accoglierne l'energia in modo consapevole.

Un archetipo è trascendente poiché risuona con una metastruttura più ampia analogamente al modo in cui il nostro corpo è inserito nel mondo fisico. Non siamo il solo Guaritore del mondo, poiché la tradizione dei guaritori risale ai primordi dell'umanità. Non siamo i primi a diventare padri. L'immagine che abbiamo del Padre, da nostro padre a tutti i padri che abbiamo conosciuto attraverso gli amici, i film, la letteratura, ci dà delle informazioni su come essere un padre. L'archetipo della madre esiste tutto intorno a noi, dall'antica dea alle donne che confrontano i detersivi negli spot pubblicitari. Un archetipo si può manifestare in molte forme, ma dietro di esse c'è un concetto comune.

L'archetipo è trascendente perché è più grande di noi. È immanente perché è un elemento di quello che noi siamo – tuttavia solo un elemento, perché potremmo incarnare diversi archetipi contemporaneamente. Possiamo essere sia Artista che Padre, Imbroglione e Amante, Madre e Bambino. Gli archetipi possono lottare dentro di noi come l'eterno bambino lotta contro le responsabilità di genitore, o come l'Amante che desidera il rapporto lotta contro l'Eremita che vuole stare da solo. In queste apparenti contraddizioni è importante trovare un modo di rispettare ciascuna delle energie archetipiche che gridano per ottenere un riconoscimento. Se le rifiutiamo, le rimandiamo semplicemente nel regno dell'ombra, dove energizziamo il lato negativo dell'archetipo. Allora la Buona Madre si trasforma nella Madre Cattiva, rabbiosa e piena di risentimento contro i suoi figli se non ottiene la libertà che le serve. L'Amante diventa distante e depresso se non riesce a ottenere del tempo per stare da solo, come ne ha bisogno.

Al centro di tutte le mitologie e di tutte le religioni, esistono le energie archetipiche. Imbevuti di una potente energia che risuona nelle profondità della nostra psiche, accogliere l'archetipo costituisce un'esperienza spirituale, che apre agli stati spirituali associati ai chakra superiori. Cristo, Budda e Pan, Afrodite, Iside e la Vergine Maria – sono tutti principi archetipici che risuonano all'unisono non solo con le forze della natura intorno a noi, ma anche con gli aspetti profondi della nostra psiche. In questa risonanza l'archetipo detiene un grande potere. Nel tempo, gli archetipi vengono investiti dell'energia psichica collettiva e influenzano fortemente la cultura.

La via migliore per comprendere l'archetipo e per sviluppare la nostra identità archetipica è quella di essere consapevoli e di integrare i simboli.

Immagine come simbolo

L'archetipo è energia psichica concentrata e il simbolo offre le modalità di manifestazione che rendono discernibile l'archetipo. Non potremo mai incontrare un archetipo, ma solo il suo simbolo.

EDWARD WHITMONT

Come ci solleviamo dal chakra del cuore entriamo nel regno dei simboli. Il nostro linguaggio è formato da simboli sonori e le nostre lettere rappresentano quei suoni. Nel mondo della visione i simboli ci parlano come rappresentazioni di potenti energie archetipiche. Le vediamo nelle nostre fantasie e nei sogni, le indossiamo nei nostri gioielli, le scribacchiamo nelle nostre note e le usiamo nei nostri logos. I simboli sono immediati, modi diretti di comunicare profonde energie archetipiche.

I simboli sono il mezzo attraverso cui la mente percepisce l'energia archetipica. Analogamente gli archetipi, che per definizione sono sagome non fisiche di energie psichiche, vengono integrati nella coscienza attraverso i simboli.

Il simbolo emerge quando riconosciamo uno schema. Lo spirito non ci parla sempre con un linguaggio verbale, ma possiede un linguaggio più archetipico, che parla per simboli. Se dobbiamo sviluppare un'*identità archetipica* dobbiamo imparare a pensare per simboli e accogliere quei simboli, via via che appaiono nella nostra vita come una comunicazione spirituale. Quando riconosciamo un simbolo, giungiamo ad accogliere le energie archetipiche.

I simboli emergono dall'inconscio sotto forma di sogni e fantasie, creazione artistica e incontri casuali. Quando ho cominciato a lavorare su questo capitolo, ho iniziato un periodo di purificazione durante il quale ho eliminato ogni interruzione e ho intensificato le mie pratiche spirituali. Due giorni dopo ho trovato una pelle intera di serpente, lunga un metro e mezzo, sul limitare del mio giardino, il che mi confermava che io mi stavo veramente liberando della vecchia pelle per giungere alla trasformazione. Il fatto che fosse comparsa nel mio giardino – un luogo in cui coltivo cose che crescono – mi ha offerto un ulteriore simbolo da contemplare. Che cosa voglio coltivare nella mia vita? Che cosa ho coltivato nel passato che voglio lasciarmi dietro? Quando i serpenti iniziano a liberarsi della pelle, c'è un periodo in cui quella scivola sopra i loro occhi e così non sono in grado di vedere molto bene. Ma quando si sono liberati della pelle ritorna di nuovo la chiarezza. Questo rifletteva il periodo che avevo appena attraversato, in cui ero insicura della mia voce e ansiosa di trovare la mia chiarezza. Infine il serpente è un simbolo dell'energia di Kundalini che scorre attraverso i chakra e mentre mi avvicino ai capitoli finali di questo libro, la mia Kundalini interiore si avvicina a un nuovo livello. Ora la pelle riposa sul mio altare personale, che reca molti simboli delle cose che voglio onorare e portare nella mia vita.

Questo è un piccolo esempio di come lavorare con quei simboli che compaiono nella vita. La fonte più potente di questi simboli sono i sogni.

Sogni

I sogni collegano la mente conscia e quella inconscia. Dunque collegano i chakra inferiori e superiori, entrambi cruciali per il nostro risveglio come individui coscienti e per il collegamento di quella coscienza al terreno dinamico della terra e della natura.

I sogni ci parlano secondo le modalità simboliche dei chakra superiori, ma ciò che simboleggiano è il collegamento tra i nostri processi inferiori (istinti, emozioni e impulsi) e il più ampio mondo archetipico dello spirito. I sogni liberano il mistero che unisce anima e spirito, individuale e universale in un'unità dinamica e sintetica. Sono il contributo del sesto chakra allo scopo della realizzazione, che determinerà il nostro passo finale sul Ponte dell'Arcobaleno.

I sogni offrono delle alternative alla realtà ordinaria. Per poter possedere visione, immaginazione, chiaroveggenza e introspezione, dobbiamo essere in grado di pensare in modi nuovi e creativi. I sogni ci aprono la via al vedere le cose in modo nuovo, rivelando emozioni e comprensioni segrete, desideri e necessità, parti rifiutate di sé, talenti non sfruttati, e pezzi mancanti della nostra totalità. Spesso sono immagini profondamente irrazionali, che sradicano la mente cosciente e la aprono a qualcosa di più vasto.

Spesso i sogni ci offrono delle risposte a dei problemi che la nostra coscienza non riuscirebbe a risolvere, trasformandosi così in potenti maestri spirituali. Molte sono le scoperte scientifiche e tecnologiche che vengono fatte attraverso i sogni, in cui la soluzione del problema compare in forma simbolica. Mendeleyev concepì la tavola periodica degli elementi in un sogno pomeridiano che ebbe dopo essersi addormentato durante il preciso arrangiamento di un brano di musica da camera. Neils Bohr sognò una gara di cavalli che viaggiavano lungo una rotaia ed ebbe l'ispirazione di costruire il suo modello dell'atomo con orbite ordinate di particelle subatomiche. L'invenzione della macchina da cucire fu cristallizzata da un sogno, in cui dei cannibali trafiggevano il suo inventore con delle lance che avevano dei buchi sulle *punte*, offrendo la chiave risolutiva che era sfuggita agli inventori per cinquant'anni [2]. I sogni sono delle rappresentazioni del nostro mondo interiore che lotta con le richieste di quello esteriore.

I sogni sono il modo che la psiche ha di mantenere l'omeostasi – di compensare la mancanza di equilibrio via via che noi adattiamo la nostra vita alla realtà esterna. Comunicano informazioni essenziali alla mente cosciente circa la salute, le relazioni, il lavoro, la crescita e quasi ogni altra area. Jeremy Taylor racconta la storia di una donna, Barbara, che aveva sognato di aprire una borsa piena di carne marcia. Il suo gruppo di analisi dei sogni si preoccupò che la borsa rappresentasse il suo utero e che lei potesse avere un cancro. Senza che vi fosse alcun precedente sintomo fisico, l'immagine del sogno era abbastanza ragionevole da spingerla ad andare a farsi degli esami. Il primo non rivelò nulla, ma spinta dal sogno cercò un'altra opinione. Infatti aveva il cancro e fu in grado di affrontare la situazione appena in tempo. Se avesse aspettato troppo a lungo, le fu detto, sarebbe stato troppo tardi[3].

I sogni sono un'esperienza fondamentale della coscienza trascendente. In essi non esiste lo spazio lineare o una limitazione allo spazio logico. Possiamo volare a testa in giù, oppure possiamo trovarci su una montagna e subito dopo in ufficio. I sogni ci conducono al di là dei limiti del corpo, dove le abilità fisiche non sono tenute in alcun conto. I sogni ci possono anche portare all'interno del corpo, fornendoci informazioni simboliche sulle sue necessità oppure permettendoci di provare emozioni e movimenti che sono negati al corpo in tempo di veglia. Dunque i sogni sono un legame essenziale tra l'esperienza somatica e quella trascendente.

Essi hanno affascinato i filosofi e gli psicologi per millenni. Quando mi occuperò del processo di guarigione attraverso il sesto chakra, li analizzerò come forza guaritrice per l'evoluzione della coscienza. Per essere in grado di comprendere i sogni, dobbiamo poter accogliere i simboli come rappresentazioni dell'energia archetipica ed usare la nostra intuizione per comprenderne il significato.

Intuizione

L'intuizione è un balzo dalla frammentazione all'unità. L'intuizione è il riconoscimento inconscio degli schemi. È una delle quattro funzioni della tipologia junghiana (le altre sono *la sensazione* e il *sentimento*, collegati ai primi due chakra e il *pensiero* che è collegato al settimo chakra). L'intuizione, come l'energia nei chakra inferiori, è fondamentalmente passiva. Chi tenta di forzare l'intuizione sa anche troppo bene che non si comporta di conseguenza come vorrebbe la volontà, ma è piuttosto un processo di apertura e ricettività.

Lo sviluppo dell'intuizione accresce le nostre capacità psichiche ed è la funzione centrale del sesto chakra. Se siamo tagliati fuori dai nostri processi inconsci e viviamo quasi totalmente secondo la mente conscia, la nostra intuizione non si svilupperà e diventerà quella che Jung chiama una *funzione inferiore.* Senza intuizione non possiamo afferrare la totalità o l'essenza di una cosa. Non possiamo abbandonarci alla risonanza di una più immediata verità e comprensione di quella che si rende per noi disponibile attraverso la mente razionale, cosciente. Poiché l'intuizione è passiva, bisogna arrendervisi, esattamente come per aprirsi agli elementi della terra e dell'acqua è necessario abbandonarsi alla gravità e al flusso. L'intuizione ci è necessaria per comprendere il mistero che ci permette di aprirci al cosmo.

Viviamo in una cultura che privilegia la logica sull'intuizione. Da bambini non ci viene insegnato a dare ascolto alla nostra intuizione e spesso le nostre impressioni sono tenute in poco conto se non possiamo difendere con la logica il nostro ragionamento. Così, spesso diamo poca importanza alle nostre impressioni, perché non crediamo di poter veramente conoscere le cose attraverso un percorso di pensiero non logico. Questa invalidazione interna sopprime le nostre capacità psichiche.

La mente razionale (da *ratio*, il contare) pensa a sezioni. Una parte segue un'altra, conducendoci logicamente da un pensiero a quello successivo. Anche se la mente razionale può sintetizzare un'unità dalle sue singole parti, tuttavia è poco adatta ad afferrare unità più ampie a un livello immediato di esperienza. Per afferrare dei concetti di coscienza cosmica e trascendente – campi associati ai chakra superiori – dobbiamo usare un mezzo più diretto di percezione. È questo lo scopo dell'intuizione.

Sri Aurobindo ha descritto l'intuizione come il lampo di un fiammifero nel buio[4]. Per un breve momento l'intera stanza si illumina. Possiamo scorgerne la forma e la grandezza, la mobilia e gli oggetti che vi sono contenuti, come un'esperienza immediata e totale. Il lampo dell'intuizione è un'illuminazione momentanea della psiche, che ne rivela la totalità sottostante. Man mano che la nostra consapevolezza aumenta (specialmente con le pratiche meditative), impariamo a mantenere questi momenti illuminati per periodi sempre più lunghi.

Chiaroveggenza

L'evoluzione del sesto chakra ci apre alla possibilità della *chiaroveggenza*, che significa *vedere chiaramente*. La chiaroveggenza apre la vista interiore a piani non fisici, permettendoci di vedere l'aura e i chakra, gli eventi passati e futuri. Inizia con lo sviluppo dell'intuizione ma poi si tratta di imparare a concentrare l'attenzione su qualcosa abbastanza a lungo per illuminarne lo schema. Accrescendo la consapevolezza del nostro processo conscio, acquistiamo la capacità di concentrare quella consapevolezza dove desideriamo. Una volta che avremo trovato la nostra luce, potremo far brillare quella luce su tutto ciò che desideriamo vedere.

La crescita spirituale spesso ci chiede di liberarci dai modelli istituzionalizzati. Questo può essere terrorizzante – anzi, talmente terrorizzante, che molti non ci provano nemmeno, preferendo invece rimanere attaccati al campo familiare dei chakra inferiori. In che modo potremo mantenere il nostro radicamento di fronte al territorio sconosciuto della trasformazione? Ci affidiamo all'intuizione. Allora l'intuizione diviene il terreno della psiche transpersonale. Rende conoscibile l'ignoto.

Come l'intuizione, la chiaroveggenza si sviluppa attraverso un aprirsi cosciente alla mente inconscia. Dobbiamo abbandonare le nozioni preconcette e lasciare che il potere integrante del Sé ci faccia avanzare verso l'unità. Per sviluppare la chiaroveggenza ci vuole fiducia, pratica, apertura alle emozioni, voci e immagini interiori che sorgono spontaneamente nella nostra coscienza.

Funzione trascendente

Poiché trascendendo gli opposti, unendoli in se stesso, il simbolo mantiene in un costante fluire la vita psichica e la fa procedere verso il suo obiettivo finale. Come espressione del movimento vivente del processo psichico, tensione e rilassamento possono così alternarsi in un ritmo costante.

JOLANDE JACOBI

A questo punto è importante dare un'ulteriore occhiata alla nostra struttura dei chakra e vedere a che punto siamo. Una volta che abbiamo superato il collo e siamo entrati nella testa, trascendiamo il mondo fisico del tempo e dello spazio ed entriamo nel regno non fisico, simbolico, della mente. Il sesto e il settimo chakra insieme corrispondono alle aree che Jung definisce del supra conscio, o che altri hanno definito coscienza trascendente, transpersonale o cosmica.

I primi due chakra inferiori erano il regno degli istinti e della mente conscia che fluiva con la gravità secondo la loro natura. Nel terzo chakra ci siamo svegliati a una coscienza egoica – un senso separato del sé, con la volontà di resistere al flusso degli istinti o di dirigerlo. Il terzo, il quarto e il quinto chakra sono ampiamente governati da quella coscienza egoica che interagisce con il mondo esterno e ne integra l'esperienza nei piani interiori (si veda fig. 0-8).

Il regno della coscienza transpersonale è un regno che oltrepassa sia l'ego che gli istinti e tuttavia li riflette e li combina entrambi. In questa riflessione possiamo vedere che il sesto e il settimo chakra sono gli *specchi mentali* rispettivamente del regno inferiore e di quello di mezzo. Il sesto chakra riflette simbolicamente la comprensione *inconscia*, mentre il settimo chakra è il regno di quella *conscia*. Il settimo chakra è il processore centrale (*central processing unit*, CPU) che trova significato alle immagini che il sesto chakra trasporta dai regni inferiori e le incorpora in un insieme sempre crescente di comprensione.

Gli antichi testi tantrici che illustrano i chakra, ne mostrano il maggior *nadis* (canale di energia) come una figura con otto strutture che si avvolgono attorno ai chakra. I due nadis, *Ida* e

Pingala – definite le polarità opposte, solare e lunare, maschile e femminile – iniziano al primo chakra e si incontrano di nuovo al sesto, polarizzando nel mezzo ciascuno dei chakra e contribuendo alla loro rotazione (fig. 6-2). Il fatto che si incontrino nel sesto chakra ci dice che entrambe le polarità sono presenti e unite prima che l'energia si spinga verso la natura trascendente, non dualistica del chakra della corona. Dunque il sesto chakra è il terreno in cui si incontrano le dualità per poi trasformarsi. Tra queste vi sono le dualità della coscienza e dell'inconscio.

Dal momento che i due chakra superiori sono associati al regno della coscienza trascendente, essi trascendono le limitazioni di tempo e spazio (così importanti per il corpo) e il loro scopo va oltre il regno puramente personale, verso un mondo più universale, cosmico, in cui la consapevolezza fonde i diversi elementi dell'esperienza in una totalità unificata.

Funzione trascendente è un'espressione usata da Jung per descrivere la capacità che la psiche ha di riconciliare e sintetizzare gli opposti mediante l'uso dei simboli. Quando ciò avviene, abbiamo una trasformazione di attitudine. Ci allontaniamo da una condizione ristretta di o/o – in cui vi è conflitto interno, contraddizione e repressione – verso una prospettiva più vasta che amplia la nostra visione. Con termini tecnici, scopo della funzione trascendente è quello di "risolvere la tesi della pura natura e la sua antitesi – l'ego che vi si oppone – nella sintesi della natura cosciente" [5]. In altri termini, risolviamo la lotta tra l'ego cosciente e gli istinti repressi con una sintesi che li comprende entrambi. Una volta che si sia verificata la risoluzione, possiamo usare coscientemente e armoniosamente l'energia dei nostri istinti invece che esserne usati. La funzione trascendente dunque, non è tanto una funzione che ci permette di innalzarci sopra i nostri conflitti, quanto di giungere a un livello di percezione in cui quei conflitti si risolvano in aspetti complementari della nostra totalità.

La funzione trascendente combina gli aspetti inconsci dei chakra inferiori con una visione di totalità che può essere accolta dalla mente conscia, e dunque dall'intero Sé. Ci conduce a una visione totalmente nuova – all'emergere in una sfera di comprensione più ampia. È il passo finale del processo di individuazione (se mai è possibile dire che il processo di individua-

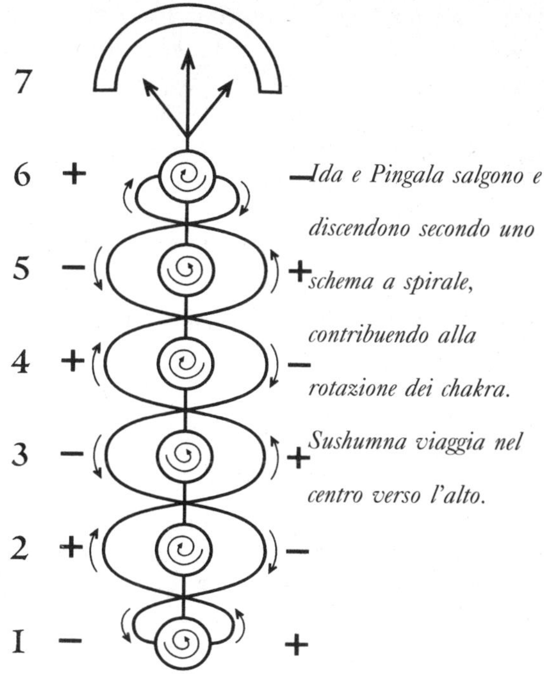

Figura 6-2. I chakra e il loro nadis maggiore: Ida, Pingala e Sushumna

zione ha un termine). È il nostro ingresso all'ultimo passo attraverso il ponte – l'ingresso verso la riflessione su se stessi e la conoscenza di sé.

Come i mantra erano gli strumenti focalizzanti del quinto chakra, i simboli lo sono del sesto – e più specificamente il simbolo del *mandala*. Talvolta gli yogi praticano lo *Yantra Yoga*, lo yoga della meditazione su un simbolo o un mandala, come mezzo per concentrare la mente sulla chiarezza. Jung interpretava l'apparire dei mandala nei sogni come la risoluzione degli opposti e come simboli di unità.

Via via che la coscienza integra parti sempre maggiori dei suoi elementi in una struttura unitaria, l'equilibrio degli opposti che vi è contenuto si stabilizza scegliendo il Sé come centro piuttosto che l'ego. Gli istinti sono il centro dell'inconscio e l'ego è il centro della mente cosciente, ma il Sé è il mistero archetipico che sta al centro dell'intero essere. Non è un punto, non è una cosa, non è un luogo – ma la forza di coesione dell'unità, che ne coagula insieme le parti essenziali, così come il sole mantiene i pianeti nelle loro orbite.

Jung dice: "Con la nascita del simbolo, cessa la regressione della libido nell'inconscio. La regressione si trasforma in progresso, il blocco lascia posto al fluire e l'attrazione dell'abisso primordiale si spezza"[6]. Nel creare il simbolo mediante, le nostre polarità maggiori si cristallizzano infine nella comprensione e ci conducono alla realizzazione cosciente.

Visione

L'esito finale del lavoro col sesto chakra – con i suoi archetipi e immagini, i sogni e le fantasie, i simboli e le illusioni – è l'emergere di una visione personale. Più profondamente vediamo in noi stessi, più profondamente vediamo nelle persone e nelle situazioni intorno a noi. Via via che ampliamo la nostra immagine interiore in una visione del mondo più vasta e comprensiva, inevitabilmente iniziamo a creare una visione. Questa visione può essere in rapporto con i problemi del mondo e con il modo in cui potrebbero essere cambiati in meglio, oppure potrebbe essere in rapporto solamente con qualcosa che riguarda la nostra vita. Può essere una visione così vasta da creare una nuova società, oppure così focalizzata da portarci a creare un rapporto diverso con il nostro coniuge. Quello che è importante non è tanto la dimensione o lo scopo della visione, ma la capacità di vedere un nuovo modo di essere.

La visione si avvale dell'immaginazione per creare qualcosa che non si era mai visto prima. La sua immagine, salda nella nostra mente, è la cianografia per la nostra costruzione della realtà. Diventa il nuovo quadro, la nuova vetrata colorata attraverso cui brillerà la luce della nostra coscienza. La visione interiore è lo strano richiamo che dà forma al fluttuare caotico della nostra vita.

La visione è la controparte dell'illusione e dunque della trasformazione. La differenza tra la visione e l'illusione è che *sappiamo* che è solo una possibilità – una traccia che dà forma al principio della manifestazione. Un'illusione è considerata una certezza e mantenuta a forza al suo posto. Una visione è fluttuante, in continua trasformazione, cambiamento. Una visione è sostenuta dall'energia della forza creativa che la sottende. Un'illusione incatena l'energia in una forma stagnante. Una visione è fluida e viva.

La visione è necessaria per ricostruire il nostro Ponte dell'Arcobaleno, per condurre una vita ricca di scopo e significato. È necessaria una visione personale e collettiva per cambiare i molti aspetti disfunzionali del nostro mondo, che ci imbrogliano, ci intrappolano e ci allontanano dall'impegno. La visione è una parte essenziale del processo di guarigione.

Che sia astratta o specifica, la nostra visione può iniziare solo operando dei cambiamenti nella nostra vita. Per creare dei cambiamenti dobbiamo poterli immaginare. Abbiamo bisogno di un'immagine, di un simbolo o di un segno che indirizzi l'energia psichica della coscienza e dell'attività verso una nuova manifestazione. Abbiamo bisogno di qualcosa che modelli la realtà – un obiettivo per il futuro, che attinga dal presente le sue necessità. Con questa immagine fissata nella coscienza il caos informe della nostra vita acquisterà forma.

Curando il sesto chakra saremo in grado di creare la visione. Saremo in grado di tracciare, consciamente, il percorso verso il futuro e liberarci dalle grinfie del passato. È la nostra visione che fa la differenza.

IL LOTO CRESCE

Colpo d'occhio sulla formazione evolutiva del sesto chakra

ETÀ	NECESSITÀ E CARATTERISTICHE
Adolescenza	Riflessione di sé
	Libertà e responsabilità
COMPITI	Identità vs. confusione dei ruoli
Indipendenza	
Originalità	

Spesso, nei primi anni di vita di molti bambini, si può notare la necessità dell'uomo di comprendere il mondo e la sua esperienza, tanto da un punto di vista simbolico che reale... È la radice di ogni creatività... nutrita... dalla forza degli archetipi inizialmente non percepibili, che agisce dalle profondità della psiche e crea il mondo spirituale.

JOLANDE JACOBI

L'immaginazione di un bambino è quasi costantemente al lavoro. Non gravati da una conoscenza prefissata sul modo in cui le cose sono, la loro immaginazione è libera di esplorare nuove possibilità. Nella loro innocenza, spesso i bambini vanno dritti al cuore delle cose, essendo liberi dall'abbaglio di "come dovrebbero essere" le cose, più liberi ancora di percepirle come sono. Gli infiniti "e se..." di cui gioisce la curiosità infantile, esplorano apertamente le varie possibilità, mentre tentano di decifrare le strutture che influenzano la loro vita. È lo spirito che si muove verso il suo obiettivo naturale di liberazione e comprensione. Se vogliamo che il bambino rimanga aperto all'espansione spirituale è essenziale assecondare questa creatività immaginativa.

La capacità di riconoscere le strutture si sviluppa nel corso della vita. Dal riconoscere il volto della madre alla danza quasi ipnotica dei ruoli familiari, l'assimilazione delle strutture si evolve dal semplice al complesso. Ogni struttura che viene percepita ci dice qualcosa di noi stessi e qualcosa del mondo che ci circonda. Ogni pezzo entra a far parte della matrice interna della comprensione che costantemente si forma man mano che impariamo e cresciamo. È questo un processo innato della consapevolezza umana che è sempre impegnata a qualche livello.

Allora che cosa determina l'evoluzione specifica del sesto chakra? La capacità di pensare per modelli simbolici e astratti. Secondo Piaget questo è il periodo delle *Operazioni Formali* (dai dodici anni in su) in cui il bambino è più attento alla forma che al contenuto e durante il quale inizia a pensare come uno scienziato, a ragionare e filosofare sulla sua vita. A questo stadio un bambino può ragionare su qualche cosa di cui non ha avuto di fatto alcuna esperienza. È in grado di vivere su un piano simbolico.

Questo risveglio si verifica quando egli si rende conto che tutto ciò che percepisce non ci riguarda necessariamente – e vi sono strutture assai più vaste oltre al club della scuola, alla famiglia e perfino alla comunità. Stranamente questo crea anche la necessità di definire ulteriormente noi stessi, man mano che calibriamo il nostro ego a questa visione più ampia e che il corpo dell'adolescente subisce dei rapidi cambiamenti fisici. È come se, quanto più avanti il bambino può spingersi, tanto più incerto egli diviene della propria identità.

Erikson definisce l'adolescenza come lo stadio in cui *l'identità vs. la confusione dei ruoli* diventa il pensiero dominante. In questo periodo cresce la ricerca di un'identità personale significativa, perché tutti sappiamo che quella che la mamma, il papà o la società hanno modellato in genere non è accettabile. A questo stadio, un'identità personale significativa ha bisogno di assumere proporzioni epiche – ha bisogno di risuonare con il Sé in modo potente e trasportare il Sé in un mondo più vasto. Ha bisogno di imprimere una direzione alla potente ondata di energia che si verifica quando la crescita fisica rallenta e matura l'energia sessuale. L'energia che prima l'organismo usava per la crescita fisica e che non viene incanalata sessualmente, ora viene convogliata nello sviluppo mentale.

Spesso, nella ricerca di un'identità significativa, vediamo degli adolescenti impegnati in una sorta di adorazione di un archetipo dell'eroe. I ragazzi idolatrano le star del baseball o delle figure archetipiche dei film, come Batman, Jan Luc Picard o Rambo. Si tingono i capelli di arancione e se li pettinano a cresta, si rasano la testa o si fanno il piercing in varie parti del corpo, a seconda della voga corrente. Le ragazze si ispirano alle modelle, fantasticano di sposare degli attori del cinema oppure imitano le femministe che seguono la linea dura. Provano ruoli diversi, come se fossero all'audizione di un provino teatrale e infatti lo sono, poiché si avvicina lo stadio successivo della vita e sembra che noi possiamo esserne parte solo se identifichiamo qual è il ruolo che vi reciteremo.

È un peccato che in questa cultura la ricerca di un senso personale in termini di archetipo sia diventata così volgare. I nostri figli, deprivati della ricca eredità archetipica della mitologia sono lasciati a trovarsi i loro modelli in televisione. Rambo ha sostituito l'eroe mitico e le Barbie lo spirito di Afrodite. L'ingresso dell'adolescente nella comunità si verifica sulla strada, mentre i programmi scolastici rimangono piattamente fissati su standard di pensiero razionali che non permettono di sviluppare alcuna nuova identità.

E tuttavia, gli archetipi filtrano ugualmente. Michael Jakson diventa tanto un simbolo dell'integrazione razziale e sessuale, che la sua negazione, a seconda di come lo interpretate. Luke Skywalker incontra il suo maestro archetipico, Yoda, e si trasforma nel lato oscuro di suo padre. Questi drammi archetipici hanno un preciso impatto nell'adolescente sulla creazione dell'identità, anche se il suo simbolismo non è compreso coscientemente. Come ha detto Erikson: "Nella ricerca dei valori sociali che guidano l'identità, ci si confronta dunque con i problemi dell'*ideologia* e dell'*aristocrazia*... Per non perdersi nell'indifferenza o nell'apatia, i giovani devono in qualche modo potersi convincere che, coloro che hanno successo nel mondo adulto che essi anticipano, hanno comunque l'obbligo di essere i migliori" [7].

Poiché l'immaginazione è uno dei petali più grandi del sesto chakra, spesso l'adolescente disprezza la *mancanza d'immaginazione* della generazione più vecchia. Infatti mamma e papà appaiono essere piuttosto piatti. Non importa che essi abbiano già provato tutte le cose che l'adolescente trova così nuove ed eccitanti. Le vecchie strade appaiono al giovane troppo costrittive man mano che il sesto chakra si risveglia. Deve sperimentare tutte le possibilità che gli si aprono dinnanzi.

Può apparire contraddittorio che inizialmente la "persona" si formi nello stadio del quarto chakra e che tuttavia l'identità personale diventi tanto importante ancora nel sesto chakra. Ma tra le due cose vi è una profonda differenza. Nel quarto chakra ci formiamo la nostra personalità sociale in modo relativamente inconscio. Imitiamo quello che vediamo intorno a noi, ci adattiamo e ci conformiamo. Facciamo quello che funziona – cioè che ci procura amore e approvazione. Non ci rendiamo conto della gamma di scelte possibili.

Durante il picco dell'adolescenza si assiste a una nuova valutazione della persona adottata. Improvvisamente vi è una gamma molto più vasta di scelte e siamo aiutati dalla creatività del quinto chakra. Questa volta la scelta è relativamente cosciente. È meno probabile che si desideri compiacere i genitori, mentre è più probabile che ci si occupi della propria identità nei confronti dei pari e degli idoli culturali. Si è più orientati verso il futuro – cambiare quello che siamo stati con quello che vogliamo diventare. La nuova identità deve possedere una qualche sorta di significato. La ricerca di questo significato ci conduce al settimo chakra.

Sviluppo nell'adulto

Nell'adulto, il risveglio della comunicazione simbolica e l'accettazione della propria identità archetipica in genere si verificano dopo una crisi nell'età matura (se non dell'adolescenza). Le regole precedentemente adottate non soddisfano più e la loro dissoluzione ci spinge verso profondità insondate in cui non esistono né chiarezza né certezze. È possibile che il rimanere attaccati all'identità precedente possa aver negato altri importanti aspetti di noi stessi, che ora ci incalzano nei sogni e nelle fantasie e ci costringono ad aprirci a una più ampia possibilità dell'essere.

In genere ci si riferisce allo sviluppo del sesto chakra come a un risveglio spirituale. Improvvisamente vediamo con occhi nuovi, sperimentiamo una profonda introspezione, cambiamo le nostre prospettive ed attitudini oppure abbiamo una visione. Può accadere in ogni momento della vita, ma come la luce di molte albe, spesso è preceduta dalle tenebre. È la tenebra che ci fa immergere nelle profondità della nostra anima, oltre il punto in cui siamo arrivati in quel momento, per poter creare una nuova realtà. Prima dell'alba le tenebre sono sempre più profonde.

TRAUMI E VIOLENZE

Soltanto la distinta forza dell'intelletto ci permette di parlare della visualizzazione come di qualcosa di separato dal resto dell'esperienza. In realtà, il nostro processo visivo è direttamente collegato a quello che sentiamo, pensiamo ed esprimiamo. Quando vediamo qualcosa con l'angolo dell'occhio facciamo un salto o ci manca il respiro. Delle immagini attraenti possono stimolare l'eccitazione sessuale. Immagini violente ci potrebbero nauseare o spaventare.

Se la memoria visiva è tanto legata alla nostra esperienza somatica, ne segue che una violenza a uno dei chakra – al corpo, alle emozioni, alla propria autonomia, al cuore, o alla libertà di espressione – avrà delle conseguenze anche sull'apertura del sesto chakra. Questa è la biblioteca in cui conserviamo le immagini che collegano le nostre esperienze. Se è piena di esperienze negative, potremmo inconsciamente censurare parte della biblioteca.

Se i sentimenti associati a un'immagine o a un ricordo sono spiacevoli, esistono solo due modi per evitare questi sentimenti: possiamo o *reprimerne* la memoria, o possiamo *dissociarci* da essi. Se li reprimiamo, spegnamo le nostre capacità percettive e abbassiamo le serrande su quello che vediamo. Se ce ne dissociamo, inibiamo la nostra capacità di dare un senso alle immagini che vediamo – le spogliamo del loro significato e del loro valore, mentre le nostre reazioni inconsce continuano, scollegate da qualunque comprensione cosciente.

Il padre di Sandra picchiava regolarmente sua madre e Sandra stessa era spesso minacciata verbalmente. Assistere a quella violenza era sufficiente a convincerla a comportarsi impeccabilmente per evitare i guai. Ma quando vedeva quei colpi, il suo stesso corpo provava paura e un senso di impotenza. Non si fidava di suo padre durante le sue ire, né poteva fidarsi di sua madre, che potesse difenderla se fosse stato necessario, dal momento che ovviamente non riusciva a difendere se stessa. Sandra dipendeva da loro per il suo sostentamento e questo produceva un'insopportabile contraddizione. Dal momento che questo tipo di paura fornisce al corpo energia per l'azione, ma non le era permesso compiere nessun tipo di azione, il solo modo che Sandra aveva di mantenere il suo equilibrio psichico era far finta di non vedere. *Reprimeva* il ricordo. Di suo padre invece ricordava che era un uomo gentile e amabile. Da grande, quando suo marito divenne violento con la figlia adolescente, lei non fece nulla. Quando in seguito l'abuso fu denunciato da una vicina, rimase disorientata e sulla difensiva, controbattendo in difesa di suo marito che era una buona persona e che amava sua figlia. Anche se probabilmente c'era da parte di suo marito una qualche sorta d'amore, lei si rifiutava di vedere la realtà che aveva sotto il naso. Non riusciva a separare l'amore dalla violenza e invece vedeva e difendeva la propria illusione.

Il ricordo di suo padre era piuttosto attivo, sepolto nella sua psiche. Era ossessionata da sogni in cui veniva inseguita da figure oscure e il suo corpo era contratto e piccolo, la voce timida. La fronte attorno al sesto chakra era solcata da rughe e sin dalle scuole medie indossava uno spesso paio d'occhiali. Per molti aspetti era una madre ideale, che faceva tutto quello che poteva per sua figlia. Ma aveva annullato una parte della sua psiche, il che le impediva di vedere chiaramente e di riconoscere uno schema importante pertinente al benessere di sua figlia.

Tom, d'altro canto, riferiva orripilanti ricordi della sua infanzia come se stesse recitando la lista della spesa, con un'evidente *dissociazione*. Tom era molto creativo, artistico ed elegante, ma nelle sue relazioni c'era una freddezza che faceva accapponare la pelle. Non riusciva a capire perché tutte le sue partner erano arrabbiate con lui – non si rendeva conto degli effetti che le sue parole e le sue azioni avevano sulle persone e dava invece la colpa alla debolezza emotiva del partner. Il suo schema nelle relazioni persisteva non riconosciuto e immutato. Non poteva "vedere" quello che non sapeva provare.

Quando reprimiamo i ricordi, chiudiamo il sesto chakra e lo rendiamo carente. Quando ce ne dissociamo, perdiamo il nostro radicamento alla terra e il sesto chakra è in eccesso – bombardato di immagini che ingombrano la psiche, ma senza mai giungere alla comprensione.

Un ambiente in cui vi sono quotidianamente delle scene di

sofferenza ci porta a chiudere il nostro sesto chakra e può persino diminuire la capacità di vedere con i nostri occhi fisici. Se qualcuno indossa gli occhiali fin dall'infanzia, può essere utile esplorare che cosa succedeva in famiglia quando si sono verificati per la prima volta questi problemi di vista. E se non avessero voluto vedere? Qual era la contraddizione? Qual è l'illusione che si portano dietro e quale potrebbe essere la verità nascosta?

Vi sono anche casi in cui a un bambino viene detto che non ha visto quello che pensava di aver visto. "Papà non è ubriaco sul letto, è solo stanco." "La mamma non è arrabbiata con te, ha solo una brutta giornata." "Siamo una famiglia felice e ci vogliamo tanto bene." Questi sono i tipi di illusioni che vengono dichiarate verbalmente o sono recitate dalla famiglia nella loro commedia quotidiana. Poiché per il bambino è così difficile vivere con la contraddizione, gli è più facile negare le proprie percezioni.

Nel processo di guarigione John Bradshaw parla di "spostarsi dall'illusione della certezza alla certezza dell'illusione"[8]. Ricordare falsamente il nostro passato come qualcosa di tranquillo e sicuro potrebbe essere un'illusione di certezza. Quando volgiamo veramente indietro lo sguardo con accuratezza agli eventi, spesso ci accorgiamo che era certamente un'illusione. A questo punto la chiarezza si risveglia e ci permette di vedere molte cose della nostra vita da una nuova prospettiva.

I bambini sono sensibili per natura. In assenza di conoscenza diretta si appoggiano all'intuizione per capire una situazione. Un bambino può avvertire che in famiglia ci sono dei segreti, ma senza dati su cui basarsi inizia a perdere fiducia nella propria intuizione. Così essa non si sviluppa come le altre funzioni.

Vergogna

La vergogna provoca un intenso esame di se stessi. Le persone il cui carattere è fondato sulla vergogna si sentono costrette a comportarsi in modo impeccabile in ogni occasione. Così la visione si rivolge all'interno in un circolo paralizzante di automonitoraggio ed è meno disponibile per guardare all'esterno.

Quando gli occhi guardano all'esterno, spesso cercano indizi per capire come ci stiamo comportando, su che cosa si vuole da noi, se siamo al sicuro. Con questo programma di autoesame alloggiato nel sesto chakra, ci vuole quasi tutto lo spazio del "dischetto" del chakra e persino il fatto che qualcuno ci dica quanto siamo carini oggi viene rifiutato dal programma. Una personalità fondata sulla vergogna non può incorporare quell'immagine positiva di se stessa.

Inoltre, personalità gravemente fondate sulla vergogna non riescono a guardarvi negli occhi. Quando ci si ritiene di essere fondamentalmente imperfetti, nascondiamo i nostri occhi per evitare che qualcuno possa guardarci dentro, come se gli altri potessero vedere la nostra immagine interiorizzata negativa. Se non riusciamo ad incontrare gli occhi di un altro, non possiamo vedere né essere visti accuratamente. Chiudiamo gli scuri su questa finestra fondamentale per l'anima e diventiamo ciechi anche psicologicamente.

ECCESSO E CARENZA

Carenza

Se nel sesto chakra si verifica una carenza, le facoltà ad esso associate non si sviluppano. La capacità intuitiva è poca e spesso si concentra per compensazione sui processi razionali del pensiero. La persona può apparire psichicamente insensibile o "accecata". È il padrone di casa che non si accorge che i suoi ospiti guardano l'orologio e si schiariscono la gola per accennare al fatto che è ora di andarsene. È l'uomo che vuole un appuntamento ma non è capace di chiederlo e non si accorge che la donna vicino a lui sta flirtando. Quando siamo accecati non ci accorgiamo delle sottili sfumature d'umore, spesso compreso il nostro. Potremmo non accorgerci, se non quando è troppo tardi, di aver intuito che qualcosa non funzionava. Quando il sesto chakra è carente, perdiamo le sfumature dei processi che avvengono dentro di noi (fig. 6-3).

Se in generale la memoria non è buona, è possibile che il sesto chakra sia stato chiuso per proteggerci. In questo caso potrebbe esserci qualche ricordo represso e lo sforzo di tenerlo sepolto usa una buona porzione della capacità di immagazzinamento del sesto chakra.

Le persone che hanno un sesto chakra carente trovano difficoltà a visualizzare o a immaginare le cose in modo diverso. Non riescono a immaginare come sarebbe il soggiorno dipinto d'azzurro, non riescono a immaginare la vita diversa da quella che è e non riescono a immaginare se stessi comportarsi in modo diverso. Queste persone potrebbero dire: "Sono così" e lasciare tutto come sta. La difficoltà di visualizzare è frustrante anche quando cerchiamo di seguire la meditazione guidata o le visualizzazioni creative. Queste sono persone che eviteranno l'uso di queste pratiche. Se non possiamo immaginare il cambiamento, è più difficile che esso avvenga.

Quando si reprimono i contenuti dell'inconscio, può essere difficile ricordarsi i sogni. Potremmo pensare di non aver sognato (quando invece tutti sognano ogni notte), oppure saremo incapaci di trattenere il ricordo dei sogni a mente sveglia. Purtroppo questo sottrae un'importante chiave d'accesso alla parte più profonda di sé. Il che potrebbe essere dovuto a una carenza del sesto chakra, o semplicemente al fatto che la persona usa a tal punto il sesto chakra durante la vita in stato di veglia da renderlo meno attivo la notte.

Se vi è una difficoltà a immaginare, a visualizzare, o a sognare, allora è più probabile che crediamo che esista "un'unica via giusta e vera". In questo caso la monopolarizzazione si riferisce a quello stato mentale che non riesce a vedere l'altro lato delle cose. Incapace di immaginare la differenza, dobbiamo negarla o invalidarla. Così si avrà una mente spiritualmente chiusa, che preferisce rimanere nel familiare piuttosto che espandersi nell'ignoto. Se ai chakra inferiori non è stata fornita la sicurezza necessaria per lasciarsi andare, preferiremo rimanere all'interno dell'ambito di ciò che ci è familiare.

Naturalmente, la maggior parte di quello che ci rifiutiamo di vedere ci ritorna sotto forma di *negazione*. La negazione insiste sul fatto che qualcosa non esiste – che non abbiamo un problema col bere, che non siamo eccessivamente attaccati alle nostre relazioni, che siamo felici quando non lo siamo o che il mondo non ha dei problemi ambientali. La negazione può essere personale e collettiva. Nella negazione siamo posseduti dal demone dell'illusione – chiusi in un mondo fantastico che ci tiene lontani dal dover prendere delle decisioni per la nostra vita.

Eccesso

Quando l'immagine o la memoria di un evento sono scollati dal resto dell'esperienza, l'energia che ne proviene è investita in un'immagine. Quando numerose immagini dissociate non vengono radicate nell'esperienza, nel sesto chakra si sviluppa una situazione di eccesso. Questi elementi possono perseguitare la persona nei sogni, comparire come fantasie ossessive oppure diventare visioni tridimensionali o allucinazioni. Il che può coprire l'intera gamma, da leggeri problemi nevrotici a una psicosi vera e propria (fig. 6-3).

Persone del genere sembrano pressate dal fardello di un eccessivo input psichico. Verranno a dirvi, magari con occhi spiritati, che cosa la gente pensa di loro o che si verificheranno determinati eventi. Possono avere delle visioni, ma le loro visioni si spingono troppo lontano, ciechi come sono alla realtà più prossima. È la classica persona che farà fortuna col suo nuovo progetto, ma non è in grado di pagare nemmeno l'affitto di questo mese, oppure che già fantasticano di sposare una persona con cui si sono visti solo poche volte. La definisco "cecità della visione", come se l'immagine che vedono, li rendesse ciechi a tutto il resto.

Nel sesto chakra si ha dell'energia in eccesso quando viene sottratta energia ai chakra inferiori. Senza il radicamento a terra, che conferisce limite e semplicità, ci si può perdere nel territorio sconfinato dei chakra superiori, senza trovare un modo di uscirne. Ci si può sovraidentificare con le energie archetipiche senza avere un ego personale abbastanza forte da controbilanciarle. Ci si può credere Gesù, Cleopatra o il presidente che verrà eletto, ma essere poco consapevoli dell'effetto che si produce sugli amici più cari. Le fantasie archetipiche vengono usate per rafforzare un ego debole e produrre una sensazione di importanza e di potere. Persone del genere potrebbero scoprire qualche aspetto delle loro vite passate e attribuire ogni problema attuale ad aspetti non risolti collegati a questo ricordo. "Non vado d'accordo con Sarah, perché in una vita passata era mia madre e ha tentato di ammazzarmi perché aveva troppi figli". (Tuttavia, queste fantasie potrebbero rivelare aspetti legati al presente).

Nel mio lavoro uso la lettura psichica e sono continuamente meravigliata e scioccata dal potere che certe persone conferiscono a un lettore psichico. In genere vengo allertata di un eccesso nel sesto chakra, quando la persona si siede e mi racconta con una totale serietà ogni dettaglio della lettura precedente, come se fosse il vangelo. Il sesto chakra è spalancato, ma senza discernimento o discriminazione. È importante rimanere aperti agli input psichici, non razionali, ma è altrettanto importante interpretarli in un modo razionale. La mancanza di discernimento rivela una debolezza dei confini del sesto chakra, che così lo rende sovraccarico.

Ciò non significa negare il possibile valore dell'intuizione, i ricordi delle vite passate, la precognizione, la telepatia, o qualunque altro tipo di capacità psichica. Tuttavia, se vi è un eccesso nel sesto chakra, la capacità di discernere la realtà dalla fantasia è disarmonica. L'universalità del sesto chakra apre alla vastità del piano astrale, dove tutto si svolge al di fuori del terreno probante dei chakra inferiori. Questa è una situazione pericolosa.

L'assenza di energia dai chakra superiori rende facile l'uscire e il rientrare nel corpo e dunque queste persone possono davvero ricevere delle informazioni di tipo psichico. Tuttavia, questo non significa che tutte le loro informazioni siano accurate, o che le strutture ricevute vengano poi integrate nella coscienza. Queste persone diventano spesso dei "canali", persone che hanno la capacità di lasciare il corpo e permettere ad altre entità di arrivare attraverso di loro. L'opinione sul valore della canalizzazione varia da persona a persona. Che l'informazione canalizzata provenga da un'entità separata e scorporata, dal proprio inconscio o dal sé superiore, oppure sia il prodotto di uno scherzo dell'immaginazione, non vi è dubbio che in alcuni casi quella che passa è un'informazione precisa. Ma non vi è anche alcun dubbio che può giungere anche un'informazione poco precisa. Come con qualunque attività psichica, vi dev'essere un terreno di prova che vaglia con discernimento quello che viene detto. Il sesto chakra in eccesso vuole saltare a pié pari questo processo.

Quando si viene bombardati da informazioni psichiche, è difficile concentrarsi. Quando cerchiamo di pensare con chiarezza, veniamo disturbati da elementi intrusivi, che possono essere accompagnati da uno stato d'ansia, rendendoci difficile stare tranquilli e acquietare la mente. C'è una metafora classica che descrive la meditazione come qualcosa di simile ad un bicchiere d'acqua fangosa, che rimane immobile abbastanza per permettere che il fango si depositi e che l'acqua diventi trasparente. Secondo questa analogia, la persona che ha un sesto chakra in eccesso, non può permettersi di lasciare che il fango si depositi. Se lo facesse, potrebbe essere rivelato quello che sta cercando di reprimere. Incapaci di trovare serenità, esse sono incapaci di radicarsi a terra e in tal modo l'energia psichica rimane nei chakra superiori, riavvolgendosi nell'infinito regno dell'immaginazione.

Chi ha un eccesso nel sesto chakra non possiede necessariamente una grande evoluzione psichica. L'evoluzione psichica richiede la capacità di radicare a terra l'informazione, di decifrarla, discernerla e usarla saggiamente nella vita quotidiana. L'eccesso invece, è un tipo di energia psichica in fuga, una macchina senza freni, una mente aperta ma caleidoscopica.

Elementi di entrambi

Tanto l'eccesso che la carenza possono provocare degli incubi ricorrenti. Essendo elementi intrusivi della coscienza, possono essere visti come frammenti dissociati che affiorano dall'inconscio e che non riescono ad essere integrati durante la veglia. Se il chakra è molto chiuso, può essere che i sogni tentino di rivelare il materiale inconscio. Dunque è necessario comparare la presenza dei sogni ad altri aspetti della lista che caratterizza il chakra, prima di determinarne lo stato.

Com'è usuale, è possibile avere caratteristiche sia di eccesso che di carenza. Ci si può ricordare in modo incredibile dei sogni e tuttavia essere accecati o avere difficoltà a visualizzare durante lo stato di veglia. Uno potrebbe essere fortemente dotato di capacità psichiche e, nonostante questo, impegnato a negare. Un altro potrebbe essere ricco di immaginazione, ma insensibile nei confronti degli altri.

Caratteristiche equilibrate

Le caratteristiche equilibrate comprendono capacità intuitive percettive che accrescono la funzionalità e la capacità di immaginazione e creatività. Un sesto chakra equilibrato è in grado di rasserenare la mente e vedere con chiarezza, senza trovarsi tra i piedi aspetti personali o identità inferiori. Posso pensare per simboli, immaginare diversi esiti e trovare una visione guida che conferisce significato alla vita.

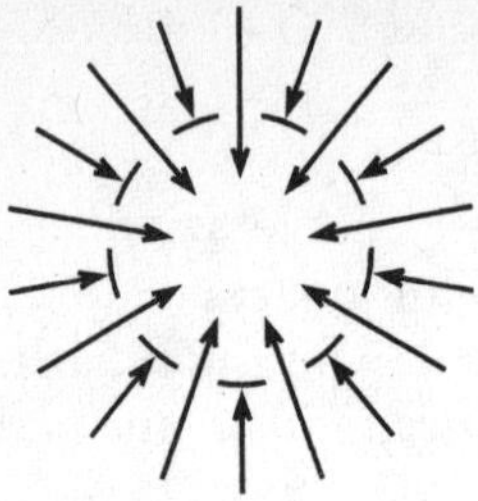

ECCESSO
La mancanza di discernimento fa sì che una persona sia bombardata da input psichici, sminuendo così la capacità di vedere chiaramente.

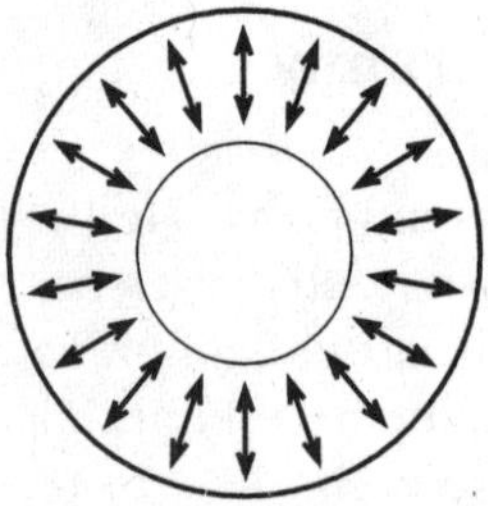

CARENZA
Un confine eccessivo impedisce di vedere al di fuori. La riflessione del sé è molto limitata ed egoistica.

Figura 6-3. Carenza ed eccesso nel sesto chakra

RIPRISTINARE IL LOTO

Guarire il sesto chakra

Quando non comprendiamo veramente, ma semplicemente rifiutiamo la coscienza mitica, ci priviamo della possibilità di accedere all'integrazione psichica e sociale. La coscienza mitica è altrettanto necessaria quanto la coscienza mentale... Possiamo ignorare queste strutture, ma a nostro rischio e pericolo.

GEORG FUERSTEIN

Per molti, nella nostra cultura, il lavoro sul sesto chakra, costituisce più un problema di evoluzione che di guarigione. Da bambini e da giovani non ci viene insegnato ad usare l'intuizione, a pensare per miti o per simboli, né a credere nella possibilità della consapevolezza psichica. Per sviluppare il sesto chakra, è necessario superare questi pregiudizi e questa incredulità e poi usare concentrazione, pratica e disciplina per sviluppare la nostra consapevolezza. Imparare a vedere è una questione di imparare il modo in cui guardare e di avere la pazienza di guardare abbastanza a lungo per trovare quello che si cerca.

Dal momento che il processo del nostro pensiero visivo è così intimamente legato al resto della nostra esperienza personale, ogni progresso nel nostro processo di guarigione – che sia del corpo, delle emozioni, della mente o delle relazioni personali – apporta chiarezza al più ampio quadro che stiamo cercando di vedere.

Molti di noi, appartenendo a una cultura fortemente scollegata dal nostro terreno, sotto forma di terra e corpo, non hanno la base stabile necessaria per aprire in modo efficace i chakra superiori. Essi sono solo parzialmente desti e il nostro compito, a questo livello (presupponendo che abbiamo fatto il nostro lavoro di radicamento con la terra) è quello di stimolarne il risveglio in modo che siano più utili all'integrazione del Sé.

Man mano che questo risveglio procede, potremo risolvere le contraddizioni tra la percezione e il resto dell'esperienza. Quando questi elementi si riallineano, il flusso della psiche attraverso l'intero sistema dei chakra si fa ancor più scorrevole e dinamico, desto e consapevole, integrato e integro.

Lavorare con i sogni

L'aspetto più potente per iniziare lo sviluppo del sesto chakra è il lavoro sui sogni. I sogni ci insegnano a pensare per simboli, a vedere e a integrare ciò che è nascosto e ad accedere al regno degli archetipi che vive all'interno e all'esterno. Il lavoro con i sogni è un argomento vasto che meriterebbe interi volumi solo di per sé. Quella che segue è una breve guida per iniziare. La bibliografia alla fine del capitolo fornirà ulteriori fonti.

Il primo passo nel lavoro con i sogni è quello di imparare a ricordarli. Se la mattina non possiamo ricondurli alla coscienza in stato di veglia, significa che non stiamo attraversando come dovremmo questo collegamento essenziale del ponte – il collegamento tra la coscienza e l'inconscio. Ecco alcuni suggerimenti:

1. Fate una dichiarazione, quando state per addormentarvi ogni notte, che volete ricordare i vostri sogni.

2. Prima di addormentarvi, rivedete al contrario la vostra giornata, iniziando con l'avvenimento più recente e risalendo via via fino all'inizio della giornata.

3. Quando vi svegliate, non cambiate posizione prima di aver rivisto mentalmente il sogno nello stato semiconscio in cui vi trovate. Solo quando avete rivisto interamente il sogno, lasciate che il vostro corpo si muova. Se vi siete già girati, tornate alla posizione in cui dormivate e il sogno potrebbe riaffiorare.

4. Tenete vicino al letto il necessario per scrivere e prendete l'abitudine di scrivere tutto ciò che ricordate, anche solo frammenti. Una volta che la psiche sa che viene prestata attenzione ai sogni, il loro ricordo in genere migliora in modo sorprendente.

5. Alcuni sostengono che integratori come la vitamina B o la melatonina accrescono l'attività onirica e di memorizzazione. L'uso della marijuana e dell'alcool tendono a sopprimerle.

Altri suggerimenti

Quando mettete per scritto i vostri sogni, scriveteli al presente, come ad esempio, "Sto scendendo le scale della cantina. Vedo venire verso di me una figura incappucciata. Ho paura e voglio scappare, ma non posso muovermi". Riportate il numero maggiore di dettagli possibile – descrivete i colori, i sapori, i suoni e specialmente le sensazioni. Quando è possibile, disegnate simboli e immagini.

Considerate i sogni come un composito della vostra stessa psiche. Nel sogno, ogni persona, animale o cosa è un aspetto di voi, compresi gli elementi inanimati come automobili, case, rocce, corsi d'acqua, strumenti o qualunque altro strano oggetto che possa comparire. Spesso le automobili sono il veicolo che usiamo per muoverci nella vita e le case la struttura della nostra psiche, ma guardatevi dall'interpretazione standardizzata dei simboli, come quella che si trova nei libri per l'interpretazione dei sogni. È assai più significativo quello che il sogno significa per voi.

Anche persone che conoscete nella vita quotidiana possono simboleggiare delle parti di voi. Amici, bambini, partner, genitori o nemici odiati (specialmente!) possono rappresentare aspetti del sé, quali l'alleato interiore, il bambino interiore, l'anima o l'animus, il genitore interiorizzato o l'ombra. Gli elementi ombra – figure scure e spaventose o persone che ci sono fortemente antipatiche vanno resi amici piuttosto che essere banditi o sconfitti, poiché hanno qualcosa da insegnarci. Chiedete loro perché sono lì e che cosa vogliono da voi.

Il vostro punto di vista nel sogno si chiama *ego onirico*. Analizzate la situazione dell'ego onirico – è spaventato, eccitato, perplesso, arrabbiato. Che cosa cerca di ottenere l'ego onirico nel sogno? Come si comporta nel farlo? Che cosa blocca questa realizzazione?

Inscenate un dialogo tra le diverse parti del sogno. Sì, si può creare un dialogo tra l'ego onirico e il tostapane, l'albero o il demone che vi insegue. Lasciate che l'ego onirico assuma la parte di altri elementi del sogno, come l'albero su cui vi arrampicate, il muro che vi impedisce di proseguire o la pistola che avete puntata contro.

Infine è utile raccontare il sogno a qualcuno. Se dormite con qualcuno, fatene un rito del risveglio di raccontarvi i reciproci sogni. Trovatevi un gruppo di lavoro sui sogni che vi possa aiutare a mettere in scena in modo più esauriente i vostri sogni e cercate di vedere quali aspetti vi sono sfuggiti. Fate dei vostri sogni un serbatoio artistico, disegnate delle immagini, scrivete poesie, o racconti. Siate creativi nel portare i vostri aspetti onirici nella vita quotidiana. Svilupperete un prezioso linguaggio che vi permetterà di comunicare sia con il vostro sé più profondo che col mondo dello spirito.

Studio della mitologia

Se dobbiamo approfondire la nostra comprensione degli archetipi e sviluppare la nostra identità archetipica, ci è necessario un bagaglio di conoscenze che ci permetta di comprendere i nostri simboli. I miti sono la memoria degli elementi archetipici nella psiche umana – essi rivelano la danza di questi archetipi sul piano transpersonale della coscienza collettiva. Le storie degli dei e delle dee, degli eroi mitici, delle arpie, dei draghi, dei serpenti e di altri animali totemici, esemplificano tutte il modo in cui le figure archetipiche si sono collocate nell'ambito della coscienza dell'uomo. Conoscere queste storie stimola la nostra immaginazione, contestualizza e collega il nostro processo di guarigione e ci apre al mondo dello spirito. È un aspetto essenziale per poter conferire un senso più profondo agli altri aspetti della vita. È anche essenziale per collegare l'interno e l'esterno, quando il settimo chakra ci introduce alla coscienza universale.

L'arte visiva

Molti asseriscono di aver difficoltà a visualizzare, il che li lascia in svantaggio nella visualizzazione creativa, nella meditazione guidata, nella lettura chiaroveggente o nel lavoro con la trance. Se appartenete a questa categoria di persone, non vi disperate, c'è speranza. Anche se vi considerate il peggior artista del mondo, potete stimolare il processo del pensiero visivo attraverso la creatività artistica. Qui lo scopo non è di creare qualcosa da appendere alle pareti o da regalare agli amici, ma quello di usare l'arte visiva per stimolare l'inconscio, stimolare il pensiero visivo e allo stesso tempo divertirsi. Ecco dei suggerimenti per chi non è artista:

Disegnate i vostri chakra

Prendete un grande foglio di carta, delle matite, dei gessetti, dei pennarelli o delle penne. Entrate in uno stato meditativo e cercate di percepire l'energia che è in ogni chakra, uno alla volta. Concentrandovi sul primo chakra, sentite se è aperto o chiuso, teso o vivace, solido o fluido. Poi prendete i colori che vi sembrano più adatti a rappresentare l'energia che è dentro e disegnate qualunque forma esprima la sensazione che provate. Potreste disegnare dei grandi cubi neri, delle spirali gialle, dei cerchi rosa o qualunque forma astratta vi sembri più adeguata a esprimere ciò che sentite in quella zona del corpo e della vita. Poi fate lo stesso col secondo chakra, mettendolo sopra il primo nel disegno sul foglio. Così fate per ogni chakra e quando avete finito, guardate il disegno. Quali sono le linee energetiche più in evidenza? Siete più aperti in alto o in basso? Siete contratti e densi oppure talmente leggeri che è come se ci foste appena? I chakra sono collegati tra loro oppure tra l'uno e l'altro ci sono degli stacchi? Se doveste incontrare una persona così, quale sarebbe la vostra reazione? Quali sono le aree su cui bisogna lavorare, in base a quanto ha rivelato il vostro disegno?

Collages

Se vi è difficile essere in contatto con le vostre emozioni, desiderate lavorare su un aspetto particolare o vi spaventa mettere del colore sulla carta, potreste anche fare dei collages. Scegliete un tema su cui volete lavorare, come le relazioni, il lavoro, l'immagine del corpo, la comunicazione, il potere personale, i sogni e procuratevi un pacco di vecchie riviste, un grande foglio di carta o carbone, colla e forbici. Ritagliate le figure (e anche le frasi) che sono in armonia con quello che provate o desiderate. Sistematele sul foglio, incollatele e create un'opera d'arte su cui potrete meditare. Potete continuare a fare delle aggiunte ogni volta che vorrete, perché ciò rifletterà i vostri cambiamenti e la vostra crescita.

Mandala

Per Jung i mandala sono dei simboli che riflettono la totalità. I mandala sono disegni geometrici che emanano da un centro. Potete farli con compasso e righello e colorarli come più preferite. Potete fare un mandala per ogni chakra, il primo nella gamma dei rossi, il secondo degli arancioni, il terzo coi gialli e l'oro, ecc. Il mandala – mentre lo fate o già terminato – può essere usato quando meditate sul chakra associato.

Visualizzazione

Quando visualizziamo, immaginiamo o ricordiamo, usiamo un processo molto simile a quelli usati per la visione psichica; la differenza è l'oggetto in questione. Se chiudo gli occhi e ricordo quello che ho visto ieri durante la mia passeggiata, oppure chiudo gli occhi e immagino una passeggiata che vorrei fare domani, il processo interiore è simile – visualizzo degli elementi che non sono fisicamente presenti. La memoria si basa su quello che abbiamo visto, ma così avviene anche per la proiezione degli eventi futuri – la sola differenza è l'organizzazione dei loro elementi.

Ciò significa che, se vogliamo sviluppare le nostre capacità psichiche, è di aiuto imparare a visualizzare. Possiamo iniziare con un semplice esercizio di visualizzazione: immaginate un bicchiere e riempitelo d'acqua. Immaginate che sia pieno, mezzo pieno, vuoto oppure pieno di acqua color rosso, blu, fangosa o trasparente. Immaginate un bicchiere antico, inciso con disegni all'esterno e poi immaginate che il bicchiere si rompa. Potete arricchire questo tipo di esercizio in tutti i modi che preferite – il segreto sta nel concentrare la vostra attenzione per formare delle immagini a volontà.

Possiamo anche ricordare un'immagine sfocata e lasciare che

divenga più nitida aggiungendo dei dettagli. Che cosa avete mangiato per colazione ieri mattina? Di che colore erano i piatti? Che vestiti indossavate? Chi altro c'era nella stanza, Com'era il tempo fuori? Quante erano le luci accese? Possiamo usare questa tecnica per arricchire il ricordo dei nostri sogni. "Cammino da sola nei boschi". Che tipo di boschi? In che stagione siamo? In che ora del giorno? Che tipi di alberi ci sono? Che colori ci sono nel sogno? Ciascuna di queste domande viene posta non per avere una risposta, ma per dipingere le tela dell'immaginazione.

Potremmo anche far diventare un'immagine particolare, come una rosa o una casa, il simbolo di una cosa che vorremmo guardare. Immaginate il vostro migliore amico come una casa. Di che colore sarebbe la casa? In che stato sarebbe? Quante stanze ha? Come sarebbero decorate? Chi ci vivrebbe? Che aspetto avrebbe il giardino? Gli amici ci si recherebbero spesso? Si sentirebbero bene accolti?

Se come simbolo usiamo la rosa, guardiamo quanto è schiusa. Di che colore è e quanti petali sono aperti? Lo stelo è robusto e le radici sono profonde? Si trova in un giardino assolato con altre rose oppure è piena di spine e isolata? Il terreno è fertile e soffice oppure duro e pietroso? Questo tipo di informazione che immagine dà del vostro amico? O di voi stessi.

La *visualizzazione creativa* è una tecnica che permette di immaginare le cose che vorremmo si manifestassero nella nostra vita e di conferire loro l'attenzione e l'importanza necessaria per farle accadere. Quando avremo imparato a visualizzare cose semplici, saremo pronti a visualizzare, con tutti i particolari in tecnicolor, le cose che vogliamo e di cui abbiamo bisogno. Questo crea la vetrata colorata attraverso cui facciamo brillare la nostra coscienza nell'atto della creazione.

Il modo migliore di visualizzare creativamente è quello di distendersi e rilassarsi profondamente. Per rilassarvi, usate delle posizioni yoga o la vostra usuale tecnica di meditazione, oppure anche soltanto qualche minuto di attenzione del vostro respiro. Poi lasciate che la cosa, l'evento o la situazione che vi stanno a cuore giochino con la vostra immaginazione. Immaginate che sia già presente, come se la vostra fantasia l'avesse creata attivamente. Cercate di percepire, a livello di emozione fisica, la reazione del vostro corpo. Immergete le vostre cellule in quella sensazione; fatela risuonare con ciascuno dei chakra. Godetevi tutto il procedimento, non fate alcuno sforzo.

Quando sentite che la mente e il corpo si sono completamente immersi nella visualizzazione, è tempo di lasciarla andare. Se non la lasciamo andare, sarà come scrivere una lettera che non imposteremo mai. Talvolta intorno alla mia immagine metto una sfera luminosa e immagino che sia un pallone che si alza leggero nel cielo. Quando lo lascio andare, mi dico che ora sta andando verso la manifestazione e volgo l'attenzione a qualcos'altro (altrimenti non me ne libero). Affermo la mia fiducia che la mia visione si manifesterà nella forma e nel momento più appropriato.

Visualizzazione guidata e viaggi in trance

Ora sul mercato si trovano molte bellissime cassette che ci conducono verso viaggi illuminati attraverso il mondo degli archetipi, alla ricerca di visioni, spiriti guida, guarigione ed esplorazioni. Gli amici ci possono guidare lungo viaggi esplorativi usando tecniche diverse, dal leggere ad alta voce un libro di viaggi, al costruire un viaggio completo di musica, suono di tamburi, canto o cantilene.

È anche interessante trovare un amico che ricavi un viaggio astrale da un mito archetipico. Innanzitutto trovate un mito che vi parli con un linguaggio poetico ricco e immaginativo. Poi mettetevi in una posizione comoda e rilassata, in cui non sarete disturbati e fatevi leggere da un amico il mito *come se voi foste il protagonista principale.* Se il mito è quello del viaggio di Persefone nell'Altro Mondo ad esempio, immaginate di essere uno dei personaggi principali del mito, come ad esempio Persefone rapita, Demetra che perde la figlia o Ade che rapisce la sua sposa. Fatelo leggere al vostro amico come se fosse una visualizzazione guidata in seconda persona: "Ora sei sulla cima della collina e raccogli dei fiori. Improvvisamente senti una corrente d'aria gelida che sale dalla terra". Il vostro amico deve osservare dei periodi di silenzio, in modo che voi possiate esplorare in profondità le emozioni suscitate dal mito. Siate sicuri di completare il mito, poiché la risoluzione della storia contiene la guarigione e l'insegnamento che cerchiamo.

Un'altra possibilità è il viaggio in stato di trance, in cui ci creiamo il nostro viaggio guidato, che si svolge in quel momento. Per facilitare lo stato alterato, è utile il rullio del tamburo, l'intonazione di una cantilena o una musica strumentale nel sottofondo. Scegliete un tema per entrare nel viaggio (una visita ai ricordi dell'akasha, un viaggio nell'Altro Mondo, la ricerca di uno spirito guida ecc.) e lasciate che le immagini si formino come se camminaste in un sogno. Quando nella vostra immaginazione appaiono delle immagini o delle figure, interagite con loro. Offritegli dei doni, ponetegli delle domande, danzate con loro o abbracciatele. Imparate quello che hanno da insegnarvi. Al vostro ritorno, assicuratevi di scrivere nel vostro diario tutto ciò che avete imparato mentre è ancora fresco nella vostra mente. Scoprirete che le intuizioni seguiteranno a giungere anche se non sarete più in trance.

Sviluppate l'intuizione

Imparando a prendere contatto, ad ascoltare e ad agire secondo le nostre intuizioni, ci collegheremo direttamente al più alto potere dell'universo e lo faremo diventare la forza che ci guida.

SHAKTI GAWAIN

Che ne siamo consapevoli o no, la nostra intuizione è disponibile in ogni momento. Il problema sta nell'*ascoltarla* o meno. Per poterla ascoltare, dobbiamo essere convinti che possiede il potenziale di fornirci informazioni utili. Dobbiamo credere che c'è ed è disponibile. Non dobbiamo necessariamente affidarci solo ad essa, in quanto dobbiamo controllare con grande attenzione le informazioni che ci vengono fornite dall'intuizione, ma possiamo rispettare le indicazioni che ci conducono nella giusta direzione.

Poiché l'intuizione è passiva, un'esperienza ampiamente inconscia, non può essere forzata. Invece dobbiamo metterci in profondo contatto con le nostre emozioni, ascoltare le nostre viscere e le parti non razionali del processo del pensiero. Dobbiamo metterci in una situazione di accoglimento e di fiducia. Se non ci fidiamo di noi stessi o di ciò che ci circonda, avremo difficoltà a fidarci della nostra intuizione.

Chi, nel passato, ha messo in dubbio la vostra intuizione? Che cosa ne pensate del suo potere? Quanta fiducia riponete nella vostra intuizione e quali sono le basi su cui fondate la vostra fiducia o sfiducia?

Clarissa Pinkola Estes racconta una storia in *Donne che corrono coi lupi*, di una ragazza che, alla morte di sua madre, riceve due bamboline da mettersi in tasca. La madre, sul letto di morte, le dice che queste bambole risponderanno alle sue domande saltando su e giù nella sua tasca. Questa è una metafora per quella sensazione che proviamo, di budella rovesciate, quando qualcosa non funziona. Quante volte non teniamo conto di quella sensazione e ci spingiamo avanti per poi pentircene!

Come strumento per la nostra intuizione possiamo crearci dei simboli immaginari che ci parlino, come le bambole di cui abbiamo detto sopra. Altri usano una guida interiore, una donna saggia, un angelo o un animale totem come simbolo della loro intuizione. Con una chiara visualizzazione, potete fare alla vostra guida qualunque domanda vorrete. Le risposte provengono da dentro di voi, ma spesso la guida può essere il veicolo simbolico che traduce quell'informazione in una forma che potete ricevere.

Chiaroveggenza

Chiaroveggenza significa guardare dentro gli spazi liberi attorno a un oggetto, più che alle forme solide del mondo materiale. La chiaroveggenza è ciò che rimane quando eliminiamo le illusioni dalla nostra mente e guardiamo direttamente le energie che vorticano intorno a noi. Ci permette di vedere l'aura, i chakra e le sottili dinamiche energetiche che fluiscono dentro, intorno e tra le persone. La chiaroveggenza può essere sviluppata da chiunque – non richiede speciali geni o talenti, benché alcune persone vi siano più portate di altre.

Le capacità di chiaroveggenza si sviluppano combinando

tutti questi esercizi. Il saper visualizzare è di aiuto a trovare le risposte alle domande che sorgono e se seguiamo la nostra intuizione sapremo dare un senso a quello che vediamo e farne un uso appropriato.

Nei seminari che tengo sul sesto chakra, iniziamo con una combinazione di meditazione e visualizzazione. Poi le persone si scelgono un compagno e tentano di leggersi reciprocamente i chakra. Per poterlo fare, si siedono su una sedia l'uno di fronte all'altro, chiudono gli occhi e lasciano che le immagini si formino come risposta alle domande. Le domande possono essere del tipo: "Con quale chakra questa persona ha più problemi? Che tipo di energie o paure bloccano quel chakra? Da dove vengono?" Man mano che si formano le immagini, esse vengono riferite alla persona interessata. "Nel quarto chakra vedo una porta poco fissa sui cardini. Vicino alla schiena, a sinistra, vedo una specie di buio". Non sempre l'impressione è visiva, poiché alcune persone tendono ad essere più cinestetiche o a vedere l'aura. "Quando guardo il tuo terzo chakra, avverto nel mio corpo un movimento di energia che si sposta verso l'alto". "Quando cerco di percepire il tuo primo chakra, mi giunge il messaggio che tu non ti senti mai al sicuro nel mondo". L'informazione ci può giungere in varie forme.

Mi meraviglia sempre il fatto che qualche semplice visualizzazione di riscaldamento, come il colorare i chakra e altre elencate sopra, schiudono alle persone delle esperienze immediate di chiaroveggenza. Quando riferiscono le loro impressioni ai loro compagni, esse stesse sono strabiliate dalla loro accuratezza. Il che non li rende dei lettori provetti da un giorno all'altro, ma rafforza le loro capacità extrasensoriali permettendo loro di poterle usare più spesso. Proprio come un muscolo, la nostra visione si rafforza quando usiamo il terzo occhio.

La Ricerca della Visione

Quando abbiamo una visione portiamo dentro di noi una forza di ispirazione e di potere. Come una luce che ci guida, illumina il nostro sentiero e ci aiuta a vagliare le decisioni che dobbiamo prendere. La visione dà significato e scopo alla nostra vita, formando e trasformando il mondo attorno a noi. La visione crea le strane forze di attrazione che danno forma alle energie caotiche dando loro delle strutture definibili. Per alcuni la visione giunge facilmente e affiora senza intoppi dalla profondità della coscienza per renderci chiaro lo scopo o la comprensione. Ma per molti è necessario cercarla, invitarla, coltivarla, e celebrarla.

Le religioni dei nativi americani e altre forme di spiritualità legata alla natura posseggono una tradizione chiamata *Ricerca della Visione*. Una Ricerca della Visione è un rito di purificazione e di ascolto, una ricerca aperta ma focalizzata di insegnamento e di guida spirituale. Contiene la volontà di rendersi umili, di accettare un travaglio personale e di sciogliere il legame con la civiltà che acceca la nostra vista, quel tanto che basta per vedere chiaramente all'interno delle strutture del mondo naturale. Essendo un rito che va vissuto in solitudine, è una profonda accettazione del Sé, allo scopo di ampliarsi in identità creative, archetipiche e universali.

Quello che segue è un breve esempio dell'esperienza di una Ricerca della Visione, non un elenco di istruzioni. Vi sono molte variazioni e molti gruppi che facilitano queste ricerche e che permettono a voi, i ricercatori, di liberarvi dei dettagli mondani e di penetrare totalmente nel processo. Questi gruppi offrono anche un'utile guida, cerimonia e sostegno e alla fine del capitolo troverete delle indicazioni in proposito.

In genere, la Ricerca della Visione comprende tre fasi fondamentali. Durante la prima fase ci separiamo dal mondo come lo conosciamo. Lasciamo la nostra città, la casa e gli amici e ci inoltriamo abbastanza in un luogo selvaggio dove non vi sia la presenza di esseri umani. Per la ricerca si sceglie un luogo particolare, un luogo in cui vi sia bellezza, forza, isolamento e stimolo. Lasciandoci alle spalle il mondo conosciuto, ci allontaniamo psicologicamente dalle preoccupazioni quotidiane, abbandonando quei problemi che ogni giorno occupano la nostra mente.

Andando alla Ricerca della Visione si entra da soli nel territorio selvaggio, portandosi dietro solo l'indispensabile. Nel cuore della ricerca, che dovrebbe durare un minimo di tre giorni, ma può essere anche più lunga, l'adepto si astiene dal cibo. Il digiuno durante la ricerca è un mezzo di purificazione e di indebolimento delle normali difese dell'ego, che ci permette di aprirci a piani più sottili.

Nel cuore della ricerca si entra in una dimensione sacra, al di fuori dei limiti dello spazio e del tempo, per aprirsi totalmente allo spirito. Il primo giorno si può trascorrere meditando mentre si cammina, alla ricerca del luogo giusto su cui concentrare la propria attenzione. Il secondo si può trascorrere seduti in un cerchio sacro, creato nel luogo prescelto, cantando, meditando, pregando e ascoltando. Ci si crea la propria cerimonia privata per mettersi in contatto con lo spirito del luogo e per chiedere ciò che stiamo cercando.

Nel corso di questa fase possono succedere varie cose. Possiamo incontrare i nostro demoni psichici. Possiamo incontrare degli spiriti animali, avere un'esperienza col vento o dei sogni potenti. Si può provare l'esperienza della morte dell'ego personale, a cui segue un periodo di vuoto e di perdita, seguito infine da una rinascita psicologica ricca di visione e comprensione.

Quando il periodo di isolamento è terminato e abbiamo ringraziato lo spirito del luogo, è tempo di ritornare. Che sia con un gruppo o con un amico accampato lì vicino, l'adepto torna poi nel corso di una cerimonia a condividere la visione o la saggezza che ha ricevuto. Il gruppo o l'amico possono aiutare a facilitare il ritorno alla civiltà, in cui la visione potrà, a suo tempo, essere messa in pratica.

Ciò che è importante, per quanto riguarda la Ricerca della Visione, è di liberarsi dal modo usuale che abbiamo di guardare le cose. I nostri atteggiamenti sono rafforzati dalla cultura che quotidianamente ci bombarda di immagini, conversazioni ed esperienze. Durante la Ricerca della Visione, dobbiamo consapevolmente scegliere di entrare nel buio per trovare e ricevere la luce della nuova consapevolezza.

La luce

Per la nostra salute è fondamentale esporsi all'intero spettro della luce solare. Purtroppo, col progresso della civiltà, trascorriamo sempre più tempo dentro casa, sotto la luce artificiale (soprattutto lampade fluorescenti), esponendoci a frequenze luminose che non sono positive per la salute. Poiché lo strato dell'ozono che si assottiglia rende pericolosi i raggi ultravioletti, ripariamo il nostro corpo con vestiti, creme solari, occhiali da sole e cappelli, che schermano la nostra esposizione allo spettro intero della luce naturale. Anche se questo è necessario fino a un certo punto, tuttavia ci fa perdere una preziosa esposizione alle frequenze luminose che favoriscono il benessere.

Jacob Liberman, nel suo libro *Light, Medicine of the Future*, asserisce che non soffriamo solo di malnutrizione, ma anche di "malilluminazione". Un'esposizione insufficiente all'intero spettro della luce solare può essere causa di depressioni, fatica cronica, livelli più alti di ormoni dello stress, come ACTH e cortisolo, ma anche un aumento del tasso di colesterolo. Studi sui bambini hanno dimostrato che un'illuminazione insufficiente contribuisce decisamente a iperattività, disturbi dell'apprendimento, difficoltà visive, problemi nutrizionali e persino carie dentaria[9].

Gli psicologi hanno individuato uno stato depressivo collegato al cambio delle stagioni e definito *Seasonal Affective Disorder* (SAD), a causa del quale alcune persone nei mesi invernali, in cui la luce è minore, diventano letargiche e depresse. L'effetto di un'esposizione all'intero spettro luminoso significativamente più grande è talmente straordinario per le persone che soffrono di questo disturbo, da essere diventato il trattamento privilegiato. E se fosse che la nazione del Prozac in realtà soffre di deprivazione luminosa per la predominanza di uno stile di vita in luoghi chiusi?

La luce penetra nel corpo attraverso gli occhi e invia dei segnali direttamente all'ipotalamo che, a sua volta, regola il sistema nervoso autonomo e il sistema endocrino (i quali entrambi influenzano i chakra). La ghiandola pineale, associata al sesto chakra, è un organo sensibile alla luce, responsabile della produzione della *melatonina*, che regola il ciclo del sonno e aiuta a coordinare le funzioni biologiche del corpo in rapporto all'ambiente esterno. Più di cento funzioni del corpo sono state messe in relazione con i cicli circadiani. Quando alteriamo questo ritmo con l'illuminazione artificiale, il jet lag o orari irregolari, sconquassiamo il coordinamento centrale del corpo. Come dice Jacob Liberman:

Tutti i sistemi del corpo sono in relazione l'uno con l'altro in un costante stato di flusso, il cui centro è l'ipotalamo. L'ipotalamo media tra mente e corpo, coordinando l'efficienza di entrambi, influenzando la nostra coscienza, e in tal modo controllando il nostro costante stato di prontezza. Questo mantenimento critico dell'armonia del corpo è influenzato dalla sincronicizzazione delle funzioni fisiche vitali con la situazione ambientale, o, come dicono alcuni, "diventare un'unica cosa con l'universo" [10].

La meditazione

La meditazione accresce la nostra concentrazione. Molte persone hanno bisogno, per innalzarsi ai chakra superiori, di un regolare processo di meditazione. È necessario possedere la capacità di calmare, tenere sotto controllo la mente e tenerla ben sveglia per aprire la vista interiore. La nostra concentrazione illumina ciò che dobbiamo vedere, come un faro nella notte.

Qui parlo della meditazione perché è un elemento importante dell'evoluzione psichica. Tuttavia, poiché è innanzitutto un'attività del lavoro sul settimo chakra, una discussione più dettagliata sui metodi e sulle tecniche meditative si troverà nel settimo capitolo, a p. 514.

Conclusione

Ma il Sé, in quanto termine comprensivo, che abbraccia l'intero organismo vivente, non contiene soltanto il deposito e la totalità di tutte le vite passate, ma è anche un punto di partenza, il terreno fertile da cui scaturirà tutta la vita futura.

JOLANDE JACOBI

Quando ascendiamo al sesto chakra siamo aperti alla trascendenza al di là della ordinaria consapevolezza. Questa espansione può trasformare radicalmente la prospettiva da cui consideriamo la vita quotidiana e portarci una profonda intuizione e visione. Può anche elevare a più alti livelli la nostra comprensione, permettendoci anche di accogliere un sistema dell'essere assai più vasto di quelli mai prima incontrati. Con l'espansione della coscienza, il sesto chakra ci conduce a un meraviglioso mondo di colori e simboli, sogni e fantasie, archetipi e immagini. Le possibilità si allargano attraverso l'immaginazione, che stimola la creatività. La nostra nuova visione ci dona un'accresciuta capacità di comprensione, poiché non percepiamo solamente le strutture che ci circondano, ma anche il posto e lo scopo che abbiamo all'interno di esse.

Il sesto chakra ci prepara per il passaggio finale sul Ponte dell'Arcobaleno. Con la sua attenzione agli archetipi, esso costituisce il terreno preparatorio per comprendere la complessa danza del divino e della coscienza che incontreremo nel chakra successivo.

NOTE

[1] Nei testi tantrici i chakra dall'uno al cinque sono coordinati rispettivamente all'odorato, al gusto, alla vista, al tatto, all'udito. Non vi sono sensi fisici coordinati ai chakra superiori.

[2] Questi racconti sono esposti con maggiori dettagli da Jeremy Taylor, *Where People Fly and Water Runs Uphill* (New York, Warner Books, 1992).

[3] Ibid., 13.

[4] Satprem, *Sri Aurobindo, or the Adventure of Consciusness* (New York, Harper & Row, 1968).

[5] Gerhard Adler, nella citazione di Jolande Jacobi, *The Way of Individuation* (New American Library, 1965), 18.

[6] C.G. Jung, *Tipi psicologici* (*Psychological Types*, da Collected Works 6, Bollingen series XX, Princeton, Princeton University Press, 1971), 325.

[7] Erik Erikson, *Childhood and Society* (New York, W.W. Norton, 1964), 263.

[8] Serie TV condotta da Bradshaw su "La famiglia", PBS Broadcasting.

[9] Jacob Liberman, *Light, Medicine of the Future* (Santa Fe, Bear & Co. 1991), 59-60.

[10] Ibid., 36.

LETTURE CONSIGLIATE

Sui sogni

Jungian-Senoi Dreamwork Manual. Strephon Kaplan Williams. Berkeley, CA, Journey Press, 1980.

Dreamwork: Techniques for Discovering the Creation Power in Dreams. Jeremy Taylor. New York, Paulist Press, 1983.

Where People Fly and Water Runs Uphill: Using Dreams to Tap the Wisdom of the Unconscious. Jeremy Taylor. New York, Warner Books, 1992.

Lucid Dreaming: The Power of Being Awake & Aware in Your Dreams. Stephen LaBerge, Ph.D. New York, Ballantine, 1985.

SULLA RICERCA DELLA VISIONE

The Book of the Vision Quest. Stephen Foster, Ph.D. and Meredith Little. Englewood Cliffs, NJ, Prentice Hall, 1988.

Il seguente è un gruppo guida per la Ricerca della Visione:
The Great Round Desert Vision Quest
Sedonia Cahill
P.O. Box 1076
Forestville, CA 95436

ALTRO

Creative Visualization. Shakti Gawain. San Rafael, CA, New World Library, 1979.

Light: Medicine of the Future. Jacob Liberman. Santa Fe, Bear & Co., 1991.

Man and His Symbols. Carl G. Jung. New York, Doubleday, 1964.

Archetypes. Dr. Anthony Stevens. New York, Quill, 1983.

Complex, Archetype, Symbol. Jolande Jacobi. Princeton, NJ, Princeton University Press, Bollingen Series, LVII, 1959.

Personal Mythology: The Psychology of Your Evolving Self. David Feinstein, Ph.D. and Stanley Krippner, Ph.D. Los Angeles, Jeremy Tarcher, Inc. 1988.

IL SETTIMO CHAKRA
Aprirsi ai misteri del cielo

COLPO D'OCCHIO SUL SETTIMO CHAKRA

ELEMENTO
Pensiero

COLORE
Violetto

NOME
Sahasrara (mille)

POSIZIONE
Corteccia cerebrale

SCOPO
Comprensione

IDENTITÀ
Universale

CARATTERISTICHE
Trascendenza
Immanenza
Sistemi di pensiero
Potere Superiore
Divinità
Unione
Visione

ORIENTAMENTO
Conoscenza di se stessi

DEMONE
Attaccamento

STADIO EVOLUTIVO
Inizio della vita adulta e oltre

COMPITO EVOLUTIVO
Assimilazione della conoscenza
Sviluppo della saggezza

DIRITTI FONDAMENTALI
Diritto di conoscere
e di imparare

CARATTERISTICHE EQUILIBRATE
Capacità di percepire, analizzare,
e assimilare informazioni
Intelligente, riflessivo,
consapevole
Apertura mentale,
capace di porre in discussione
Possiede il senso
della connessione spirituale
Saggezza e maestria,
ampia comprensione

TRAUMI E VIOLENZE
Informazione negata
Educazione che spegne
la curiosità
Religiosità imposta
Invalidazione
delle proprie convinzioni

COLPO D'OCCHIO SUL SETTIMO CHAKRA

Obbedienza cieca (nessun diritto di porre in discussione o di pensare autonomamente)

Disinformazione, bugie

Violenza spirituale

CARENZA

Cinismo spirituale

Difficoltà d'apprendimento

Rigido sistema di pensiero

Apatia

Eccesso nei chakra inferiori: materialismo, avarizia, dominio sugli altri

ECCESSO

Iperintellettualizzazione

Ossessione spirituale

Confusione

Dissociazione dal corpo

DISFUNZIONI FISICHE

Coma

Emicranie

Tumori al cervello

Amnesie

Abbagli cognitivi

TECNICHE DI CURA

Ristabilire i legami fisico-emotivi (E)

Ristabilire il rapporto con lo spirito (D)

Programmazione di apprendimento e studio

Disciplina spirituale

Meditazione

Psicoterapia - Esame del sistema di pensiero, sviluppo della saggezza interiore, fissare un obiettivo

AFFERMAZIONI

Il divino è dentro di me

Sono aperto alle nuove idee

L'informazione di cui ho bisogno giunge a me

Il mondo è il mio maestro

Sono guidato da una forza superiore

Sono guidato dalla mia saggezza interiore

SFUMATURE DI VIOLETTO

Non ci occupiamo più dell'opposizione dualistica tra Dio e uomo, ma della tensione immanente nell'immagine stessa di Dio... Questo non-equilibrio interiore, la meravigliosa imperfezione della vita è il principio effettuale dell'evoluzione. Dio non è il creatore, ma la mente dell'Universo.

C.G. JUNG

La separazione tra spirito e materia

La civiltà occidentale si fonda sull'idea che lo spirito e la materia siano cose distinte e separate. La Terra è trattata come un oggetto inanimato, da essere usato fino allo spreco, alla nostra mancanza di discrezione. La scienza analizza il mondo con razionalità e metodo, evitando accuratamente gli aspetti più nebulosi dello spirito. Le compagnie vengono messe in piedi per accrescere i loro profitti economici, spesso con poco riguardo per il benessere spirituale dei loro impiegati o per l'ambiente.

Le persone che danno la priorità al mondo spirituale vengono spesso considerate membri secondari della società. Per molti ricercatori e rispettati maestri, la pratica spirituale è antitetica alla vita quotidiana. I monaci lasciano la casa e la famiglia per raggiungere l'illuminazione spirituale, rinunciando a tutte le cose del mondo. Le monache si chiudono in convento per essere più vicine a Dio. La filosofia New Age dell'ascesa consiglia di trascendere il corpo e di diventare pura luce. La filosofia orientale ci dice di rinunciare all'attaccamento alle cose del mondo.

Separando la spiritualità dal resto della vita ci trasforma in senzatetto spirituali. Come riflesso del divorzio archetipico tra la Madre Terra e il Padre Cielo ci viene insegnato a cercare l'illuminazione negando la natura fondamentale della nostra esistenza biologica. Questo iato tra Cielo e Terra crea un analogo abisso tra spirito e anima, abisso in cui molti precipitano quando iniziano delle pratiche ascetiche, rassegnano la propria volontà a dei guru e si distaccano dal mondo. Negare la nostra natura essenziale per raggiungere l'unità è una contraddizione radicata nel pensiero dualistico, che non condurrà mai né all'unità né all'interezza.

Il settimo chakra riguarda la fusione con la coscienza divina e la realizzazione della nostra natura più autentica. Le preoccupazioni insignificanti che affollano la nostra vita in stato di veglia, spesso ci distraggono dal ricordarci chi siamo veramente, sotto il lavoro e l'automobile, i bambini e i vestiti. È importante sapere che siamo figli del divino, che cercano la strada per tornare a casa – che esiste un senso più profondo della vita di quello che normalmente percepiamo.

Ciò che di questo mito della separazione è valido, è che abbiamo bisogno di staccarci dalle illusioni e dagli attaccamenti che mettiamo tra noi e il divino, dai sostituti che usiamo per riempire il vuoto della nostra anima [1]. Io credo che la fonte estrema di queste ferite dell'anima sgorghi dallo spogliare l'esistenza ordinaria del suo significato spirituale, lasciando l'uomo qualunque privo di scopo o direzione.

Il chakra della corona è il loto dai mille petali. Molti pensano che i petali si stendano verso il cielo; di fatto, i petali del loto si incurvano verso il basso come un girasole, stillando nettare nella corona e giù giù verso i chakra. In questo modo i due estremi dello spettro sono profondamente collegati. Come può un loto fiorire senza radici nella Terra? Come può raggiungere il cielo se le sue radici non sono ampie e profonde?

Il Ponte dell'Arcobaleno, come tutti i ponti, serve a collegare. I due estremi dello spettro servono a collegare il sé individuale alla creazione universale. La sezione centrale del ponte porta nel mondo quella combinazione attraverso appropriate azioni, giuste relazioni e contributi creativi. Il nostro scopo, nel settimo chakra, è quello di entrare in contatto con il divino, ma anche di manifestare la divinità nel nostro corpo e nelle azioni e in tal modo di trasformare il mondo. Nel settimo chakra vediamo il divino in ogni cosa e in tutti i suoi infiniti aspetti. Attraversare il ponte dell'Arcobaleno significa allungarsi per collegare il finito con l'infinito, pur conservando le due qualità. È questo protenderci che ci fa crescere.

Per arrivare al loto in piena fioritura del chakra della corona, il nostro stelo deve essere collegato senza interruzioni alla Terra, le nostre radici affondate profondamente nel terreno. Grazie a questo collegamento il nostro loto è nutrito e continua a fiorire, i suoi petali continueranno a dischiudersi. Certo, il nostro scopo è quello di liberare lo spirito, ma, se dobbiamo evitare di perderci nell'infinito, dobbiamo conservare una casa in cui lo spirito possa far ritorno. È questa l'impresa di un settimo chakra psicologicamente equilibrato.

IL LOTO DAI MILLE PETALI SI SCHIUDE

Caratteristiche essenziali del settimo chakra

Coscienza

Consapevolezza

Il testimone

Sistema di pensiero

Sistema operativo

Identità universale

Attaccamento

Potere superiore

Trascendenza

Immanenza

Divinità

Informazione

Intelligenza

Significato

Unità

Coscienza

Coscienza, la frontiera finale. Quella chiave grande e indispensabile al mistero ultimo, infinito e insondabile. La sola cosa che ci permette di guardare nello specchio dell'anima e percepire la nostra esistenza. La coscienza è tanto la nostra meta finale che il mezzo di trasporto.

Che cosa, proprio in questo momento, sta leggendo queste parole, le vaglia e dà loro un senso? Che cosa vi ha spinto a leggere questo libro, scegliere il vostro partner, percorrere il cammino che compite ogni giorno? Che cosa vede, sente, ricorda, prova emozioni, pensa e fa muovere il vostro corpo ogni giorno per svolgere le vostre attività? La risposta offre la parte finale del nostro Ponte dell'Arcobaleno.

Crediamo che la coscienza siano i nostri pensieri, ma i pensieri sono quello che la coscienza crea, non ciò che è. Pensiamo che la coscienza siano le nostre percezioni, ma vi è una facoltà che non solo percepisce, ma anche ricorda, vaglia e integra le nostre percezioni. Chi o che cosa fa questo? Avvertiamo la spinta della coscienza sulle nostre emozioni, ma chi o che cosa prova queste emozioni e in che modo sperimentiamo i sentimenti? Questo è il mistero che accogliamo nel chakra della corona, un mistero che si può solo provare, non spiegare.

Quando diventiamo consapevoli della nostra coscienza assistiamo a un miracolo. Il fatto che la vostra mente sia in grado di decifrare queste strane forme sulla pagina, le colleghi in parole e poi in concetti e in azioni – questa è un'abilità enorme. Il fatto che siamo in grado di contenere dentro di noi le parole di centinaia di canzoni, identificare innumerevoli voci al telefono – persino queste abilità quotidiane hanno del miracoloso. Il fatto che possiamo creare i nostri programmi e riscriverli allo stesso tempo, che siamo in grado di imparare moltissimo su qualunque argomento studiamo, e trasformare quella conoscenza in espressione creativa, tutte queste sono realizzazioni fenomenali. Anche se possediamo dei computers che possono compiere dei calcoli superiori alla capacità umana, dobbiamo ancora creare una macchina, anche solo lontanamente sofisticata, quanto il cervello umano.

I saggi mistici descrivono la coscienza come un campo unificato in cui è immersa tutta l'esistenza. Gli esseri senzienti hanno la capacità di accedere a quel campo universale di intelligenza, dove sono vaste riserve di informazioni, proprio come un computer personale può accedere a Internet. A quanta coscienza possiamo accedere dipende dal nostro apparato. Un calcolatore a mano non è in grado di utilizzare tante informazioni quante un computer e dunque non può accedere a Internet o conservare note di ricerca. Una scimmia non può accedere alla stessa quantità di coscienza di un essere umano e non può compiere calcoli matematici o scrivere poesie.

Aprire il chakra della corona non è tanto una questione di accrescere la nostra coscienza, quanto di allargare il sistema operativo in modo che possa accogliere una porzione più ampia del campo universale della coscienza. Questo si ottiene con la meditazione, la pratica spirituale, le esperienze mistiche, stati alterati di coscienza, studio ed educazione e l'atto elusivamente semplice, ma profondo, di prestare attenzione.

Tuffarsi nel fiume della coscienza

In un mondo che crea se stesso, il concetto di divinità non rimane al di fuori, ma è immerso nella totalità delle dinamiche dell'autoorganizzazione a tutti i livelli e in ogni dimensione.

ERICH JANTSCH

Erich Jantsch lo scomparso teorico sistemico, ha delineato tre distinti livelli di sistemi della coscienza umana: quello *razionale*, quello *mitico* e quello dell'*evoluzione*[2]. Se immaginiamo la vita in tutta la sua complessità, come se fosse dell'acqua che scorre nel letto di un fiume, possiamo illustrare ciascuno di questi livelli come un sistema operativo distinto che organizza l'informazione e l'esperienza.

Iniziamo col sederci sulla riva del fiume e guardare l'acqua che scorre. Questo rappresenta il sistema razionale, nel quale la conoscenza giunge attraverso la scienza e altri mezzi logici, empirici. Le attività essenziali del procedimento razionale sono l'osservazione e la definizione di leggi. Il nostro metodo di indagine è caratterizzato da un rapporto *Io -esso* – soggetto, oggetto. Facciamo cose a *esso* e osserviamo le *sue* reazioni. Osserviamo e misuriamo lo scendere e il salire delle acque, la riva del fiume e la sua erosione, le foglie e i pezzetti di legno che passano. Impariamo quanto più ci è possibile dall'*esterno* della corrente, ma se ci avviciniamo sempre più all'acqua, nel tentativo di comprenderne i più profondi misteri, alla fine *ci cadiamo dentro.*

Immersi nel fiume, la nostra prospettiva cambia in modo impressionante. Questo ci trasporta nel *sistema mitico*.

Molti scelgono di rimanere per sempre sulle rive del fiume, raccogliendo dati. Credono che la volontà procurerà loro l'illuminazione accumulando pile sempre più alte di informazioni.

Quando cadiamo nel fiume, passiamo dall'*osservazione* all'*esperienza*. Immersi nell'acqua non stiamo più fuori guardando dentro, ma siamo dentro una forza più grande della nostra. Questa forza è l'aspetto mitico della corrente. Non può essere spiegata in termini di litri d'acqua o tasso di scorrimento, ma è qualcosa che conosciamo e di cui facciamo esperienza. Se accettiamo questo livello mitico e accettiamo di nuotare nel fiume per un po', non vediamo più il rapporto col fiume come *Io* e *esso*, ma come *Io* e *Tu*. Qui il soggetto accetta il soggetto. Il fiume possiede una forza vitale sua propria – va da qualche parte e ci porta con sé. Stupidamente possiamo cercare di nuotare controcorrente, oppure possiamo accettare che la sua forza ci conduca in un viaggio.

La coscienza archetipica emerge quando entriamo nel fiume. A livello archetipico ci identifichiamo col fiume, lo identifichiamo con la forza che ci trasporta lungo il nostro percorso, ci identifichiamo con le sue corse e i suoi rallentamenti, con le sue pericolose rapide e le sue dolci anse. Ci identifichiamo e accettiamo.

Il nostro insieme di dati, raccolti a livello razionale, ora si assembla in un'unità intuitiva, una gestalt completa che coinvolge simultaneamente il corpo e la mente. Possiamo sapere quanti metri cubi scorrono nel fiume, o se davanti ci troveremo una cascata o delle rapide. Questa conoscenza è il nostro fondamento, il necessario orientamento di coscienza del chakra inferiore. E tuttavia, poco ci dice su come nuotare, una tecnica che possiamo imparare solo bagnandoci. Quando nuotiamo, non possiamo spiegare quanti litri d'acqua dobbiamo spingere con le mani e nemmeno quante bracciate dobbiamo fare. Possiamo imparare solamente sentendolo e facendolo, così come avviene anche con la corrente della vita.

A livello mitico combattiamo contro delle forze che vivono di vita propria. Per poter sopravvivere dobbiamo diventare un'unica cosa con quelle forze, ma per poter fare questa esperienza dobbiamo abbandonare la riva del fiume. Questo è l'aspetto della spiritualità che richiede di *lasciarsi andare*. La riva del fiume è il mondo che ci è familiare, la nostra mente razionale, la nostra sicurezza e salvezza. È il nostro bagaglio di conoscenze. Quando entriamo nella coscienza mitica, il sistema razionale non scompare, ma viene trasceso attraverso un'esperienza più profonda.

Diventare "tutt'uno col fiume", non significa perdere se stessi. Se ci arrendessimo e ci lasciassimo andare all'acqua, annegheremmo o saremmo scagliati contro le rocce! È questa la sfida che molti di noi incontrano sul proprio percorso spirituale. Come possiamo diventare tutt'uno con una forza più grande di noi stessi senza perdere noi stessi? Bisogna chiamare in causa la *volontà* del nostro terzo chakra, che porterà i piedi a scalciare. Dobbiamo imparare a metterci in rapporto col fiume e a interpretare le nostre molte sensazioni, che ci dicono esattamente come muoverci tra le rocce. Una volta che ci siamo totalmente immersi nella corrente di energia che scorre attraverso il nostro corpo e la nostra vita, siamo costretti ad affrontare imprese più grandi. Siamo costretti ad evolverci.

Grazie a questa immersione – che non è soltanto un tuffarsi, ma un imparare a nuotare, finché diventa una meravigliosa danza libera e fluida – entriamo nel terzo livello di coscienza: il *sistema evolutivo*. A questo punto l'*Io* e il *Tu* diventano *Noi*. È l'espandersi nella mente universale, l'unione con il divino e la condizione totale dell'essere, in cui i confini del sistema sono scomparsi per ricreare un'unità più profonda e più grande. Ancora una volta, non perdiamo l'Io, ma lo ridisegnamo. Ora l'Io comprende il tutto. Qui si trova la nostra trascendenza finale nella coscienza cosmica, da cui torneremo con una rinnovata capacità di comprensione per aiutare il processo di evoluzione culturale.

Molte discipline spirituali, particolarmente quelle orientate verso l'ascesa, ci raccomandano di rinunciare al sé, di consegnarsi totalmente a un maestro, a un guru o a un particolare concetto di Dio[3]. Anche se è importante rinunciare all'attaccamento alle identità inferiori, ciò che è veramente necessario è di diventare tutt'uno *con* il divino. Non esiste un *Noi* senza un *Io*. Diventare tutt'uno con il divino non significa abbandonare il Sé (come archetipo della totalità), ma comprendere che la coscienza divina è quello che esattamente è il Sé.

Diventare tutt'uno con il divino significa dissolvere o trascendere i confini che ci tengono separati. Questi confini esistono solo nella nostra mente. Quello a cui dobbiamo rinunciare è l'attaccamento alla riva del fiume, al nostro rifiuto di immergerci e bagnarci, dobbiamo accettare la sfida dell'ignoto. Dobbiamo rinunciare a rimanere legati a un atteggiamento razionale, quando non è in grado di fornirci il senso più profondo di ciò che significa essere nella corrente. Come ha detto Jantsch: "Senza la ricerca evolutiva manchiamo del senso della direzione; senza ricerca mitologica manchiamo del senso dell'esistenza sistemica. Senza entrambe, ci separiamo dal mondo in cui viviamo" [4].

Il testimone

Ciò che cerchiamo è l'essenza di ciò che viene cercato.

Talvolta ci si riferisce all'essenza della consapevolezza interiore come al testimone. Il testimone risiede dietro la nostra normale attività, osservando, senza emettere alcun giudizio, le emozioni che cambiano, l'affastellarsi dei pensieri, gli impulsi e gli attaccamenti. Il testimone sta al di là e al di sopra del corpo e le sue esperienze, al di là dei ricordi e dei sogni, benché osservi silenzioso tutti questi eventi. Il testimone potrebbe essere l'essenza dell'anima che è già vissuta al di là di questa vita. Può essere un'intelligenza divina più grande del Sé. Diventando consapevoli del testimone, diventiamo consapevoli dell'essenza che lo abita. Esso è la radice del Sé, una scintilla inestinguibile del divino.

Accogliendo il testimone, accogliamo la realtà che è alla base del nostro essere. Esso è tanto il soggetto che l'oggetto. Può staccarci dai luoghi della nostra sofferenza e insegnarci a nuotare nella corrente quando ci agitiamo in modo sconnesso. È l'eterna guida, un amico impareggiabile, la profonda consapevolezza interiore del Sé. Alla fine di questo capitolo troverete degli esercizi per accogliere il testimone. Per il momento, continuando a leggere queste parole e, quando avrete posato il libro e continuerete a vivere la vostra vita, siate consapevoli del testimone che è in voi. Siatene solo consapevoli.

Sistemi di pensiero

Volendo continuare l'analogia dei chakra come programmi su dischetto, inseriti al bisogno nel sistema generale, possiamo considerare il chakra della corona il *sistema operativo*. Il sistema operativo ci permette di leggere un programma e farne uso. Decodifica le istruzioni di quel programma. In altre parole, dà loro un senso. L'attività primaria del settimo chakra è quella di trarre un senso[5].

Il senso ci dice in che modo orientarci. Ci suggerisce come interpretare qualcosa, come reagire, come organizzare la nostra esperienza. Dà scopo alla nostra vita, creando un contesto più ampio in cui collocare la nostra esistenza. Molti, quando qualcosa accade loro, vogliono scoprirne il significato. Se avvertite nel corpo un dolore insolito, andate dal dottore per scoprire che cosa significa. Se venite licenziati, volete sapere se questo significa che il vostro lavoro lasciava a desiderare, che l'economia sta andando male oppure se l'universo vi sta dicendo di cambiare carriera. Nella psiche umana il senso viene integrato in un insieme di convinzioni. Queste convinzioni diventano poi il sistema operativo che fa funzionare i programmi di tutti gli altri chakra.

Le nostre convinzioni nascono dall'interpretazione che diamo alle nostre esperienze, ma dopo che le convinzioni si sono formate, è vero anche l'opposto – l'interpretazione si basa sulla convinzione, creando un inevitabile sistema di feedback. Da piccola Susan veniva continuamente delusa. I suoi genitori le promettevano ripetutamente qualcosa – un regalo, una gita speciale – e poi rompevano la promessa. Lei si creò la convinzione che non poteva fidarsi di nessuno. Ora, la minima esitazione in una voce è per lei una prova che verrà tradita. La sua convinzione influenza l'interpretazione delle situazioni presenti. Dal momento che il suo sistema operativo è questo, lei opera da una posizione di sfiducia.

Le nostre convinzioni sono il modo in cui consideriamo com'è il mondo. Si fondano su concetti che ci siamo formati. Dunque la *concezione* è il punto iniziale di tutto ciò che manifestiamo. Prima di fare qualcosa dobbiamo concepirlo.

Nella concezione biologica, quando un ovulo e uno spermatozoo si uniscono, la sostanza materiale è assai poca, ma l'informazione è abbondante. I DNA dell'ovulo e dello spermatozoo contengono l'"in-forma-zione" (i mezzi di formare dentro) che organizza i tessuti secondo una forma particolare[6]. Analogamente le nostre idee e concezioni sono i principi ordinatori dell'informazione. Ci permettono di organizzare i nostri dati e guidano il nostro comportamento.

La natura del nostro sistema di pensiero determina l'interpretazione che diamo a qualunque evento ci fornisce l'esperienza. Questa interpretazione è il principio governatore del modo in cui strutturiamo la nostra vita.

La "piccola locomotiva che poteva" *credeva* di potercela fare. L'ottimista che crede che questo è il migliore dei mondi possibili dà un'interpretazione diversa da quella del pessimista che teme di aver ragione. Le nostre convinzioni danno forma alla nostra realtà e la realtà dà forma alle nostre convinzioni.

Joan, ad esempio, aveva avuto una serie di esperienze negative con gli uomini, compresi due tentativi di stupro. Era convinta che gli uomini sono egoisti, pericolosi e meno evoluti spiritualmente. Nicole, d'altro canto, pensa di non valere nulla senza un uomo, da sola si sente incompleta ed è sempre alla ricerca del Principe Azzurro. Stanno parlando tra loro durante un party, quando un uomo attraente si dirige verso di loro e inizia a flirtare. Che cosa pensate che accada? Joan lo interpreta come un'interruzione alla sua conversazione, si sente insultata e diventa scortese. Nicole è deliziata e taglia corto con Joan per parlare con l'uomo, un'azione che Joan interpreta come colpa di *lui*. Registrando questi atteggiamenti, l'uomo naturalmente rivolge la sua attenzione a Nicole e ignora Joan. Uno stesso evento viene interpretato in due modi diversi e a loro volta queste interpretazioni influenzano il comportamento dell'uomo, il che conferma le loro convinzioni.

Il viaggio di ritorno, partendo dal chakra della corona, inizia con la concezione di un'idea. Questa concezione è il supremo *bindu*, il punto privo di dimensione della coscienza da cui tutto ha origine. Partendo dalla concettualizzazione generiamo delle immagini nel sesto chakra. Abbiamo già detto come la luce della coscienza brilla attraverso quelle immagini come attraverso vetrate colorate, conferendo loro il potenziale per manifestarsi. Queste immagini che portiamo generano poi la nostra storia – la nostra litania verbale di convinzioni che descriviamo agli altri. La nostra storia genera certi tipi di relazioni, che stimolano varie attività, emozioni e infine esperienze fisiche, via via che la manifestazione scende dalla concezione della coscienza attraverso i chakra.

Se vogliamo vedere che aspetto ha la coscienza, dobbiamo solo guardarci intorno. Tutto ciò che vediamo è iniziato da una concezione – gli edifici disegnati dagli architetti, le persone che camminano per la strada, gli alberi e i fiori che crescono naturalmente dai semi. Vedere la natura della nostra coscienza significa vederne il riflesso nelle nostre creazioni – i volti della nostra famiglia, il modo in cui ci occupiamo della nostra casa, l'espressione del nostro corpo, le cose che creiamo. Quando la coscienza all'interno cambia, anche queste manifestazioni esterne cambiano. Nella terapia è più facile generare dei cambiamenti nella coscienza, che applicare queste intuizioni in modo da cambiare la propria vita. Nondimeno i cambiamenti esteriori sono impossibili senza il risveglio interiore.

Il lavoro di riprogrammazione nel chakra della corona esige un esame dei propri sistemi di convinzioni o di pensiero, dal momento che sono queste le strutture primarie che generano la nostra realtà. Spesso invisibili, i nostri sistemi di convinzioni sono talmente parte di noi che non ne riconosciamo nemmeno l'esistenza. Quando il chakra della corona si risveglia, pone in discussione ciascuno e tutti i nostri sistemi di pensiero, riprogrammando costantemente e migliorando il sistema operativo che fa funzionare la nostra vita.

Identità universale

Non si può giungere alla liberazione se non con la percezione dell'identità tra lo spirito individuale e quello universale.

SHANKARA

Ciascuna delle identità che abbiamo esplorate nei chakra inferiori può essere considerata metaforicamente come uno strato di vestiti. Ora che siamo giunti alla fine del viaggio rivediamo ancora una volta queste identità.

Il primo chakra ci ha portato *l'identità fisica*, grazie alla quale ci identifichiamo col corpo e con le sue necessità e capacità, ma anche col mondo fisico attorno a noi. L'identità fisica è orientata verso l'*autoconservazione*.

Nel secondo chakra abbiamo assunto la nostra *identità emotiva*, percependo le sensazioni del corpo fisico e trasformandole a livello inconscio in un significato orientato sul valore. Diamo valore a ciò che fa star bene, svalutiamo ciò che fa star male e ce ne allontaniamo. L'identità emotiva sprizza desiderio e motivazione, che sono i carburanti della volontà del chakra superiore. Qui la nostra spinta è verso l'*autogratificazione*.

Con lo sviluppo della volontà si risveglia il nostro sé, separato e autonomo. È la nascita dell'*identità dell'ego*, l'elemento esecutivo del Sé. Quando l'ego si volge verso il mondo esterno, inizia a staccarsi dalle spinte inconsce. Ciò che innanzitutto lo concerne è l'*autodefinizione*.

Nel quarto chakra ci siamo diretti verso la nostra identità sociale, dove l'identità dell'ego si allarga a includere le relazioni con gli altri. La caratteristica riflessiva di questa identità è l'*autoaccettazione*, aspetto essenziale per accettare gli altri.

Il quinto chakra ci ha portato la nostra identità *creativa*. Siamo più consapevoli del mondo attorno a noi e cerchiamo di offrire un contributo alla sua cultura, all'arte, ai processi creativi in generale. Quel che è dentro ha avuto tempo di accumularsi, maturare e svilupparsi fino all'*autoespressione*.

Il sesto chakra ci ha "immersi nel fiume", attraverso cui siamo entrati nel mitico regno dell'*identità archetipica*. Qui abbiamo iniziato a identificarci con le forze transpersonali, mitiche, che guidano il nostro mondo e la nostra vita. Vedendo noi stessi riflessi in queste forze mitiche, ci avviciniamo ad una *autoriflessione* transpersonale. L'esperienza archetipica ci offre un mezzo di concettualizzare e fare esperienza delle energie divine.

Nel chakra della corona siamo pervenuti all'identità finale e più vasta, l'*identità universale*. Via via che la nostra coscienza si amplia, la nostra comprensione accoglie sfere sempre più ampie.

Quando scopriamo l'immensità del sistema in cui siamo immersi, ci identifichiamo con la nostra connessione universale. Ora la nostra informazione può spaziare dalla conoscenza di galassie distanti migliaia di anni-luce, alla danza delle particelle subatomiche in ciascuna cellula del nostro corpo. Comprendiamo la storia dell'evoluzione, che copre miliardi di anni e ci rendiamo conto di far parte dell'intero tessuto della vita – animali, piante, montagne e mari. Questa identificazione così ampia può essere raggiunta solamente attraverso la coscienza stessa, attraverso l'informazione. Posso comprendere la storia della mia evoluzione perché sono venuto a conoscerla. Posso immaginare le galassie a spirale perché ne ho visto delle fotografie. Posso mettermi in contatto con il più vasto mondo quando trascendo il mio ego e mi rendo conto del senso più vasto dell'esistenza. Questo è il tema comune a tutte le esperienze mistiche: la perdita dell'identificazione con gli stati inferiori dell'ego e il riconoscimento di un'identità unita a quella dell'intera creazione.

Ciascuna di queste identità prende le mosse da qualcosa di individualmente innato – unico e personale come il nostro corpo – per volgersi verso l'universale. All'estremità esterna del chakra della corona, l'individualità viene totalmente trascesa e assorbita nel campo più vasto del divino, espresso dalla massima buddista *Tu sei Quello*. Scopo del chakra della corona, della meditazione e della maggior parte delle discipline spirituali, è quello di spezzare il legame limitato con le identità inferiori e di realizzare l'identità universale.

Infatti ciascuna di queste identità è un sistema di convinzioni e un mezzo di interpretazione. Prendiamo una relazione ad esempio. Una persona che si identifica nel sentimento, porterà avanti una lunga relazione, anche se non è conveniente, finché i sentimenti rimarranno abbastanza forti. Un tipo concreto, per il quale è più importante l'aspetto pratico, può interrompere la relazione incurante della profondità dei sentimenti. Se vivi secondo la tua identità sociale, interpreti la relazione in termini del ruolo sociale che ne ricavi. Se fallisce, credi di aver fallito nel tuo ruolo, oppure che l'altra persona abbia fallito nel suo ruolo. Se vivi secondo la tua identità creativa, allora ti chiederai se la relazione sostiene il tuo lavoro creativo. Con l'identità archetipica, potresti vedere la relazione come una danza archetipica tra Madre e Figlio, tra il Dio delle Tenebre e la Fanciulla Divina, oppure tra l'Eroe e la sua conquista.

Nell'identità universale il sistema operativo trascende tutte queste interpretazioni e assiste semplicemente all'incredibile danza del cosmo nella miriade delle sue manifestazioni. In questa identificazione ci separiamo dall'attaccamento e dal controllo e ci apriamo invece ad un miracoloso testimoniare. Qui veramente "lasciamo l'io e lasciamo entrare Dio".

Quando si realizza la propria identità universale, le nostre molte identità ci appaiono solo delle vesti. Ciò non significa doversi liberare di queste vesti – a me piacciono molto le mie vesti e sono pochi i luoghi in cui mi sento a mio agio nuda. Così ho bisogno del mio ego e della mia "persona" quando tengo una conferenza. Quando il mio corpo è stanco ho bisogno di identificarmi con lui. Ma ho anche bisogno di sapere che queste identità sono delle opzioni, che rappresentano solo parte di una totalità più vasta. Sono dei vestiti che posso indossare e togliere quando è opportuno e non perché sono l'unica dichiarazione di ciò che io sono.

Per realizzare la propria identità universale è necessario che le fondamenta delle identità inferiori siano al loro posto. Ci sarà difficile andare alla ricerca di una coscienza cosmica se siamo nel bel mezzo di una crisi di identità emotiva o fisica. Siamo assai più stabili quando le necessità degli ordini inferiori sono soddisfatte.

L'attaccamento: il demone del chakra della corona

È attraverso il dolore e non ottenendo ciò che mi aspetto, che imparerò di più sui miei attaccamenti e su me stesso, e in tal modo potrò crescere.

CHARLES WHITFIELD

Il demone del chakra della corona è l'attaccamento. Benché sia una cosa necessaria per assumere e mantenere gli impegni, essenziali per i chakra inferiori, inibisce la nostra capacità di espanderci nel chakra della corona. L'attaccamento è la negazione dello stato continuamente fluido del sistema universale. Ci ancora al tempo e ci rende incapaci di andare avanti. Ci ancora a un luogo ristretto, rendendoci incapaci di accoglierne uno più vasto. Nelle religioni orientali l'attaccamento è considerato la radice di ogni sofferenza.

L'attaccamento è un demone scivoloso. Non è qualcosa di cui possiamo fare interamente a meno, poiché dobbiamo mantenere alcuni attaccamenti sani ai nostri figli e alle persone amate, ai nostri obiettivi e agli impegni presi. Una volta ho ascoltato la storia di uno yogi che incontra un maestro e gli chiede di diventare suo allievo. Il maestro gli chiede di dimostrare la sua sincerità rinunciando alla moglie e alla famiglia, il che lo yogi fece immediatamente, come prova del suo non attaccamento. È veramente un atto spirituale abbandonare le persone che avevano bisogno di lui, così da poter seguire il suo desiderio di illuminazione? Dal mio punto di vista non lo è. Il vero non attaccamento sarebbe stato quello di dire: "In questo momento ho delle responsabilità. Verrò quando i tempi saranno maturi".

Per alcuni, rinunciare all'attaccamento e fuggire dalle responsabilità sono sinonimi. Può diventare una via di fuga. Quando i problemi si fanno difficili, tagliamo gli ormeggi invece che lavorare sugli aspetti critici. Così facendo, guadagnamo la libertà ma sacrifichiamo la crescita.

Nel senso più profondo del termine, la rinuncia all'attaccamento riguarda il modo in cui indirizziamo la nostra energia psichica. Quando rinunciamo all'attaccamento, lasciamo andare la *fissazione* su qualcosa di esteriore, ci lasciamo alle spalle il bisogno di controllare, il desiderio di un certo risultato. L'attaccamento significa non aver fiducia nella saggezza dell'universo, che invece tenta di insegnarci qualche cosa. Rimaniamo attaccati per difenderci dalla sofferenza, invece di considerare la sofferenza come un insegnamento. L'attaccamento ci dice che siamo sicuri di sapere quello che è meglio. Non permette l'umiltà che ci apre a qualcosa di più grande.

Come tutti i demoni dei chakra, l'attaccamento è anche un maestro. Quando ho iniziato questo capitolo, ho perso l'amore di una persona a cui ero profondamente attaccata. (Sono stata messa alla prova?) Il mio attaccamento mi ha lasciata svogliata nel mio lavoro, sofferente nell'anima. Ho pregato di esserne liberata, ho compiuto dei rituali per liberarmene, ma non ho cambiato idea. Sono rimasta attaccata – combattendolo nel frattempo. Infine un'amica mi ha consigliato di non combatterlo così strenuamente, ma di fargli fare semplicemente il suo corso – di piangere il lutto. Combattendolo, non facevo che aumentare l'attaccamento. Dobbiamo invece rivolgerci ai fattori nascosti che danno forza al nostro attaccamento. Qual è il suo scopo? Qual è il dolore che vuole essere consolato? Chi sta soffrendo? La perdita ci costringe a ridirigere le nostre energie. Verso cosa ci spinge? Che lezione ci insegna? Rivolgendoci alle nostre necessità profonde daremo sollievo ai nostri attaccamenti per quello che non possiamo avere.

L'attaccamento fissa la nostra energia all'esterno del sé. Invece di concentrarla sull'oggetto dell'attaccamento – l'amante perduto, l'opportunità perduta, la ricompensa elusiva – dovremmo ridirigere l'energia psichica verso il Sé. Possiamo cercare ancora il testimone interiore. Chi è attaccato? Quale convinzione profonda sostiene questo attaccamento? A quale scopo serve questa convinzione? Quali sono i suoi benefici? Qual è il suo prezzo? Quale pesa di più?

Possiamo anche attaccarci a un sistema di credenze. Nel 1600 la Chiesa cattolica era talmente attaccata all'idea che il sole girasse attorno alla terra, che Galileo fu messo a tacere e fu condannato per aver sostenuto il contrario. Il padre di qualcuno che conoscevo era talmente attaccato all'idea che il suo figlio gay era un peccatore, che si rifiutò di vederlo quando giaceva sul letto di morte colpito dall'AIDS, negando a entrambi una grande occasione di completamento. La certezza può essere uno dei più evidenti biglietti di presentazione dell'ignoranza. Quando siamo sicuri di sapere qualcosa, corriamo il rischio di chiudere il chakra della corona. Le nuove informazioni ci chiedono di ampliare il nostro sistema di credenze e il rifiuto di farlo chiude il nostro sistema.

Un altro termine per attaccamento è *dipendenza*. Ci attacchiamo perché farlo serve al nostro scopo – non perché sia giusto, o perché qualcosa o qualcuno sono per forza giusti per noi, ma perché inconsciamente usiamo quell'attaccamento per evitare alcuni aspetti della nostra crescita.

L'*evitare* è un'altra forma di attaccamento, ma a rovescio. Quando evitiamo, siamo attaccati al *non* avere qualcosa, molto spesso attaccati a non voler affrontare situazioni spinose o difficili nelle quali ci sentiamo inadeguati. Quasi tutto quello che abbiamo detto sull'attaccamento si applica all'evitare e quello che evitiamo è altrettanto pertinente alla nostra crescita. È interessante notare che, nelle relazioni, l'evitare dell'uno diventa l'attaccamento dell'altro. Spesso si può rimediare a queste situazioni facendo muovere entrambe le parti verso il centro.

Tanto nell'attaccamento che nell'evitare deve esserci una volontà di allentare, una volontà o di affrontare qualcosa o di lasciarla andare. Spesso questo deve accadere al livello egoico del terzo chakra, che è il più coinvolto con il trattenere e il lasciar andare. Come Charles Whitfield ha descritto con tanta precisione: "La sofferenza può imporre una nuova prospettiva e percezione di quella che è la realtà. Attraverso ripetute frustrazioni può indebolire l'ego abbastanza da permettere la rinuncia o la resa, che apre l'individuo alla possibilità di trascendere i suoi precedenti sistemi di convinzioni e livelli di coscienza".

Potere superiore

Il moderno movimento dei Dodici Passi, nato per assistere le persone sulla via della guarigione dalle dipendenze e da altri disordini, dà molta enfasi al contatto con un potere superiore. Molti credono che l'aspetto dei dodici passi sia l'elemento essenziale del recupero, mentre altri ne vengono allontanati, a causa di precedenti esperienze con la religione.

Per aprirsi a un potere superiore e, in generale, al lato mistico e trascendente della spiritualità, è necessario sapersi arrendere. Soltanto abbandonando i nostri attaccamenti, i nostri inutili sistemi di credenze, le nostre abitudini alla dipendenza e il nostro bisogno di controllare, potremo fare veramente esperienza della grandezza della nostra identità universale. Soltanto allora ci apriremo alle numerose possibilità che esistono.

Abbiamo fatto esperienza per la prima volta del potere superiore con i nostri genitori. Da bambini essi per noi erano degli dei – onnipotenti, onniscenti. Quando eravamo dei bambini indifesi ci hanno vestiti e nutriti. Sono stati i nostri primi maestri, i nostri protettori, coloro che provvedevano a noi. Se la fiducia nei nostri genitori e la resa al loro amore e alla loro guida sono state ben riposte, il chakra della corona si aprirà serenamente ad un potere superiore. Se l'infanzia non è stata sicura, allora sarà assai difficile lasciarsi andare alla resa. Bisogna riesaminare gli aspetti originali della fiducia sotto una luce nuova e riapplicarli.

La resa a un potere superiore non ci chiede di abbandonare i nostri stati inferiori, bensì quello che ci separa dal resto della creazione. Arrendersi significa lasciare andare le nostre difese, rinunciare all'attaccamento, aver fiducia nell'universo. Quando rinunciamo alle piccole cose che ci teniamo tanto strette, siamo sollevati e trasportati nella grazia.

Trascendenza e immanenza

La trascendenza è la via della liberazione. L'immanenza è la via della manifestazione. Accogliendole entrambe vedremo il divino all'interno e all'esterno come un'inseparabile unità. Il chakra della corona è una porta di entrata e di uscita per ciò che sta oltre. Si apre verso l'esterno, al di là di noi stessi, verso l'infinito e si apre verso l'interno e verso il basso, al mondo della visione, della creazione ed infine della manifestazione. Le filosofie orientali mettono l'accento sulla trascendenza quale punto d'arrivo ed essenza del chakra della corona, anzi dell'intero sistema dei chakra. La trascendenza è un bagno purificatore nelle acque dello spirito, un meraviglioso sollievo da quello che ci lega alla limitazione. Il fine del risalire lungo i chakra è quello di una costante trascendenza, in cui ciascun nuovo piano include il chakra inferiore in una cornice più ampia. L'esperienza della trascendenza è un'esperienza di liberazione.

Infine dobbiamo ritornare verso il basso, poiché l'espansione della coscienza assume maggior valore quando viene applicata. Una luce che ci brilla negli occhi può accecare, ma la luce concentrata su qualcosa che dev'essere illuminato è una benedizione. L'immanenza è la luce della coscienza divina che splende dall'interno. Manifesta la presenza del divino che è in noi, la divinità del Sé nella sua totalità. Da una prospettiva immanente la divinità esiste in ogni cosa vivente e non vivente. Parlare con voi significa parlare con la natura di Dio/Dea che è in voi. Coltivare un giardino o allevare un bambino è la manifestazione della divinità nelle sue molteplici forme. Enunciare la vostra verità significa emanare da voi stessi la divinità.

Una volta un'amica mi ha detto: "Perché preoccuparsi della creazione? Perché non andare dritti alla fonte?" Essendo una grande amante della creazione e della fonte che vi sta dietro, ho riflettuto su questa frase per un po'. Si dovrebbe ignorare la bellezza dei fiumi, dei laghi e degli oceani perché non sono le nuvole? Dovremmo guardare soltanto il sole invece del delicato gioco della luce sui fiori? Dovremmo ignorare il bambino e andare direttamente dalla madre? Se scrivo un libro, voglio che la gente lo ignori e invece mi chiami al telefono? Assolutamente no! La creazione è l'espressione del divino e spesso è più profonda, raffinata e dettagliata della fonte stessa, che è immensamente vasta e astratta.

Una delle differenze tra l'anima e lo spirito è che l'anima è un'espressione dell'immanenza all'interno dell'individuale, mentre lo spirito cerca la trascendenza e l'universale. L'anima è una raccoglitrice dello spirito, che trasforma l'astrazione in un essere composito. Di fatto lo spirito può essere individuale o no, dal momento che può assumere molte forme. Come la coscienza, lo spirito sembra essere un campo da cui attingiamo e che ci portiamo dentro. L'anima è ravvivata dalla presenza dello spirito, come se lo spirito fosse l'essenza da cui essa è formata. Lo spirito è ancorato ed espresso dall'anima, che gli dà corpo, senso e scopo. L'anima tende alla manifestazione, lo spirito alla liberazione.

Quando raggiungiamo la trascendenza entriamo in un campo che tutto abbraccia. Quando trasportiamo quel divino stato di risveglio della coscienza nel nostro corpo e agiamo di conseguenza, facciamo esperienza dell'immanenza. Essendo il veicolo che conduce sulla terra gli dei, l'immanenza ristabilisce il senso del sacro.

Accogliere gli dei

Il nostro destino dipende dagli dei che ci scegliamo.

VIRGILIO

Come vi comportereste, se sapeste di essere un dio o una dea? Come trattereste voi stessi? Come trattereste gli altri? Secondo quale coscienza compireste anche le più piccole azioni se sapeste che il loro effetto influenza tutta la creazione? Se i vostri lapsus di coscienza significassero innumerevoli morti? Se il vostro risveglio potesse portare gioia a tutti? Che tipo di attenzione tutto questo vi ispirerebbe?

Spesso pongo ai miei clienti queste domande quando mi fanno domande pertinenti sulla natura del divino. È mia sincera convinzione che ciascuno di noi, ma anche ogni altra cosa vivente, sia un aspetto del divino. Purtroppo, la nostra divinità viene spesso dimenticata, contratta dalla paura, sepolta dalla vergogna e dal dubbio, o relegata entro i confini dell'ego individuale.

Come Stewart Brand dice in *The Whole Earth Catalog*: "Siamo come gli dei e potremmo diventarlo per davvero" [7]. Pensare di essere veramente un dio o una dea, ci apre a una maggior forza divina e a una posizione di maggiore responsabilità. Questo senso di responsabilità richiede un enorme impegno con la coscienza. Ci chiede di prestare attenzione in ogni momento.

Quanta attenzione prestiamo ai minimi dettagli quando siamo in presenza del nostro amato? Quanta attenzione prestiamo a quello che mettiamo nel nostro corpo quando siamo malati? Che cosa diciamo quando difendiamo qualcosa che ci interessa veramente? In questi momenti la nostra attenzione è totale perché sono momenti speciali. Se accogliamo la divinità che è in noi e ci rendiamo conto che è sempre presente, ci renderemo conto che tutti i momenti sono degni di attenzione.

Il significato mitologico del Ponte dell'Arcobaleno è che ci collega con Dio. Attraversando il ponte e accettando ogni passo della nostra strada, ci mettiamo di nuovo in contatto con la sorgente divina. La realizzazione finale non è semplicemente di mettersi in contatto, ma *di diventare*. In tal modo, la nostra trascendenza in espansione diventa immanenza. È questa l'essenza della grazia.

Gli dei dell'antica mitologia incarnavano energie archetipiche pure nella forma e potenti nella loro forza. Essi esprimono l'Uno Universale nelle sue infinite emanazioni. La fusione della coscienza con l'uno onnipresente è uno stato di illuminazione concesso a pochi e che ancora meno numerosi mantengono. Per la maggior parte di noi è ben oltre le nostre possibilità anche solo lo scorgerlo, per non dire il raggiungerlo. Ma accogliere quotidianamente la divinità nelle sue infinite manifestazioni è un atto di venerazione che innalza la nostra coscienza nel mondo del sacro. Come è detto nelle *Brihadaranyaka Upanishad:*

> Chiunque veneri un'altra divinità diversa da sé pensando: "Egli è uno, io sono un altro", quello non sa... Bisognerebbe venerare col pensiero che egli è il sé di se stesso, poiché in ciò tutte queste cose diventano una. Questo sé è l'impronta di quel Tutto – proprio come, in verità, seguendo un'impronta troviamo il gregge che abbiamo perduto... Colui che solamente il sé tiene caro – ciò che tiene caro, in verità non perirà[8].

IL LOTO CRESCE

Colpo d'occhio sulla formazione evolutiva del settimo chakra

Età	Trascendenza dell'io
Inizio della vita adulta e durante il corso della vita	Maturazione
	Interezza
Compiti	Necessità e caratteristiche
Indipendenza intellettuale	Libertà spirituale
Connessione spirituale	Stimolazione intellettuale
Sviluppo della visione del mondo	Pratica spirituale
Educazione	

Lo sviluppo del settimo chakra costruisce la nostra struttura cognitiva, il nostro bagaglio di sistemi di credenze, la nostra comprensione del mondo e la nostra capacità di mettere in discussione e di pensare in modo autonomo. Per tutto questo non esiste uno stadio evolutivo preciso, in quanto si realizza in modi diversi dal momento della nascita fino alla morte.

L'attività principale di questa struttura cognitiva è di imparare. È imparando che ampliamo il nostro orizzonte, perfezioniamo il nostro rapporto con gli oggetti e le persone e cresciamo in comprensione e saggezza. Imparando costantemente aggiorniamo ciò che sappiamo, adattando costantemente la nostra matrice cognitiva.

Tuttavia, vi è un cambiamento nell'orientamento di ciò che impariamo, che si verifica a vari stadi a seconda dell'individuo. Allo stadio del settimo chakra aneliamo consciamente a una più profonda comprensione e contatto con il tessuto profondo dell'esistenza. Questo è il risveglio spirituale, che inizia con domande fondamentali come: "Perché siamo qui?" "Che cosa significa tutto ciò?" "Qual è la fonte?" Fin dalla prima infanzia i bambini possono porre queste domande come curiosità passeggera. "Perché il nonno è morto?" chiede il nipote. "Che cos'è lo spirito?" chiedeva mio figlio.

Questa sete si risveglia anche all'inizio dell'adolescenza e si manifesta quando il bambino si libera dalla famiglia e inizia la sua vita. A questo punto la famiglia, che è stata la matrice guida (nel bene e nel male), si ritira nello sfondo dei valori interiorizzati mentre il giovane adulto è alla ricerca di un proprio sistema operativo. L'assenza del sistema familiare crea tanto la necessità che la possibilità di qualcosa di nuovo.

Se il chakra della corona è sano, cercherà naturalmente la conoscenza lungo tutto il corso della vita. Se i genitori sono stati piuttosto elastici nell'imporre il loro sistema di convinzioni, è più probabile che la persona rimanga flessibile e permetta alle sue convinzioni di crescere e cambiare. Se i genitori sono bloccati su un unico sistema di convinzioni, anche l'adulto che emergerà sarà bloccato in alcuni punti, aggiornando le proprie convinzioni solo quando la sofferenza e le frustrazioni lo spingeranno a farlo[9].

La differenza tra il risveglio nel sesto e nel settimo chakra sta nella parte dell'io coinvolta nella problematica. L'inizio e la metà dell'adolescenza possono essere momenti di ricerca di un senso o di un'identità archetipici, ma in sostanza questa è un'identità personale. "Chi sono io nel grande disegno delle cose?" Nel settimo chakra vi è un superamento dell'ego, poiché la ricerca di un significato va oltre e al di là del sé. Non più "chi sono io?" ma "cosa significa tutto questo?"

Poiché buona parte di questa espansione e di questa problematica si verificano dopo che i ragazzi se ne sono andati da casa, la cosa migliore che possiamo fare per loro è di offrire delle sane fondamenta per il chakra della corona. Possiamo farlo stimolando l'intelletto e organizzando delle opportunità di apprendimento e di informazione, come corsi, libri e apertura a nuove esperienze. È essenziale dar loro il permesso e l'incoraggiamento di porre in discussione, ma anche coinvolgerli in discussioni che rispondano alle loro domande, o aiutarli a trovare le loro risposte. Possiamo creare i valori dell'apprendimento, del pensiero, della lettura e dell'argomentazione. Possiamo anche invogliare a esercitare la spiritualità senza forzarla. Quello che il giovane sceglierà per se stesso sarà allora un valore infinitamente più reale e duraturo – a noi spetta soltanto di offrire una gamma di scelte che sia il più vasta possibile.

TRAUMI E VIOLENZE

Una psiconeurosi deve essere considerata, in ultima analisi, come la sofferenza di un'anima che non ha scoperto il proprio senso... Noi non possiamo tollerare la mancanza di un senso.

C.G. JUNG

Gli abusi al chakra della corona sono sottili ma profondi. Possono verificarsi a qualunque età e in molti modi e fissare il chakra della corona in una posizione o di chiusura o di apertura. Questo limita le possibilità di focalizzazione e concentrazione (troppo aperto) o di espansione (troppo chiuso).

Negare l'informazione, invalidare le convinzioni

A livello intuitivo, i bambini percepiscono tutto quello che succede attorno a loro. In genere non hanno la capacità di comprendere quello che percepiscono e cercano continuamente informazioni che riempiano i vuoti. Molti genitori scelgono di negare l'informazione al bambino ritenendo che questo sia per il loro bene. Benny chiede da dove vengono i bambini e gli viene detto: "Li porta la cicogna". I bambini chiedono perché il papà è inconscio sul letto e magari vengono fatti vergognare per averlo domandato. Talvolta i bambini pongono delle domande a cui i loro genitori non sono proprio in grado di rispondere e allora o vengono date loro delle false risposte o ancora fatti vergognare. "Che cosa vuoi saperlo a fare? Ma insomma, sei stupido o cosa?" raro è il genitore che dice: "Non lo so, ma questo è il modo per scoprirlo". I bambini potrebbero desiderare di studiare qualcosa che ai loro genitori sembra una perdita di tempo o inadatto al loro sesso. Potrebbe esser loro negato l'accesso a informazioni che li aiuterebbero a svilupparsi.

Dopo aver visto una vecchia puntata di *I love you Lucy* in

televisione, il figlio di un amico chiese a suo padre se, quando era piccolo il mondo era in bianco e nero. I suoi genitori avrebbero potuto ridere e ridicolizzarlo per una conclusione così sciocca, offendendo il suo processo di pensiero. Avrebbero potuto dire: "Che domanda stupida! Che problemi hai?" oppure umiliarlo ancor di più parlando con un altro adulto: "Tesoro, ma lo sai che cosa mi ha appena chiesto Johnny? Crede che il mondo sia come la televisione!" Se questo avviene abbastanza spesso, il bambino imparerà a dubitare del proprio modo di pensare e terrà per sé le proprie idee. Invece il mio amico ha dato un senso a come suo figlio è giunto a quella conclusione e ha spiegato con attenzione la differenza tra le fotografie in bianco e nero e quelle a colori.

I bambini sono sempre assetati di conoscenza e negargliela li depriva del nutrimento della mente. Quando l'informazione viene negata, il bambino o se la dà da sé o smette di fare domande. In entrambi i casi la ricerca si ferma e il chakra della corona smette di assorbire nuove informazioni e si chiude.

Un'educazione cattiva danneggia la mente curiosa. La maggior parte dei nostri sistemi scolastici non riesce a stare al passo con i cambiamenti culturali e stimola e sostiene poco la naturale sete di conoscenza del bambino. La scuola troppo spesso evita le controversie e fa, dell'apprendimento, una cosa tediosa, noiosa, invece che una gioiosa esplorazione.

Violenza spirituale

Quando recentemente ho tenuto una conferenza ad un incontro New Age, all'ingresso sono stata avvicinata da una donna terribilmente irata, con una Bibbia in mano. Era venuta a dirmi, a pochi centimetri dal viso, che sarei andata all'inferno se solo fossi entrata nella sala, perché era piena di adoratori del diavolo. Teneva saldamente stretto per mano un ragazzino lentigginoso, rosso di capelli, di circa sette anni, i cui occhi erano dilatati dal terrore e il corpo era senza vita e pallido. Li guardai entrambi per un po', mentre lei tentava di avvicinare ogni intervenuto che cercava di entrare e, quando cercai semplicemente di incontrare gli occhi del ragazzino e sorridere, lo spinse rudemente dietro di sé. Il volto di quel bambino è stampato per sempre nella mia mente.

Spesso i bambini sono costretti a una purezza non realistica per un senso di vergogna dei propri genitori. Pratiche di austerità, tirate rabbiose nel nome di Dio, autoritarismo eccessivo, pratiche punitive in nome della religione, l'insistere sulla perfezione e l'insegnare ai bambini che sono pieni di peccati, sono tutte cose che chiudono il chakra della corona, generano vergogna e timore e assicurano che questa persona avrà il suo daffare in futuro ad aprirsi a qualunque tipo di spiritualità.

Alcuni bambini sono costretti ad adottare convinzioni spirituali che non provengono dalla loro evoluzione. Prendiamo Brian per esempio, che da piccolo è stato costretto a vestirsi in giacca e pantaloni lunghi per accompagnare ogni giorno sua madre porta a porta per fare proseliti per la sua chiesa. Brian era continuamente esposto alla vergogna quando le porte gli venivano sbattute in faccia e i bambini che lo conoscevano lo prendevano in giro. Non gli era permesso di festeggiare il suo compleanno, Natale o qualunque altra festa per cui i suoi compagni di classe si eccitavano tanto. Non aveva un'età in cui una spiritualità strutturata poteva avere per lui un interesse o un senso e quello che viveva era negativo e spiacevole. Quando da adulto si trovò a combattere contro la dipendenza dall'eroina, trovò repellente l'idea di rivolgersi a un potere superiore e in tal modo negò a se stesso una possibile chiave di guarigione.

La religione strutturata spesso non è adatta a questa età. Per i bambini piccoli sedere su una dura panca, ascoltare parole che non capiscono o essere sottomessi con la paura non è un'esperienza spirituale. Mentre i bambini cresciuti in un ambiente sano e amorevole sono naturalmente in contatto con lo spirito. Sono gli adulti invece, che molto spesso hanno dimenticato quel contatto, a proiettare sui bambini le loro alienazioni.

Se la pratica spirituale non prevede amore e considerazione rispettosa verso l'individualità degli altri, a mio avviso è una pratica che produce un abuso. Da questo abuso i bambini non possono difendersi e vivono nella paura, nel senso di colpa e di vergogna – tutti demoni dei chakra inferiori, che li bloccano a quei livelli. Lavorando con questi aspetti solamente potranno aprirsi ad una propria spiritualità personalmente soddisfacente.

D'altro canto, anche il non esporre il bambino ad alcuna scelta religiosa costituisce una deprivazione. Ha bisogno che gli venga offerta una sufficiente varietà di opzioni spirituali, altrimenti la strada verso una sua spiritualità personale si farà più lunga.

ECCESSO E CARENZA

Carenza

La caratteristica della coscienza moderna è quella di non riconoscere alcun aspetto mentale nei cosiddetti oggetti inanimati che ci circondano.

MORRIS BERMAN

Se il chakra della corona è chiuso, la corrente liberatoria non può terminare il suo viaggio e noi non potremo raggiungere la libertà. Le energie della trasformazione che si alzano all'interno del corpo non possono giungere pienamente alla coscienza e dunque non giungono a realizzarsi (figura 7-1). Nella nostra vita gli schemi si ripeteranno senza sosta, in quanto tenteranno di giungere continuamente alla coscienza. Senza la consapevolezza del chakra della corona è assai più probabile che a guidarci sarà il nostro inconscio.

Il signor so-tutto-io

La mia cliente Jane aveva chiesto a sua madre di leggere un libro sulla sua religione, che era diversa da quella in cui lei era stata allevata. Sua madre si rifiutò di leggere il libro, dicendo che sapeva già tutto quello che aveva bisogno di sapere su Dio e dunque non le interessava. La mia cliente non stava cercando di cambiare la religione di sua madre, voleva solamente che lei capisse il suo punto di vista. Come può qualcuno pretendere di sapere tutto sull'infinito?

L'opposto della conoscenza e della possibilità infinita è quello di fissarsi su un unico punto di vista considerandolo la sola e unica via. Se la mente si chiude alle nuove informazioni, lo scetticismo diventa parte integrante dell'identità. La madre di Jane aveva una fede solida, ma rifiutava ogni nuova forma di conoscenza. John Bradshaw descrive questa posizione in termini di religione mistificata: "Una religione il cui culto è di tipo autoritario crea una sorta di chiusura cognitiva. Il linguaggio è talmente preciso, chiaro e rigido, da tagliar fuori aree che la mente sarebbe per natura stimolata ad investigare”[10].

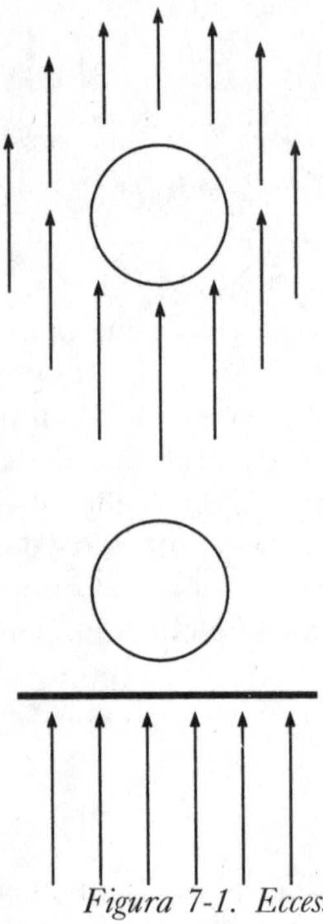

ECCESSO
Tutto risale verso la testa e fuoriesce dalla sommità della corona, lasciando poco o nulla della corrente discendente.

CARENZA
La corrente ascensionale viene bloccata nel suo completamento. La corrente discendente è quasi nulla.

Figura 7-1. Eccesso e carenza nel settimo chakra

Il bisogno di aver ragione

Avevo un amico intelligentissimo che “aveva sempre ragione”. Si prendeva la briga di dire a tutti quelli che gli stavano intorno dove sbagliavano e come avrebbero potuto rimediare. Era dotato di un grande acume per certe cose, era un eccellente critico e, in genere, *aveva* ragione. Tuttavia era infelice perché pochi se lo volevano intorno. Infine qualcuno osservò che preferiva avere ragione piuttosto che essere felice, aver ragione invece che avere degli amici. Questo produsse un cambiamento di valori nel suo sistema operativo che gli permise di comportarsi in modo diverso.

Avere ragione rafforza l'illusione che noi si sappia tutto. Rafforza anche l'io, poiché, avendo ragione, facciamo sentire gli altri in torto e noi ne usciamo freschi come una rosa. Questo non fa che creare una separazione e non riflette l'unità e l'espansione del chakra della corona. Se vi accorgete che vi state comportando in questo modo, fermatevi e chiedete a voi stessi: "Che cosa mi conferisce l'autorità di sapere sempre che cosa è giusto? Giusto secondo chi?" Quando ospitiamo sistemi operativi multipli, accettiamo il fatto che vi sono molti modi di aver ragione.

L'incapacità di imparare

L'apprendimento è un processo che incorpora dei cambiamenti come risultato dell'esperienza. Senza la corrente liberatoria, cambiare può rivelarsi difficile. Se il chakra della corona è chiuso, può essere difficile comprendere o trattenere nuove informazioni. Se la condizione è cronica potrebbero aversi delle difficoltà di apprendimento. In altri momenti saremo semplicemente troppo distratti, attaccati o scettici per poter imparare qualcosa di nuovo. Potremmo opporre resistenza alle nuove informazioni perché corrodono il nostro sistema di convinzioni – se ci identifichiamo eccessivamente con queste convinzioni, le nuove informazioni costituiscono una minaccia.

Convinzione delle limitazioni

È incredibile la veemenza con cui le persone difendono la convinzione delle limitazioni. "Non c'è modo che io mi possa mai liberare dei debiti." "Per quanto faccia, finirò sempre sola." "Nessuno può andare a scuola se deve allevare dei bambini. Rimarrò incastrata in questo lavoro per sempre". Persino quando descriverete delle situazioni in cui altri hanno spezzato queste limitazioni, la persona troverà sempre un motivo per cui nel suo caso non funzionerà. La convinzione si trasforma in una profezia che si autorealizza. Questa è un'altra faccia dell'idea che noi sappiamo tutto, ma come potremo mai conoscere tutte le possibilità di un universo infinito?

Scetticismo spirituale

Alcuni sono attaccati alla convinzione che non esista nulla al di fuori del mondo tangibile, materiale, una convinzione radicata nella quasi totalità degli ambienti scientifici da centinaia di anni. Quando arriva agli estremi, lo scetticismo spirituale rivela un settimo chakra carente. Se non siamo in grado di aprirci allo spirito, non siamo in grado di aver fiducia in un potere superiore o di aprirci all'ignoto. Quando siamo in presenza di scetticismo spirituale, predomina il dubbio, che è uno dei cinque nemici dell'attenzione nella meditazione Vipassana (gli altri sono il desiderio, l'irrequietezza, l'odio e la pigrizia). Tuttavia, una certa quantità di scetticismo è salutare – infatti troppo poco discernimento indica un eccesso nel chakra della corona.

Eccesso

L'intelletto è veramente nocivo all'anima quando osa impadronirsi dell'eredità dello spirito

C.G. JUNG

Poiché il chakra della corona è considerato tanto spesso la totalità e lo scopo finale del sistema dei chakra, potrebbe sembrare strano pensare che vi possa essere un eccesso. Ancora una volta dovremo ricordare che "in eccesso" non significa pieno e aperto, ma eccessivamente investito di energia che viene usata come difesa (fig. 7-1). Un eccesso nel chakra della corona è cosa piuttosto comune, dal momento che ci spingiamo verso la testa per evitare i sentimenti e prendere le distanze dalle richieste del mondo. La persona che ha perso il contatto con il proprio corpo e con le proprie emozioni, o che si sente impotente o sola, potrebbe inviare per necessità le energie non risolte verso la corona. Questo è certamente il caso della tipologia schizoide/creativa, che trova la propria realtà nel mondo mentale.

Intellettualismo eccessivo

A cena Frank continuava a divagare sulle sue più recenti intuizioni, pensando che fossimo tutti affascinati dall'esposizione del suo brillante intelletto. Benché fosse piuttosto intelligente, non si accorgeva che, in fondo, nessuno lo stava ascoltando. Mentre sua moglie beveva all'eccesso, Frank aveva un eccesso nel chakra della corona.

"Penso, dunque sono" è la frase che caratterizza questo schema. Le ruote della mente sono sempre in movimento e alcune persone possono essere molto intelligenti e sapienti. Aggiungendo forza a forza, sviluppano in modo eccessivo l'intelletto, a scapito di altre loro parti, come il corpo, le emozioni o il cuore. Il mondo dell'intelletto è sicuro, affascinante e gonfia l'ego, ma non comprende necessariamente un'intelligenza che agisca saggiamente nelle situazioni della vita reale (esattamente come Frank non si rendeva conto della noia di cui soffrivano i suoi ospiti).

Nella nostra cultura occidentale l'eccessiva intellettualizzazione è una malattia cronica. S'è fatta una virtù del mettere in mostra quello che sappiamo, calcolata in base al numero di riferimenti oscuri, lauree e istituzioni culturali citati. La conoscenza è potere, ma può diventare elusiva e depistante se non è radicata nella saggezza e nella comprensione.

Dipendenza spirituale

In alcuni casi, per chi ha un eccesso nel chakra della corona, la spiritualità può diventare una forma di dipendenza. Usata come mezzo di fuga da alcuni dei compiti più impegnativi dei chakra inferiori, può spingere a correre dietro un guru, agitare la Bibbia agli angoli delle strade, passare da un ritiro spirituale all'altro o affidarsi a droghe psichedeliche per dare una scossa allo spirito.

La purezza spirituale è un'altra delle forme che questa dipendenza può assumere. I voti di povertà, castità e obbedienza sono voti che mantengono i primi tre chakra in uno stato di carenza. Il digiuno, le pratiche ascetiche, l'autoannientamento e i sacrifici senza fine portano a un'alta forma di virtù, che però gonfia anche l'ego.

Se queste pratiche vengono usate con buon senso per migliorare la propria vita, il chakra della corona svolge il suo compito, che è quello di far evolvere l'anima durante il suo viaggio, in modo appropriato. Ma se la vita di una persona permane nel disordine e quella fugge nella dipendenza spirituale, allora la sua crescita si arresta, come avverrebbe con qualunque dipendenza.

Travolgimento

Quando, all'inizio, ho raccolto tutte le informazioni per questo libro, mi sono sentita travolta. E anche una volta finita la prima stesura, mi sentivo scoppiare la testa pensando a come avrei organizzato tutte quelle informazioni in un unico manoscritto. Era difficile pensare con chiarezza al modo di mettere insieme il tutto. Troppe informazioni, senza l'opportuna organizzazione, possono essere schiaccianti.

Quando l'energia in eccesso fluisce alla corona (come avviene per natura nella struttura schizoide/creativa) o durante uno stress o una crisi, ne risultano confusione, dissociazione o frustrazione. Può accadere a tutti di quando in quando, ma quando lo stress è cronico, questi stati diventano parte del sistema operativo. Allora il chakra della corona entra rapidamente in uno stato di panico, simile allo stato ossessivo del sesto chakra. Abbiamo in testa un eccesso di energia, ma non riusciamo a pensare con chiarezza. Siamo in possesso di troppe informazioni, ma non sappiamo che cosa farne. Quando questo si verifica, molti hanno un mal di testa, poiché la pressione ascendente si accumula sulla corona senza scaricarsi. Quando il corpo è congelato, ha minore capacità di affrontare un carico e l'eccesso va alla testa dove crea confusione. A questo punto, è giunto il momento di fare qualche esercizio di radicamento, di meditazione o del vigoroso esercizio fisico per scaricare l'energia in eccesso.

Psicosi

I disturbi psicotici sorgono da un'ampia varietà di cause e non sono sufficienti delle semplici dichiarazioni sui sistemi di cura. Qui vengono nominati solo per collocarli in una prospettiva, in quanto in genere rivelano un eccesso nei chakra superiori. Quando ci si sente travolti in modo grave e cronico, l'organizzazione del sistema operativo può cedere definitivamente. Una persona può avvicinarsi a una psicosi o svilupparla.

I chakra inferiori sono l'ambiente primario dei *disturbi nevrotici*. Definisco comportamento nevrotico quei modelli che ripetiamo continuamente anche se si rivelano fallimentari. I comportamenti nevrotici sono alimentati da pulsioni che non sono ancora giunte alla coscienza e dunque sono costrette in modelli ripetitivi. I *disturbi psicotici*, invece sono caratterizzati da un distacco nei confronti della realtà e dagli aspetti radicanti dei chakra inferiori. In genere si manifestano come una *mancanza* di modelli comportamentali prevedibili e l'incapacità di arginare in modo appropriato l'energia. La psicosi dunque, è un eccesso dei chakra superiori, dove il quinto, il sesto e il settimo chakra si manifestano come voci, allucinazioni o sistemi di convinzioni illusori. La psicosi è un *eccesso* della corrente liberatoria che è radicata troppo poco nella terra, il che produce una mancanza di concentrazione e di controllo. La nevrosi è una *carenza* della corrente liberatoria con una carenza di coscienza, il che produce delle coazioni a ripetere.

RIPRISTINARE IL LOTO

Guarire il settimo chakra

Integrarsi attorno alle convulsioni dell'io mentale e vitale? È come ormeggiare una barca alla coda di un'anguilla.

SRI AUROBINDO

Meditazione

La meditazione è una tecnica che energizza, calma e chiarifica la mente. Il suo scopo è quello di educare la mente ad entrare in stati più sottili di coscienza e a trascendere le meschine preoccupazioni che in genere affollano la mente, permettendoci di accedere ad uno stato di consapevolezza più profonda e vasta. Di tutti i metodi di evoluzione e di guarigione del chakra della corona, la meditazione è forse lo strumento più potente che abbiamo a disposizione. Se la coscienza universale è il sistema in cui tutti siamo immersi e la mente l'organizzatore delle sue componenti, allora una tecnica che apporti pace, ordine e chiarezza a quella mente, porta ordine e chiarezza anche a tutto il resto. Chi pratica la meditazione regolarmente, registra una maggiore efficienza in molti aspetti della propria vita, non soltanto nei processi del pensiero. Alcuni degli effetti riferiti sono una miglior salute e un maggiore benessere fisico, maggiore produttività nel lavoro, migliore concentrazione, aumento della creatività e maggiori soddisfazioni personali [11].

Moltissime sono le tecniche che si possono usare per raggiungere lo stato di meditazione. Quello che segue indica la vasta gamma delle possibili tecniche (pur non essendo un elenco esaustivo). Per chi sostiene di non essere in grado di fare meditazione, forse potrà essere di aiuto una tecnica diversa.

– Movimento non specifico, a corpo libero, o sotto forma di quieto flusso (Movimento Autentico) o come rapido scarico (la Meditazione Caotica di Rajneesh)

– Regolazione e osservazione del proprio respiro
– Fissare un'immagine, come una fiamma, un mandala o un simbolo
– Mormorare un mantra, una frase o un'affermazione
– Osservare il testimone
– Seguire i propri pensieri
– Camminare in silenzio e prestando attenzione
– Concentrarsi su un concetto o un problema (come il koan Zen "qual è il suono del battito di una sola mano?")
– Ascolto attento ai suoni o alla musica
– Visualizzare l'energia che scorre in su e/o in giù lungo il vostro corpo (energia corrente)
– Visualizzazioni guidate o viaggi in trance
– Rilassarsi semplicemente ed essere ricettivi a qualunque cosa ci venga.

Noterete che alcuni metodi suggeriscono una *meditazione concentrativa*, in cui l'attenzione viene, concentrata su un particolare oggetto, come un suono, un'immagine o un'attività, allo scopo di concentrare la mente ed eliminare ogni forma di distrazione. Altri metodi sono *meditazioni ricettive*, in cui ci si lascia andare al flusso dei pensieri, dei sentimenti o degli impulsi, seguendoli dovunque ci conducano. Nella meditazione concentrativa vi sono tre stadi generali, quali sono descritti negli *Yoga Sutra* di Patanjali: *dharana* (concentrazione), *dhyana* (meditazione o fusione) e *samadhi* (estasi)[12]. In termini concreti ciò significa concentrare la consapevolezza su un oggetto, far sì che si fonda con l'oggetto e sperimentare lo stato mentale che sorge quando avviene l'assorbimento totale e non esiste più la percezione del soggetto e dell'oggetto, ma solamente la percezione dell'essere. (La meditazione ricettiva è descritta più ampiamente nella sezione sull'*Attenzione*).

Le tecniche che funzionano meglio sono da stabilirsi in base al vostro carattere e necessità che di volta in volta si presentano. Se durante una crisi cercate di calmare il vostro pensiero, può essere utile contare i vostri respiri, in quanto un respiro calmo e regolare calma il corpo. Se rimanere seduti vi è difficile al punto da non permettervi di meditare affatto, potreste provare una meditazione in movimento, camminando. Se avete la testa piena di chiacchiere, potreste provare a meditare su un mantra, che stabilisce un ordine ritmico nelle mente, portando armonia nei pensieri e nelle azioni. Se volete liberarvi dello stress che vi portate a casa dal lavoro, è utile far scorrere l'energia attraverso il corpo, come se ci si facesse una doccia di sensazioni e di luce.

La meditazione può avere effetti profondi. Poiché spesso i nostri pensieri ci invischiano in schemi ripetitivi e in idee limitate, la meditazione crea un silenzio interiore che ci apre le porte di una saggezza più grande, di un più profondo stato di coscienza. Quando riusciamo ad acquietare la mente, possiamo scegliere di staccarci dalle nostre reazioni abituali – rabbia o critica, paura o desiderio – e di liberarci da questi schemi. Quando riusciamo a staccarci, diventiamo più leggeri, più vuoti e avremo maggior possibilità di accedere agli stati trascendentali della coscienza universale.

Con la meditazione possono affiorare alla coscienza, dai chakra inferiori, dei materiali che prima erano sepolti nell'inconscio. Dunque la meditazione aiuta anche le correnti ascendenti, liberatorie, poiché affina le nostre vibrazioni, chakra per chakra, favorendo una conoscenza di se stessi e una comprensione più profonde. Quando riusciamo a quietare il chiacchiericcio costante della mente, emergono i sussurri del profondo, come fanno i sogni quando la nostra mente cosciente dorme.

Tuttavia, il materiale emergente dall'inconscio, può produrre i risultati più disparati. Potremmo ritrovarci bombardati di sentimenti, sensazioni, informazioni che non siamo in grado di trattare, oppure potremmo liberarci di qualcosa che ci dava stabilità. Se il nostro lavoro sui chakra inferiori ha costruito delle fondamenta adatte alla coscienza superiore, avremo gli strumenti e il contesto necessari per maneggiare il materiale difficile. Altrimenti, potremmo recarci da qualcuno che ha la formazione adatta per aiutarci. Secondo me, non è il caso di ignorare semplicemente tutto questo (come alcuni maestri spirituali potrebbero consigliare), ma adoperare invece le informazioni per lavorare attraverso i nodi della nostra psiche. Questi possono presentarsi con tratti somatici (fisici), emotivi o simbolici. Vorrei anche sottolineare che qui mi sto riferendo ai pezzi più grandi di materiale. Non è necessario cercare aiuto per tutto quello che affiora – ma solo per quegli aspetti che si ripetono o che possiedono una carica di grande rilevanza psichica.

Quello che non abbiamo vinto nel passato ritorna senza sosta, ogni volta con aspetti leggermente differenti ma fondamentalmente sempre lo stesso, fino a che ci saremo confrontati con l'antica conoscenza e l'avremo liberata.

SATPREM

La meditazione favorisce anche la corrente discendente della manifestazione. Questo è l'aspetto che sottolinea Sri Aurobindo, definendolo la Forza Trasformatrice. È questo che ristabilirà le nostre energie che rapidamente si esauriscono e i nostri goffi tentativi, che inizierà dove altre forme di yoga si fermano, illuminando all'inizio la sommità del nostro essere e poi discendendo, piano per piano, dolcemente, serenamente, irresistibilmente ed è questo che universalizzerà tutto il nostro essere, via via fino agli strati più bassi.

La meditazione discendente raggiunge lo strato del supraconscio sopra la testa, spingendo verso il basso la forza della consapevolezza chakra dopo chakra, nutrendone ogni centro dalla fonte infinita che li sovrasta. Via via che portiamo la coscienza superiore ai centri più bassi, apportiamo al nostro corpo una luminosità, che nel nostro essere si trasforma in immanenza e grazia. Questa è la discesa della coscienza che esamineremo nel capitolo finale.

Attenzione

L'attenzione... è collegata all'esame di ciò che siamo, al mettere in discussione la nostra visione del mondo e il posto che vi abbiamo e al coltivare la gioia per la pienezza di ogni momento della nostra vita. Ma soprattutto, è collegata all'essere in contatto.

JOHN KABAT-ZINN

L'attenzione è la chiave essenziale di una vita cosciente. È la qualità fondamentale da coltivare nel chakra della corona, poiché diventa la lente che guida il viaggio, ma anche il balsamo salvifico per i tagli e le ferite che ci facciamo lungo la via. Molte di quelle ferite ce le siamo procurate per mancanza di attenzione.

Attenzione significa essere attenti. Significa accorgersi delle sottili sfumature di sapore e di tessitura di ogni istante e apprezzarne i molti e intrecciati livelli di significato senza attaccarsi a nessuno di essi. L'attenzione concentra la nostra intera consapevolezza nel momento presente, permettendoci di farne piena esperienza. In questa pienezza l'attenzione ci porta soddisfazione della vita, poiché siamo immersi nell'incredibile ricchezza di ogni istante. L'attenzione non dimentica il passato o il futuro, ma li unisce nel presente. Li teniamo coscientemente sotto gli occhi, poiché rendono più intenso il senso del presente. Se sto osservando un cliente che ha raggiunto una conquista, il fatto di sapere dove è stato e la libertà di cui presto farà esperienza, intensifica la forza di quel momento. Non ho bisogno di correre verso il passato o verso il futuro, ma semplicemente di rimanergli accanto durante questa esperienza presente, sapendo che lo porterà dove ha bisogno di andare. L'attenzione è la base del concetto di "Attesa" (dal libro di Robert Heinlein *Straniero in terra straniera*). Nell'attesa non concentriamo l'attenzione sul futuro, ma viviamo la perfezione del presente che è nel suo svolgersi.

L'attenzione ha molti nemici, tra cui la dissociazione, le supposizioni, l'ottusità, l'impazienza, la paura e tutti i demoni dei chakra. Ciascuno di questi nemici ci scollega dalla nostra esperienza del presente, occupando spazio prezioso nel dischetto del sistema operativo. Ciascuno di essi è una difesa contro il potere del vivere cosciente, che richiede sensibilità e responsabilità. Quando agiamo seguendo l'abitudine, scolleghiamo la mente e non siamo più impegnati nel presente. Quando agiamo secondo dei presupposti, non lasciamo che l'attimo presente si svolga nella sua unicità. Quando ci ottundiamo, ci tagliamo fuori da informazioni preziose e derubiamo noi stessi della pienezza dell'esperienza. Se siamo impazienti, corriamo verso il futuro, senza accorgerci di quanto è ricco il presente. Se abbiamo paura, non riusciamo a impegnarci pienamente e invece contraiamo la nostra attenzione.

L'attenzione ci porta una quantità enorme di informazioni. I suoi nemici contraggono l'informazione, lasciandoci con delle mezze verità, dei fraintendimenti, delle immagini parziali, ignoranza e false impressioni. Una piena informazione significa intelligenza. Vivere in modo intelligente significa evitare le sofferenze e vivere con grazia e leggerezza.

L'attenzione *non deve fare nulla* – è invece, una condizione di osservazione. Non giudica, non valuta, non nega, non applaude. Semplicemente assiste.

Esercizio per scoprire il testimone

Lo si può fare durante la meditazione (seguito dalla scrittura del diario) o conversando con un altro. Ha lo scopo di distaccarci dalla nostra usuale posizione di vantaggio abbastanza a lungo per riconoscere la realtà dell'essenza del sé sottostante.

Metodo della meditazione. Scegliete una scena, una storia o una situazione che, per voi, abbia una carica emotiva, che vi abbia creato delle difficoltà. Fate scorrere la scena nella mente come se steste guardando un video e aveste in mano il telecomando, che potete usare per fermare la scena, per tornare indietro o per andare avanti in qualsiasi momento. Guardate il dramma con gli occhi del testimone.

Iniziate semplicemente dall'inizio, osservando il vostro stato d'animo di base e lasciate che il dramma si svolga mentre voi osservate le vostre reazioni. Quando arrivate in un punto che vi coinvolge profondamente, fermate l'immagine. Fermatela e osservate la vostra reazione. Cosa succede nel vostro corpo? Che emozioni provate? Che sensazioni? Che senso date alle vostre emozioni? Quali sono i vostri impulsi?

In un diario scrivete le vostre risposte, come se steste descrivendo un'altra persona. "Si sente molto nervosa. Le sudano le palme e ha paura che qualcuno la voglia criticare. Vuole scappar via". Poi potete tornare al film e far scorrere la scena successiva, ripetendo gli stessi passi. Fermatevi ogni volta che avvertite una carica emotiva e registrate la vostra esperienza. Si noti che è il testimone che osserva e scrive.

Dopo aver fatto scorrere tutta la scena è giunto il momento di incontrare il testimone. Scrivete, in prima persona, il punto di vista del testimone. Quali sono le osservazioni che il testimone vuole rendere note su questa persona? Che cosa ha osservato? Quali verità appaiono a questo punto? Il testimone potrebbe dire: "Sono sorpreso che sia nervosa. Lo vedo che ha paura, ma voglio dirle che non c'è nessun pericolo reale. Ha già fatto questo lavoro, e con successo, già molte volte".

È importante ricordare che il testimone non è un giudice. Se il critico vuole apparire nelle vesti del testimone, trasformate semplicemente il testimone in critico. Per esempio, se vi ritrovate a scrivere "È proprio stupida ad avere tanta paura", sapete allora che il vostro critico ha preso il posto del testimone. Allora lasciate che il testimone osservi il critico e scriva su di lui. "Vedo che c'è bisogno di esprimere un giudizio. Vedo che c'è qualcuno che non capisce la sua paura". Possiamo osservare i nostri testimoni in strati multipli, finché arriveremo a un centro oggettivo del Sé. Questo Sé centrale possiede una grande saggezza. Lo riconosciamo quando lo troviamo.

Con un altro. Scegliete una scena, una storia, una situazione, che vi crea dei problemi. Sedetevi di fronte a un amico o a un terapista e raccontategliela in prima persona, facendolo partecipe dei vostri sentimenti e dei vostri pensieri. L'ascoltatore è partecipe ma non interrompe. Quando avete finito, sedetevi accanto all'amico e raccontate nuovamente la storia in terza persona, dal punto di vista di un testimone obiettivo. "Poi è dovuta scendere e ha dovuto affrontare il capo e questo l'ha fatta veramente arrabbiare. Non le piaceva essere arrabbiata, perché in passato la rabbia le ha sempre procurato dei problemi".

Come passo finale l'amico può chiedere al testimone di fornirgli altre osservazioni o impressioni sulla persona e quello che il testimone può aver provato mentre osservava.

Il Sé superiore

Quando non riusciamo a trovare il sentiero che ci porta fuori dalla foresta, forse potremmo salire sulla cima della montagna per avere una visione più chiara. Allora, avendo recuperato le nostre posizioni, potremo tracciare una rotta che ci conduca dove vogliamo andare. Analogamente, comunicare con il Sé superiore ci può dare delle indicazioni preziose quando non riusciamo a vedere la strada di uscita da una situazione difficile. Spesso c'è solo bisogno di un cambiamento di prospettiva.

Vi sono molte opinioni su quello che di fatto è il Sé superiore. Alcuni dicono che comunichi con l'intelligenza divina, dio o dea, maestri disincarnati che agiscono da guide, oppure un aspetto inconscio della nostra mente. Altri affermano che è solamente un altro aspetto del Sé – quello che emerge per sua natura quando sono scomparse le necessità e i desideri delle identità dei chakra inferiori (si veda, più avanti, il paragrafo *Trascendere gli ego inferiori*). Ha poca importanza come lo definiamo, poiché rimane un mistero insondato. Ciò che è importante è che è un archetipo che ci permette di *ricevere informazioni.* Queste informazioni possono allora essere usate per guarire e guidare, per avvicinarci all'unità.

Esercizio per essere guidati dal Sé superiore: parlare a dio o alla dea

Con un amico o un consigliere. Create un'immagine mentale del vostro concetto di divinità. Può essere una Madre Terra rotonda e robusta, un vecchio con una barba bianca, una stella luminosa, una fontana di luce o una nebulosa. Non ha importanza, basta che sia un'immagine con cui potete *mettervi in relazione*, che vi comunichi saggezza e compassione. Descrivete al vostro amico questa immagine della divinità.

Poi pensate ad un argomento sul quale avete bisogno di essere consigliati. Articolate la cosa che vi sta a cuore in forma di una domanda che potete porre a questo essere superiore. "Che cosa devo capire in questa situazione difficile nella quale mi trovo?" "In che modo posso scoprire verso quale direzione mi devo dirigere adesso?" È utile porre delle domande mature, piuttosto che cose di poco conto come "mi ama". Dopo tutto stiamo parlando a una divinità e non è il caso che gli facciamo perdere tempo. Poi comunicate al vostro amico la domanda.

Dopo aver descritto la vostra divinità e formulato la domanda, scambiatevi di posto con il vostro amico. Ora, immaginate di essere questo dio o questa dea che avete visualizzato. Immergetevi veramente in questa sensazione, in questa esperienza. Quando vi sentite completamente uniti a questa immagine, chiedete al vostro amico di porvi, a voi dio o dea, la domanda che avevate formulato. Poi rispondete come farebbe la divinità.

Parlate al vostro amico come se steste parlando a voi. Fate in modo che egli registri e ricordi quello che avete detto.

Da soli. Se volete fare da soli questo esercizio potete recitare voi stessi entrambe le parti. Immaginatevi il vostro concetto di dio/dea e scrivete la domanda su un pezzo di carta. Assumete voi stessi l'immagine del dio/dea e leggete la domanda. Rispondete come avreste fatto sopra, ricordando la risposta o registrandola. Poi scrivete su un diario tutto quello che è successo.

Distacco

È bello e facile dire che dovremmo esercitare il distacco per diminuire la sofferenza e divenire attenti. Ma come possiamo farlo quando siamo veramente attaccati a qualcosa? Come possiamo liberarci e tornare alla nostra totalità? Se ci forziamo ad evitare di pensare a qualcosa, non facciamo che aumentare il nostro attaccamento proprio sforzandoci di evitarlo.

Esercizio quotidiano per diminuire l'attaccamento

Chiudete gli occhi e immergetevi nel vostro corpo. Pensate all'oggetto del vostro attaccamento e al dolore che provate nel perderlo. Sprofondate in quella sofferenza, nella tristezza, in qualunque emozione affiora. Mettetevi in contatto col vostro testimone mentre vi osservate in queste emozioni. Cosa nota il vostro testimone?

Poi scrivete esattamente a che cosa siete attaccati e i molti livelli di attaccamento che possono presentarsi. Ad esempio, se siete attaccati a una persona, scrivete non solo il nome della persona, ma anche le qualità che per voi sono importanti. Scrivete gli aspetti della relazione a cui siete attaccati, le cose che vi sembra particolarmente difficile lasciare. Poi scrivete gli aspetti di voi stessi che traggono beneficio da queste qualità che voi pensate potreste perdere. Se siete attaccati a un'opportunità di lavoro, scrivete le cose che vi aspettate di ottenere da questo lavoro. Siete attaccati al successo, al denaro, al prestigio o ai benefici? Qual è in particolare la parte di voi che ha bisogno di queste cose?

Potreste anche essere attaccati a una serie di emozioni. Forse siete attaccati al sentimento di vittimizzazione e di rabbia che una situazione vi suscita e ora siete attaccati al risentimento. Forse siete attaccati all'aver ragione, al vincere o a fare qualcosa in un certo modo.

Una volta che vi sarete chiariti a che cosa siete attaccati, lasciate che il vostro testimone ascolti le storie che raccontate a voi stessi su questa perdita. Forse credete che sia la vostra unica opportunità di ottenere qualcosa, oppure credete che senza questo non sarete mai completi, non sarete più in grado di amare ancora, di creare ancora, di essere ancora liberi. Ascoltate queste storie e lasciate che il testimone ne verifichi l'accuratezza. Distinguete i sentimenti dalla verità. Quando potete, scrivete la verità accanto a queste dichiarazioni.

Poi fate l'elenco di quello che vi costa questo attaccamento. Quanta parte delle vostre energie vi investite e da dove proviene quell'energia? Se poteste riavere indietro quell'energia, che cosa ci fareste di più appropriato? Se il vostro lavoro vi allontana dalla famiglia, cercate di immaginare di recuperare quell'energia e di investirla nella famiglia. Se una vostra abitudine vi sta costando la salute, immaginate di trasferire quell'energia a pratiche più salutari. Se la vostra relazione interferisce col vostro lavoro, immaginate di reinvestire quell'energia nel vostro lavoro.

Infine scrivete i motivi per cui una saggezza superiore può avervi separato da questo attaccamento. Trovatevi una forma di dio/dea a cui parlare (vedi l'esercizio a p. 521) e chiedetevi di illuminarvi sul significato di questa perdita. Potrebbe riportare alla superficie una vecchia ferita infantile che deve essere sanata; oppure potrebbe insegnarvi la compassione; potrebbe guidarvi in un'altra direzione. Come potete applicare questa lezione?

Quando avrete scritto il diario, è tempo di entrare in meditazione e sottrarre l'energia al vostro attaccamento per trasferirla su obiettivi più adatti. Ad occhi chiusi tornate per un momento ai sentimenti che provavate o avreste provato se la vita vi avesse portato dove avevate progettato (cioè senza la perdita di questo attaccamento). Imbevete le vostre cellule in quel sentimento. Prendete nota di quello che vi piace di esso – la forte eccitazione, il senso di completezza o di importanza.

Poi, con gli occhi della mente, muovete questa persona,

oggetto o evento, lontano da voi, operando una chiara separazione. Ringraziatelo per la lezione che vi ha insegnato. Mentre si allontana, immaginate di sbloccare correnti di energia, come quando si toglie l'amo da un pesce che state ributtando in acqua. Danzate all'interno di queste correnti, riportando l'energia nel vostro campo immediato. Poi, evocate l'immagine delle cose a cui dovete dare energia. Guardate la vostra famiglia, il vostro lavoro, la vostra salute o qualunque cosa sia, ricevere da voi nuove quantità di energia. Attirate queste cose nel vostro campo e lasciate ora che siano invece le correnti di energia a mettersi in contatto con esse. Se provate ancora un senso di vuoto, pensate a quali sono i modi per riempirlo – attività, pratiche o altre persone con cui potete trascorrere del tempo. Fate tornare il senso di benessere con cui avevate iniziato mentre immaginate questi altri elementi nella vostra vita. Imbevete le vostre cellule di questo sentimento e, da questa posizione di forza, dite addio a quello che deve essere abbandonato. Ora siete in un luogo più ampio e più pieno. Tu sei Quello! (Con piccole modifiche, questa meditazione e l'esercizio del diario possono essere usate anche per l'evitare, oltre che per l'attaccamento, poiché entrambi sono facce di una stessa medaglia).

Trascendere gli ego inferiori

Aprire il chakra della corona è come toglierci i vestiti e provare la gioia di essere nudi. La meditazione che segue ci aiuta a liberarci degli strati di identità associati ai chakra inferiori e ad accogliere la nostra identità universale.

Sedetevi tranquilli in una posizione comoda adatta alla meditazione. Fate alcuni respiri profondi e distaccatevi da ogni distrazione esterna. Ogni volta che inspirate, portate l'attenzione all'interno di voi stessi. Con ogni espirazione lasciate andare il mondo esterno – tutto ciò che vi preoccupa, tutto ciò che non fa parte di questo esercizio o del presente. Quando vi sentite a vostro agio e concentrati potete iniziare.

Prima fase. *Lasciatevi alle spalle tutto quello che non sia il vostro corpo.* Il corpo vive nel presente e costituisce un confine tra il mondo interno e quello esterno. Quando vi liberate di tutto quello che *non* è il vostro corpo, lasciate che la consapevolezza entri totalmente *nel* vostro corpo. Sentitene la lunghezza, la solidità, l'ampiezza. Sentitene i limiti e i confini, dentro e fuori. Cercate di percepirlo come la casa in cui vivete, come il mantello dello spirito e dell'anima, che li fa sentire riparati e al sicuro.

Ora cercate di percepire la parte che sente il vostro corpo. Sentite la presenza dell'abitatore che risiede nel vostro corpo. Accogliete questo abitatore, accoglietene l'energia, l'esistenza. Pensate a come il vostro corpo ha cambiato forma negli anni e a come l'abitatore è sempre rimasto. Osservate come non siano la stessa cosa. Chiedete all'abitatore di venire insieme a voi a compiere un viaggio. Ringraziate il corpo che vi contiene e scendete a maggiore profondità.

Seconda fase. Ora cercate di percepire le emozioni all'interno del vostro corpo. Che cosa state provando in questo momento? Avvertite il vortice dei desideri e delle paure, della gioia e del dolore e osservate per un momento la profondità di tutte le emozioni che provate nel corso di una giornata, di una settimana, di un anno, della vita. Sentite la persona dentro di voi provare queste emozioni. Immaginate che queste emozioni siano come un giro alle giostre, pieno di salite e di discese. Percepite lo spirito abitatore come colui che va sulla giostra, ma è separato dalla giostra stessa. Percepite la scelta che si può fare se andare o no sulla giostra. Rifiutate il giro in giostra, distaccatevi e recatevi in un posto nuovo, a fare un giro su un'altra giostra. Accogliete il Sé interiore e permettete al corpo emotivo di sistemarsi nel corpo fisico. Preparatevi a proseguire.

Terza fase. Ora guardate, come se steste guardando un film, le attività che svolgete nel corso della vita. Guardate voi stessi svolgere i vostri compiti sul lavoro, preparare la cena, andare a fare una passeggiata. Guardate le vostre azioni e le vostre reazioni. Guardate la persona che *reagisce.* Guardate quante di quelle reazioni sono automatiche, quante sono dovute all'emozione, quante sono solo delle abitudini fisiche. Guardate fino a che punto l'io è agganciato a queste azioni. Chi fa queste cose? Guardate la persona che agisce e reagisce, separandola dalle azioni stesse. Considerate quelle azioni come una scelta. Provate a scegliere di non agire. Accogliete lo spirito abitatore e lasciate che le azioni si allontanino. Preparatevi a proseguire.

Quarta fase. Osservate voi stessi mentre interagite con gli altri. Per un momento guardate voi stessi come loro vedono voi, come se vi steste guardando con i loro occhi. Che tipo di persona vedete? Che ruolo tende a recitare? Ci sono molti ruoli diversi? Ora guardate voi stessi dal di dentro, come un burattinaio muove i fili di un burattino, far muovere la "persona". Osservate come la persona che si nasconde dietro il ruolo è cosa diversa dal ruolo stesso. Chi sta recitando quel ruolo? Accogliete il burattinaio e liberatevi della "persona". Preparatevi a proseguire.

Quinta fase. Ora vedete di fronte a voi le cose che avete creato nel corso della vostra vita. I progetti scolastici, l'arredamento della vostra casa, le imprese artistiche, i progetti d'affari, gli avvenimenti che avete provocato e persino le situazioni che avete creato. Guardate l'*Io* che ha compiuto il lavoro di queste creazioni, buone o cattive che siano state. Guardate l'*Io* come un generatore che può creare molte altre cose, ma separato dalle creazioni stesse. Registrate tutto quello che avete fatto e lasciatevi dietro le spalle quelle creazioni. Preparatevi a proseguire.

Sesta fase. Ora guardate voi stessi galleggiare in un mare di energie archetipiche, cavalcando le onde mentre ciascuna si gonfia e ricade, portandovi con sé. Guardate le forze archetipiche che vi hanno guidato nella vita – le energie culturali del maschile e del femminile, la presenza o l'assenza dell'ombra, la danza degli archetipi nella vostra famiglia, le vostre relazioni. Percepite il modo in cui la cultura ha influenzato la forma di questo fluire degli archetipi. Percepite come invece voi, a vostra volta, cercate di dargli forma. Guardate la pulsione della vostra vita come parte di un impulso archetipico al completamento – forse come Eroe, come Maestro, come Ribelle o come Amante. Considerate il modo in cui avete accolto questo motivo archetipico e come lo avete condotto, come vi ha condotto. Considerate il modo in cui la cultura influenza questi motivi archetipici – che la cultura è il mare con le sue onde che si alzano e che si abbassano nei diversi momenti storici. Rendetevi conto che, all'interno, vi è ancora un'altra presenza che è salita su questo grande giro – che è separata dall'energia archetipica, che potrebbe aver cavalcato molte diverse onde nel corso di vite in molti millenni, che può scegliere quale giro compiere. Lasciate andare queste energie e uscite dal mare. Preparatevi a proseguire.

Settima fase. Avvertite la presenza che vi ha accompagnato nel corso di questo viaggio. Avvertite quale leggerezza giunge quando il corpo, le emozioni, le azioni, la "persona", i progetti e le forze archetipiche scivolano via. Espandetevi al di là della terra, del sistema solare, oltre la galassia e percepite il contatto con tutta la creazione. Percepite voi stessi come un'intelligenza divina, pura consapevolezza, il Dio o la Dea. Vedrete quanto piccole appaiono le altre identità da questa prospettiva. Accogliete il Sé che ancora rimane. È questa la vostra realtà definitiva. *Tu sei Quello.*

Analizziamo i nostri sistemi di convinzioni

La psiche e il mondo costituiscono un'inseparabile unità più che un'inconciliabile dualità.

C.G. JUNG

Man mano che ampliamo la nostra coscienza, si ampliano e crescono anche i nostri sistemi di convinzioni. I nemici peggiori di questa espansione sono le idee limitate del tipo: "Non lo so fare; non accadrà mai; è impossibile, illogico, non lo merito; non puoi; io mai, ecc. ecc. ecc." Quello che invece scopriamo è che tutto è possibile. L'impossibilità nega l'infinita potenzialità dello spirito.

Per analizzare i nostri sistemi di convinzioni dobbiamo seguire i nostri pensieri dalla loro concezione fino alla fonte. Quando prendo in esame le mie convinzioni potrei chiedermi: "Da dove mi è nata quell'idea?" E poi: "Qual era, a quel tempo, l'origine di quei pensieri? E quei pensieri, prima di allora?" Alla fine individueremo le influenze esterne dei genitori, dei coetanei, della letteratura o delle persone care e allora ci chiederemo: "Questa è una convinzione che mi sono costruito basandomi sulla mia esperienza?" Possiamo poi chiederci quali aspetti della nostra esperienza hanno condotto a formare questa convinzione e se la nostra esperienza la contraddice, qual è allora una convinzione più appropriata? Inoltre, quali convinzioni ci hanno condotto a quell'esperienza all'epoca, che possono aver influenzato la nostra interpretazione? Il processo può essere veramente labirintico, ma alla fine conduce a un'esperienza del nucleo ben più profonda. Liberi dal mantello delle convinzioni e delle interpretazioni, siamo in contatto più diretto con la verità interiore.

Educazione e informazione

Scopo e funzione del pensiero, della coscienza, della saggezza e della comprensione è quello di portarci *informazioni* per poterci permettere di vivere e condurre meglio la nostra vita. Il settimo chakra si nutre di informazioni, come il primo chakra si nutre di cibo e contatto e il quarto di amore. Se il chakra è carente, ha bisogno di essere nutrito. Se ci troviamo confusi e nell'ignoranza, incapaci di pensare in modo autonomo oppure non sappiamo da che parte girarci, forse abbiamo bisogno di maggiori informazioni.

L'informazione può provenire da varie fonti. Ci può venire dagli insegnanti che incontriamo lungo la strada, dal Sé superiore, dai libri, dalle istituzioni, dall'esperienza e dall'esplorazione. Ma la spinta principale dell'energia vitale – e a dire il vero dell'evoluzione stessa (definita in modo semplicistico) – è quella di diventare più brillanti, di ottenere una sempre maggiore informazione e di integrare quella informazione all'interno di sistemi di comprensione sempre più sofisticati.

Dunque è necessario nutrirci di informazione, poiché è un modo di rafforzare il chakra della corona. Prendete in considerazione l'idea di frequentare un nuovo corso di studi o di leggere qualche nuovo libro. Scegliete un argomento che vi interessa e imparate su di esso tutto quello che potete. Un modo di imparare qualcosa su voi stessi e di decifrare i misteri in voi racchiusi può essere quello di usare questo libro o di frequentare qualunque buon corso di terapia. La conoscenza del mondo dentro di noi e del mondo intorno a noi sono entrambe delle vie per giungere alla *Conoscenza di se stessi*, l'obiettivo del settimo chakra.

Religione e spiritualità

L'elevazione dell'unità psichica si verifica solo quando l'energia che in precedenza era investita in una divinità esterna viene recuperata e restituita alla sua fonte nella psiche.

C.G. JUNG

Il termine *religione* deriva dal latino *religare*, che significa mettere in contatto. In teoria il suo scopo è quello di facilitare un ricollegamento con lo spirito, con l'anima e con gli aspetti vitali ed eterni della vita. La religione è la struttura psichica che molti hanno scelto come mezzo di contatto, come sistema operativo avvolgente, che possiede una visione del mondo e una serie di istruzioni per trattare con il mondo. La religione può essere l'attività del chakra della corona, nel modo in cui andare al lavoro ogni giorno può essere l'attività del primo chakra. È l'espressione collettiva del nostro anelito spirituale.

Anche se un discorso esauriente sulla religione è cosa troppo vasta per questo capitolo, qui ne accenno perché è uno dei molti petali del settimo loto, una potente struttura psichica che può liberare o imprigionare il chakra della corona. In quanto sistema di convinzioni, la religione può accecare la nostra esperienza o può aprirci a visioni più ampie.

La spinta religiosa proviene da ciascuno dei chakra. Per alcuni può provenire da un bisogno di sicurezza (primo chakra) o di pienezza emotiva (secondo chakra), o per un senso di forza (terzo chakra), comunione (quarto chakra) o espressione creativa (quinto chakra). Ad altri porta l'illuminazione o il contatto con la fonte suprema, qualunque sia l'esperienza che se ne faccia (sesto e settimo chakra).

Pur rispettando il diritto del settimo chakra di scegliersi la propria forma di religiosità, mi sento spinta ad affermare che, all'interno del contesto di qualunque religione, si può trasformare la struttura esteriore della religione in una difesa. Quando la religione diventa una struttura volta a negare le nostre emozioni, a evitare le sfide della vita, a esercitare un controllo sugli altri o a ingigantire il proprio ego, la religione diventa una negazione della spiritualità. Sono queste le trappole della religione, i demoni dell'attaccamento che si presentano sotto le vesti di forza morale e oscurano la vera spiritualità.

Da un punto di vista positivo, la religione offre una struttura e, cosa ancor più importante, una pratica, che ci permette di distaccarci e aprirci ad aspetti più profondi dell'esperienza, della consapevolezza e della comprensione. Ci dà anche un senso di comunione e il sostegno che proviene da amici che percorrono la stessa via. Questo sostegno può essere preziosissimo in momenti di difficoltà e di crisi, oppure quando la via appare davvero oscura. Pratiche quali la meditazione, cantare in un coro, rituali, *puja* (offerte), yoga o servizio alla comunità, radicano i valori religiosi nell'esperienza della vita reale. Sono *l'agire dopo il parlare*, le ossa che danno al corpo una forma solida e organizzata. La religione senza pratica non è che un insieme di idee e concetti. La religione *unita* alla pratica (o anche solo la pratica senza religione), è un'esperienza attiva che favorisce l'evoluzione dell'anima e del mondo in cui essa vive.

NOTE

[1] Ricordo ancora una volta al lettore che parlo di *anima*, come di ciò che si organizza nel senso del corpo, delle emozioni e della forma. Lo *spirito* è più astratto e universale e ha bisogno di espansione. Quando l'anima ha perso il contatto con lo spirito diventa priva di vita e spenta. Quando lo spirito ha perso il contatto con l'anima, manca di profondità e struttura e si fa dispersivo e inefficace.

[2] Erich Jantsch, *Design for Evolution* (New York, George Brazillier, 1975).

[3] Poiché Dio è per sua natura illimitato, un "particolare concetto di Dio" è per natura limitante e dunque una contraddizione che falsa la definizione.

[4] Erich Jantsch, Op. cit., p. 92.

[5] *Meaning* (significato), deriva dall'antico inglese *maenam* – recitare, dire o dichiarare un'intenzione, dunque intendere, significare. Il *significato* ci dice qual è lo scopo o l'intenzione di qualcosa.

[6] Alexander Maven ha persino suggerito che l'unione mistica caratteristica del settimo chakra è direttamente simile a quella di un ovulo penetrato da uno spermatozoo. Intraprendiamo un lungo viaggio a cui solo pochi sopravvivono e, una volta giunti, veniamo totalmente assorbiti e trasformati nell'inizio di qualcosa di assai più grande. Non perdiamo la nostra identità (cromosomi), ma semplicemente la ridefiniamo aggiungendovi una parte supplementare.

(Inoltre questa analogia offre un buon argomento all'aspetto femminile della divinità, no?) Da John White, ed. "Mystic Union: A Suggested Biological Interpretation", *The Highest State of Consciousness* (New York, Doubleday/Anchor, 1972).

[7] Stewart Brand, *The Millenium Whole Earth Catalog*, (San Francisco, Harper Collins, 1994), i.

[8] Brihadaranyaka Upanishad, I Adhyay, 4 Brahmana, v. 10 e segg.; *The Upanishads*, Max Müller trans. (New York, Dover 1962).

[9] Studi hanno dimostrato che i bambini cresciuti in famiglie monogame con la stessa coppia di genitori sono più inclini a fissarsi su un unico modo di pensare rispetto ai bambini che crescono con genitori che si risposano, con genitori non monogami o in famiglie estese. Magorah Maruyama, Erich Jantsch, a cura di, "Toward Cultural Symbiosis", *Evolution and Consciousness* (Reading, MA, Addison-Wesley, 1976) 198.

[10] John Bradshaw, *Crating Love* (New York, Bantam, 1992) 244.

[11] Students International Meditation Society and Demetri P. Kanellakos, "Transcendental Meditation", *The Highest State of Consciousness* (New York, Doubleday/Anchor, 1972).

[12] H. Aranya, *Yoha Philosophy of Patanjali* (New York, State University of NY Press, 1983).

LETTURE CONSIGLIATE

Meditazione

Wherever You Go, There You Are. Jon Kabat-Zinn. New York, Hyperion, 1994.

Coscienza

Sri Aurobindo, or the Adventure of Consciousness. Satprem. New York, Harper & Row, 1968.

Frontiers of Consciousness: The Meeting Ground Between Inner and Out Reality. John White, Ed. Julian, CA, Julian Press, 1974.

Yoga and Psychotherapy, The Evolution of Consciousness. Swami Rama, Rudolph Ballantine, M.D., and Swami Ajaya, Ph.D. Honesdale, PA, Himalaya International Institute of Yoga Science and Philosophy, 1976.

The Highest State of Consciousness. John White, Ed. New York, Anchor Books, 1972.

Violenza spirituale

The God Game: It's Your Move. Leo Booth. Stillpoint, 1994.

CONCLUSIONE
Il ritorno al sacro

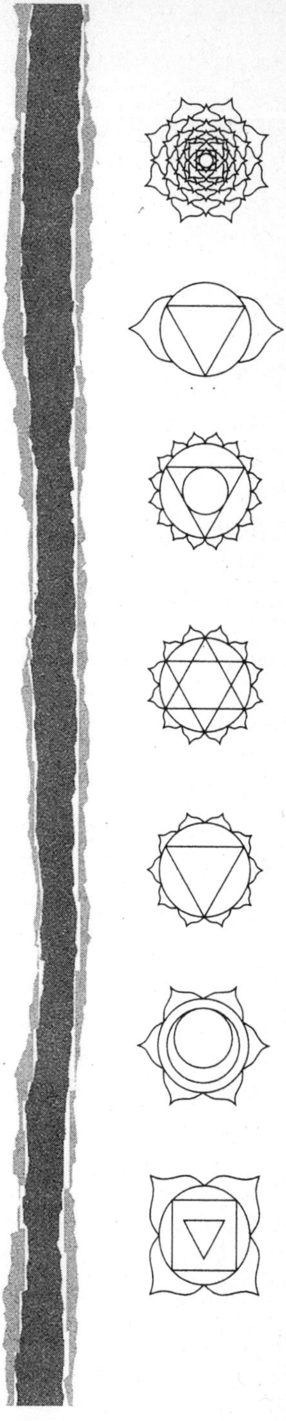

LE MOLTE SFUMATURE DELL'ARCOBALENO

L'illuminazione o il risveglio non sono la creazione di un nuovo stato delle cose, ma il riconoscimento di ciò che già esiste.

ALAN WATTS

Nel corso del viaggio che abbiamo compiuto dalla nascita al punto in cui ci troviamo ora, abbiamo incontrato ostacoli e difficoltà. I traumi e le violenze che abbiamo subito da bambini, la mancanza di coscienza con cui agiamo, i buchi neri della nostra cultura – tutto questo ci chiude e devia il nostro percorso dalla sua traccia. Tuttavia l'archetipo del Sé contiene il programma che ci porta all'interezza, come un seme contiene il programma che lo farà diventare fiore. Ogni volta che lavoriamo su una parte del nostro passato, torniamo allo schema originale e prendiamo in mano il nostro processo evolutivo nel punto in cui ha subito un'interruzione. Recuperiamo una parte della realtà del nostro corpo e, in tal modo, recuperiamo una parte del tempio. Spezziamo le barriere che ci impediscono di provare l'amore, barriere che oscurano la verità della nostra natura divina. Superiamo le illusioni che ci impediscono di vedere con chiarezza, ci allontanano da una profonda comprensione.

Ogni parte che recuperiamo schiude un petalo di un chakra. Alcune parti fanno schiudere numerosi petali, o forse numerosi chakra e portano profondo ristoro. Ogni parte ci permette di vivere in modo più pieno e ricco – donandoci un senso più profondo di noi stessi e del mondo in cui siamo immersi.

Il problema non è tanto quello di cercare di arrivare da qualche parte, quanto quello di eliminare ciò che ci impedisce di vedere che ci siamo già arrivati. L'obiettivo non è quello di risalire al chakra della corona il più in fretta possibile, pensando che il nostro viaggio si concluda con qualche illuminazione concettuale, ma di essere quanto più possibile coscienti dell'intero viaggio – di apportare la maggior profondità e saggezza possibile a ciascun livello. Anche se riusciamo a scoprire gli ostacoli che ci impediscono di realizzare cosmicamente il nostro Sé divino e universale, anche se riusciamo a trovare un qualche tipo di illuminazione per alcuni momenti, giorni o anni, cosa importa? Forse che il mondo intorno a noi non affonda nella disperazione e grida il suo bisogno di saggezza? Non vi è forse una vita che desidera essere vissuta fino in fondo?

Il viaggio di ritorno

La realizzazione psichica o la scoperta dell'anima non è dunque il fine di colui che cerca, ma è solo un piccolo inizio di un altro viaggio, compiuto nella coscienza invece che nell'ignoranza.

SRI AUROBINDO

Dopo essere arrivati alla cima, nel viaggio che abbiamo compiuto fino ad ora, adesso iniziamo la *discesa* della coscienza. Questa, come ricorderete, è la nostra corrente della manifestazione. Come tutti ben sappiamo, il paesaggio in un viaggio di ritorno appare leggermente differente dall'andata. Man mano che, evolvendosi, i chakra si schiudono dalla base alla corona, la nostra energia si evolve a livelli sempre più efficienti e complessi. A ciascun livello incontriamo un certo tipo di realizzazione. L'infante si rende conto gradualmente di essere un individuo separato; l'amante capisce che il suo partner ha una realtà diversa dalla sua; il visionario ha un'improvviso raggio di intuizione e intravede qualche nuova prospettiva.

Man mano che cresciamo *verso l'alto*, contemporaneamente incontriamo delle energie che scendono dall'alto. Abbiamo detto come la pura consapevolezza incontra il corpo e ci permette di farlo funzionare, che la consapevolezza visiva stimola il movimento e il desiderio e che il linguaggio ci permette di controllare le nostre azioni e di concettualizzare un sé al di là degli immediati bisogni e impulsi. In che modo tutto questo cambia nel viaggio verso il basso?

Nel viaggio verso l'alto abbiamo accesso alle pure proprietà dei chakra superiori, come la percezione visiva o il linguaggio, ma non siamo ancora *organizzati* a quei livelli. Il nostro centro non opera da quella condizione. L'infante vede, ma non possiede un archivio di immagini in base al quale dare un senso a ciò che vede. Il bambino balbetta, ma non pensa ancora a quello che sta dicendo. Il bambino ama, ma non comprende ancora l'intrico delle relazioni. Si potrebbe dire che l'accesso ai chakra superiori è inconscio – filtra verso il basso, ma non viviamo lì. Riceviamo uno stipendio dal capo, ma non possediamo la compagnia.

Il viaggio verso l'alto ci permette di accedere ad un livello più sofisticato di organizzazione e complessità, ciascuno una nuova realizzazione, un mutamento di prospettiva, una trasformazione. Ma nel viaggio verso il basso portiamo quella consapevolezza più profonda *nelle* attività dei nostri chakra inferiori. Invece di prendere le nostre decisioni in base ai sentimenti, potremo basarle sui principi. Invece di ripetere degli schemi impulsivi, possiamo preparare una strategia. Invece di *scoprire* semplicemente chi siamo, possiamo creare quello che siamo. I nostri principi, strategie e creazioni comprendono i livelli inferiori, arricchendoli invece di negarli.

L'energia che sale dal terreno è dinamica ed espansiva. È l'energia immagazzinata nella materia, per trasformarsi potenzialmente in luce, calore, attività. L'energia che proviene dall'alto è sistematica e serena. Organizza, ordina, governa. Ma se dal basso non sale alcuna energia, non vi è nulla da organizzare, nulla da governare. Senza l'energia proveniente dall'alto, l'energia del terreno si trasforma in caos e si dissolve nel nulla.

La figura 8-1 illustra come potrebbero apparire i chakra quando si realizzano pienamente.

Il chakra della corona non è semplicemente uno stato di comprensione, ma uno stato dell'essere. La coscienza non è una cosa, ma un'esperienza. Quando giungiamo in pienezza a questo livello, senza negare o saltare alcuno dei livelli sottostanti, giungiamo a uno stato dell'essere pienamente conscio. Allora, quello che possiamo apportare al sesto chakra, non è semplicemente la capacità di vedere, ma l'illuminazione. L'illuminazione è come usare una luce centralizzata invece di una pila, dunque vediamo l'intero invece di una sola parte. Grazie alla comprensione che abbiamo raggiunto nel settimo chakra, ora non solo vediamo il tutto, ma sappiamo anche che uso farne. Come ha detto il mio amico e collega Jack Ingersoll "la visione trasforma l'illusione in incantesimo" [1]. La vera visione nasce dall'illuminazione.

L'illuminazione ispira la nostra creatività. Il nostro processo creativo eviterà sofferenza ed errori e nascerà invece dalla visione. Le nostre parole posseggono saggezza, chiarezza e scopo. Sappiamo che cosa vogliamo comunicare, comprendiamo quello che viene detto, tanto a livello archetipico che letterale.

Quando la nostra coscienza risvegliata scende al chakra del cuore, con essa scende anche la comprensione necessaria alla compassione. All'interno di una relazione, la comprensione ci permette di vedere al di là delle nostre necessità. Potremo portare il testimone oggettivo all'interno del nostro processo evolutivo o dei problemi dell'altro. La saggezza necessaria per creare delle relazioni durature si raggiunge con l'esperienza e lavorando su noi stessi. La serenità che ci conferisce la consapevolezza nella sua discesa dai chakra superiori, stabilizza il nostro modo di amare. Centrati ed equilibrati, pretendiamo meno dal nostro partner.

Quando la nostra forza si arricchisce della coscienza, non vi sarà soltanto attività, ma la trasformazione secondo direzione. Invece di agire ciecamente per tentativi ed errori, ora usiamo l'intelligenza per crearci una strategia. Prepariamo un piano che sia di guida alle nostre azioni. Grazie alla visione, all'ispirazione, alla comunicazione e all'amore, questo piano sarà ricco di energia e sapremo dirigerlo con un chiaro intento.

Ora potremo apportare nuova consapevolezza alle nostre emozioni e alla nostra sessualità, approfondire il tessuto dell'esperienza e ampliare la nostra comprensione. Uniremo le emozioni alla compassione. La nostra sessualità si esprimerà con amore e comunicazione. L'impulso a protendersi verso l'esterno trova un solido contatto con il rapporto emotivo, con la consapevolezza dei sensi, con nuovi livelli di empatia.

Infine, nel chakra della base, queste qualità diventano parte della nostra capacità di manifestazione – dove cioè le nostre concezioni, visione, ispirazione, compassione, trasformazione e connessione, entrano nella realtà fisica. Attraverso l'amore, il contatto, il sentimento e la vitalità, il nostro corpo si espande nella consapevolezza. È proprio la coscienza infatti che rende il corpo veramente vivo ed è il corpo che offre alla coscienza un luogo per vivere.

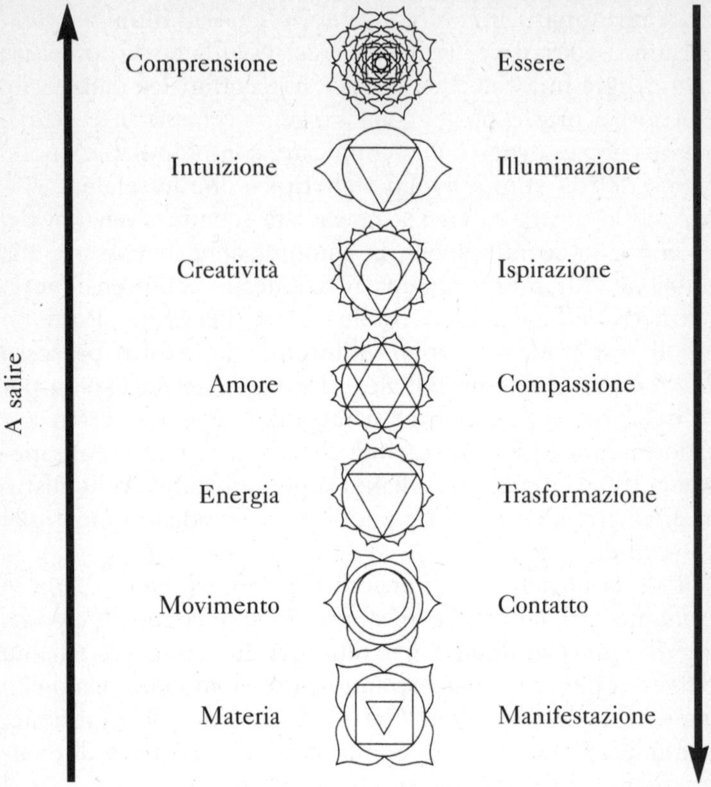

Figura 8-1. Il viaggio completo

Potreste pensare che tutto questo sia troppo idealizzato. Quante sono le persone che giungono pienamente alla coscienza? Dobbiamo aspettare l'illuminazione per possedere qualcuna di queste qualità? Spero proprio di no, altrimenti sarebbe davvero scoraggiante.

L'illuminazione giunge per gradi. Si verifica un pochino ogni giorno. Ogni volta che sperimentiamo anche una piccola intuizione, la nostra coscienza si espande e questa espansione può essere applicata dove è necessario. Ogni volta che un sentimento giunge alla coscienza, un'immagine ci comunica un senso, una relazione ci insegna una lezione, o un successo o un fallimento si ripercuotono sulle nostre azioni, acquistiamo della saggezza che possiamo distribuire lungo i chakra. Benché abbiamo trattato i chakra individualmente, va ricordato che siamo un sistema unico e indivisibile. Ciò che ha un effetto su una parte, ha effetto sul tutto.

RICOSTRUIAMO L'INSIEME

Leggendo questo libro forse vi sarete trovati ad esclamare: "Ragazzi, questo è un punto su cui devo davvero lavorare!" "Questo mi pare il problema di mia moglie o di mio marito; ha un eccesso qui o là." "Vorrei provare questo aspetto con i miei clienti". Se è così, probabilmente avete già fatto parte del lavoro, facendovi un'idea di dove stanno i problemi. È possibile che sappiate dove sono i vostri blocchi e i vostri punti di forza, dove sono le carenze e dove gli eccessi. A questo punto dovete considerare ogni chakra in rapporto agli altri. È giunto il momento di integrare il tutto.

Fate una valutazione

Quello che segue è un metodo per valutare quali chakra sono in eccesso e quali carenti e redigere poi un elenco dei problemi.

Per cominciare, prendete un foglio di carta e dividetelo in quattro colonne con la dicitura *Aspetti*, *Punti di Forza*, *Eccesso*, *Carenza*. Poi esaminate gli schemi all'inizio di ogni capitolo e scrivete le definizioni che vi riguardano. Potreste anche trovare aspetti che non sono elencati, il che va bene se pensate che la cosa riguardi quel chakra. Siate liberi nell'enfatizzare o specificare dove è il caso. Questa è la vostra valutazione – non un test della personalità standardizzato[2]. Per controllare i vostri risultati, fate fare a un amico che vi conosce bene una valutazione per voi e poi fate i paragoni.

Questo non vi fornisce soltanto un'analisi del vostro schema generale, ma offre anche un elenco grafico degli aspetti su cui dovete lavorare, compresi i punti di forza sui quali potete contare quando fate questo lavoro.

Ecco un esempio preciso di un volontario:

Chakra	ASPETTI	PUNTI DI FORZA	ECCESSO	CARENZA
Primo	Fiducia	Buona salute	Accumula compiti difficili	Si scopre
	Famiglia	Senso pratico	(Bestia da soma)	Concentrazione e disciplina (?)
	Confini	Radicato		Disorganizzato
Secondo	Bisogno	Buone abilità sociali	Emotivo	Paura del sesso
	Movimento	Emozioni come alleate		Dipendenza?
	Impacciato			
Terzo	Autostima	Responsabile	Ha bisogno di avere ragione	Passivo
	Forza dell'ego	Affidabile		
Quarto	TUTTI!	Devozione	Codipendenza	Isolamento
	Relazioni	Amore e fiducia	Confini deboli	Narcisismo
	Intimità	Il cuore	Attaccato	
	Amore per sé	Empatia	Gelosia	
	Sa prendersi cura		Si sacrifica troppo	
Quinto	Trovare la propria voce	Buon ascoltatore	Parla troppo	Paura di parlare?
		Canta bene	Interrompe	
	Dolori al collo	Scrive bene	Parla a voce troppo alta	
Sesto	Non ricorda i sogni	Il mio chakra migliore!		Vista corta
	(Dovuto all'età?)	Intuitivo		Memoria?
	Ricco d'immaginazione	Percettivo		
	Sa pensare per simboli			
	Buona memoria			
	Sa visualizzare			
Settimo	Nessuno	Buon sistema di convinzioni		Eccessivamente intellettuale
	Attratto dall'immanenza e dalla trascendenza	Tende a prendere abbagli		
	Attratto dall'altrove, oltre i confini del cielo			
	Presenza della Divinità			

Osservando questa valutazione, molte sono le cose immediatamente evidenti. Ci sono molti più aspetti elencati per i chakra dal quarto al settimo e dunque l'energia, nel suo complesso, è più forte nei chakra superiori. Il sesto e il settimo chakra chiaramente sono i più forti e dunque quei punti di forza possono essere usati per lavorare sui chakra inferiori. I chakra inferiori sono i più deboli, con reazioni di evitamento e compensazione chiaramente evidenti.

Questa persona non *abita* molto i chakra inferiori. Dal momento che i chakra inferiori sono meno sviluppati e quelli superiori sono forti, non è sorprendente che gli aspetti fondamentali si incentrino intorno al cuore, punto in cui i chakra superiori e inferiori cercano un equilibrio. La persona potrà scoprire che gli aspetti del cuore si risolvono meglio rafforzando i chakra inferiori, piuttosto che lavorare direttamente sul cuore, dal momento che è già in eccesso. In altri termini, entrando nel proprio corpo, potrà sentirsi più a proprio agio nel movimento, avrà meno paura della sessualità e diventerà più assertiva, tutte cose che aiuteranno a equilibrare la tendenza ad attaccarsi, ad essere emotivamente dipendente o ad avere confini deboli.

Dopo aver completato questa parte della valutazione, potreste scrivere sul diario, sui sentimenti, le situazioni o il materiale evolutivo relativo a quei chakra, ma anche impegnarvi in qualche attività curativa di quelle suggerite. La mia intenzione qui è quella di offrirvi delle informazioni che potete usare in tutti i modi che vi sembrano più utili, ma naturalmente non posso prescrivere un piano di trattamento totale. Tuttavia alcuni principi generali potranno offrire una base linguistica che ci permetterà di parlare della struttura in generale.

Dall'alto al basso, dal basso all'alto, da dentro a fuori e da fuori a dentro

Dove si dirige l'attenzione, poi certamente seguirà il resto dell'energia.

Quando valutate i vostri schemi potete vedere dove l'energia è più forte e più debole nel vostro sistema. Come Robin Hood, che rubava ai ricchi per donare ai poveri, dobbiamo usare l'energia in eccesso per accumulare energia dove è carente. Se c'è un eccesso nel nostro sesto chakra, possiamo usare quell'eccesso per visualizzare un corpo sano o una relazione migliore. Se siamo dei buoni comunicatori, possiamo usare quell'abilità per aumentare il nostro senso di potere o migliorare le relazioni. Se siamo dei tipi dotati di grande disciplina, possiamo usare quella disciplina per fare dell'esercizio fisico o delle pratiche di meditazione.

In aggiunta alle cinque strutture caratteriali di base, vi sono anche quattro schemi fondamentali di distribuzione squilibrata dell'energia lungo i chakra. È stato dato loro il nome della direzione verso cui l'energia *ha bisogno di muoversi* per poter raggiungere l'equilibrio (eccesso verso carenza). Va sottolineato che la seguente descrizione è stereotipata e che i vostri schemi possono essere molto più sofisticati.

I sistemi dall'alto verso il basso

Se vivete tutti nella testa, trattando col vostro corpo e col mondo fisico solo quando non potete farne a meno, il vostro sistema dei chakra probabilmente è del tipo "dall'alto verso il basso". La vostra valutazione rivelerà un eccesso nei chakra superiori e una carenza in quelli inferiori. Le persone "dall'alto verso il basso" in genere sono *pensatori-intuitivi.* Prima pensano e poi agiscono (se mai lo fanno) e spesso trovano difficoltà ad essere spontanei e giocosi. Dopo aver riflettuto molto, *decidono* quello che devono provare rispetto a qualcosa. Spesso sono persone molto complesse e intelligenti.

La tendenza naturale delle persone "alto-basso", è quella di muovere l'energia verso l'alto, ma la loro *crescita e il loro equilibrio* provengono dal muoverla verso il basso e dall'entrare in contatto col corpo. Ad esempio, lo Schizoide/Creativo che d'abitudine sposta l'energia verso l'alto, andrebbe considerato un sistema energetico "alto-basso" perché dal punto di vista energetico queste persone sono più cariche in alto e trarranno il beneficio maggiore dallo sviluppo dei chakra inferiori.

Le persone appartenenti a questa tipologia in genere hanno sofferto di difficoltà nella prima infanzia, difficoltà che li hanno sospinti fuori dal corpo per farle concentrare tutte nella testa.

Tendono a scegliere lavori di tipo intellettuale o analitico – insegnamento, programmazione di computer, scrittura, consulenza e arti in cui non ci si esibisce, come la pittura. Sono orientati verso *l'autoriflessione* e *l'autoespressione*.

I sistemi dal basso verso l'alto

Questi, al contrario, pesano energeticamente verso il basso. Tendono a rimanere all'interno degli schemi ripetitivi, familiari dei chakra inferiori, mentre per loro la crescita deriva dallo spostare l'energia verso l'alto, verso la corrente liberatoria. Sono i tipi *senso/sentimento*, più inclini ad essere dominati dalle emozioni e dagli istinti che dai processi cognitivi. Tendono a non discutere con altri le loro decisioni e a non mettere troppo in discussione la loro vita, preferendo invece mantenere le cose come sono e "non agitare le acque". La loro tendenza è quella di avere poche aspettative dalla alla routine.

Stereotipi di questo schema si possono trovare tra i fissati dello sport, che vivono per l'attività fisica e sviliscono il corso di meditazione della moglie, oppure tra i lavoratori che di giorno lavorano, di sera guardano la TV e aspettano l'età pensionabile per comprarsi la barca. Può essere la persona che ama la natura e la vita all'aria aperta, ma ha poco interesse per gli argomenti intellettuali. Per le donne, può essere l'oca ingenua, la cui preoccupazione principale è l'aspetto fisico o la classica casalinga, che si accontenta di stare a casa a fare i lavori domestici, con pochi interessi oltre a quelli del quotidiano.

I tipi "basso/alto" in genere amano le attività fisiche, come la ginnastica, il sesso, fare cose con le mani, cucinare o fare massaggi. (Il che non significa che tutti coloro che amano fare queste cose rientrino in questa tipologia). Tengono i piedi per terra, tendono a essere conformisti e ad essere prevedibili e affidabili. Le strutture "basso/alto" si preoccupano soprattutto dell'*autoconservazione* e dell'*autogratificazione*. Guidati dall'inconscio, spesso non sanno perché fanno quello che fanno e agiscono secondo l'impulso, seguendo la linea della minima resistenza. Non pensano nemmeno lontanamente di analizzare i propri impulsi, o di ponderare il senso della vita. La loro energia tende a rimanere nei chakra inferiori, a meno che non venga stimolata da influssi esterni, come una relazione, una crisi, una malattia o un incidente.

Questa struttura in genere è il risultato di un genitore severo che castra la naturale espansività del bambino. "Fermo e seduto. Obbedisci. Stà buono. Non ti sognare nemmeno di fare una cosa del genere". I genitori di queste persone possono aver punito, messo in ridicolo o vietato il loro comportamento creativo e le loro sperimentazioni. Alcune famiglie poi modellano questo tipo di struttura, insegnando che le uniche soddisfazioni nella vita si trovano nel duro lavoro, in un comportamento obbediente e nel non crearsi troppe aspettative.

I sistemi dentro-fuori

I sistemi dentro-fuori, dal punto di vista energetico sono concentrati nei centri mediani dell'ego e per crescere devono espandere quest'energia verso il basso, nelle profondità del sé e verso l'alto, in direzione dello spirito e dell'intelletto. Sono abbastanza in equilibrio tra i chakra superiori e quelli inferiori, ma il contatto con i due estremi è scarso. Tendono a dare per scontato il corpo e evitano l'introspezione.

Se i chakra centrali sono bloccati, l'energia è trattenuta nel centro del corpo e non giunge alla periferia. Ciò è evidente nella struttura Tollerante, che ha problemi a trovare il suo terreno o a portare i suoi sentimenti alla coscienza e che mantiene la sua energia legata alla volontà. Se i chakra centrali sono aperti, questi tipi tendono ad essere degli estroversi, orientati verso l'ego e l'azione, che amano impegnarsi nella vita – persone che amano la vita mondana, artisti, di varietà, manager di medio livello, burocrati. Né il corpo, né i problemi spirituali li interessano particolarmente. Si interessano molto di più al mondo esteriore della politica, degli affari, delle relazioni o dell'arte del palcoscenico. Sono quelle persone che trovano la propria identità nell'attività, ma sono inconsapevoli della loro vita interiore. Il Realizzatore e lo Sfidante/Difensore rientrano in questa categoria.

Molte di queste persone danno per scontato il loro corpo, a meno che ci sia qualcosa che non va e non si interessano di spiritualità, finché una crisi li costringe a farlo. È meno probabile che i loro problemi derivino da difficoltà nella prima infanzia, in quanto tendono a conformarsi ai valori generali della cultura.

I sistemi fuori-dentro

Questi sistemi possono essere fortemente coscienti tanto della testa, che del corpo, senza che l'una sia collegata all'altro. Nel centro lo iato di vuoto è molto vasto, specialmente il cuore. Possono essere fisicamente molto sensibili, con allergie, irritazioni o dolori cronici e persino ossessionati dal corpo in qualche modo, ad esempio con le diete e l'ipocondria. I loro chakra superiori sono molto sviluppati e sono intelligenti, creativi e intuitivi. Scollegati dalla parte mediana integrativa, tendono a essere introversi. Potrebbero esserci stati traumi repressi dalla memoria oppure gravi ferite al cuore. Cresceranno stabilendo relazioni profonde, aprendosi e spingendosi verso l'esterno.

La struttura Orale rientra in questa categoria, in quanto queste persone sono collassate nella zona del cuore, benché gli Orali possano rientrare anche in altre delle tipologie nominate, a seconda del loro sistema difensivo. Portata all'estremo, questa configurazione può condurre a una dissociazione grave. L'ho riscontrata in disturbi da personalità multipla, disturbi ossessivi-compulsivi e personalità *borderline*.

I sistemi equilibrati

È possibile avere un sistema dei chakra piuttosto armonico, senza per questo essere un maestro illuminato. Persone che hanno lavorato molto alla guarigione di se stessi o che sono stati fortunati nel modo in cui sono stati allevati possono avere una situazione piuttosto equilibrata. Che aspetto hanno?

Una persona con una distribuzione armonica dei chakra sarebbe ben radicata nella terra e in contatto col proprio corpo, inoltre godrebbe di buona salute e vitalità. Sarebbe consapevole dei propri sentimenti, senza esserne dominata, appagata sessualmente senza essere ossessionata. Con un terzo chakra equilibrato avrebbe fiducia in se stessa e obiettivi, senza dominare gli altri. Il cuore sarebbe capace di compassione e di amore, tuttavia centrato e sereno. Una tale persona potrebbe comunicare i propri sentimenti o le proprie idee con uguale verità e chiarezza e sarebbe capace di ascoltare gli altri. I chakra superiori aprirebbero lo spirito all'immaginazione, alla saggezza e al contatto personale.

Questa è una situazione ideale a cui possiamo sperare di tendere. Usando le nostre forze per contrastare le nostre debolezze e rimanendo amorevoli, compassionevoli e disposti alla comprensione, possiamo arrivarci tutti. Ci vuole solo tempo, pazienza e dedizione.

Come usare la valutazione

Questa valutazione dovrebbe darvi una buona idea di dove è maggiormente presente l'energia all'interno del sistema e dove bisogna spostarla per raggiungere l'equilibrio. Molte persone mi hanno riferito di avere ottenuto grandi risultati semplicemente visualizzando o muovendo cinesteticamente l'energia in una nuova direzione. Questo è particolarmente vero per tipi non radicati nel terreno, che non hanno mai pensato di dirigere la loro energia vero il basso.

Quando siete in dubbio, lavorate dal terreno verso l'alto

Quando lavoro con una persona nuova, in genere inizio con esercizi di radicamento e mi apro la via verso l'alto. In genere questo è un approccio sicuro, che aiuta il cliente a rimanere nel proprio corpo e insegna alcune tecniche di base per creare ancoraggio e sicurezza. Gli esercizi di radicamento mi permettono di stabilire i confini, di percepire dove sono i blocchi energetici e concentrare l'energia vitale della persona sul qui e ora, di modo che ci si possa lavorare sopra. È anche molto utile far fare dei disegni del corpo o il dialogo tra le parti del corpo.

Se la persona è talmente spaventata di avere a che fare col proprio corpo da non potersi concentrare sugli esercizi, allora non è indicato cominciare dagli esercizi di radicamento. In questo caso uso la conversazione per stabilire un senso di fiducia e raccogliere informazioni sulla storia personale. Chiedo alla persona di *immaginare* delle radici che la ancorano alla terra oppure le assegno dei compiti fisici da svolgere a casa, come lavorare in giardino, farsi fare un massaggio o fare dei semplici esercizi di stretching.

Una volta che inizia ad essere stabilito il contatto col terreno, in genere la direzione da prendere si rivela da sola. Possono affiorare delle emozioni; dei pensieri possono portare associazioni con materiale importante del passato; le sensazioni fisiche possono diventare evidenti. Anche i sogni che si fanno nel corso della settimana offrono indicazioni sulla direzione. Se ho dei dubbi, aspetto di vedere che cosa emerge. Non impongo al mio cliente "un'agenda di cura", ma seguo il suo schema di schiusura, dando il mio aiuto e il mio incoraggiamento dove è necessario.

A questo punto il lavoro dipende completamente dalla struttura della persona e dallo stile del terapeuta. Spero che in questo libro troviate i metodi e le tecniche adatte. La cosa fondamentale da ricordare è che corpo, anima, mente e spirito insieme ai sette chakra, sono un'unità unica e indivisibile. Anche quando si lavora con una parte sola, tutte le altre parti sono presenti e partecipano. L'unità va tenuta a mente ogni momento come archetipo guida del Sé.

IL RISVEGLIO DI KUNDALINI

Come la chiave apre una porta, così lo yogi dovrebbe aprire la porta alla liberazione con Kundalini. Essa dona liberazione allo yogi e immobilizza lo sciocco.

HATHA YOGA PRADIPIKA

Benjamin pensava che sua moglie Marlena stesse diventando matta. Si lamentava di non poter dormire perché lei scalciava nel letto e si tirava tutte le coperte dalla sua parte. "Ha delle contrazioni continue, come se qualcuno le desse delle scosse periodicamente. Dice che non può farci nulla". Lei si lamentava che il piede e la gamba sinistra erano dolenti e avevano la sensazione di essere punti da spilli e avvertiva un intenso calore in tutto il corpo. Di quando in quando tutto il torace era scosso violentemente, talvolta solo per pochi secondi, talaltra anche per un'ora. "Le emozioni la mandano in tilt", continuava Benjamin. "Talvolta è spaventata e si attacca a me come una bambina. Altre volte è nel pallone. Mi dice che quando chiude gli occhi vede luci e colori e talvolta fa questi strani suoni. Non riesco a capire che cosa sta succedendo e sono davvero preoccupato" [3].

Uno psicologo classico direbbe che Marlena sta certamente avendo un collasso psicotico. Dolori e scosse psicosomatiche, voci, allucinazioni, estremi cambiamenti di umore e dissociazione, sembrano tutti indicare una grave patologia. Tuttavia, se osservati da un punto di vista diverso, questi sintomi portano a una diagnosi completamente diversa – Marlena *potrebbe* trovarsi a vivere un risveglio di Kundalini.

Nella mitologia indù Kundalini è una dea-serpente che giace addormentata alla base della colonna vertebrale, avviluppantesi tre volte e mezzo attorno al primo chakra. Il suo nome completo è Kundalini-Shakti, poiché rappresenta il dispiegarsi della divina energia Shakti, il potenziale energetico della vita stessa, una Dea vivente che dà vita ad ogni cosa. In certe situazioni l'energia Kundalini si risveglia e inizia a risalire attraverso il corpo, forando e aprendo i chakra, mentre si muove seguendo le onde delle sue spire serpentine. Via via che rilascia le energie bloccate e archiviate, il suo movimento può essere piuttosto intenso, talvolta doloroso e spesso produce stati mentali che possono sembrare fuori dal mondo. Le circostanze che stimolano il risveglio di Kundalini sono molte e varie, ma in genere scattano da lunghi periodi di meditazione, yoga, digiuno, stress, traumi, sostanze psichedeliche o esperienze di pre-morte.

Persino esperienze quotidiane possono far scattare questa dea imprevedibile. Circa diciassette anni fa, ebbi la mia prima esperienza di Kundalini, dopo una caduta da cavallo che mi aveva provocato un'escoriazione all'osso sacro. Da alcuni anni praticavo yoga e meditazione, dunque ero in qualche modo preparata. La mia esperienza è stata meno intensa di altri, ma per molti mesi dormii solo quattro ore per notte, provai un forte desiderio di meditare per lunghi lassi di tempo, un inusuale disinteresse per il sesso e inoltre la mia sensibilità e creatività ne risultarono intensificate. A quell'epoca seguivo un corso di chiaroveggenza e le mie capacità psichiche ebbero un vertiginoso innalzamento di livello. Altre esperienze di Kundalini, ma più leggere e più brevi, le ho provate dopo aver guardato un thriller che stimolava il mio chakra della sopravvivenza o nel corso di digiuni più lunghi della norma. Anche quando ero incinta di mio figlio, particolarmente nel primo trimestre di gravidanza, Kundalini ha fatto avvertire le sua energia.

Kundalini è una forza concentrata, primeva, analoga all'energia potenziale che esiste all'interno della materia. Quando viene liberata, crea un collegamento verticale tra i chakra, aprendo i sottili canali, i *nadis* e più specificamente il canale centrale che corre lungo la colonna vertebrale, detto *sushumna*[4]. Se versiamo dell'acqua in un tubicino a pressione molto alta, l'altra estremità del tubo ondulerà come un serpente. Analogamente, l'intensa energia di Kundalini ondula nel corpo via via che si innalza lungo i chakra.

Kundalini può essere vista anche come il risultato, più che la causa del collegamento reciproco dei chakra. In teoria, quando i chakra si allargano, la rotazione di uno di essi può accrescere la rotazione di quello soprastante o di quello sottostante. Tutta l'energia che vortica attorno al bordo di un chakra può essere risucchiata verso l'alto o verso il basso nel movimento serpentino dei chakra, man mano che il loro vorticare cambia direzione da senso orario a senso antiorario[5] (fig. 6-2).

Kundalini è fondamentalmente una forza guaritrice, anche se i suoi effetti talvolta possono essere piuttosto spiacevoli. Questi effetti possono durare minuti, giorni, mesi o persino anni, come è documentato dal caso famoso di Gopi Krishna, che per anni ebbe a che fare con Kundalini[6].

Se vi trovate a provare degli spiacevoli sintomi di Kundalini, potrebbero esservi di aiuto i suggerimenti e i consigli seguenti:

1. *Prestate attenzione al corpo.* Purificate il corpo quanto vi è possibile, astenendovi da sostanze come tabacco, alcool e caffeina. Possono rientrare in questa categoria anche le medicine prescritte dal medico. Curate la dieta ed evitate i cibi che contengono additivi, i cibi ricchi di zucchero e di grassi. Nutritevi in modo equilibrato, con molte proteine, che in genere sono sostanze che favoriscono il radicamento. Se possibile fatevi dei massaggi e del vigoroso esercizio fisico.

2. *Riducete lo stress.* Potrebbe essere l'inizio di una grande trasformazione spirituale. Se così è, dovete prepararle il terreno. È possibile che ci voglia del tempo per operare i necessari cambiamenti nella vostra vita. Forse, per un certo periodo di tempo, potreste anche non essere in grado di farlo. Dovrete dedicare più tempo alla vostra spiritualità o alla vostra salute. Se è possibile, programmatevi un ritiro spirituale – un periodo lontano dalla vita di tutti i giorni, durante il quale potrete lasciare libero corso alle energie di Kundalini e in cui potrete contemplarne il significato con calma.

3. *Trovate sostegno.* Trovate altre persone che conoscono questa esperienza e degli amici con cui vi sentite in sintonia spirituale.

4. *Educate voi stessi.* Leggete quello che potete su Kundalini. Scoprite il sistema spirituale dello yoga, informatevi sui chakra.

5. *Affrontate i problemi psicologici di fondo.* Poiché Kundalini fa affiorare aspetti non risolti (e certamente accadrà), questo è il momento ideale per affrontarli. Renderà tutto più facile. Trovate un terapista con cui possiate lavorare o un gruppo di sostegno.

6. *Analizzate le vostre pratiche spirituali.* È possibile che si renda necessario interrompere la meditazione per un po' se questa aggrava i sintomi spiacevoli di Kundalini. Lasciate che il processo che avete risvegliato si armonizzi col vostro corpo e la vostra mente. Se non avete mai praticato la meditazione, lo yoga o qualche altra forma di spiritualità, potrebbe essere il momento di cominciare. Si tratta di provare – vedete che cosa aumenta o diminuisce gli effetti spiacevoli.

7. *Fate esercizi di radicamento con la terra.* Kundalini procura problemi maggiori quando l'energia si sposta verso l'alto senza essere equilibrata da sufficiente energia che si sposta verso il basso. Fate riferimento agli esercizi illustrati in questo libro o in *The Sevenfold Journey* ed eseguiteli quotidianamente. Cercate di capire se vi sono problemi da risolvere collegati al primo chakra in modo da avere una base più solida.

Shiva: la controparte di Kundalini-Shakti

Il principio di Shiva è l'asse della manifestazione che si sviluppa dal punto-limite (bindu), il centro dell'universo.

ALAIN DANIELOU

Kundalini-Shakti è la corrente ascendente che erompe dalla materia limitata e si muove verso l'infinito. Shiva, la sua controparte, è la fonte della corrente discendente. È il dio indù della distruzione, compagno della Grande Madre Kali. Shiva distrugge l'ignoranza, l'attaccamento, l'illusione. Con questo atto realizza la coscienza eterna all'interno della quale nulla può essere distrutto.

Shiva, come molti archetipi e dei, ha un volto oscuro e uno luminoso. Nel suo principio attivo il suo nome è *Rudra*, colui che geme o colui che piange – un feroce distruttore, che incenerisce l'ignoranza al solo sguardo con un fulmine che esce dal suo terzo occhio. E tuttavia Rudra è anche il signore del canto, della guarigione, dei sacrifici e della prosperità, in quanto era allo stesso tempo considerato colui che rimuove la sofferenza.

Nei suoi aspetti successivi Rudra prende il nome di Shiva, che significa il *Signore del Sonno*, in quanto rappresenta "lo stato non duale, indifferenziato della serenità"[7]. In questa forma egli è la divinità ultima, trascendente di ogni conoscenza, la fusione dell'individuale col divino, la gioia senza confini.

Quando Shiva è attivato da Shakti, perviene alla manifestazione come *la danza* (Shiva Nataraja) e spesso viene rappresentato mentre danza su un cadavere, che rappresenta la dimenticanza. Senza Shakti si dice che Shiva non sia che un cadavere. Quando è vivificato da Shakti, "la danza di Shiva suggerisce il ritmo primordiale del Cuore divino, le cui pulsazioni danno inizio a ciascun movimento dell'universo"[8]. Insieme Shiva e Shakti sono le emanazioni primordiali della vita stessa, i genitori cosmici di tutta la creazione.

Nella loro unione, Shiva è la coscienza pura, che si unisce e addolcisce la primordiale energia vitale di Shakti. Shiva è il principio maschile statico che si dirige verso la forma e l'ordine, mentre Shakti è il principio dinamico femminile che tende alla libertà e al caos[9]. Spesso venerato come lingam di Shiva (simbolo maschile della creazione), Shiva rappresenta la natura penetrante della coscienza che impregna il devoto con la Potenza della consapevolezza.

Shiva può essere la forza che tempera la violenza di Kundalini-Shakti. Quando la coscienza viene portata in basso dall'alto, apporta serenità e ordine alle energie caotiche. Quando ci troviamo a trattare con Kundalini, ci troviamo di fronte a energie difficili, grezze, inconsce. Man mano che Kundalini si solleva, "cuoce" i livelli meno raffinati, raffinandoli nei chakra superiori. Tuttavia Shiva *è* quel raffinamento. Egli porta ordine e pace alla sua inquietudine selvaggia. Forse Kundalini è tanto più ribelle quanto più desidera il suo compagno.

Quando invochiamo le energie di Shiva, invochiamo la gioia trascendente del chakra della corona e la portiamo in tutto il corpo. Questo atto richiama la corrente della manifestazione, portatrice di forma, semplicità e radicamento. L'unione di queste due forze sintetizza i principi cosmici del maschile e del femminile, dell'alto e del basso, della forma e del caos, della trascendenza e dell'immanenza, in un'unica essenza dinamica.

Tantra: l'incontro nel cuore

Così lo yogin, che avendo smosso l'energia, risiede saldamente nella congiunzione del duplice movimento dell'emanazione e del riassorbimento, è tornato all'unità primordiale, la vibrazione del cuore universale.

LILIAN SILBURN

La filosofia del Tantra, che erroneamente alcuni credono unicamente in relazione al sesso, in realtà riguarda la tessitura. Il termine *tantra* letteralmente significa *telaio* e il verbo *tan* significa *allungare*. Il Tantra è la pratica spirituale di tessere insieme energie opposte, in particolare le correnti ascendente e discendente di Shakti e di Shiva. La sessualità è un aspetto del Tantra, un atto sacro che incarna questa unione sul piano fisico. Ma l'equilibrio definitivo di queste due forze si verifica quando le trasportiamo attraverso tutti i chakra e le armonizziamo nel cuore.

Il Tantra è volto a raggiungere l'illuminazione non attraverso la rinuncia, ma accettando l'esperienza totale del vivere. Il Tantra gioisce dei sensi, dei desideri e dei sentimenti e si focalizza sull'espansione della coscienza che deriva dal contatto dinamico, sensibile con la vita. Il Tantra non ci consiglia di astenerci dall'azione, ma di trasformare le nostre azioni in evoluzione creativa. È il tessuto armonioso degli opposti primordiali: mortale e divino, maschile e femminile, Shiva e Shakti, spirito e materia, Cielo e Terra.

Abbiamo detto che il chakra del cuore è lo spazio centrale integrante del sistema dei chakra. Grazie al potere legante dell'amore, tutte le cose trovano infine l'unione e l'unità. La corona ci porta la *realizzazione* – la comprensione che ci permette di abbracciare la totalità. Il corpo è il tempio in cui tutte le cose giungono al riposo e alla fruizione. Senza l'integrazione il tempio è vuoto e lo spirito non ha casa. Dunque il cuore, in quanto forza che integra, è il centro definitivo del Sé.

Cosa significa portare noi stessi nel centro del cuore? Significa sentire il nostro corpo, le sue necessità ed emozioni e portare questi sentimenti su un piano di saggezza e comprensione. Significa considerare le nostre azioni per l'effetto che hanno sugli altri e tuttavia conservare la consapevolezza del Sé individuale. Significa rendere concreta la nostra saggezza non accettando ciecamente le convinzioni senza metterle alla prova con la verità del corpo. Significa affacciarsi alla vita – nel Sé e con gli altri – con compassione e amore. Significa abitare la pace e l'equilibrio, vitali ma sereni, capaci di cambiamento ma stabili.

Sono convinta che in questo momento storico siamo disperatamente chiamati a sollevarci al livello del cuore dalla nostra immersione collettiva nel terzo chakra. Attualmente ciò che accade nel mondo è centrato sul potere e sull'aggressività. Viviamo all'ombra di un potenziale olocausto nucleare. La civiltà occidentale ha esaltato il culto dell'individuo. Abbiamo venerato la ricerca dell'Eroe. Abbiamo realizzato il progresso tecnologico.

Ora è giunto il momento di realizzare lo stadio successivo della ricerca dell'Eroe: il *Ritorno*. È qui che i frutti dell'individualità e del potere tornano a casa per beneficare la comunità – un movimento preciso dal terzo al quarto chakra. Dobbiamo comprendere che, in quanto individui, le nostre possibilità sono limitate, ma in quanto membri coscienti di una comunità più ampia, possediamo un potenziale illimitato. Nella ricerca dell'illuminazione la responsabilità finale chiede di ritornare nel mondo e diventare parte del *sistema evolutivo*.

Solo l'amore può allontanarci dalla violenza, dall'aggressività e dal freddo individualismo che caratterizza il nostro tempo. Solo l'amore può tessere nuovamente il tessuto originale dell'unità che è stato strappato, in noi stessi e tra noi e gli altri. Questa è la parte vitale del Ponte dell'Arcobaleno che in questo momento ha bisogno di essere enfatizzata. Poiché ciascuno di noi crea il ponte, solo noi, in quanto individui coscienti, integrati, possiamo aprire i nostri cuori per rendere il collegamento tra il Cielo e la Terra una realtà vivente.

Il tempio per gli dei

La spiritualità è il risveglio del divino nella coscienza.

HARISH JOHARI

Nella mitologia norrena i giganti costruiscono il palazzo del Valhalla perché sia la dimora degli dei. Il Ponte dell'Arcobaleno era la via per raggiungere il Valhalla. Tuttavia i giganti richiesero un pagamento in cambio del loro lavoro – Frejya, la dea dell'amore. Non possiamo far costruire il nostro tempio a un altro al nostro posto, né possiamo permetterci di pagarlo sacrificando l'amore. Se dobbiamo invitare le energie divine a manifestarsi in noi, dobbiamo costruirci il nostro tempio da soli.

Nella discussione sul settimo chakra, abbiamo descritto la coscienza come un campo universale a cui si accede dalla psiche individuale. Abbiamo anche osservato che la quantità di coscienza a cui abbiamo accesso dipende dalla nostra intelligenza e dallo stato mentale. Tuttavia il divino è qualcosa di più che la semplice coscienza. Nel suo totale dispiegarsi, il divino è anche bellezza, suono, amore, energia, sentimento e forma – elementi riflessi in ciascun chakra. Per accedere allo spettro *totale* della divinità, dobbiamo costruire un tempio all'interno di noi stessi, capace di ricevere e trasmettere ciascuna di queste frequenze. Solo allora potremo accedere ai molti livelli in cui la divinità si manifesta.

Ogni chakra costituisce una camera essenziale nel tempio del Sé. Ciascuna ospita un aspetto del sacro ed è necessaria alla totalità. Più teniamo pulito e decoriamo il tempio, più diamo spazio alla presenza del divino.

Costruiamo un tempio agli dei creando, liberando e ripristinando ciascuna delle camere dei chakra. Solo quando avremo costruito delle fondamenta e recuperato l'energia vitale dalla terra saremo veramente in grado di trattare le manifestazioni della coscienza divina. Quanto pienamente porteremo a rivelazione il divino dipenderà da quanto accuratamente avremo sviluppato le sette camere interiori. Quando poi ci saremo aperti agli dei, dovremo manifestarli attraverso una vita sacra e facilitare il viaggio agli altri. Solo affrontando il viaggio noi stessi possiamo essere guida agli altri. Così il viaggio attraverso il Ponte dell'Arcobaleno diviene una cerca mistica per l'evoluzione dell'umanità.

NOTE

[1] Corrispondenza personale.

[2] Sarei molto interessata a sapere se qualcuno ha creato un test della personalità più standardizzato che rifletta i chakra.

[3] Questa particolare storia è un composito di tipici sintomi Kundalini, presi da una serie di casi documentati da varie fonti.

[4] La letteratura esoterica tratta molti tipi di risveglio di Kundalini che si solleva lungo diversi nadis. Il Sushumna è il canale centrale, principale e caratterizza la natura verticale del suo sollevarsi.

[5] Ci sono molte controversie sul vorticare dei chakra. Alcuni affermano che essi girano tutti in senso orario (Brennan, 1987) (Bruyere, 1989). Io credo che questo non sia realistico dal punto di vista energetico, poiché ciò è in contraddizione col moto alternato dei nadis, Ida e Pingala.

[6] Gopi Krishna, *Kundalini: The Evolutionary Energy in Man* (Boston, Shambhala, 1971).

[7] Alain Danielou, *Gods of India.* (1995).

[8] Lilian Silburn, *Kundalini: Energy of the Depths* (1988).

[9] Vi sono molte opinioni a questo proposito. Poiché il triangolo rivolto verso il basso rappresenta il simbolo femminile della yoni e il triangolo rivolto verso l'alto il lingam di Shiva, alcuni (Mookerjee, 1977) affermano che Shakti è la corrente discendente e Shiva quella ascendente. Il che è opposto all'interpretazione classica di Kundalini Shakti come forza sollevantesi e colloca la casa di Shiva alla base della colonna vertebrale, cosa opposta agli attributi fondamentali di Shiva come coscienza pura. Tuttavia, nelle immagini classiche del chakra Muladhara, il lingam di Shiva è rappresentato diritto, avvolto tre volte e mezzo dal serpente Kundalini.

[10] Ajit Mookerjee, *The Tantric Way* (Boston, New York Graphic Society, 1977), 9.

LETTURE CONSIGLIATE

The Kundalini Experience, Lee Sannella, M.D. Lower Lake, CA,: Integral Publishing, 1987.

Kundalini, Energy of the Depths, Lilian Silburn, New York, State University of New York Press, 1988.

Kundalini: The Arousal of Inner Energy; Ajit Mookerjee. New York, Destiny Books, 1982.

Kundalini, The Evolutionary Energy in Man. Gopi Krishna. Boston, Shambhala, 1971.

Energies of Transformation. Bonnie Greenwell, Ph.D.

GRUPPI DI SOSTEGNO

Spiritual Emergence Network (pubblicano anche una newsletter)
930 Mission St.#7
Santa Cruz, CA 95060
(408)426-0902

Kundalini Research Network (per informazioni, non consulenze)
P.O. Box 45102
2482 Yonge St.
Toronto, Ontario
Canada, M4P 3E3

BIBLIOGRAFIA GENERALE

Adamson Sophia, *Through the Gateway of the Heart*, San Francisco, Four Trees Publications, 1985.

Ahsen Akhter, *Basic Concepts in Eidetic Psychotherapy*, New York, Brandon House, 1973.

Aranya H., *Yoga Philosophies of Patanjali*, New York, State University of New York Press, 1983.

Assagioli Roberto, *The Act of Will*, New York, Penguin Arkana, 1974.

Assagioli Roberto, *Psychosynthesis*, New York, Penguin Arkana, 1976.

Avalon Arthur, *The Serpent Power*, New York, Dover Publications, 1974 (*Il potere del serpente*, Edizioni Mediterranee, 1987).

Berman Morris, *The Reenchantment of the World*, New York, Bantam Books, 1984.

Blair Lawrence, *Rhythms of Vision*, New York, Schochen Books, 1976.

Bly Robert, *Iron John*, Reading, MA, Addison-Wesley, 1990.

Boldt Lawrence, *Zen and the Art of Making a Living*, New York, Penguin Arkana, 1991.

Bradshaw John, *Bradshaw on The Family: A Revolutionary Way of Self-Discovery*, Deerfield Beach, FL, Health Communications Inc., 1988 (*Come ritrovarsi*, Sperling & Kupfer, 1993).

Bradshaw John, *Healing the Shame the Binds You*, Deerfield Beach, FL, Health Communications Inc., 1988.

Bradshaw John, *Homecoming: Reclaiming and Championing Your Inner Child*, New York, Bantam, 1990.

Brennan Barbara Ann, *Hands of Light: A Guide to Healing Through the Human Energy Field*, New York, Bantam, 1987.

Brennan Barbara Ann., *Light Emerging: The Journey of Personal Healing*, New York, Bantam Books, 1993.

Bruyere Rosalyn L., *Wheels of Light: A Study of the Chakras. Vol. I*, Sierra Madre, CA, Bon Productions, 1989.

Bynum Edward Brude, *Transcending Psychoneurotic Disturbances: New Approaches in Psychospirituality and Personality Development*, Binghamtom, NY, Harrington Park Press, 1994.

Carotenuto Aldo, *Eros e Pathos. Margini dell'amore e della sofferenza*, Milano, Bompiani, 1987.

Carotenuto Aldo, *Il labirinto verticale*, Roma, Astrolabio, 1981.

Conger John P., *Jung & Reich: The Body as Shadow*, Berkeley, CA, North Atlantic Books, 1988.

Covey Steven R., *The Seven Habits of Highly Effective People*, New York, Simon and Schuster, 1989.

Cunningham Donna-Andrew Ramer, *Further Dimensions of Healing Addictions*, San Rafael, CA, Cassandra Press, 1988.

Davis Mikol-Earle Lane, *Rainbows of Life: The Promise of Kirlian Photography*, New York, Harper Colophon, 1978.

Dourley John P., *A Strategy for a Loss of Faith: Jung's Proposal*, Toronto, Inner City Books, 1992.

Eliade Mircea, *Shamanism*, Princeton, NJ, Princeton University Press, 1964.

Erikson Erik, *Childhood and Society*, New York, W.W. Norton, 1964 (*Infanzia e società*, Armando, 1988).

Evola Julius, *The Yoga of Power: Tantra, Shakti, and the Secret Way*, Rochester, VT, Inner Traditions, 1992 (*Lo yoga della potenza*, Edizioni Mediterranee, 1994).

Feuerstein Georg, *Wholeness or Transcendence? Ancient Lessons for Emerging Global Civilization*, New York, Larson Publications, 1992.

Gardner Gordon Joy, *The Healing Voice: Traditional and Contemporary Toning, Chanting, and Singing*, Freedom, CA, Crossing Press, 1993.

Gawain Shakti, *Living in the Light*, New York, Bantam, 1993 (*Vivere nella luce*, Armenia Pan Geo, 1994).

Gibran Kahil, *The Prophet*, New York, Knopf, 1951 (*Il profeta*, Guanda, 1986).

Goldstein Joseph, *The Experience of Insight: A Simple and Direct Guide to Buddhist Meditation*, Boston, Shambhala, 1983.

Hill Gareth, *Masculine and Feminine: The Natural Flow of Opposites in the Psyche*, Boston, Shambhala, 1982.

Hunt Valerie, "A Study of Structural Integration from Neuromuscular Energy Fields and Emotional Approaches", Boulder, CO, Rolf Institute. Reprinted in *Wheels of Light*, I, by Rosalyn L. Bruyere (Sierra Madre, CA, Bon Productions, 1989).

Jacobi Jolande, *The Psychology of C.G. Jung*, by K.W. Bash, New Haven, CT, Yale University Press, 1951 (*La psicologia di Carl G. Jung*, Bollati Boringhieri, 1973).

Jacobi Jolande, *The Way of Individuation*, New American Library, 1967.

Jantsch Erich, *Design for Evolution: self-Organization and Planning in the Life of Human Systems*, New York, George Braziller, 1975.

Jantsch Erich-Conrad H. Waddington, *Evolution and Consciousness: Human Systems in Transition*, Reading, MA, Addison-Wesley Publishing Company, 1976.

Jantsch Erich, *The Self-Organizing Universe: Scientific and Human Impli-*

cations of the Emerging Paradigm of Evolution, New York, Pergamon Press, 1980.

Johari Harish, *Chakras: Energy Centers of Transformation*, Rochester, VT, Destiny Books, 1987 (*Chakras. Energia vitale*, Armenia Pan Geo, 1993).

Judith Anodea, *Wheels of Life: A User's Guide to the Chakra System*, St. Paul, MN, Llewellyn, 1987 (*Chakras ruote di vita*, Armenia Pan Geo, 1989).

Jung Carl Gustav, *Aion: Researches into the Phenomenology of the Self*, Princeton, NJ, Princeton University Press, 1959.

– *The Archetypes and the Collective Uncoscious*, CW 9.1, Princeton, NJ, Princeton University Press, 1959 (*Gli archetipi dell'inconscio collettivo*, Bollati Boringhieri, 1997).

– *Dreams*, Princeton, NJ, Princeton University Press, 1974 (*L'analisi dei sogni*, Bollati Boringhieri, 1983).

– *Memories, Dreams, Reflections*, by Aniela Jaffe, New York, Vitnage Books, 1965 (*Ricordi, sogni, riflessioni*, Rizzoli, 1992).

– *The Practice of Psychotherapy*, CW 16, Princeton, NJ, Princeton University Press, 1966 (*Pratica della psicoterapia*, Bollati Boringhieri, 1993).

– *Psychology and the East*, Princeton, NJ, Princeton University Press, 1978.

– *Psychology and Religion: West and East*, CW 11, Princeton, NJ, Princeton University Press, 1958 (*Psicologia e religione*, Bollati Boringhieri, 1992).

– *Psychological Types*, CW 6, Princeton, NJ, Princeton University Press, 1971 (*Tipi psicologici*, Mondadori, 1993).

– *The Structure and Dynamics of the Psyche*, CW 8, Princeton, NJ, Princeton University Press, 1960 (*La dinamica dell'inconscio*, Bollati Boringhieri, 1994).

– *Two Essays on Analytical Psychology*, CW 7, Princeton, NJ, Princeton University Press, 1966 (*Due testi di psicologia analitica*, Bollati Boringhieri, 1993).

Jung Emma, *Animus and Anima*, Spring Publications, 1957 (*Animus e anima*, Bollati Borighieri, 1992).

Kano Susan, *Making Peace with Food*, San Francisco, Harper & Row, 1989.

Kaptchuk Ted J., *The Web that has No Weaver: Understanding Chinese Medicine*, New York, Congdon & Weed, 1983 (*Medicina cinese*, Red, 1988).

Kasl Charlotte, *Women, Sex, and Addiction: A Search for Love and Power*, New York, Ticknor & Fields, 1989.

Keleman Stanley, *Emotional Anatomy*, Berkeley, CA, Center Press, 1985.

Keleman Stanley, *Love: A Somatic View*, Berkeley, CA, Center Press, 1994.

Kosko Bart, *Fuzzy Thinking: The New Science of Fuzzy Logic*, New York, Hyperion, 1993 (*Il fuzzy pensiero. Teoria e applicazione della "Logica morbida"*, Baldini & Castoldi, 1997).

Levine Peter-Ann Frederick, *Waking the Tiger: Healing Trauma through the Body*, in stampa.

Levine Stephen, *Healing into Life and Death*, New York, Anchor Books, 1987.

Liedloff Jean, *The Continuum Concept*, Reading, MA, Addison-Wesley, 1975 (*Il concetto del continuo*, La Meridiana di Molfetta, 1994).

Lowen Alexander, *The Betrayal of the Body*, New York, Collier Books, 1967 (*Il tradimento del corpo*, Edizioni Mediterranee, 1993).

Lowen Alexander, *The Language of the Body*, New York, Collier Books, 1958 (*Il linguaggio del corpo*, Feltrinelli, 1991).

Mahler Margaret S.-Fred Pine-Anni Bergman, *The Psychological Birth of the Human Infant: Symbiosis and Individuation*, New York, Basic Books, 1975 (*La nascita psicologica del bambino*, Bollati Boringhieri, 1978).

Maidment Robert, *Tuning In: A Guide to Effective Listening*, Gretna, LA, Pelican Publications, 1984.

May Rollo, *Love and Will*, New York, Delta, 1969 (*L'amore e la volontà*, Astrolabio, 1994).

McKenna Terence, *Food of the Gods*, New York, Bantam, 1992 (*Il nutrimento degli dei*, Apogeo, 1995).

McNeely Deldon Anne, *Touching: Body Therapy and Depth Psychology*, Toronto, Inner City Books, 1987.

Miller Alice, *The Drama of the Gifted Child: The Search for the True Self*, by Ruth Ward, New York, HarperCollins, 1981 (*Il dramma del bambino dotato e la ricerca del vero sé*, Bollati Boringhieri, 1996).

Miller Alice, *For Your Own Good: Hidden Cruelty in Child-rearing and the Roots of Violence*, by Hildegarde Hannum e Hunter Hannum, New York, Farrar, Straus and Giroux, 1983.

Montagu Ashley, *Touching: The Human Significance of the Skin*, New York, Harper & Row, 1971 (*Il linguaggio della pelle*, Garzanti, 1989).

Mookerjee Ajit, *The Tantric Way: Art, Science, Ritual*, Boston, New York Graphic Society, 1977.

Moore Thomas, *Care of the Soul: A Guide for Cultivating Depth and Sacredness in Everyday Life*, New York, HarperCollins, 1992 (*La cura dell'anima*, Feltrinelli, 1997).

Mumford John, *A Chakra and Kundalini Workbook: Psycho-Spiritual Techniques for Health, Rejuvenation, Psychic Powers & Spiritual Realization*, St. Paul, MN, Llewellyn Publications, 1994.

Mussen Paul Henry-John Janeway Conger-Jerome Kagan-James Geiwitz, *Psychological Development: A Life-Span Approach*, New York, Harper & Row, 1979.

Neumann Erich, *The Origins and History of Consciousness*, Princeton, NJ, Princeton University Press, 1954 (*Storia delle origini della coscienza*, Astrolabio, 1978).

Newman Barbara M.-Philip R. Newman, *Development Through Life: A Psychosocial Approach*, Chicago, Dorsey Press, 1975.

Ornstein Robert E., *The Psychology of Consciousness*, San Francisco, Penguin Books, 1972 (*La psicologia della coscienza*, Angeli, 1978).

Ott Jonathan, *Pahrmacotheon: Entheogenic drugs, Their Plant Sources and History*, Kennewick, WA, Natural Products Co., 1993.

Papalla Diane E.-Sally Wendkos Olds, *A Child's World: Infancy through Adolescence*, New York, McGraw-Hill, 1986.

Piaget Jean-Barbel Inhelder, *The Psychology of the Child*, by Helen Weaver, New York, Basic Books, 1969 (*La psicologia del bambino*, Einaudi, 1971).

Piaget Jean, *The Grasp of Consciousness: Action and Concept in the Young Child*, by Susan Wedgewood, Cambridge, MA, Harvard University Press, 1976.

Pierrakos John, *Core Energetics: Developing the Capacity to Love and Heal*, Mendocino, CA, Life Rhythm Publication, 1987 (*Corenergetica. Imparare ad amare e a guarire*, Crisalide, 1994).

Ratsch Christian, *Gateway to Inner Space: Sacred Plants, Mysticism, and Psychotherapy*, Dorset, England, Prism-Unity Press, 1989.

Reich Wilhelm, *Character Analysis*, by Theodore P. Wolfe, New York, Farrar, Straus and Giroux, 1949 (*Analisi del carattere*, Sugarco, 1994).

Reich Wilhelm, *Children of the Future*, New York, Farrar, Straus and Giroux, 1983 (*Bambini del futuro*, Sugarco, 1994).

Reich Wilhelm, *The Function of the Orgasm: The Discovery of the Orgone*, New York, World Publishing Co., 1971 (*La funzione dell'orgasmo*, Sugarco, 1984).

Roberts Elizabeth-Elia Amidon, *Earth Prayers from Around the World*, San Francisco, Harper San Francisco, 1991.

Sell Emily Hilburn, *The Spirit of Loving*, Boston, Shambhala, 1995.

Small Jacquelyn, *Transformers: The Therapists of the Future*, Marina Del Rey, CA, DeVorss & Co., 1982.

Smith Curtis D., *Jung's Quest for Wholeness: A Religious and Historical Perspective*, New York, State University of New York Press, 1990.

Spiegelman J. Marvin-Arwind Vasavada, *Hinduism and Jungian Psychology*, Scottsdale, AZ, Falcon Press, 1987.

Starhawk, *Truth or Dare: Encounters with Power, Authority, and Mystery*, San Francisco, Harper & Row, 1987.

Steiner Claude, *The Other Side of Power: How to Become Powerful without Being Power Hungry*, New York, Grove Press, 1981.

Stone Hal, *Embracing Our Selves: The Voice Dialog Manual*, Novato, CA, Nataraj, 1993 (*Dialogo delle voci*, Amrita, 1996).

Teilhard de Chardin, *The Phenomenon of Man*, New York, HarperCollins, 1959 (*Il fenomeno umano*, Queriniana, 1995).

Thouless Robert H., *An Introduction to the Psychology of Religion*, London, Cambridge University Press, 1971.

Walsh Roger N.-Frances Vaughan, *Beyond Ego: Transpersonal Dimensions in Psychology*, Los Angeles, J.P. Tarcher, 1980.

Washburn Michael, *The Ego and the Dynamic Ground: A Transpersonal Theory of Human Development*, New York, State University of New York Press, 1988.

White John, *Kundalini, Evolution and Enlightenment*, New York, Anchor/Doubleday, 1979.

Whitfield Charles L., *Alcoholism and Spirituality: A Transpersonal Approach*, Rutherford, NJ, Thomas Perrin Inc., 1985.

Whitmont Edward, *The Symbolic Quest: Basic Concepts in Analytical Psychology*, Princeton, NJ, Princeton University Press, 1969 (*La ricerca simbolica. Concetti di base della psicologia analitica*, Astrolabio, 1993).

Wilbur Ken, *The Atman Project: A Transpersonal View of Human Development*, Wheaton, IL, Quest Books, 1980.

Wilbur Ken, *Sex, Ecology, and Spirituality: The Spirit of Evolution*, Boston, Shambhala, 1995.

Wilbur Ken, *No Boundary: Eastern and Western Approaches to Personal Growth*, Boston, Shambhala, 1985.

Wolkstein Diane-Samuel Noah Kramen, *Inanna: Queen of Heaven and Earth*, New York, Harper & Row, 1983.

Woodmann Marion, *Addiction to Perfection: The Still Unravished Bride*, Toronto, Inner City Books, 1982.

INDICE

Finito di stampare nel mese di settembre 2010
da Grafica Veneta S.p.A., Trebaseleghe (PD)
per conto di Neri Pozza Editore
Vicenza